Beiträge zur Graphischen Datenverarbeitung

Herausgeber:
Zentrum für Graphische Datenverarbeitung e.V., Darmstadt (ZGDV)

José L. Encarnação *(Hrsg.)*

Aktuelle Themen der Graphischen Datenverarbeitung

Mit 84 Abbildungen

Springer-Verlag
Berlin Heidelberg New York
London Paris Tokyo

Prof. Dr. José L. Encarnação
Zentrum für Graphische Datenverarbeitung e. V.
Bleichstraße 10–12, D-6100 Darmstadt

ISBN-13: 978-3-642-71379-8 e-ISBN-13: 978-3-642-71378-1
DOI: 10.1007/978-3-642-71378-1

CIP-Kurztitelaufnahme der Deutschen Bibliothek. Aktuelle Themen der graphischen Datenverarbeitung José L. Encarnação (Hrsg.). - Berlin ; Heidelberg ; New York ; London ; Paris ; Tokyo : Springer, 1986. (Beiträge zur graphischen Datenverarbeitung)

NE: Encarnação, José [Hrsg.]

Druck- und Bindearbeiten: Beltz, Hemsbach
2145/3140-543210

Vorwort

Dieses Buch ist der erste Band in der Reihe "Beiträge zur Graphischen Datenverarbeitung".

Mit dieser Reihe will das Zentrum für Graphische Datenverarbeitung (ZGDV) an der TH Darmstadt die fachlichen Inhalte seiner Veranstaltungen einer breiten Öffentlichkeit zur Verfügung stellen. In diesem Fall werden in dem Band die Vorträge zusammengefaßt, die bei dem Darmstädter Kolloquium der Graphischen Datenverarbeitung vom 6. bis 10. Mai 1985 an der Technischen Hochschule in Darmstadt gehalten wurden. Das fachliche Spektrum des Buchinhaltes umfaßt so wichtige Themen der Graphischen Datenverarbeitung wie:

- Graphik in offenen Netzen
- Graphisches Kernsystem (GKS)
- Validierung von Graphik-Software
- Darstellungsgraphik-Pakete
- Rechnergestütztes Entwerfen und Konstruieren (CAD).

Diese Themen werden von Experten behandelt, die sich in Forschung und Entwicklung mit diesen Fragen an prominenter Stelle in der Bundesrepublik Deutschland beschäftigen. Der Inhalt ist sehr aktuell und für die Entwicklung des Fachgebietes Graphische Datenverarbeitung und seine Anwendungen richtungsweisend.

Wir möchten uns bei allen Autoren für ihre Beiträge, bei Herrn Professor W. Straßer, Herrn Dr. R. Lindner und bei allen GRIS-(Graphisch-Interaktive Systeme) und ZGDV-Mitarbeitern für die Unterstützung bei der Durchführung des Darmstädter Kolloquiums der Graphischen Datenverarbeitung, bei Frau G. Bendel, Frau R. Kimeswenger, Frau G. Schaffer und Herrn M. Fritz für die ausgezeichneten Leistungen bei der Organisation und den Sekretariatsarbeiten zum genannten Darmstädter Kolloquium und beim Springer-Verlag für die sehr gute Kooperation bei der Produktion dieses Buches herzlichst bedanken.

Darmstadt, Januar 1986

J. Encarnacao
Vorsitzender des Zentrums
für Graphische Datenverarbeitung e.V.
(ZGDV)

Inhaltsverzeichnis

Das Zentrum für Graphische Datenverarbeitung stellt sich vor

Motivation und Ziele

Dieses Buch ist das erste in einer Reihe von Publikationen, in denen unter der Schirmherrschaft des Zentrums für Graphische Datenverarbeitung (ZGDV e.V.) Ergebnisse aus dem Bereich der graphischen Datenverarbeitung einer breiten Öffentlichkeit zugänglich gemacht werden sollen.

Das Zentrum für Graphische Datenverarbeitung (ZGDV) wurde 1984 gegründet. In ihm haben sich Hochschule und Wirtschaft zusammengefunden, um zusammen neue Wege der Ausbildung zu unterstützen.

Die Gründungsmitglieder Technische Hochschule Darmstadt, Aristo, GTS/GRAL, ISSCO, SEL, Siemens und Tektronix wollten in der Rechtsform eines eingetragenen Vereins den Einsatz der graphischen Datenverarbeitung zu Ausbildungs- und Forschungszwecken unter besonderer Berücksichtigung der Anwendungen fördern.

Die Satzung des ZGDV-Vereins nennt die gemeinnützigen Ziele:

> Der ZGDV-Verein ist selbstlos tätig; er verfolgt nicht eigenwirtschaftliche Zwecke.
>
> Der ZGDV-Verein verfolgt insbesondere die Förderung der Ausbildung an der Technischen Hochschule Darmstadt, aber auch die Förderung der Forschung und Entwicklung auf dem Gebiet der Graphischen Datenverarbeitung (GDV) und ihren Anwendungen. Er verfolgt damit ideelle Belange seiner Mitglieder, insbesondere auch die ideelle Unterstützung der Technischen Hochschule Darmstadt in ihrer Ausbildung, Forschung und Entwicklung.
>
> Im einzelnen ergeben sich daraus Aufgaben, die von der Geschäftsstelle des ZGDV-Vereins (nach vom Vorstand gegebenen Richtlinien) durchzuführen sind.
>
> (a) Ausbildung von Studenten der TH Darmstadt auf den Gebieten GDV und ihren Anwendungen;
>
> (b) Durchführung von Fortbildungsveranstaltungen für GDV und deren Anwendungen;
>
> (c) Durchführung von Anwenderseminaren für Mitglieder und von ihnen benannte Personen;
>
> (d) Durchführung von Demonstrationsveranstaltungen für den in (a), (b) und (c) genannten Personenkreis;

(e) Durchführung von Forschungs- und Entwicklungsarbeiten auf den Gebieten der GDV und ihren Anwendungen.

Als Mitglieder können Gesellschaften und gewerbliche Unternehmen jedweder Rechtsform, rechtsfähige und nicht rechtsfähige öffentliche Körperschaften und Anstalten, Behörden und Personenvereinigungen sowie Verbände und Vereine aufgenommen werden, deren fachliches Interesse in Zusammenhang mit der graphischen Datenverarbeitung bzw. mit graphisch interaktiven Systemen und ihren Anwendungen steht.

Aktivitäten und Arbeiten

Im Wintersemester 1984/85 hat das ZGDV die erste Veranstaltung für einen größeren Interessentenkreis organisiert. An der THD fand eine Seminarreihe unter dem Thema "Schnittstellen im CAD-Prozess" statt.

In diesem Seminar informierten Vertreter von Forschungseinrichtungen und Industrie über Entwicklungen und Erfahrungen auf den Gebieten Metafiles (GKSM, CGM), graphische Standards (GKS), Datenaustausch im Karosseriebereich (VDAFS), Produktdefinierende Daten (IGES), CAD/CAM-Einsatz heute und morgen.

Insgesamt wurden an acht Terminen 20 Vorträge gehalten, die von bis zu 80 interessierten Besuchern aus THD und Wirtschaft besucht wurden.

Die Vorträge werden als Buch im Springer-Verlag in der Reihe "Symbolic Computation" 1986 veröffentlicht (Encarnacao, Schuster, Vöge (Hrsg.): Product Data Interfaces).

Im Mai 1985 hat das ZGDV die Organisation der Veranstaltungen zum zehnjährigen Bestehen des Fachgebietes Graphisch-Interaktive Systeme an der TH Darmstadt übernommen. Die Vorträge zu diesen Veranstaltungen werden in diesem Band veröffentlicht.

Für das Wintersemester 1985/86 wurde eine Seminarreihe zu dem Thema "Electric and Electronic Engineering" geplant.

Das ZGDV bearbeitet als eines seiner Ziele Forschungsprojekte im Kontext graphischer Datenverarbeitung. Zur Zeit werden folgende Vorhaben bearbeitet:

- GKS im Netzwerkbetrieb: Der Einsatz interaktiver graphischer Anwendungssoftware soll über DATEX-P und standardisierte Schnittstellen im Rahmen des Projektes "Deutsches Forschungs-Netz" (DFN) realisiert werden.
- Softwareproduktionsumgebung auf UNIX-Basis zur Entwicklung kommerzieller Anwendungssoftware (UNIBASE): Ziel ist die einheitliche Konstruktion einer Benutzungsoberfläche, die bei der Integration von Text und Graphik trotz der Zusammenstellung aus Teilprodukten eine konsistente und benutzerfreundliche Oberfläche erzeugt.

Weitere Projekte sind in der Definitions- und Planungsphase. Mit Aufnahme der Arbeiten wird noch in diesem Jahr gerechnet.

Mit den (potentiellen) Anwendern der ZGDV Graphik-Ressourcen wurden und werden intensive Gespräche geführt. Ziel dabei ist es, den Bedarf an Hardware und Software für Ausbildungszwecke so konkret wie möglich zu erheben, um zukünftige Investitionen vorzubereiten. Wesentliche Bedeutung kommt dabei auch der Planung und Vorbereitung von Pilotvorlesungen zu. Es ist vorgesehen, im Laufe eines Jahres in größerem Rahmen Lehrveranstaltungen, die von Professoren der THD angeboten werden, zu unterstützen.

Stand des Vereins

Trotz seines recht kurzen Bestehens ist es dem Verein gelungen, neue Mitglieder an seine Ziele heranzuführen. Die momentanen **Mitglieder** sind:

ARISTO GmbH & Co KG, *Hamburg*;
COPIMAC, *Italien*;
Digital Equipment GmbH, *München*;
GTS/GRAL GmbH, *Saarbrücken*;
ISSCO Deutschland GmbH, *Koblenz*;
Itau Tecnologia S.A., *Brasilien*;

PCS GmbH, *München*;

Precision Visual International GmbH, *Frankfurt*;

SEL AG, *Stuttgart*;

SIEMENS AG, *München*;

Technische Hochschule Darmstadt;

TEKTRONIX GmbH, *Köln*.

Der gewählte **Vorstand** ist:

Vorsitzender:	Prof.Dr.J.Encarnacao
Stellv. Vorsitzender:	Dr.D.Roedler, SEL Stuttgart
Mitglieder:	Prof.Dr.H.Böhme, THD Präsident
	E.Jungmann, Siemens, München
	Dr.Horlacher, Tektronix, Köln
	F.Schaaf, ISSCO, Koblenz

Die Geschäftsstelle ist unter folgender Adresse zu erreichen:

Zentrum für
Graphische Datenverarbeitung e.V.
Bleichstraße 10-12
6100 Darmstadt
Telefon 06151-1000-0

Interessenten für eine **Mitgliedschaft im ZGDV** wenden sich bitte an die Geschäftsstelle oder an:

Prof.Dr.J.Encarnacao, TH Darmstadt, Alexanderstr. 24, 6100 Darmstadt
Dr.D.Roedler, SEL AG, Lorenzstr.10, 7000 Stuttgart

H. Kuhlmann
ZGDV-Geschäftsführer

Verteilte Graphik und ihre Anwendung in offenen Netzen

Das Deutsche Forschungsnetz (DFN) – Ziele und Aktivitäten

E. Jessen
Institut für Informatik der Technischen Universität München

Kurzfassung

Das Projekt DFN dient dem Aufbau eines heterogenen offenen Rechnernetzes im Wissenschaftsbereich der Bundesrepublik nach ISO bzw. CCITT, sowie der Förderung neuartiger Nutzungsformen eines solchen Netzes. Die Philosophie des Projektes wird begründet. Strukturierung und zeitliche Staffelung der Grunddienste des DFN werden vorgestellt. Auf die Ansätze innovativer Nutzungsformen und die ihnen unterliegenden Arbeiten zur verteilten graphischen Datenverarbeitung wird hingewiesen. Über den Betriebsanlauf der sogenannten Nullgeneration wird berichtet, Vorkehrungen für den späteren Betrieb werden genannt, und es werden erste Erfahrungen mit der DFN-Entwicklung dargestellt.

Summary

The German Science Net (DFN) - Targets and Activities

The DFN project is to construct a heterogeneous, open computer network in the science area of the FRG, in accordance with ISO and CCITT, and is to promote innovative usage of such net. The philosophy underlying the project is described. The layering and the temporal sequence of the basic network services of the DFN are presented.

Examples of projected innovative usage are given with reference to the underlying work in distributed graphical data processing. Some zero generation operational experience is reported, provisions for full operation are described, and some development experience is presented.

1. Deutsches Forschungsnetz: Anforderungen und Folgerungen

Das Deutsche Forschungsnetz (DFN) soll eine rechnerorientierte Kommunikationsinfrastruktur für die Wissenschaft in der Bundesrepublik bieten und die innovative Nutzung einer solchen Infrastruktur fördern.

Vorzugsweise soll dabei die überregionale Kommunikation unterstützt werden, wobei die heutigen und künftigen Gegebenheiten lokaler Kommunikationsstrukturen berücksichtigt werden müssen. Als Endsysteme des Deutschen Forschungsnetzes treten Rechner verschiedenster Größenordnung vom Personal Computer bis zum Großrechner auf; funktionell können sie als Rechner oder nur als Terminal eingesetzt werden; lokale Rechnernetze können ähnlich als Endsysteme, mit möglicherweise verteilten Netzdiensten, angeschlossen sein oder auch als Subnetze, die den Weg zu Endsystemen eröffnen. Das DFN muß also die Kommunikation sehr heterogener Endsysteme ermöglichen. Im Grundsatz kann diese Aufgabe durch Abbildung von systemspezifischen Kommunikationsformen auf beliebige, auch herstellerspezifische Kommunikationsprotokolle gelöst werden, insbesondere wenn man Gatewayrechner heranzieht.

Das DFN hat sich aus grundsätzlichen Erwägungen nicht so entschieden. Nach Satzung ist festgelegt, daß das DFN unter Beachtung internationaler Standards und Normen errichtet wird. Daher folgt das DFN dem Konzept der offenen Systeme nach dem ISO-OSI-Referenzmodell (open system interconnection) und - soweit und sobald verfügbar - den dazu konsistenten CCITT-Empfehlungen und ISO-Standards. Dieses Vorgehen bedingt zwar einen schrittweisen Aufbau des DFN-Betriebs, hat aber eine Reihe wesentlicher langfristiger Vorteile:

- unnötige Abhängigkeiten von Herstellern werden vermieden, und Vernetzungsgesichtspunkte bedingen nicht die Systemauswahl bei Endsystemen
- die Protokolle sind stabil

- einfache Übergänge zu den künftigen Wissenschaftsnetzen anderer Länder sind möglich
- sehr viele Hardware- und Softwarehersteller können motiviert werden, DFN-geeignete Kommunikationsbausteine zu entwickeln, zu warten und zu vertreiben
- die Standarddienste der Fernmeldeverwaltungen sind direkt nutzbar; das DFN kann das X.25-Netz der Bundespost benutzen (DATEX-P) und muß nicht als Netzbetreiber auftreten.

Der DFN-Beschluß, den ISO-OSI-Weg zu gehen, ist heute, nachdem 12 europäische Hersteller eine Zusammenarbeit zur OSI-Implementation begonnen haben, die IBM die ISO-Schichten 4/5 als Produkt angekündigt hat und in vielen Ländern OSI-Netze in der Plannung sind, weit selbstverständlicher als 1983, als das DFN-Konzept entstand.

Technisch gesehen besteht die Entwicklung des DFN im wesentlichen aus der Entwicklung von Software-Komponenten, die innerhalb der Betriebssoftware von Rechnern und lokalen Netzen agieren und im überregionalen Verkehr die standardisierten Protokolle ausführen. Das erforderliche systemspezifische Wissen für diese Entwicklung ist nicht zentral bereitstellbar. Das DFN ist daher ein verteiltes Entwicklungsvorhaben, in dem dort konzipiert, spezifiziert, entwickelt und gewartet wird, wo das Systemwissen und die Systemumgebungen vorhanden sind. Die entstehenden Softwaremoduln müssen industrietypischen Qualitäts- und Wartungsnormen gehorchen und müssen ggf. an neue Versionen ihrer Systemumgebung angepaßt werden. Dies spricht zugunsten von Entwicklungen beim Systemhersteller oder in Softwarehäusern.

Neben die Bereitstellung von Kommunikations-Grunddiensten tritt die Förderung ihrer innovativen Nutzung. Rechnernetze sind in Deutschland ein neues Arbeitsmittel in der Wissenschaft, mit dem Aktualität, Qualität und Produktivität der wissenschaftlichen Arbeit deutlich verbessert werden können. Für das Arbeitsmittel müssen die Fachdisziplinen oftmals erst ihre spezifischen Arbeitstechniken entwickeln. Je wirksamer, innovativer und beispielhafter für andere diese sind, umso eher verdienen sie besondere Förderung. Ein wichtiges Kriterium für das Gewicht solcher Ansätze sind Qualität und Breite der Tranferchancen der Gruppen, die die neuartige Nutzung vorbereiten. Sie sollen sich selbst formen und organisieren. Es gibt zahlreichg erfolgversprechende Beispiele dafür.

Selbstorganisation ist auch der Nutzerschaft des DFN im ganzen auferlegt. Das Bundesministerium für Forschung und Technologie, das die Entwicklung des DFN 1983 bis 1988 bezuschußt, hat von Anfang an darauf gedrungen, daß die potentiellen Nutzer - wissenschaftliche Einrichtungen wie z.B. Universitäten, andere Forschungseinrichtungen - eine Organisation schaffen, in der sie verantwortlich Konzipierung,

Entwicklung, Betrieb und Förderung neuartiger Nutzung durchführen. Eine solche Organisation wurde mit der Gründung des "Vereins zur Förderung des Deutschen Forschungsnetzes (DFN-Verein)" Anfang 1984 geschaffen. Der Verein hat nach dem Stand vom März 1985 6o Mitglieder.

2. Basis-Dienste des DFN

Das Basis-DFN umfaßt die Dialogdienste (zeilenweiser Dialog und Virtuelles Terminal), den Dateitransferdienst (File Transfer) und den Stapelfernverarbeitungsdienst (Remote Job Entry) sowie die ihnen unterliegenden Dienste (z.B. X.25, T.70, ISO Level 4, Level 5).

Während die erstgenannten, im Sinne der OSI-Hierarchie höheren Dienste überwiegend noch nicht standardisiert sind, liegen zu den Diensten der Schichten 3, 4, 5 der OSI-Hierarchie CCITT-Empfehlungen bzw. ISO-Standards vor, so daß hier das DFN sich teilweise fertiger Produkte und Dienstleistungen bedienen kann. Wo die Standardisierung der erstgenannten Dienste nicht abgewartet werden kann, hat das DFN sich für die vorübergehende Einführung von Kommunikationsprotokollen entschieden, die im Rahmen der PIX-Entwicklung (Pilotimplementation X.25) entstanden sind. Das trifft für den Remote-Job-Entry-Dienst zu, der zunächst durch ein PIX-Protokoll realisiert wird, bis er - voraussichtlich erst gegen Ende des Jahrzehnts - durch ISO-JTM (Job Transfer und Manipulation) abgelöst werden kann, und ebenso für den File Transfer, der ein DFN-eigenes, vom Arbeitskreis Basis-DFN überarbeitetes Protokoll darstellt, das wahrscheinlich ab Ende 1987 durch Herstellerimplementation des ISO-File Transfer FTAM (File Transfer, Access, and Manipulation) ersetzt werden kann. Diese beiden vorübergehend eingesetzten Protokolle werden in der sogenannten "Nullgeneration" des DFN auf ca. 60 Rechnern schon heute verwendet, allerdings zunächst noch in einer vorläufigen, ebenfalls aus dem PIX-Vorhaben übernommenen Softwareumgebung, die auf sechs Systemfamilien verfügbar ist (vgl. Abb.1). Indem diese Kommunikationsbausteine auf die standardisierte Protokollschicht ISO Level 4 Class 0 (CCITT T.70) aufgesetzt werden, wird - ohne Anderung der Benutzungsschnittstelle für die Nullgeneration - die erste Protokollgeneration erreicht.

Die zweite Protokollgeneration ist durch die Einführung der ISO-Standards für Dateitransfer und Stapelfernverarbeitung definiert.

Abb. 2 zeigt die Strukturierung dieser Software in der nullten, ersten und zweiten Protokollgeneration. Die zugehörigen Softwaremoduln müssen innerhalb aller in

Abb.1 genannten Systemfamilien und in wichtigen lokalen Netzen realisiert werden.

Abb. 1: Verfügbarkeit der DFN-Basisdienste Dialog (...), Dateitransfer (-) und Stapelfernverarbeitung (- -) nach Rechensystemen. Terminplannung für IBM- und Siemens-BS 3000-Dienste ausgesetzt (Stand März 85)

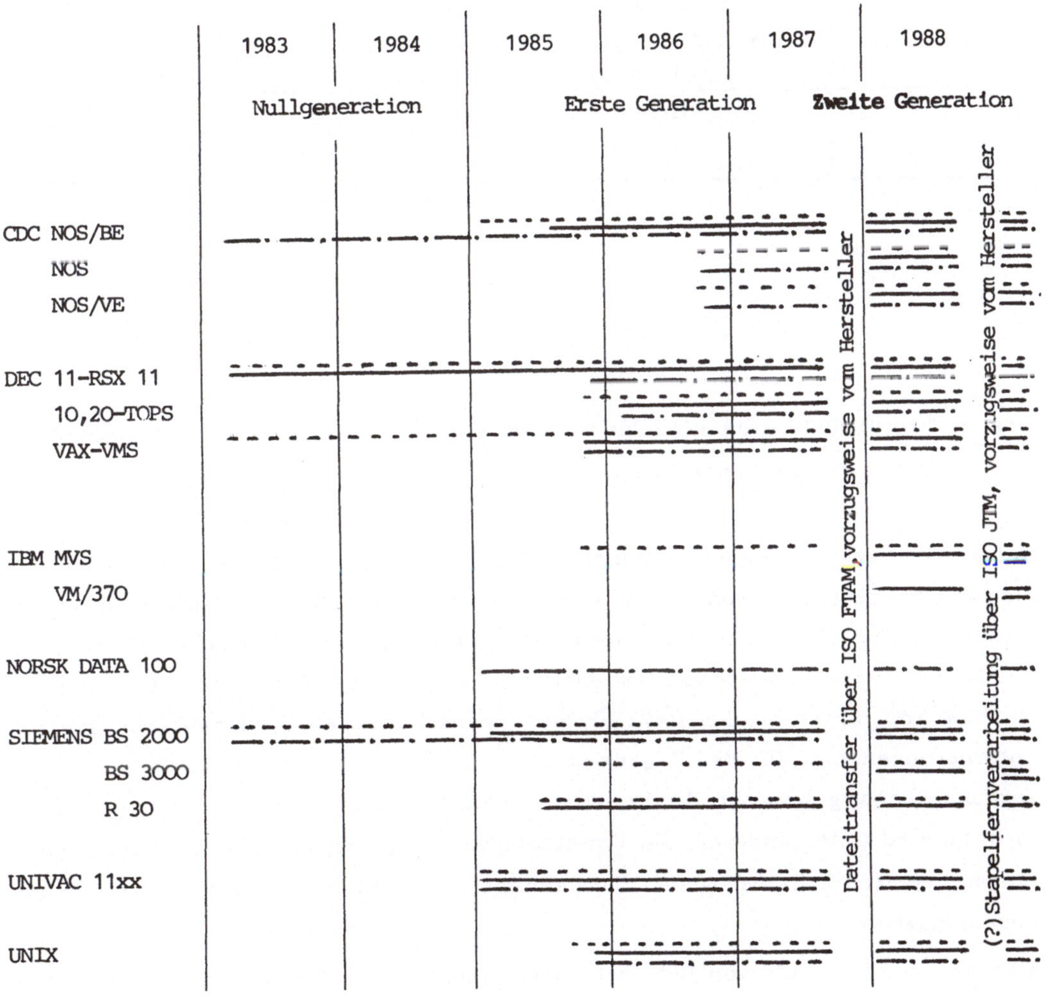

1983 1984 1985 1986 1987 1988

Nullgeneration

Erste Generation

Zweite Generation

CDC NOS/BE

NOS

NOS/VE

DEC 11-RSX 11

10,20-TOPS

VAX-VMS

IBM MVS

VM/370

NORSK DATA 100

SIEMENS BS 2000

BS 3000

R 30

UNIVAC 11xx

UNIX

Dateitransfer über ISO FTAM, vorzugsweise vom Hersteller

(?) Stapelfernverarbeitung über ISO JTM, vorzugsweise vom Hersteller

		Nullgeneration ab 1983	1. Generation ab 1985	2. Generation ab 1987
ISO	7	DFN-FT PIX-RJE	DFN-FT PIX-RJE	FTAM ab 1987 JTM ab 1988?
	6			
	5			ISO 5 BSS, BCS
	4	Message Link Protokoll (PIX)	T. 70 = ISO 4 Class 0	ISO 4 Class 2
	1..3	X.25 (Datex - P)		(ISDN?)

Abb. 2: Protokollhierarchie für File Transfer und Remote Job Entry; nullte, erste und zweite Protokollgeneration

Neben den bereits genannten Diensten sind Dialogdienste wesentlich; sie erlauben einem DFN-Teilnehmer, von einem Terminal mit einem entfernten Teilnehmersystem oder einem Mail-System zu kommunizieren. Hierzu bietet sich der zeilenweise Dialog nach X.3/X.28/X.29 an, der von fast allen in Abb.1 gezeigten Rechensystemen möglich ist, bzw. von direkt an das DATEX-P-Netz angeschlossenen Terminals. Für gewisse Anforderungen, z.B. für den Zugang zu Fachinformationssystemen, wird ein Virtual-Terminal-Dienst gebraucht, der im DFN für verschiedene Terminalklassen entwickelt wird. So wird unter anderem die Umsetzung zwischen IBM 3270-bezogenen Darstellungen, Siemens 8161-bezogenen Darstellungen und DEC VT 100-bezogenen Darstellungen möglich.

Eine wachsende Anzahl von DFN-Teinehmern möchte DFN-Dienste über lokale Netze in Anspruch nehmen. Das DFN muß ihnen die Basis-Dienste ebenso zugänglich machen wie den Benutzern der direkt an das DFN angeschlossenen Rechner. Lokale Netze können Subnetze des DFN darstellen, in welchem Falle sich für die am lokalen Netz operierenden Rechner ähnliche Entwicklungsaufgaben stellen wie für die autonomen angeschlossenen Rechner; sie können auch verteilte Endsysteme des DFN sein,

Netz ausführen (z.B. Server für File Transfer, Remote Job Entry). Das Vorgehen des DFN ist hier noch in der Konzeptionsphase und dadurch erschwert, daß die Standardisierung der lokalen Netze bislang nur untere Schichten erfaßt und daß in rascher Folge neue Netzkonzepte auf den Markt kommen. Grundsätzlich muß das DFN darauf dringen, daß die DFN-weiten Anwendungsprotokolle auf lokale Netze augedehnt werden. Einige wenige lokale Netze haben aber bereits Anwendungsprotokolle wirksam eingeführt; Gateways zu diesen Netzen sind erforderlich und müssen Anwendungsprotokolle ineinander umsetzen.

DFN-Protokolle sind für alle DFN-Entwicklungen verbindlich in einem Protokollhandbuch niedergelegt; mit dem DFN wird eine "Protokolltestmaschine" entwickelt, an der verbindliche Abnahmen von Kommunikationsbausteinen durchgeführt werden; langfristig bevorzugt das DFN hier die Einschaltung autorisierter Einrichtungen, z.B. des FTZs.

3 Mail-Dienste im DFN

Im Wissenschaftsbereich gibt es zahlreiche, lokal eingeführte Systeme zum Nachrichtenaustausch (Mail-Dienste). Viele sind überregional über den zeilenweisen Dialog (X.3/X.28/X.29) zugänglich. Das DFN wird diesen Systemen nicht ein weiteres ähnlich begrenzter Zielsetzung hinzufügen. Es nimmt sich stattdessen vor, ein Message Handling System MHS auf der Basis der X.400 - Empfehlung der CCITT einzuführen und dieses zur Integration bestehender Mail-Dienste einzusetzen.

Dazu hat das DFN zunächst untersuchen lassen, welche Funktionen die bestehenden Mail-Systeme haben, MHS-X.400 eingeschlossen, und wie sich diese zu den Anforderungen des Wissenschaftsbereich verhalten. Ergebnis ist, daß MHS-X.400 um einen Adreß-("Directory-") Dienst und um Mechanismen zur Gruppenkommunikation erweitert werden muß. Das bereits vorliegende MHS-X.400 der University of British Columbia wird auf Eignung für das DFN untersucht. Bei positivem Ausgang kann es ca. zum Jahresende 1985 zur Verfügung stehen.

Aus einer Eigenentwicklung kann das MHS-X.400 erst im Herbst 1986 angeboten werden. Das DFN hat daher Zwischenschritte unternommen: Seit Mitte 1984 ist DFN Pilotbenutzer des TELEBOX-Dienstes der Bundespost; Ende 1984 gab es ca. 100 TELEBOX-Teilnehmer aus dem DFN, das seine interne Projektkommunikation seit Januar 1985 über TELEBOX abwickelt.

Die Bundespost wird TELEBOX voraussichtlich an das MHS-X.400 anschließen; die GMD entwickelt einen Gateway zwischen ihrem KOMEX-MHS und EARN unter Benutzung von MHS-X.400-gemäßen Protokollen; damit werden auch diese beiden Systeme an MHS-X.400 gekoppelt. Der Anschluß weiterer Systeme ist in Plannung.

4. Neue Nutzungsformen

Die Förderung neuer Nutzungsformen von rechnergestützter Kommunikation und überregional verteilter Datenverarbeitung ist ein wichtiges langfristiges DFN-Ziel. Im DFN sind es nach dem jetzigen Stande die folgenden Gruppen, die sich, in der Regel selbst organisiert, durch eigene Plannung und Entwicklung auf die Benutzung eines überregionalen Rechnernetzes in neuartiger Form vorbereiten:

- Rechnergestützter Entwurf im Maschinenbau: Hier werden Verfahren für Darstellung und Austausch von Beschreibungen von Entwurfsobjekten in einem offenen Netz unter Rückgriff auf DFN-Protokolle vorbereitet; hiermit hängt inhaltlich eng eine Kooperation von Schiffbautechnikern zusammen.
- Hochenergiephysik: Hier besteht - unabhängig vom DFN - seit längerem eine Arbeitsgemeinschaft HEPNET, die sich jetzt auf die Nutzung des DFN vorbereitet.
- Künstliche Intelligenz.
- Entwurf von VLSI-Schaltungen: Als "Pasinger Kreis" betreibt eine Arbeitsgemeinschaft von Firmen und Instituten verteilten Entwurf von VLSI-Schaltungen, indem auf Datenhaltungen und Entwurfsoperatoren an verschiedenen Orten zurückgegriffen wird; der Betrieb unter Benutzung der Nullgeneration der DFN-Dienste ist aufgenommen worden. Auch das EIS-Projekt wird das DFN einsetzen.
- Chemie: Eine Kooperation zur Errichtung eines verteilten Unterstützungssystems für chemische Forschung ist begonnen worden. Das System schließt die Abwicklung von Fernexperimenten ein.

An den Beispielen zeigt sich übrigens, daß Betrieb und Wartung großer Anwendungssoftwaresysteme so aufwendig sein und so kritisch von ortsgebundener Erfahrung abhängen kann, daß die Inanspruchnahme nicht am Ort betreibbarer Anwendungssoftware ein wesentliches Motiv für verteilte Verarbeitung darstellen wird.

Fast alle diese - und eine große Zahl weiterer - Nutzungsformen greifen auf verteilte Graphikdienste zurück. Die wichtige Stellung, die auf dem Graphikgebiet in der Bundesrepublik erreicht worden ist, und die internationale Akzeptanz dieser Arbeiten ist von Anfang an ein Kern der anwendungsorientierten DFN-Vorhaben gewesen. Es sind im wesentlichen drei Aufgabengebiete, wenn man noch die Anwendung im Maschinenwesen einbegreift:

- Anpassung des graphischen Kernsystems (GKS) für zweidimensionale Raster- und Strichgraphik an graphische Datenverarbeitung in einem verteilten System. Dazu werden Verfahren zur Übermittlung von Graphik-Dateien unter Rückgriff auf im DFN bereitgestellte Dienste entwickelt, und das graphische Kernsystem wird durch Einführung neuer Schnittstellen so zerlegt, daß Verarbeitung und Ein/Ausgabe auf verschiedenen Systemen ablaufen können. Damit können große Verarbeitungsleistungen, spezielle Programme und spezielle Ein/Ausgabegeräte netzweit einsetzbar gemacht werden. GKS-Systeme werden über das Netz in einem neuartigen graphischen Benutzerdialog (graphisches Virtuelles Terminal) zugänglich gemacht.
- Entwicklung von Verfahren zur Übermittlung und Archivierung von dreidimensionalen Modellierdaten, wie sie für die Produktbeschreibung im Maschinenbau gebraucht werden, unter Rückgriff auf den ANSI-IGES-STANDARD (Initial Graphics Exchange Specification).
- Entwicklung von Verfahren zur Übertragung von Dokumenten, d.h. gemischten Text-Bild-Unterlagen.

5. Betrieb des DFN

Nach Stand Frühjahr 1985 gab es ca. 60 Einrichtungen, die die DFN-Kommunikationsverfahren benutzten. Praktisch alle verwenden den zeilenweisen Dialog, zu dem das DFN-Projekt DATEX-P-Anschlüsse, Hardware-PADs (packet assembly/disassembly) und Softwarebausteine bereitgestellt hat. Für die Lancierung des sogenannten DFN-Pilotbetriebs wurden 1983 und 1984 insgesamt ca. 3 Mio. DM bereitgestellt.

Nach Tranportvolumen sind es zwei RJE-Verbunde, die augenblicklich die wichtigsten Nutzer von DFN-Diensten sind:

- der Nordrhein-Westfalen-Verbund unter der Federführung der Universität Düsseldorf, der über RJE die Leistung des Vektorrechners der Universität Bochum Benutzern im Lande zugänglich macht
- Anschluß norddeutscher und Berliner Rechenzentren über RJE an den Berliner Vektorrechner

6. Erfahrungen mit der Entwicklung des DFN

Das DFN ist notwendigerweise ein Verbundprojekt, da der für die Entwicklung erforderliche Sachverstand nicht in einer Institution konzentrierbar ist. Die Partner des Projekts haben weit auseinanderliegende wirtschaftliche, betriebliche und wissenschaftliche Interessen am DFN, sie haben sehr verschiedene Infrastrukturen und Administrationsmechanismen. Ihnen steht eine Zentrale Projektleitung gegen über, die verbindliche Leistungen fordern muß, termingerechte, normkonsistente, langfristig zu wartende Produkte.

Auf die Einbindung in eine solches Vorhaben sind Wirtschaftsunternehmen und Großforschungseinrichtungen besser ausgerichtet als Hochschulen. Das DFN-Projekt akzeptiert, daß es in Wirtschaftsunternehmen und Großforschungseinrichtungen für wesentlich höhere Kosten Leistung kauft, als es bei Universitäten möglich wäre, die aber keine langfristig verbindlichen Verpflichtungen eingehen können.

Zunächst treten im DFN rein wissenschaftliche Ziele - obwohl der Titel "Forschungsnetz" eine andere Auffassung suggerieren kann - gegenüber der Entwicklung einer betriebstauglichen Infrastruktur zurück. Das wird nur wenig dadurch eingeschränkt, daß das Vorhaben an verschiedenen Stellen durch analytische Teilvorhaben abgesichert wird. Grundsätzliche Fragen der Gestaltung der Basis-Dienste stellen sich - angesichts der fortschreitenden Standardisierung - kaum noch. So stellt zunächst die Errichtung des DFN keine wissenschaftliche Herausforderung dar, wohl aber ist die Kooperation so vieler Partner im Wissenschaftsbereich ein ungewöhnliches Vorhaben.

Kooperationsbereitschaft haben die Initiatoren des Deutschen Forschungsnetzes sehr schnell erwecken können. In der ersten Phase haben die Arbeitskreise sehr viel zur Gestaltung des Projektes und wesentlich zum schnellen Start beigetragen. Die Selbstorganisation der Nutzergruppen ist eine sehr positive Erfahrung. Die Industrie hat die Idee des DFN gefördert und stellt ein wichtiges Element in der Mitgliedschaft des Vereins dar. Es ist anzunehmen, daß die Einbeziehung von DFN-Kommunikationsbausteinen in das Projektspektrum der Hersteller in den nächsten Jahren die noch erforderlichen Fortschritte macht.

Besonders glückliche Anfangsbedingungen für das Projekt wurden durch die frühe Verfügbarkeit einer in Netzprojekten bereits erfahrenen Projektleitung und durch die frühzeitige Erklärung des Bundesminsteriums für Forschung und Technologie, das Projekt mit erheblichen Mitteln zu fördern, gegeben.

Langfristig wird das Deutsche Forschungsnetz mehr als in diesen Jahren einen wissenschaftlich-innovativen Charakter haben. Wissenschaft ist immer auch die Entwicklung von Methoden und Werkzeugen für die Wissenschaft gewesen. Auf die elementaren Kommunikationsswerkzeuge, die augenblicklich noch im Vordergrund stehen, bauen bereits die verteilten Graphikdienste neue Schichten von Werkzeugen auf. Es ist abzusehen, daß sie künftig ihrerseits wieder elementare Werkzeuge darstellen, die Standardprodukte werden und auf die gestützt, die Wissenschaftler neue Methoden und Werkzeuge der Kommunikation erarbeiten können.

Literatur

Allgemeine Information über das Deutsche Forschunngsnetz findet sich vor allem in:

Deutsches Forschungsnetz - DFN, Kurzbeschreibung, Zentrale Projektleitung DFN, Berlin 1984

JESSEN, E.: Das Deutsche Forschungsnetz, in: Heger, D. et.al. (Hrsg.): Kommunikation in verteilten SystemenII, Berlin-Heidelberg-New York-Tokyo: Springer, 1985

ULLMANN, K.: Deutsches Forschungsnetz (DFN) - eine anwendungsorientierte Entwicklung von Kommunikationsdiensten, 14. Jahrestagung der Gesellschaft für Informatik, Braunschweig 1984

Zu Einzelheiten des Deutschen Forschungsnetzes berichten die folgenden Beiträge in: Heger, D. et.al. (Hrsg.): Kommunikation in verteilten SystemenII, Berlin-Heidelberg-New York-Tokyo: Springer, 1985

BAUERFELD, W.L.: Einbettung von lokalen Netzwerken im DFN

CONRADS, D.: Funktionalität und Bewertung von Message-Systemen

EGLOFF, P.: Graphische Dienste im DFN

KAUFMANN, P., TSCHICHHOLZ, M.: Der DFN-Message-Dienste im MHS-Kontext

KNOP, J. und Mitarbeiter der Rechenzentren der Universitäten Aachen, Bielefeld, Bochum, Düsseldorf, Köln: NRW-Jobverbund im Deutschen Forschungsnetz - Erfahrungen und Probleme beim Betrieb

TRÜOL, K.: Zum Betrieb des Deutschen Forschungsnetzes

WARNKING, A., SANTO, H.: Konzept für den Directory Service im Message-Handling-System des Deutschen Forschungsnetzes

WOSNITZA, L.: Gruppenkommunikation im MHS-Kontext

Zu den Graphik- und Modellierungsprojekten im Rahmen des Deutschen Forschungsnetzes siehe die folgenden Beiträge in diesem Band.

ALMOND, J.C.: Die funktionale Abbildung von GKS auf den Computer Graphics-Metafile

ALHEIT, B., KUHLMANN, H.: Kommunikation über graphische Standardschnittstellen

SCHELLER, A.: Verteilte Dokumentenverarbeitung

EGLOFF, P., EGELHAAF, C., SCHÜRMANN, G.: Einsatz des Computer Graphics Interface (CGI) in offenen Rechnernetzen

ENGELMANN, E.: Rechnergestützte Statik von Skelettbauten aus Stahlbeton

GRABOWSKI, H., KÖTHE, M., KRAUSE, F.-L., HOFMANN, H., NOWACKI, H., PARLAR, K.: Anforderungen an geometrisches Modellieren in Rechenzentren

HOFFMANN, K., HARANT, H.-P., THIELE, W.: Ein Graphik-Editor auf IC-CAD.: GKS-gerechte Hierarchiennutzung zur Datenreduktion

MAISS, G.: Graphik-Dienste und Modellierdienste im DFN

Technische Detailinformation zum Deutschen Forschungsnetz ist zugänglich über: DFN-Verein, Zentrale Projektleitung, Pariser Straße 44, 1000 Berlin 15

Graphik-Dienste und Modellierdienste im Deutschen Forschungsnetz

Gisela Maiß
DFN-Verein, Berlin

1. Allgemeine Zielsetzungen

1.1. Anwendungshintergrund

Der Grund für die Erarbeitung von Konzepten und Realisierungen für Graphik- und Modellierdienste im Deutschen Forschungsnetz (DFN) liegt in dem zunehmenden Einsatz der graphischen Datenverarbeitung in Rechnernetzumgebungen des Wissenschaftsbereiches. Bei der rechnergestützten Entwicklung komplexer technischer Produkte wächst der Bedarf, auf die aktuellen anwendungsbezogenen graphischen Informationen über spezielle Dienste eines Rechnernetzes zuzugreifen. Im DFN werden für solche Anwendungen Kommunikationsdienste, sowohl zwischen verteilten Graphiksystemen als auch zwischen Modelliersystemen in einem Netz konzipiert, entwickelt und bereitgestellt.

Im einzelnen spielen dabei folgende Überlegungen eine Rolle:

– Graphische Hardware, insbesondere teure Spezialgeräte, soll frei zugänglich und kostengünstig möglichst vielen Anwendern verfügbar gemacht werden. Die Ausnutzung spezieller Betriebsmittel, so z.B. die Nutzung großer CPU-Kapazitäten (Vektorrechner) zur Berechnung geometrischer Modelle oder von Massenspeichern zur Archivierung graphischer Informationen soll möglich gemacht werden.

Massenspeichern zur Archivierung graphischer Informationen soll möglich gemacht werden.

- Für den Bereich der graphischen und Modelliersysteme sollen dem Anwender Softwareressourcen an entfernten Standorten zur Verfügung gestellt werden, d.h. es soll möglich sein, mit anderen graphischen und Modelliersystemen oder -subsystemen an verschiedenen Stellen im Netz zu kommunizieren und zu arbeiten.

1.2 Entwicklung von speziellen Kommunikationsdiensten

Die auf dem Gebiet der graphischen Datenverarbeitung betriebenen Standardisierungsaktivitäten haben für die zweidimensionale Vektor- und Rastergraphik zu dem geräte- und rechnerunabhängigen Graphischen Kernsystem (GKS) geführt. Im Rahmen des DFN wird unter Berücksichtigung dieser Entwicklung und der Ergebnisse der deutschen und internationalen Normung das existierende GKS netzfähig gemacht, d.h. es wird in Teilkomponenten zerlegt, und es werden Schnittstellen verfügbar gemacht, über die verschiedene Software- und Hardwaresysteme im "**graphischen Dialog**" und "**graphischen Filetransfer**" kommunizieren können.

Die Einbeziehung des Modellierens (Bereich des CAD - Computer Aided Design) in das Konzept des DFN erfolgt unter verschiedenen Gesichtspunkten. Einerseits besteht ein erheblicher Bedarf, Modellierdaten zwischen unterschiedlichen Modelliersystemen auszutauschen: Die Datenbestände von Modelliersystemen bilden oft den Kern des Informationsbestandes im technischen Bereich, der für viele Unternehmen und Einrichtungen allmählich an die Stelle von Zeichnungsarchiven und anderen technischen Informationssammlungen tritt. Der Austausch solcher Information ist nicht nur für die Kommunikation zwischen verschiedenen Abteilungen eines Unternehmens, etwa während der Entstehung eines Produkts, sondern auch für Mitteilungen zwischen verschiedenen Unternehmen oder Geschäftspartnern z.B. bei Angeboten oder Unteraufträgen von Zulieferern, von entscheidender Bedeutung. Andererseits ermöglicht die Bereitstellung eines dem "Graphischen Dialog" ähnlichen Dienstes "**Modellierdialog**" auch die Nutzung unterschiedlicher, verschieden leistungsstarker CAD-Systeme und Modellier-Ressourcen vom eigenen Standort aus. Hieraus folgt, daß auch für den Bereich der Modelliergraphik die Kommunikationsfähigkeit der Modelliersysteme durch die Entwicklung entsprechender Dienste sichergestellt werden muß.

Ein weiteres Ziel bei der Entwicklung von Diensten im Rahmen der Graphik-Aktivitäten im DFN ist es, "Dokumente" im Netz zu bearbeiten und zu übertragen. In dem hier betrachteten Zusammenhang wird unter Dokument eine aus Text und Graphik gebildete Einheit verstanden. Auf diesem Gebiet gibt es derzeit Standardisierungsbemühungen beim CCITT und bei der ISO, die bei der Entwicklung einer Dokumentendatenstruktur für das DFN berücksichtigt werden.

Zusammenfassend lassen sich die im Rahmen des DFN zu bearbeitenden Aufgaben im Gebiet der graphischen Datenverarbeitung in die folgenden drei Komplexe gliedern, die in den nachfolgenden Kapiteln näher erläutert werden sollen:

- Entwurf und Realisierung eines **GKS-orientierten graphischen Dialogs** und eines **graphischen Filetransfer**,
- **Übertragung und Bearbeitung von Modellierdaten** im DFN und
- Entwicklung einer Datenstruktur zur Integration von Text und Graphik in Dokumenten und **Übertragung der Dokumente** im DFN.

2. Der GKS-orientierte graphische Dialog

Die heutige Systemumgebung von Nutzern graphischer Dialogperipherie, die mit einem graphischen Kernsystem (GKS) und den darauf aufsetzenden Anwendungen verbunden ist, läßt sich folgendermaßen charakterisieren: In jedem Endgerät (Rechner) muß die Driver-Software für jedes benutzte Peripheriegerät realisiert sein. Dies ist aus betrieblicher Sicht aufwendig, da jede Änderung einer Einzelsystemumgebung eine Änderung in den zentralen Systemen zur Folge hat. Im DFN wird daher ein anderer Lösungsansatz gewählt: Das GKS wird in Teilkomponenten zerlegt, welche rechnerunabhängig implementiert werden können. Weiterhin wird ein Kommunikationssystem spezifiziert, das Dienste zur Verfügung stellt, die auf jedem Rechner im Netz mit den gleichen Schnittstellen aufgerufen werden können.

Dazu wurde im DFN als Schnittstelle für den graphischen Dialog zwischen GKS-Kern und der graphischen Peripherie (im folgenden im Begriff "Workstation" zusammengefaßt) das "Workstation Interface" (WSI) spezifiziert. Dieses wird im DIN und bei der ISO als Normvorschlag diskutiert. Es ist zugleich als Untermenge des "Computer Graphics Interface" anzusehen, welches als "Work Item" im Standardisierungsprozeß der ISO befindlich ist und einen internationalen Standard für ein virtuelles graphisches Terminal definieren soll.

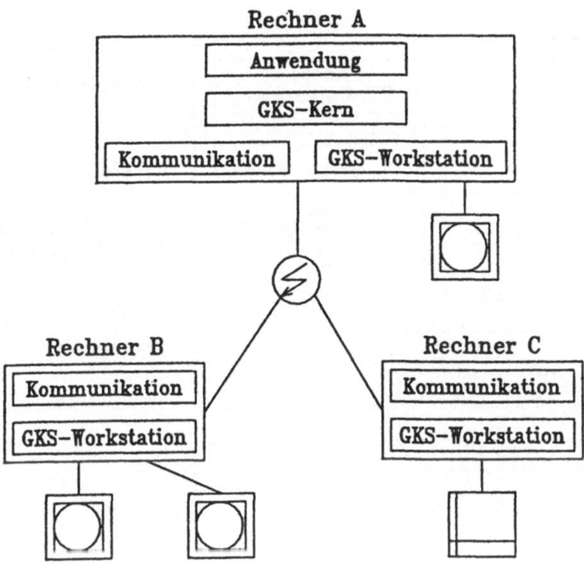

Abb. 2.1: GKS-Anwendung in verteilten Systemen

Abb. 2.1 zeigt eine mögliche Konfiguration einer GKS-Anwendung in einem verteilt angeordneten GKS. Ein Benutzer des graphischen Anwendungsprogramms auf dem Rechner A kann graphische Peripherie an den Rechnern A, B und C benutzen, unabhängig davon, an welchem der drei Rechner er sich befindet.

Um diese zukünftige Situation eines verteilten GKS zu erreichen, ist neben der Spezifikation des WSI als Netzstandard noch die Entwicklung eines graphischen Dialogprotokolls durchzuführen. Ein sogenannter Graphic-Communication-Controller im Host und in der Workstation, sowie ein Remote und ein Local Workstation-Controller verwalten die Verbindungen, bilden WSI-Funktionen auf die Übertragungsfunktionen des verteilten Systems ab, bauen Datenstrukturen auf und übertragen die Daten in kodierter Form. Abb. 2.2 zeigt die Einbettung des GKS-orientierten Kommunikationssystems in das ISO/OSI-Architekturmodell oberhalb der Transportschicht.

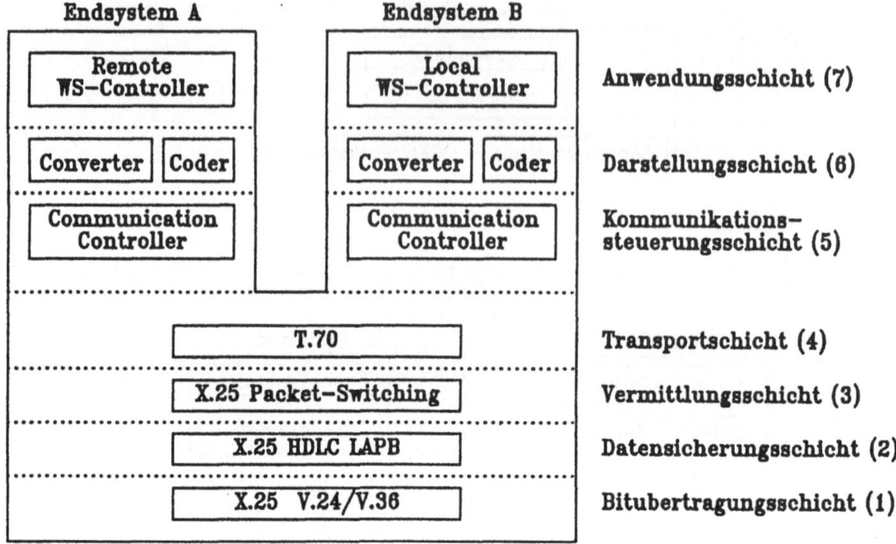

Abb. 2.2: Einordnung des GKS-orientierten Kommunikationssystems in das Architekturmodell

2.1 Graphischer Filetransfer

Für den Austausch zweidimensionaler graphischer Informationen zwischen verschiedenen Rechnersystemen wird ein Filetransfer-Dienst für speielle graphische Datenstrukturen entwickelt. Hierzu wird der bestehende Filetransfer-Dienst ergänzt und erweitert. Zweck eines solchen Austauschs ist es u.a., die Daten an anderer Stelle weiterzuverarbeiten, editieren und auf dafür besonders geeigneten Systemen archivieren zu können, sowie die Daten für die Ausgabe auf ein graphisches Gerät zu interpretieren.

Es sollen zwei verschiedene Datenstrukturen berücksichtigt werden. Zum einen soll der im Anhang E des GKS-Dokumentes beschriebene sequentielle GKS-Metafile (GKSM) zur geräte-, betriebssystem- und rechnerunabhängigen Speicherung graphischer Informationen verwendet werden. Dieser kann sowohl zur Protokollierung des Ablaufs einer GKS-Anwendung als auch zur Archivierung graphischer Daten und ihrer Struktur dienen. Der Inhalt des Metafiles kann später mit Hilfe des GKS interpretiert und manipuliert werden. Außerdem wird innerhalb der ISO zur Zeit an einer normierten Schnittstelle zur Speicherung zweidimensionaler Graphik, dem Computer Graphics Metafile (CGM), gearbeitet. Begründet ist diese Entwicklung in der Tatsache, daß viele Anwendungen die geräteunabhängige Speicherung und den Transport graphischer Daten benötigen, ohne das GKS zu verwenden, da z.B. die Speicherkapazitäten der Rechenanlagen für ein komplettes GKS nicht ausreichen bzw. spezielle Anwendungsgebiete vorliegen.

Eine nach den GKS-Konventionen strukturierte Datei wird in Klartextkodierung übertragen. Bei den zu übertragenden CGM-Dateien werden verschiedene Datenstrukturen und Kodierungen (Klartext-, Zeichen- und Binärkodierung) untersucht. Es wird geprüft, welche Kodierung unter den Gesichtspunkten von Rechenzeit- und Übertragungszeitaufwand am günstigsten ist. Außerdem werden geeignete Komprimierungsmethoden z.B. durch Festlegung von höheren graphischen Funktionen (Ellipse, Splines,...) und deren Datenstrukturen entwickelt.

3. Modellieren in offenen Netzen

Für den Bereich der Modellierung existieren bisher keine endgültigen internationalen, über den speziellen Hersteller hinausgehenden, normierten Vereinbarungen hinsichtlich der Übertragung produktdefinierender Daten (CAD-Daten) zwischen heterogenen Modelliersystemen. Ein wichtiger Ansatz für diesen Bereich auf der Ebene der Dateischnittstelle ist durch den heute vorliegenden ANSI-Standard IGES (Initial Graphics Exchange Spezification) gegeben. Im deutschen Bereich gibt es Absprachen bei dem Verband der Automobilindustrie (VDA) über die Festlegung einer Dateischnittstelle für den Geometriedatenaustausch. Beide Schnittstellen sollen bei den Überlegungen des DFN berücksichtigt werden. Sie legen Formate für Dateien von Modellierdaten fest, die allerdings noch nicht allen Ansprüchen für die Anwendung im Netz hinsichtlich ihrer Datenstrukturen und Kodierung genügen.

Ziel eines Modelliervorgangs für technisch-geometrische Objekte ist die Erzeugung einer rechnerinternen Darstellung (RID), welche die geometrischen und nichtgeometrischen Eigenschaften des Objekts bzw. Produkts beschreibt. In einem Modelliersystem liefert der Anwender über seine Eingabegeräte Informationen über die Geometrie des Objekts und weitere produktdefinierende Daten, aus denen das System eine rechnerinterne Darstellung des Objektmodells aufbaut. Dies bleibt natürlich auch in einer Netzumgebung Zielsetzung des Modellierens. Jedoch können in einem offenen Netz die Bestandteile des Modelliersystems auf mehrere Standorte verteilt sein. Folgende Betriebsform werden im DFN entwickelt bzw. untersucht:

Modellieren am eigenen Standort (local modelling): Hier befindet sich das Modelliersystem am gleichen Standort wie der Anwender. Jedoch kann es nötig sein, einzelne Daten von anderen Standorten, wo diese z.B. von anderen Modelliersystemen erstellt worden sind, in den Modelliervorgang einzubeziehen. Diese Betriebsform erfordert einen Filetransfer über das Netz, bei dem für den Transfer modelliersystemeigene Darstellungen über Konvertierungsprozessoren in standardisierte Darstellungen des Netzes umgewandelt werden.

Modellieren mit entfernten Systemen (remote modelling): Arbeitet der Anwender mindestens für einzelne Arbeitsschritte mit Modelliersystemen, die sich an entfernten Standorten befinden, so benötigt er neben dem Filetransfer auch den Kommunikationsdienst eines Modellierdialogs (Abb.3.1). In dieser Betriebsform erhält der Anwender Zugang zu fremden Modelliersystemen im Netz, deren Leistungsumfang über lokal vorhandene Möglichkeiten hinausgehen kann.

Verteiltes Modellieren (distributed modelling): Bei dieser Betriebsform befinden sich mehrere Modelliersysteme oder -subsysteme an verschiedenen Stellen im Netz. Der Anwender arbeitet mit den einzelnen Modellierern im Modellierdialog über eine allgemeine Anwenderschnittstelle, wobei er Unteraufträge vergibt und die Ergebnisse sequentiell oder asynchron erhält.

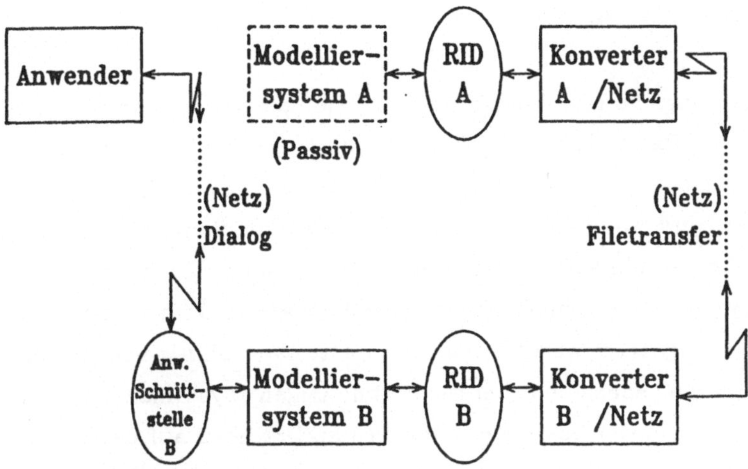

Abb.3.1: Modellieren mit entferntem System B

Die Möglichkeit der verteilten Modellierung in offenen Rechnernetzen wird im DFN für ein Spektrum typischer Modellierer und Anwendungen entwickelt und erprobt. Es wird eine Einteilung der Funktionen und Elemente von Modelliersystemen nach Leistungsklassen anstrebt. Dies soll in einer Studie untersucht werden.

Als Anforderungen und Aufgaben des Modellierbereichs in Bezug auf die Kommunikation lassen sich folgende Punkte nennen:

- Realisierung eines Filetransfers, der eine kosten- und zeitoptimierte sowie eine vom Rechnersystem unabhängige Datenübertragung erlaubt,
- Entwicklung einer Dialogkomponente, aufbauend auf einer Schnittstelle zwischen einer CAD-Workstation und einem oder mehreren Modelliersystemen und
- Vergabe von Teilaufträgen über den standardisierten RJE-Dienst sowie Verwendung einfacher Hilfsmittel zur Synchronisation für die Kommunikation zwischen Modelliersystemen und einem Modelliersystem mit einem Background-Prozessor (Durchführung rechenintensiver Aufgaben).

4. Dokumentenverarbeitung im DFN

Unter der Verarbeitung von Dokumenten wird in diesem Zusammenhang die einheitliche Erstellung, Darstellung und Manipulation von Informationen verstanden, die aus alphanumerischen Zeichen, Sonderinformationen wie mathematischen und chemischen Formeln und zweidimensionalen Graphiken im Sinne des Graphischen Kernsystems GKS - d.h. sowohl Vektor- als auch Rastergraphik - bestehen?
Der im DFN zu entwickelnde Dokumentendienst soll vorwiegend im wissenschaftlich-technischen Bereich eingesetzt werden. Die integrierte Darstellung von Graphik und Text ist heute nur mit speziellen herstellerabhängigen Systemen möglich. Der Schwerpunkt der angestrebten Dokumentendienste im DFN wird auf der dezentralen Erstellung und Bearbeitung von Dokumenten liegen. Weiterhin sollen Dokumente über das DFN ausgetauscht und weiterverarbeitet werden können. Dazu wird die Festlegung DFN-einheitlicher Datenstrukturen und Schnittstellen zu Dokumenten auf verschiedenen logischen Ebenen vorgenommen. Der Empfänger solcher Dokumente soll diese nicht nur auf einer größeren Klasse von Ausgabegeräten ausgeben können, sondern er soll auch in die Lage versetzt werden, Änderungen am Dokument selbst (d.h. an seiner rechnerinternen Darstellung) vornehmen und entsprechend aufbereiten zu können.

Die Arbeiten sind eingebettet in internationale Normungsaktivitäten bei ISO und CCITT, die z.B. zur Definition von Dokument-Modellen (Office Document Architecture (ODA)) sowie zur Verarbeitung von Dokumenten (u.a. Definition, Speicherung, Transport) mittels CLPT (Computer Languages for the Processing of Text) geführt haben. Diese Aktivitäten finden bei den im DFN geplanten Arbeiten Berücksichtigung.

Um im DFN möglichst schnell einen Dokumentendienst anbieten zu können, soll die Entwicklung in einzelnen Stufen freigegeben werden, die aufwärtskompatibel sind. Grundidee ist in jedem Fall, die alphanumerischen Informationen in einer Textdatei und die graphischen Informationen in einer dem GKS nahestehenden Meta-Datei, z.B. dem GKS-Metafile oder dem Computer Graphics Metafile (CGM), darzustellen und beide möglichst weitgehend zu einem sogenannten "Document Metafile - DOCM" zu integrieren. DOCM soll als eine für das DFN fest zu vereinbarende geräteunabhängige Datenstruktur entwickelt werden. Für die Texterfassung werden bereits existierende Text-Editoren eingesetzt.

Das Ziel eines Dokumentenmodenls in einem idealen Dokumentensystem wäre die integrierte Darstellung von logischen und Layout-Strukturen. Dieses Konzept läßt sich bei der Verwendung von bestehenden Editoren und Formatierern - es ist an TeX als sehr komfortablem und weit verbreiteten, betriebssystemunabhängigen Forma-

formatierte (DOCM) und unformatierte Dokumente (DOC) benötigt. Das Architekturmodell aus ODA soll für die Datenstruktur DOC übernommen werden, und für DOCM soll bis auf weiteres die geräteunabhängige TeX-Datei, erweitert um GKSM bzw. CGM Verwendung finden. In der ersten Entwicklungsstufe sollen möglichst viele bereits bestehende Softwarekomponenten (Text-Editor, GKS) verwendet werden. Abb.4.1 zeigt die zweite Entwicklungsstufe des Dokumentensystems mit einem erweiterten Text-Editor und einem graphischen Editor, wie sie bis 1. Quartal 1986 zur Verfügung stehen soll.

Unter Verwendung der DOC-Datei und des Filetransfer sollen im DFN Dokumente dezentral aufbereitet und weiterverarbeitet werden können. DOCM ermöglicht zusätzlich die Ausgabe der aufbereiteten Information an Rechnersystemen, auf denen nur die entsprechende Treiber-Software, nicht aber der komplette Formatierer zur Verfügung stehen muß.

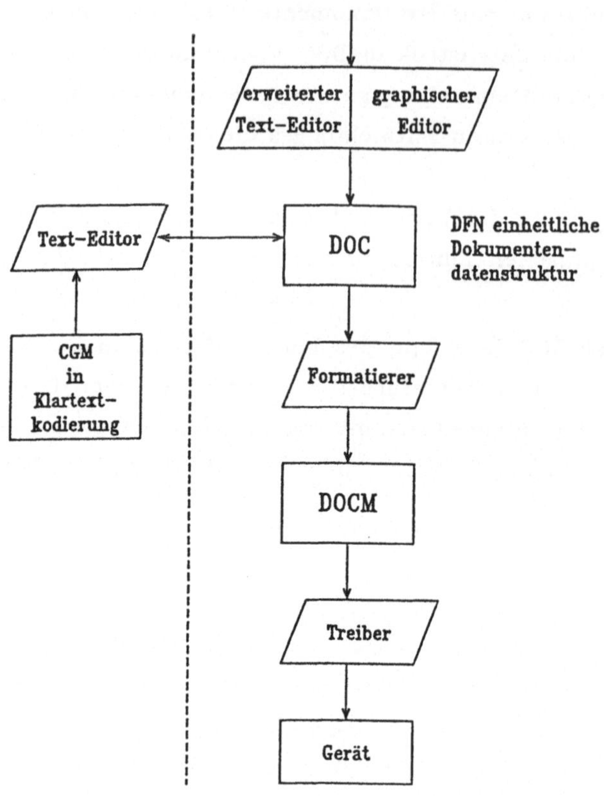

Abb. 4.1: Entwicklungsstufe II des Dokumentensystems

Der Textteil eines Dokuments besteht in der Regel weitgehend aus Worten und Begriffen. Im Sinne der Verringerung von Netzkosten sollen spezifische Merkmale des Textes ausgenutzt werden, um den Umfang zu reduzieren (z.B. Entfernen von Blanks oder Einführen von Kurzkennzeichen). Hierzu sollen verschiedene Komprimierungsverfahren auf Eignung für den Einsatz im DFN untersucht werden, wobei insbesondere auf ein kostenminimales Gleichgewicht zwischen Rechnernutzung und Netzübermittlungskosten geachtet werden soll.

Literatur

Die folgenden Dokumente sind für die beschriebenen Arbeiten von Bedeutung und bei der Zentralen Projektleitung (ZPL) bzw. beim DIN erhältlich.

Graphische Kommunikation in offenen Netzen, - Ziele und Lösungsansätze - ZPL-DFN Berlin, Mai 1984

Protokollhandbuch, Version 2, ZPL-DFN Berlin, Mai 1985

BECHLARS, J., EGELHAAF, CHR., SCHÜRMANN, G.: GKS-orientiertes Kommunikationssystem in offenen Rechnernetzen, DFN-Pflichtenheft G003-1, August 1984

EGLOFF, P., FOEST, G., HAMMERL, L., SCHULZ, M.: Computer Graphics Metafile Transfer in offenen Rechnernetzen, DFN-Pflichtenheft G003-2, August 1984

EGLOFF, P., SCHELLER, A., SMITH, C.: Verarbeitung von Dokumenten in offenen Rechnernetzen, DFN-Pflichtenheft G003-3, August 1984

NOWACKI, H., PARLAR, K., WETZEL, H.: Modellierung und Graphik für Objektklassen des Maschinenwesens, DFN-Pflichtenheft G005, September 1984

REHN, H.-W.: Übertragung produktbeschreibender Daten, DFN-Pflichtenheft G007, September 1984

ALHEIT, B., ENCARNACAO, J., KUHLMANN, H.: GKS im Netzwerkbetrieb; Realisierung im BS2000, DFN-Pflichtenheft G006, November 1984

ALMOND, J.C., HAHN, J., RABENSEIFNER, R.: Verteiltes GKS und CGM-Output-Workstation, DFN-Pflichtenheft G002, Februar 1985

ISO/DIS 7498 Open Systems Interconnection, Basic Reference Model, April 1982

ISO/DIS 7942 Graphical Kernel System, Functional Description, November 1982

ISO/TC97/SC5/N881-N884 Computer Graphic Metafile for transfer and storage of picture description information, Functional description and encoding, Part 1, 2, 3, 4, July 1984

Computer Graphics Interface, dpANS X3h3 84/45

BECHLARS, J., EGELHAAF, C., SCHÜRMANN, G.: The GKS-Workstation Interface, Version 1.0, DIN-AK 5.9.4 / 15-84, August 1984

NATIONAL BUREAU OF STANDARDS (NBS): Initial Graphics Exchange Specification (IGES), Version 2.0, U.S.Dept. of Commerce, Washington 1983

VERBAND DER AUTOMOBILHERSTELLER (VDA), VERBAND DEUTSCHER MASCHINEN- UND ANLAGENBAU (VDMA): VDA-VDMA-Flächenschnittstelle, Frankfurt 1983

ISO/TC97/SC18/WG3/N283 Office Document Architecture, Februar 1984

ISO/TC97/SC18/WG3/N284 Office Document Interchange Formats, Februar 1984

ISO/TC97/SC5/N749 Computer Language for the Processing of Text (CLPT), 1983

Fortschrittliche, netzfähige und graphisch-interaktive Arbeitsplatzrechnerkonzepte

G. Färber
Lehrstuhl für Prozeßrechner, Technische Universität München

1. Einleitung

Beobachtet man die heutige Entwicklung der Personal Computer, so erkennt man einen deutlichen Trend zu einer immer weitergehenden Graphik-Fähigkeit. Hier scheint auch die einzige Chance neuer Anbieter gegen die heutige Form des IBM-PC zu liegen: Die einzig erfolgreiche Alternative ist ja der Apple-Mackintosh, der sich besonders durch seine graphische Oberfläche auszeichnet, und auch die Neuankündigung von ATARI (ST 512) mit dem "Graphics Environments Manager (GEM)" weist in diese Richtung /1/.

Betrachtet man die graphischen Funktionen dieser Systeme allerdings näher, so erkennt man, daß sie insbesondere die Verwaltung einer graphisch orientierten Benutzeroberfläche mit Icons, Window-Management und Pop-Up-Menues unterstützen. Sind dagegen leistungsfähige Graphikfunktionen für professionelle Anwendungen erforderlich, dann werden sehr viel leistungsfähigere, graphisch-interaktive Arbeitsplatzrechner benötigt.

Gegenstand dieses Beitrags ist die Hardware-Architektur und die Basis-Software, auf welcher heutige netzfähige und graphisch-interaktive Workstations aufbauen. Abb.1 zeigt ein typisches Netz von CAD-Arbeitsplatzrechnern, in welchem mehrere CAD-Arbeitsplätze über ein lokales Netz untereinander und mit einer oder mehreren Stationen verbunden sind, welche als Server-Rechen- und Kommunikationsleistungen ebenso anbieten wie die Verwaltung größerer Platten oder Plottersysteme.

Im folgenden soll zunächst die Architektur innerhalb eines Graphik-Arbeitsplatzrechners beschrieben werden (Abschnitt 2) , danach wird die Architektur des lokalen Netzes behandelt, zu welchem die Arbeitsplatzsysteme zusammengeschaltet sind (Abschnitt 3). Der Beitrag schließt mit einigen Tendenzen für die zukünftige Entwicklung solcher Arbeitsplatzsysteme.

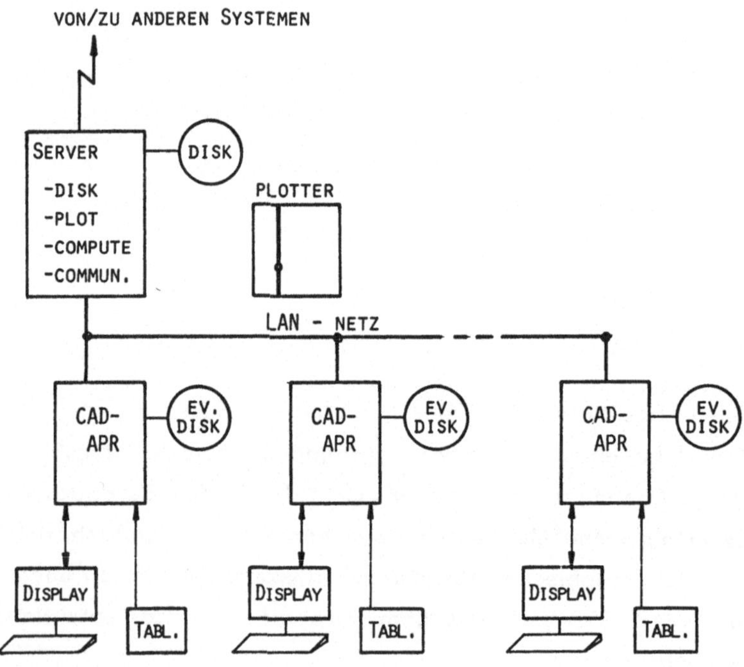

Abb. 1 : Vernetzte CAD-Arbeitsplatzrechner

2. Architektur graphischer Arbeitsplatzrechner

2.1 Anforderungen an eine graphische Workstation

Professionelle Anwender, welche ihren Arbeitsplatzrechner für graphisch-interaktive Aufgaben einsetzen möchten, werden insbesondere folgende Anforderungen stellen:

- Die Workstation muß eine hohe Verarbeitungsleistung für die graphische Anwendung zur Verfügung stellen. Die Graphik repräsentiert ja meistens die Oberfläche von Anwendungen, welche zum Teil extreme Anforderungen an die Rechenleistung stellen. Hierzu zählen etwa die Anwendungen der Finite-Element-Methode, die Simulation strömungsmechanischer Vorgänge oder das Molecular Modelling in der Chemie.
- Um hohe Interaktivität der Graphikfunktionen zu erreichen, muß das graphische Subsystem ebenfalls eine hohe Verarbeitungsgeschwindigkeit bereitstellen. Insbesondere, wenn dreidimensionale Modelle dargestellt und manipuliert werden müssen (einschließlich der Hiddenline-Probleme und der Anwendung von Beleuchtungsmodellen), sind Verarbeitungsleisstungen im Bereich von 10 bis 100 MIPS nicht außergewöhnlich. Auch für die Verwaltung von mehreren Windows, welche möglichst rasch umgeblättert und verschoben werden mussen, ergeben sich hohe Anforderungen.
- Die Arbeitsplatzrechner müssen netzfähig sein, also die Integration in einem Verbund von Graphikstationen mit Hardware und Software unterstützen. Wie heute beim Umgang mit Texten der Bedarf an Kommunikation immer mehr zunimmt, lassen sich ähnliche Bedarfssteigerungen im Bereich der Graphik leicht voraussagen.
- Schließlich sollen in der Software möglichst Standards genutzt werden, um den Umgeng zur jeweils neuesten Hardware-Technologie mit minimalem Übertragungsaufwand sicherzustellen. Beispiele für solche Standards sind das Betriebssystem (z.B. UNIX), das Graphische Kernsystem GKS und die Kommunikationsstandards.

In den folgenden beiden Abschnitten wird untersucht, in welchem Umfang diese Anforderungen beim heutigen Stand der Technologie erfüllt werden können.

2.2 Hardware- und Software-Architektur der Workstation

Betrachtet man die innere Architektur einer fortschrittlichen Workstation, so erkennt man, daß bereits eine Aufgabenverteilung auf mehrere leistungsfähige und zum Teil spezialisierte Prozessoren erfolgt:

- Einerseits gibt es den Applikationsprozessor, auf welchem die Verarbeitung der eigentlichen Anwendung erfolgt. In manchen Systemen können optionell sogar mehrere Applikationsprozessoren eingesetzt werden, welche parallel zueinander Teile der Applikation bearbeiten. Manche Aufgaben aus dem Bereich CAD (z.B. Simulation, Finite-Elemente) eignen sich besonders gut für eine derartige Aufteilung.
- Daneben gibt es Ein/Ausgabe-Prozessoren, welche einerseits die Steuerung der Peripherie-Geräte (Platte, Band) übernehmen und welche sich andererseits um die Kommunikation im lokalen Netz oder im öffentlichen Netz kümmern. Hier handelt es sich also um die Auslagerung von a priori festgelegten Funktionen.
- Für die Bedienung der Graphik werden ebenfalls intelligente Subsysteme eingesetzt, welche im allgemeinen mit Hilfe von Spezialprozessoren ihre rechenintensive Aufgabe bewältigen.

Ein Architektur-Beispiel ist in Abb. 2. dargestellt. Häufig verfügen diese Arbeitsplatzrechner nicht über eigene Platten, vielmehr wird über das lokale Netz auf Plattensysteme zugegriffen, welche an anderen Knoten angeordnet sind. Dies führt zu besonders kostengünstigen und geräuscharmen Arbeitsplatzsystemen.

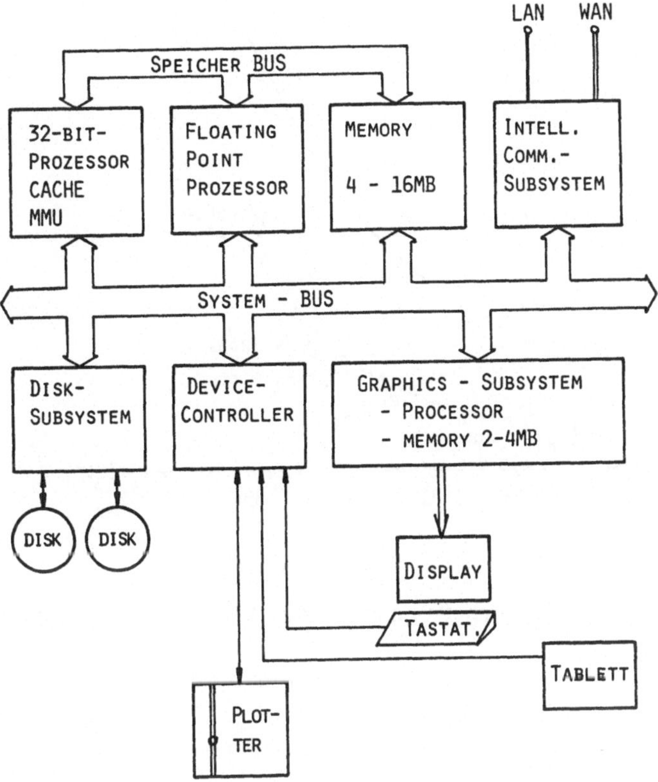

Abb.2.: Typische CAD-Workstation

Der typische Applikationsprozessor einer modernen Graphik-Workstation basiert auf einem 32-bit-Mikroprozessor, der - wie etwa der Motorola Baustein 68020 - Verarbeitungsleistung in einer Größenordnung von 2 bis 3 MIPS zur Verfügung stellen kann. Abb. 3 macht deutlich, wie die Basistechnologie der Mikroprozessoren eine mit der Zeit steil ansteigende Verarbeitungsleistung zur Verfügung stellt, welche der von leistungsfähigen Midirechnern fast nicht mehr nachsteht. Auch in nächster Zeit muß mit weiteren Leistungssteigerungen (z.B. durch Anhebung der Taktrate des M68020-Prozessors von 16 auf 24 MHz) gerechnet werden; es ist Aufgabe der Workstation-Hersteller, dies Basistechnologie möglichst rasch in vollständigen Systemen zur Verfügung zu stellen.

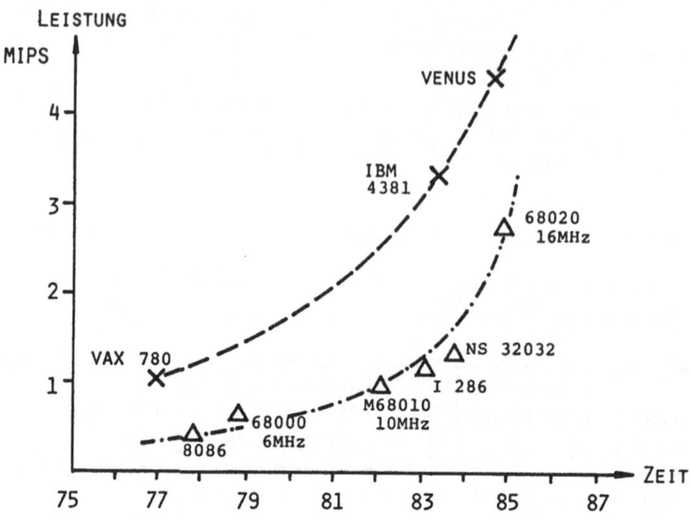

Abb. 3: Entwicklung der Verarbeitungsleistung bei mittleren Rechnern und Mikroprozessoren

Solche Applikations-Rechner machen im übrigen Konstruktionsmerkmale erforderlich, wie sie früher nur bei größeren Rechnersystemen angewandt wurden. Hierzu gehört beispielsweise die Anwendung von Mehrfach-Bussystemen, da nur so die erforderlichen Bandbreiten beim Zugriff vom Prozessor zum Speicher zur Verfügung gestellt werden können. Auch die klassische Cache-Technik muß hier Anwendung finden, um die Zahl von Warte-Zuständen dieser schnellen Prozessoren so weit wie möglich zu reduzieren. Cache-Speichergrößen von 16 Kbyte mit Zugriffszeiten von 30 ns sind hier angemessen und entsprechen durchaus der Auslegung von Großrechner-Caches vor 5 Jahren. Auch bezüglich der Speicherverwaltung sind sehr leistungsfähige Konzepte anzuwenden, welche die heute verfügbaren großen logischen Adressräume (z.B. 4 Gbyte) verwalten können und die Funktionen eines virtuellen Betriebssytems optimal unterstützen.

Die Verfügbarkeit von 256K-Speicherbausteinen ermöglicht einen Speicherausbau, der z.B. mit 4 Mbyte pro Speicherplatine und 4 derartigen Platinen einen maximalen Ausbau des physikalischen Speichers auf 16 Mbyte zuläßt. Solche großen Speicher sind erforderlich, um große CAD-Aufgaben und andere Graphikanwendungen zu bewältigen.

Klassische Mikroprozessoren zeigen gegenüber den Midirechnern eine typische Schwäche im Bereich der Gleitkomma-Arithmetik. Eine fortschrittliche Workstation muß heute leistungsfähigere Konzepte anbieten:

- Zum einen gibt es heute Coprozessoren mit höherer Verarbeitungsleistung, wie etwa den Motorola-Prozessor 68881, der etwa 0,2 bis 0,3 MFLOP bereitstellt. Gegenüber älteren Coprozessor-Konzepten ist dies immerhin der Faktor 4 - 5 /2/.
- Daneben gibt es aber extrem leistungsfähige Gleitkomma-Verarbeitungsbausteine, welche Gleitkommazahlen einfacher und doppelter Genauigkeit (32/64 bit) mit Verarbeitungsgeschwindigkeiten im Bereich von 2 bis 10 MFLOP bearbeiten können (Bausteine der Fa. Weitek, Analog Device /3/ und - mit Beschränkung auf einfache Genauigkeit - AMD). Das Problem liegt hier darin, eine geeignete Architektur-Anbindung vorzusehen, welche eine Ver- und Entsorgung dieser extrem schnellen Bausteine sicherstellt. In moderenen Systemen können hier Nettoleistungen bis zu 2 MFLOP erreicht werden.
- Schließlich gibt es noch die Möglichkeit der Anwendung von Array-Prozesoren, auf welche komplexere Arithmetik-Aufgaben ausgelagert werden können. solche Array-Prozessoren sind entweder als Kartensysteme zum Einschub auf dem Systembus (mit Leistungen von etwa 10 MFLOP) verfügbar, oder als getrennte Geräte mit einer Buskopplung, welche dann deutlich höhere Verarbeitungsleistungen zulassen.

Die meisten Applikationsprozessoren moderner Workstations basieren auf Mikroprozessoren, einige benutzen mikroprogrammierbare Bitslice-Prozessoren. Die Tendenz zum RISC-Computer (Reduced Instruction Set Computer) hat allerdings auch Auswirkungen auf die Arbeitsplatzsysteme: So hat beispielsweise die Fa. Ridge (in Europa als SM9 der Fa. Bull) einen sehr leistungsfähigen Arbeitsplatzrechner auf der Basis eines RISC-Prozessors herausgebracht.

Als Betriebssytem beginnt sich UNIX bei derartigen Arbeitsplatzrechnern mehr und mehr durchzusetzen. Es stellt die Systemschnittstelle zur Verfügnung, auf welcher sich die darüberliegenden Anwendungspakete am leichtesten auf unterschiedliche Hardware-Konfigurationen portieren lassen. Es macht daher Sinn, die Architektur der Applikationsprozessoren möglichst gut an dieses Betriebssytem anzupassen. Dies kann Auswirkungen auf die Auslegung von Cache-Speichern (Lokalitäten) haben, ebenso auf die Auslegung der Speicherverwaltungseinheit. Auch bei der Festlegung der Page-Größe für ein virtuelles Betriebssytem ist eine Anpassung auf die in UNIX üblichen Größen von Vorteil.

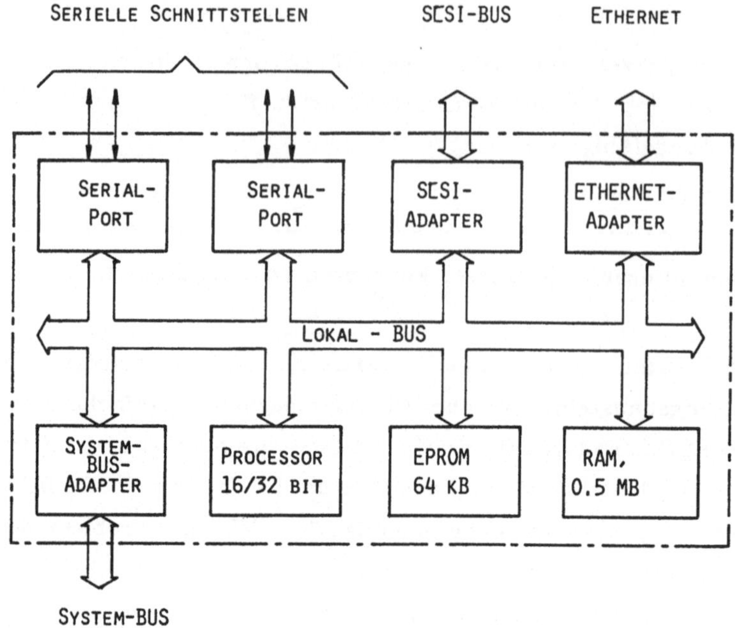

Abb. 4: Architektur eines intelligenten Peripherie-Prozessors

Abb. 4 zeigt abschließend die Architektur eines intelligenten Peripherie-Prozessors, bei welchem beispielsweise die folgenden Komponenten auf einer Platte untergebracht sind:

- Ein lokaler 16/32-bit-Prozessor mit ca. 0,5 bis 1 MIPS und einem lokalen Speicher von ca. 0,5 Mbyte.
- Die Peripherie-Komponenten, welche Anschlüsse an das lokale Netz (ETHERNET), an serielle Schnittstellen (Terminals, Drucker, Plotter, Ankopplung an das öffentliche Netz - Datex-P/Datex-L) und an den SCSI-Bus (Ankopplung an Plattenspeicher und Bandsysteme) ermöglichen. Der lokale Bus stellt dabei Übertragungsleistungen von ca. 5 Mbyte/s zur Verfügung.
- Ein Adapter zum Systembus, über welchen die Übertragung von Kommandos, Zustandsinformation und Daten erfolgen kann.

Der lokale Prozessor auf diesem Board muß in der Lage sein, simultan mehrere Peripheriegeräte und die dort laufenden Vorgänge zu unterstützen. Dadurch wird die Anwendung eines Realzeit-Betriebssytems auf diesem Subsystem erforderlich,

Kommunikationsmechanismen zwischen den Rechenprozessen im Applikationssytem (z.B. UNIX-Prozessen) und den Prozessen, welche unter Kontrolle des Realzeit-Systems auf dem peripheren Subsystem ablaufen. Man wird hier eine Auftrags-Schnittstelle festlegen, über welche der Hauptrechner den peripheren Rechner beauftragt und über welche dieser seine Zustandsinformation zurückliefert. Interessant ist schließlich die technische Möglichkeit, in einem derartigen Subsystem die reale physikalische Konfiguration vor den Anwendungsprozessen im Applikationsrechner zu verstecken: Beispielsweise können die Aufträge an ein Plattensystem im Prinzip völlig unabhängig davon formuliert und ausgeführt werden, ob an dem Arbeitsplatzsystem überhaupt eine Platte angeschlossen ist oder nicht - ist keine Platte vorhanden, dann muß der Auftrag über das Netz an den File-Server weitergereicht werden; dies braucht jedoch für den Applikationsprozeß nicht deutlich zu werden.

2.3 Architektur des Graphik-Subsystems

Abb. 5 macht die Aufteilung der Graphik-Funktionen innerhalb der Workstation schematisch deutlich:

- Bei der Aufgabenverteilung a) wird - wie dies bei den meisten Personal Computers der Fall ist - nur eine Basis-Hardware zur Adressierung einzelner Pixel bereitgestellt. Alle anderen Graphik-Funktionen werden per Software ausgeführt.
- Bei der Variante b) gibt es einen graphischen Mikroprozessor, welcher graphische Primitive wie etwa die Erzeugung von Linien, Kreisen oder Flächen interpretiert und ausführt.
- Fügt man noch eine automatische Display-list-Verwaltung an, so erhält man ein leistungsfähigeres Graphik-Subsystem (Variante c).
- Schließlich kann noch die Abbildung von applikationsorientierten, dreidimensionalen Daten in zweidimensionale Display-lists unterstützt werden. Diese Abbildung kann entweder durch einen General-Purpose-Mikroprozessor per Software oder durch eine spezialisierte schnelle Hardware ausgeführt werden.

Die Kopplung eines solchen graphischen Subsystems an den Hauptprozessor muß sehr eng - über den Systembus - erfolgen, da für die rasche Erzeugung der graphischen Darstellung eine hohe Übertragungs-Bandbreite erforderlich ist. Es ist auch wichtig, daß die Pointer-Devices (z.B. Maus, Tablett, Rollkugel oder Lichtstift) direkt mit dem Graphik-Subsystem kommunizieren, damit die erforderliche hohe Interaktivität (sofortige Wirkung jeder externen Aktion) erreicht wird.

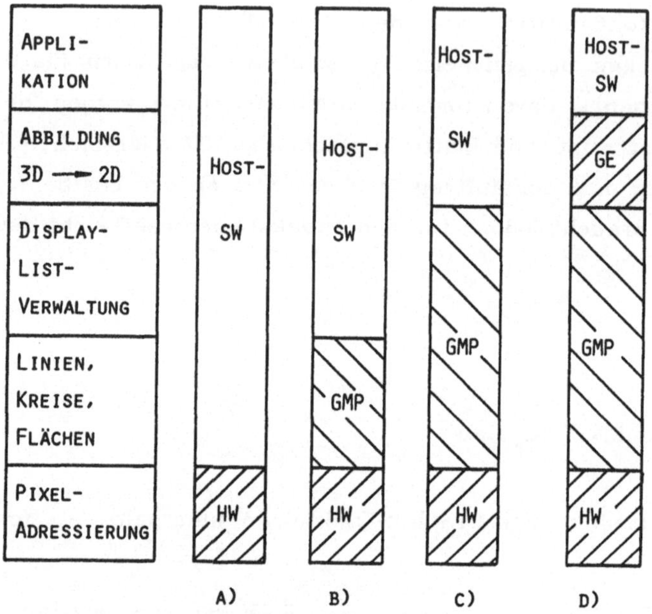

GMP: GRAPHICS MICRO-PROCESSOR
GE: GRAPHIC ENGINE (SOFTWARE ODER HARDWARE)
A: MINIMAL-GRAPHIK-UNTERSTÜTZUNG (PC)
B: GRAPHIK-SUBSYSTEM TYP "NEC 7220"
C: GRAPHIK-SUBSYSTEM TYP "XTAR-GMP"
D: HOCHLEISTUNGS-GRAPHIKSYSTEM

Abb.5: Verteilung der Graphik-Funktionen

Heute gibt es zwei fast disjunkte Grundphilosophien für den Aufbau von Hochleistungs-Workstations:

- Die einen bauen auf dem Bitblock-Transfer auf, wie er in Abb.6a dargestellt ist. Hier wird ein beliebiger Bitblock auf dem Bitmap definiert, mit einem zweiten Bitblock mit einer beliebigen logischen Operation verknüpft und schließlich wieder in die Bitmap abgelegt. Von den Vetretern dieser Richtung ist gezeigt worden, daß alle graphischen Grundfunktionen in eleganter Weise durch diese Basisoperationen realisiert werden können /4/. Besonders gut wird durch diese Operation die Fenstertechnik unterstützt.
- Die zweite Richtung unterstützt die effiziente Erzeugung von graphischen Basiselementen (Linien, Flächen) durch spezialisierte Hardware (im allgemeinen DDA-Algorithmen), wie die in Abb.6b dargestellt ist.

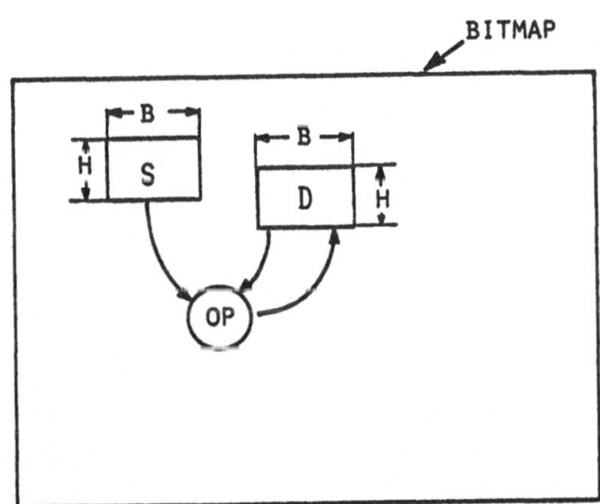

S , D = SOURCE, DESTINATION; BIT-
BLOCKS DER GRÖSSE H*B BIT

S OP.D → D : BITBLOCK-TRANSFER BBLT
BITWEISE LOGISCHE VERKNÜPFUNG
VON S UND D

Abb. 6a: Basis-Operation "Bitblock-Transfer"

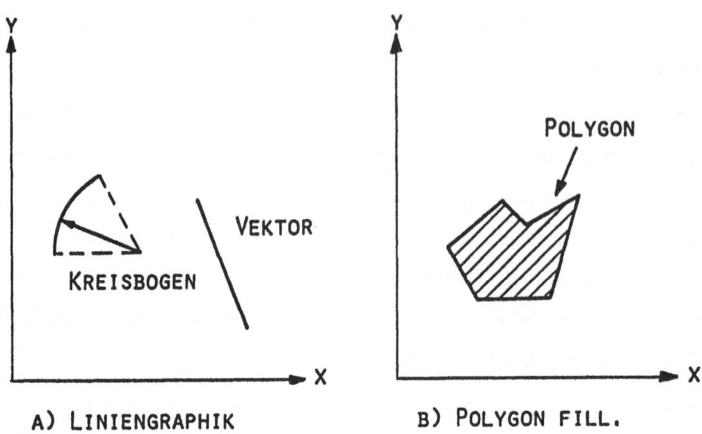

Abb. 6b: Graphische Basisoperationen

Abb. 6: Bitblock-Transfer und Graphik-Funktionen

Leider sind beide Richtungen nicht ideal miteinander kombinierbar - eine Architektur unterstützt entweder optimal den Aufbau von Graphiken aus Linien-Elementen oder Flächen oder die Window-Technik.

Die Basisoperation "Bitblocktransfer" kann natürlich durch spezielle Hardware unterstützt werden; es gibt auch einen speziellen integrierten Baustein der Fa. Silicon Graphics, welcher diese Operationen unterstützt. Robert Pike hat allerdings in seinem Aufsatz /5/ nachgewiesen, daß eine einfache Speicherschnittstelle im Adressraum des (leistungsfähigen) Universalprozessors ähnliche Bildaufbaugeschwindigkeiten zuläßt.

Schon seit längerer Zeit gibt es spezialisierte Mikroprozessoren, welche die Erzeugung von 2D-Graphiken aus einer Display-list gut unterstützen. Die meisten heute verfügbaren preiswerten Graphik-Subsysteme basieren auf dem NEC-Prozessor 7220, seit kurzem ist der sehr viel leistungsfähigere Hitachi-Baustein HD 63484 (ACRTC - Advanced Cathode Ray Tube Controller) verfügbar /6/. Eine außerordentlich hohe Verarbeitungsleistung stellt der Graphik-Mikroprozessor GMP der Fa. XTAR zur Verfügung, dessen Architektur in Abb.7 dargestellt ist: Der eigentliche, aus zwei Bausteinen bestehende Graphik-Mikroprozessor adressiert eine Display-list und liest Display-list-Elemente wie das "Ausfüllen einer durch ein Polygon beschriebene Fläche" aus. Der eigentliche Framebuffer (Bitmap) verfügt über eine außerordentlich

Ausgabe der Bildinformation an den Display unterstützen, welche jedoch andererseits eine weitgehend parallele Modifikation von Daten in dem Framebuffer unterstützen. Dies führt zu einer Pixel-Schreibrate von ca. 100 bis 200 MPixel/s - auf diese Weise können sogar bewegte Bilder mit etwa 30 Bildern/s erzeugt werden.

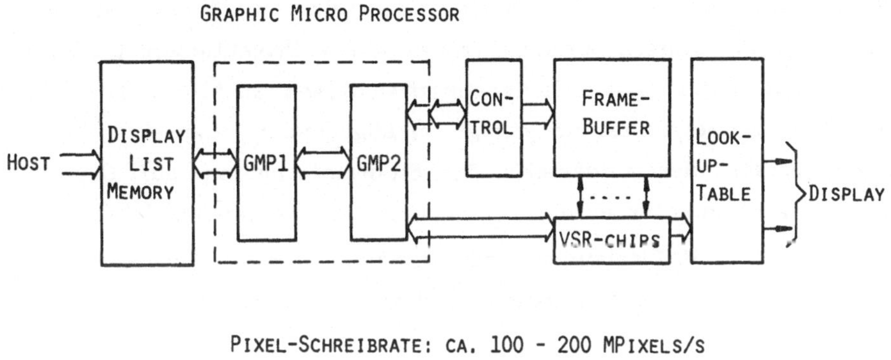

GRAPHIC MICRO PROCESSOR

HOST
DISPLAY LIST MEMORY
GMP1
GMP2
CON-TROL
FRAME-BUFFER
VSR-CHIPS
LOOK-UP-TABLE
DISPLAY

PIXEL-SCHREIBRATE: CA. 100 - 200 MPIXELS/S

Abb. 7: Integrierter Display-List-Hochleistungsprozessor

(Z.B.
- SILICON GRAPHICS
- WEITEK)

(Z.B.
- NEC 7220
- HD 63484
- XTAR)

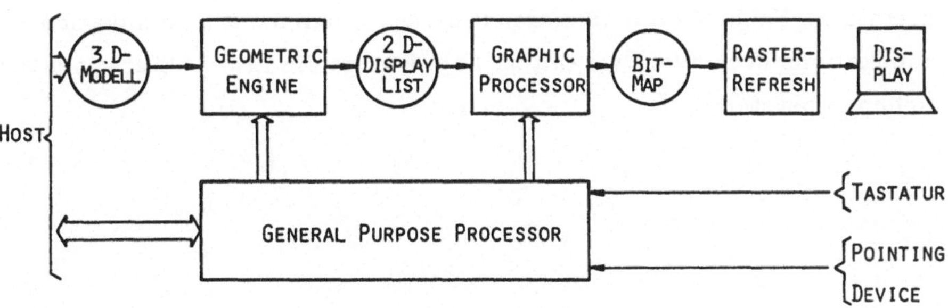

Abb. 8: Abbildung von 3D-Graphik auf den Display

Abb.8 zeigt schließlich, wie in einem Graphik-Subsystem 3D-Daten auf dem Display dargestellt werden können:

- Die in dem 3D-Modell formulierten Flächen- und Volumen-Elemente werden zunächst von einer "geometric engine" bearbeitet, welche eine Abbildung auf eine 2D-Display-list vornimmt. Diese Funktion kann natürlich per Software realisiert werden, sie benötigt jedoch dann erhebliche Laufzeiten. Aus diesem Grund sind solche geometric engines inzwischen von mehreren Firmen (z.B. Weitek, Silicon Graphics) als Hardware-Bausteine verfügbar, welche die erforderlichen Abbildungen (Drehen, Translationen, Projektionen, Hidden-line-Berechnung usw.) mit extrem hoher Geschwindigkeit ausführen können. Die Kontrolle der geometric engine erfolgt im allgemeinen über einen General-Purpose-Prozessor, der seinerseits die Steuerinformation auf Grund der Operator-Interaktion aufbereitet (z.B. Sichtwinkel des Volumenmodells).
- Die so entstandene 3D-Display-list wird von einem Graphik-Prozessor wie etwa dem in Abb.7 dargestellten Subsystem auf dem Bitmap-Speicher abgebildet, der schließlich
- durch den Raster-refresh-Prozessor in das Videosignal für den aktuellen Display abgebildet wird.

Solche komplexen Graphik-Subsysteme sind heute noch in eigenen Geräten (Rahmen) untergebracht, die Weiterentwicklung der Halbleitertechnologie wird es jedoch in Kürze ermöglichen, derartige Subsysteme auch auf eine Platine zu integrieren.

Neben diesen Spezialprozessoren enthält ein Graphik-Subsystem allgemein einen General-Purpose-Prozessor mit lokalem Speicher, der einerseits die Steuerung der Spezialprozessoren, andererseits die Anbindung der interaktiven Geräte (z.B. Maus, Tastatur) unterstützt. Schließlich muß dieser Prozessor auch die Kommunikation mit dem Host (Applikations-Prozessor) verwalten. Abb. 9 zeigt die Architektur eines solchen graphischen Subsystems.

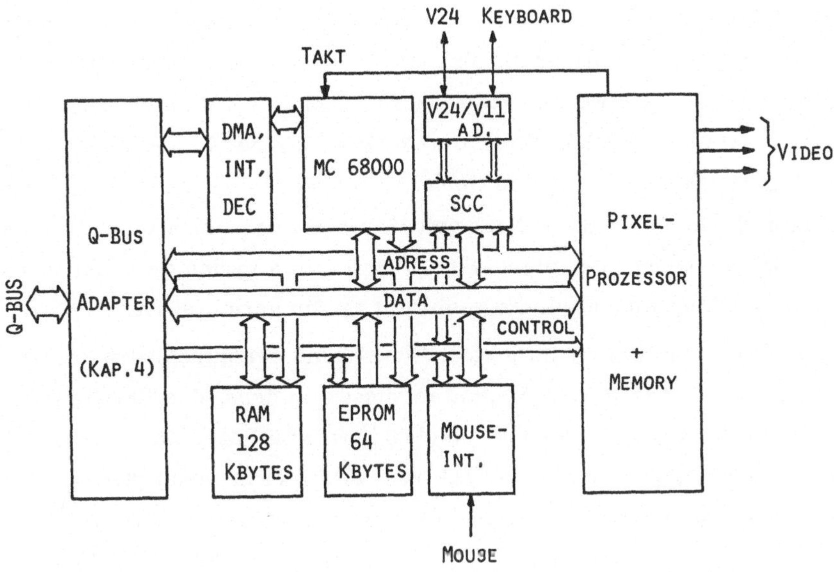

Abb. 9: Architektur eines Graphik-Subsystems auf Bitblock-Transfer-Basis

3. Integration in das Workstation-Netz

Aus Anwendersicht wäre es natürlich wünschenswert, auch Workstations unterschiedlicher Hersteller an einem Netz betreiben zu können. Hierzu ist die Nutzung von LAN-Standardsystemen erforderlich (Local Area Networks). Der einzige breit akzeptierte Standard ist heute ETHERNET (IEEE 802.2), in wenigen Jahren wird dieser Standard vielleicht durch ein Token-passing-Verfahren abgelöst (IEEE 802.4). Schließlich ist damit zu rechnen, daß in wenigen Jahren ein sehr viel leistungsfähigeres Übertragungssystem (Supernet mit ca. 50 bis 100 Mbit/s) verfügbar ist, welches natürlich gerade für die Kopplung von graphischen Arbeitsplätzen Vorteile bietet.

Eine typische, gut geeignete Hardware-Architektur für den Anschluß an ein solches lokales Netz war ja in Abb.4 dargestellt. Der lokale Prozessor kann hier Nachrichten, die über das Netz übertragen werden sollen, zusammenstellen und dann die Kontrolle an das LAN-Steuerwerk übergeben. Über das Netz ankommende Nachrichten werden über dieses Steuerwerk in den lokalen Speicher transportiert, der lokale Prozessor entscheidet dann darüber, ob diese Nachricht für den angeschlossenen Applikationsprozessor von Interesse ist oder nicht. Eine Übertragung in den Speicher des Applikationsprozessors erfolgt nur, wenn die Nachricht an ihn gerichtet ist.

Als Basis für die Kommunikation im lokalen Netz dient zweckmäßigerweise das ISO-Schichtenmodell. Die unteren vier Schichten dieses Modells, das Transportsystem, kann in jedem Fall dazu genutzt werden, Nachrichten und Datenblöcke zwischen den Stationen hin und her zu übertragen. Praktisch alle hierzu benötigten Funktionen können in einen ausgelagerten Prozessor (wie in Abb. 4 dargestellt) übernommen werden.

Bezüglich der applikationsnahen Schichten gibt es jetzt allerdings unterschiedliche Philosophien, nach welchen ein solches Netz betrieben werden kann:

Besonders einfach ist diese Kopplung, wenn die gekoppelten Systeme das identische Betriebssytem haben: Dann versteht jedes System die Kommandos jedes anderen Systems ohne jegliche Umsetzung. Ein Beispiel für ein solches verteiltes System ist etwa die Newcastle Connection für das UNIX-Betriebssystem, dessen Basis-Mechanismus in Abb. 10 dargestellt ist /7/.

- Bei jedem Rechner sitzt auf der Hardware das UNIX-Betriebssystem, welches die System-Aufträge der Anwenderprozesse ausführen kann.
- Die Anwenderprozesse AP geben ihre Aufträge jedoch an eine dazwischen liegende RPC-Schicht (Remote Procedure Call), welche bei jedem Auftrag entscheidet, ob dieser lokal ausgeführt wird oder von einem anderen Rechner in dem System. Handelt es sich um einen lokalen Auftrag, wird er an das lokale UNIX-System weitergereicht.
- Handelt es sich um einen Auftrag für einen anderen Rechner, dann wird dieser Auftrag in einem "Remote Procedure Call" umgewandelt, in einen Auftrag, der über die Transport-Software und die Transport-Hardware an die entsprechende RPC-Schicht des anderen Rechners weitergereicht wird.
- Der Auftrag wird dann in dem anderen Rechner ausgeführt, die Ergebnisse werden über das Kommunikationssystem zum anfordernden Rechner zurückübertragen.

- Die Rückmeldung von diesem Systemauftrag gelangt über die RPC-Schicht wieder an den anfordernden Anwenderprozeß.

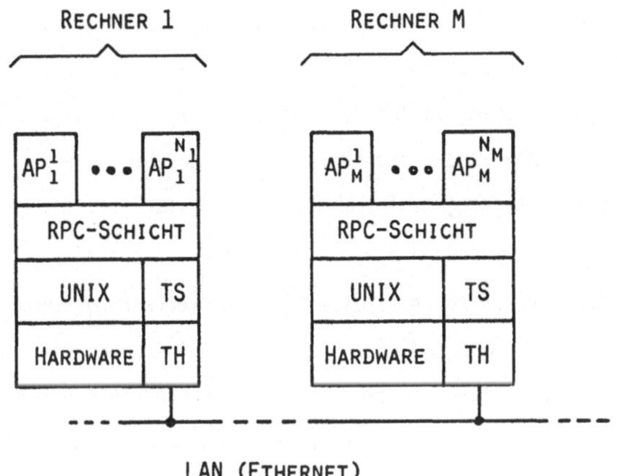

AP ANWENDERPROZESS
TH: TRANSPORT-HARDWARE
TS: TRANSPORT-SOFTWARE
RPC: REMOTE PROCEDURE CALL

Abb. 10: Verteiltes System mit RPC-Mechanismus

Auf diese Weise entsteht ein verteiltes System, bei welchem alle Betriebsmittel des Netzes an jedem Knoten des Netzes zur Verfügung stehen. Von jedem Rechner aus kann auf alle Dateien und alle Peripherie-Geräte an allen anderen Rechnern ebenso (transparent) zugegriffen werden wie auf die eigenen Betriebsmittel. Eine Sonder-Konfiguration ergibt sich, wenn ein Knoten als "Server" mit spezieller Peripherie, mit besonders leistungsfähigen Prozessoren, großen Speichern oder Kommunikationsanschlüssen an das öffentliche Netz ausgestattet ist. Er kann seine Dienstleistungen den anderen Knoten, den "Clients" zur Verfügung stellen, die unter Umständen nicht einmal über eigene Plattensysteme verfügen müssen (diskless nodes). Es gibt auch Abwandlungen dieses Newcastle-Connections-Prinzips, in welchem eine dynamische Lastverteilung auf mehrere verfügbare Prozessoren vorgenommen wird. /8/.

Weniger transparent verhalten sich gekoppelte Systeme, die nicht über ein gemeinsames Betriebssystem verfügen, sondern vielmehr explizite Kommunikations-Aufträge untereinander ausführen können. Sie basieren im allgemeinen auf einem Standard oder Defakto-Standard wie etwa dem im ARPA-Netz entwickelten TCP-IP-Protokoll, dem von XEROX vorgeschlagenen XNS-System oder den ISO-Protokollen, wie sie beispielsweise in dem VDMA-LAN-Vorschlag an die Verhältnisse an lokalen Netzen angepaßt wurden /9/. Meist handelt es sich dabei um den Virtual-Terminal-Dienst, durch welchen man sich von jedem Terminal aus an die verschiedenen Rechnersysteme anmelden kann (wobei allerdings die Graphik-Funktionen nicht standardmäßig unterstützt sind), sowie um die Möglichkeit, Dateien zwischen diesen Rechnern zu übertragen (Filetransfer).

Oft besteht die Notwendigkeit, von graphischen Arbeitsplatzsystemen in einem lokalen Netz aus über das öffentliche Netz mit anderen Rechnern oder Arbeitsplatzsystemen in Kommunikation zu treten. Hier ist vor allem die Frage der Standards für den Informationsaustausch zu klären, wie dies in den Beiträgen von G. Maiß /10/ und von P. Egloff et.al. /11/ vorgestellt wird: Im Rahmen des DFN-Netzes befinden sich ja entsprechende Vorschläge für die Kommunikation mit graphischen Objekten in Vorbereitung.

Es ist klar, daß über das öffentliche Netz wegen der relativ kleinen Übertragungskapazität kein Betrieb im Sinne eines "verteilten Systems" möglich ist: So würde etwa der Zugriff auf eine Platte an einem anderen Rechnersystem über eine 9600-Baud-Leitung zu unzumutbaren Wartezeiten führen.

Allerdings ist in den nächsten Jahren damit zu rechnen, daß die Post wesentlich höhere Übertragungsraten zur Verfügung stellen wird. Besondere Hoffnungen liegen dabei bei dem ISDN-Netz, in dessen Rahmen standardmäßig 64 Kbit/s-Leitungen zur Verfügung stehen werden: Die Abwicklung der Kommunikationsprotokolle mit dieser Geschwindigkeit macht dann den Einsatz eigener Peripherie-Prozessoren, wie sie in Abb. 4 dargestellt waren, unabdingbar.

4. Tendenzen

Zentralen Einfluß auf die weitere Entwicklung von Hochleistungs-Graphik-Arbeitsplatzrechnern wird die Weiterentwicklung der Halbleitertechnologie haben. Dies gilt einerseits wegen der immer umfangreicheren Funktionen, die man auf einzelne Chips integrieren kann

(Erhöhung der Leistung, Verringerung von Größe und Kosten), zum andern auch bezüglich der Speicher-Bausteine, deren steigende Kapazität preiswerte Systeme auch mit vielen Farbebenen und mit hoher Auflösung ermöglicht. Auch die Organisation moderner RAM-Bausteine (z.B. Video-Dualport-RAM mit einem parallelen und einem seriellen Zugang) unterstützen die Realisierung komplexer Graphiksysteme.

Daneben gibt es einen Trend zu immer höherer Auflösung von Raster-Graphikschirmen. Bei monochromen Monitoren sind heute Systeme mit der Auflösung von Telefax verfügbar (ca. 1700 x 2400 Bildpunkte), auch bei den Farb-Monitoren steigt die verfügbare Auflösung. Die Tendenz zum hochauflösenden Fernsehen (HDTV - High Definition Tele Vision) wird darüber hinaus preiswerte Massenprodukte zur Verfügung stellen. Natürlich stellen diese höherauflösenden Systeme auch höhere Anforderungen an die Speicherkapazität sowie insbesondere an die Prozessorleistungen, da ja entsprechend mehr Bildpunkte bearbeitet werden müssen.

Graphiksysteme sind heute im wesentlichen auf die Graphik-Ausgabe begrenzt; es ist damit zu rechnen, daß auch die Aufnahme von graphischen Informationen (Schaltpläne, Karten, mechanische Zeichnungen usw.) über Scanner oder Kameras standardmäßig zur Verfügung stehen werden. Insbesondere auch die Interpretation dieser Daten und ihre Integration in andere Dokumente wird ein wichtiges Aufgabengebiet für zukünftige Graphiksysteme darstellen.

Schließlich sei noch auf die Bedeutung von Techniken der Künstlichen Intelligenz hingewiesen, welche bereits heute Einfluß auf den Einsatz von Graphik-Stationen in CAD-Anwendungen haben. So werden schon heute LISP-Maschinen für Aufgaben des VLSI-Design eingesetzt, die elegante Benutzeroberfläche dieser Systeme bietet sich natürlich insbesondere dann an, wenn wenig ausgebildete Anwender mit diesem System zurechtkommen müssen. Schließlich ist damit zu rechnen, daß die Methoden der KI auch auf Konstruktionsprozesse angewandt werden, daß also beispielsweise der Konstrukteur durch ein Expertensystem bei seiner Arbeit unterstützt wird.

Literatur

/ 1/ HUFFMAN, L.: Atari strives for a comeback with Macintosh look-alike. Mini-Micro Systems, März 1985, S. 47-52

/ 2/ ANONYM: MC68881 Design Specifications. Firma Motorola, Microprozessor Division, Austin, 1983

/ 3/ ANONYM: High-speed 64-bit IEEE Floating Point Multiplier and ALU. Preliminary Technical Data, Analog Devices, Norwood, USA, 1985

/ 4/ INGALLS, D.H.: The Smalltalk Graphics Kernel. Byte, Vol.6, No.8, August 1981, S. 168-199

/ 5/ PIKE, R., LOCNTHI, B., REISER, J.: Hardware/Software Tradeoffs for Bitmap Graphics on the Blit. Technical Memorandum, Bell Labs, November 1983

/ 6/ ANONYM: HD 63 484 ACRTC User's Manual. Hitachi Ltd., Semiconductor and Integrated Circuits Div., Tokyo, 1984

/ 7/ BROWNBRIDGE, D.R., MARSHALL, L.F., RANDELL, B.: The Newcastle Connection or UNIXes of the World Unite! Software-Practice and Experience, 1982, H. 12, S. 1147

/ 8/ BARAK, A., LITMAN, A.: MOS: A Multicomputer distributed Operating System. Draft, 1984. Department of Computer Science, The Hebrew University of Jerusalem, Israel

/ 9/ ANONYM: System Architecture for Local Area Networks, GMD F2-63. Interner Bericht der GMD Darmstadt, Mai 1984

/10/ MAISS, G.: Graphik-Dienste und Modellier-Dienste im DFN. In diesem Band.

/11/ EGLOFF, P., ENGELHART, C., SCHÜRMANN, G.: Einsatz des Computer Graphics Interface (CGI) in offenen Rechnernetzen. In diesem Band.

Einsatz des Computer Graphics Interface CGI in offenen Rechnernetzen

P. Egloff
Hahn-Meitner-Institut, Berlin

C. Egelhaaf, G. Schürmann
Zentraleinrichtung Datenverarbeitung der Freien Universität Berlin

Einleitung

Innerhalb der für "Computer Graphics" zuständigen Arbeitsgruppe der "International Organization for Standardization (ISO)" (TC97/SC21/WG2) wird die funktionale Beschreibung des "Computer Graphics Interface CGI" erarbeitet. Der nachfolgende Beitrag untersucht den Einsatz dieser Schnittstelle in offenen Rechnernetzen, die nach dem Referenzmodell für die Kommunikation offener Systeme arbeiten. Dabei sollen die erarbeiteten Ergebnisse in die Normierungsdiskussion der Dienste und Protokolle der oberen Schichten des Referenzmodells einfließen.

Das "Computer Graphics Interface"

Das "Computer Graphics Interface CGI" wird von einer Arbeitsgruppe der Amerikanischen Normungsorganisation ANSC unter dem Arbeitstitel "Computer Graphics - Virtual Device Interface" entwickelt /CGI 84/.

Diese Norm soll aus folgenden fünf Teilen bestehen:

Teil 1: Funktionale Beschreibung der Ausgabe-Funktionen

Teil 2: Funktionale Beschreibung der Eingabe-Funktionen

Teil 3: Einstufige Segmentierung

Teil 4: Hierarchische Segmentierung

Teil 5: Einsatz in Rechnernetzen

In dem CGI werden Basisfunktionen einer Schnittstelle beschrieben, über die graphische Daten zwischen Software-Systemen einerseits und zwischen Soft- und Hardware-Systemen andererseits ausgetauscht werden können; weiterhin kontrollieren die Basisfunktionen diesen Austausch selbst. Es soll sichergestellt werden, daß das CGI vom Graphischen Kernsystem GKS benutzt werden kann /GKS 84/. Seit Beginn des Jahres 1985 wird der CGI-Vorschlag offiziell als Arbeitsschwerpunkt innerhalb der ISO diskutiert; es ist geplant, eine erste Abstimmung zum "draft proposed standard" Ende des Jahres 1985 zu beginnen.

Abb. 1 soll die Funktionsweise bzw. das Einsatzgebiet des CGI erläutern. Dabei sind die Relationen zwischen dem CGI einerseits und veschieden intelligenten Terminals andererseits dargestellt.

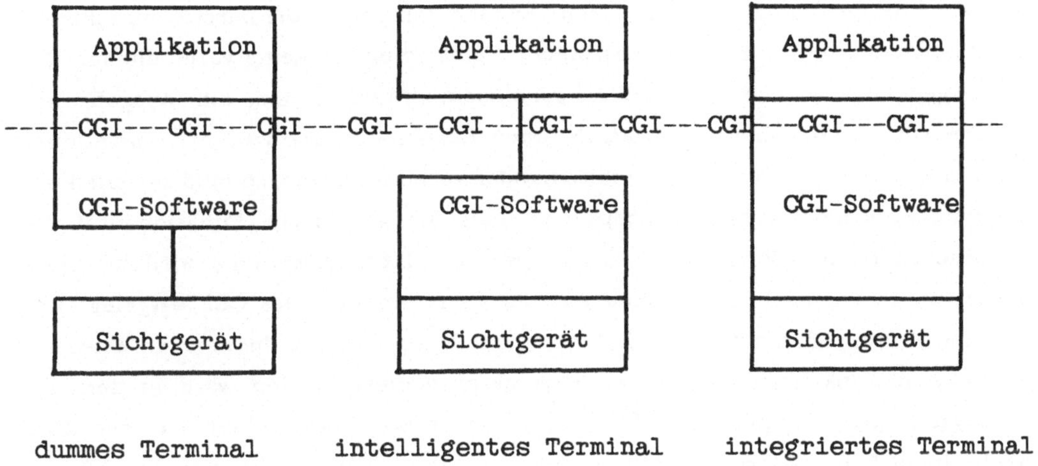

Abb. 1: Relationen zwischen CGI und unterschiedlichen Terminals

Die oberen Schichten des Basis-Referenzmodells

Von der ISO wurde das Basis-Referenzmodell für die Kommunikation offener Systeme (Open Systems Interconnection - Basic Reference Model) zum internationalen Standard erklärt /OSI 83/.

Dieses Modell beschreibt eine Methode zur Strukturierung von Mechanismen, wie sie bei einer verbindungsorientierten Kommunikation in offenen, d.h. heterogenen Rechnernetzen auftreten. Dieses Modell ordnet die Dienste und Protokolle in sieben Schichten. In der letzten Zeit ist es in der ISO und der CCITT gelungen, Dienste und

Protokolle bis zur Schicht 5 festzulegen. Für die Schicht 6 - die Darstellungschicht - und die Schicht 7 - die Anwendungsschicht - gibt es bisher keine verbindlichen Empfehlungen oder Vorschriften. Sollen graphische Interaktionen, d.h. Ausgabe und Eingabe von graphischer Information, über Rechenanlagen bzw. Arbeitsstationen erfolgen, die über ein Rechnernetz miteinander verbunden sind, so muß zwischen den Kommunikationspartnern eine Absprache über die graphische Funktionalität der auszutauschenden Information getroffen werden. Diese Absprache wird in einem sogenannten Graphischen Protokoll mit der Funktionalität des CGI festgelegt und wird der Protokollschicht 7 des Referenzmodells zugeordnet. In welcher Weise die graphischen Funktionen und deren Parameter codiert werden, wird in dem Codierungsteil des Graphischen Protokolls festgelegt. Dieser Teil ist der Protokollschicht 6 des Referenzmodells zugeordnet (Abb. 2). Die Funktionen des CGI werden dabei nach einheitlichen Vorschriften für das "Picture Coding" codiert, wie sie von der ISO, der ECMA (European Computer Manufacturer Association) und der CEPT (Zusammenschluß der europäischen Postverwaltungen) erarbeitet wurden /CEPT 85/.

OSI - Referenzmodell		Graphisches Protokoll des CGI
Schicht 7 Anwendungsschicht	<==	Funktionale Beschreibung der graphischen Basisfunktionen
Schicht 6 Darstellungschicht	<==	Codierung der Graphikfunktionen und Codierung der Parameter
Schicht 5		

Abb. 2: Zuordnung des Graphischen Protokolls zum Referenzmodell

Einsatz des CGI in offenen Rechnernetzen

Um die Fragen zu erörtern, die beim Einsatz des CGI in offenen Rechnernetzen auftreten, wird zunächst die Zuordnung der einzelnen Komponenten eines Graphischen Protokolls zu den Schichten des Referenzmodells dargestellt (Abb. 3).
Es wird davon ausgegangen, daß bis zur Schicht 4 Dienste und Protokolle definiert sind und vorliegen. Das gleiche gilt für die Schicht 5, wenn man zunächst davon absieht, ein eigenes Kommunikationssteuerungsprotokoll für die Abwicklung graphischer Kommunikation zu fordern. Beim Einsatz des CGI werden im Protokoll der Schicht 6 die konkrete Syntax der graphischen Funktionen sowie der Codierung definiert. Dabei kann es möglich sein, daß dem CGI-Standard entsprechend unterschiedliche Codierungen zugelassen sind. Neben der Vereinbarung über die zulässige CGI-Funktionalität müssen vom Protokoll der Schicht 7 außerdem Verwaltungsaufgaben abgewickelt werden.

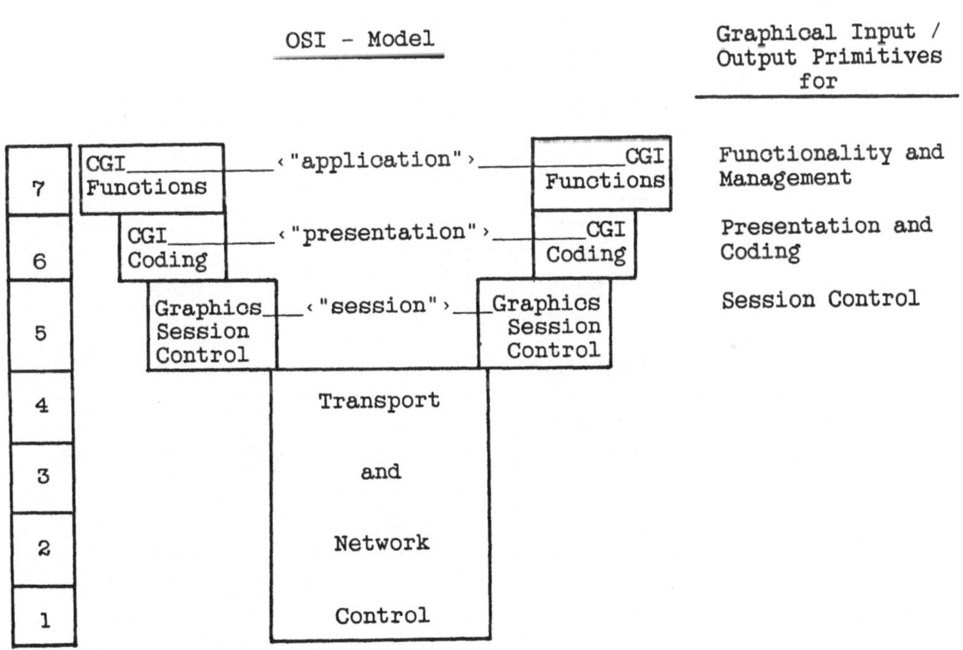

Abb. 3: Zerlegung des Graphischen Protokolls

Benutzung einer CGI-Arbeitsstation über X.29/PAD-Funktion

In der Empfehlung X.29 der CCITT /CCITT 81/ ist der Zugang zu entfernt vorliegenden Betriebssytemen im Dialogbetrieb geregelt (Abb. 4).

Falls ein Anwender mit einem Anwendungsprogramm (Applikation), welches auf einem entfernten Rechner A vorliegt, arbeiten und graphische Interaktionen ausführen will, ist dieses über die PAD-Funktion und den X.29-Zugang nur dann möglich, wenn die lokale graphische Arbeitsstation der CGI-Norm entspricht und die der Norm entsprechenden CGI-Funktionen unterstützt. Eine lokale Emulation von CGI-Funktion auf dem Rechner B ist nicht möglich, da ein Ansprechen von lokalen Betriebssystemkomponenten außerhalb der PAD-Funktion ausgeschlossen ist.

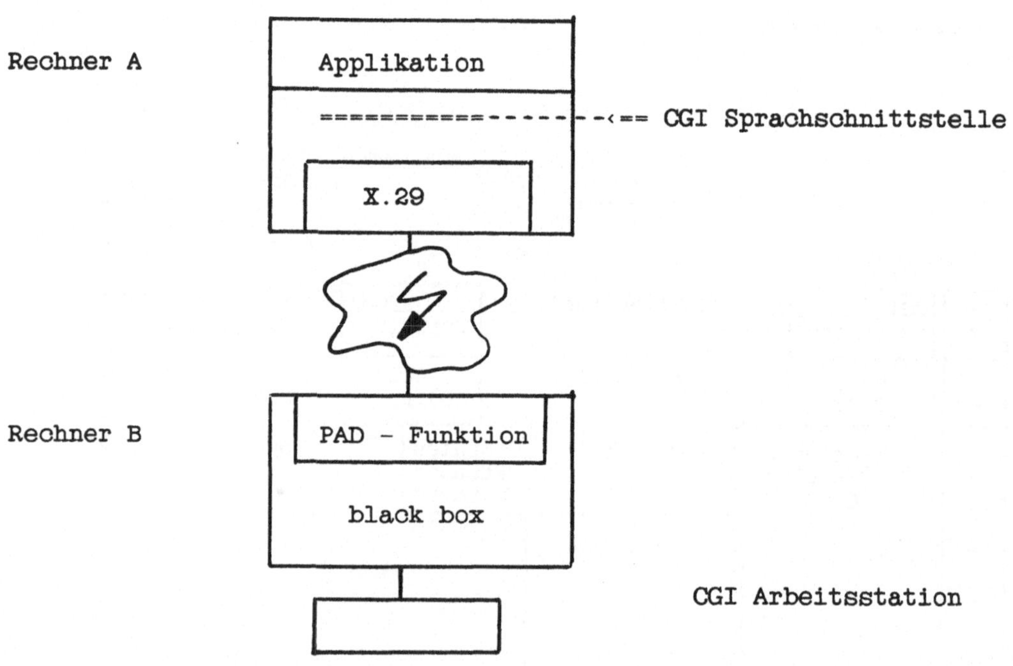

Abb. 4: Arbeiten mit CGI und X.29/PAD-Funktion

Die gedachte Ebenenstruktur des CGI soll es ermöglichen, die Fähigkeiten einer Arbeitsstation abzufragen. Auf der Arbeitsstation nicht verfügbare Funktionen müssen bei Benutzung der X.29/PAD-Schnittstelle auf dem Rechner A (remote) emuliert werden. Dadurch wird die Übertragung der graphischen Information zwischen Rechner A und Rechner B über ein Rechnernetz unökonomisch und langsam.

Betrieb einer CGI-Arbeitsstation über das ISO-Transportprotokoll

In den zuständigen ISO-Arbeitsausschüssen sind in den vergangenen Jahren die Protokolle der Schichten 4 und 5 - der Transportschicht und der Kommunikationssteuerungsschicht - sowie die Dienste dieser Schichten spezifiziert worden.

Für die folgende Diskussion wird vorausgesetzt, daß in einem offenen Rechnernetz diese Protokolle bzw. die in der Norm definierten Teilmengen davon realisiert sind und benutzt werden können.

In Abb.5 ist ein Szenario dargestellt, welches die Situation eines Arbeitens über die CGI-Schnittstelle verdeutlicht, wobei das Anwendungsprogramm (Applikation) und die CGI-Arbeitsstation über Rechenanlagen angesprochen werden können, die untereinander mit einem Rechnernetz verbunden sind. Im folgenden werden einige Punkte beschrieben, für die Regeln zwischen den Kommnikationspartnern vereinbart werden müssen, die über die Festlegung der Funktionalität und der Codierung, wie sie in der Norm beschrieben sind, hinausgehen.

Die Darstellung orientiert sich an den vier nachfolgend aufgeführten Phasen einer Kommunikationssitzung:

- Aufbauphase
- Aushandlungsphase
- Austauschphase (inklusive Fehlerbehandlung)
- Abbauphase

Aufbauphase

Für den Aufbau einer Verbindung von der CGI-Arbeitsstation (Rechner B) aus zu dem entfernten Rechner (Rechner A), auf dem die gewünschte Applikation vorliegt, sind folgende Voraussetzungen bzw. Kenntnisse notwendig:

1. Aufbau einer Transportverbindung von B nach A unter Angabe von:
   a. Netzadresse des Rechners A (DTE-Adresse)
   b. Name eines wartenden Prozesses, der folgende Aktionen durchführt:
      - Prüfung der Autorisierung
      - Erfassen des Accounting
      - Starten des Anwendungsprozesses
        (Die notwendigen Informationen müssen dem Empfangsprozess als Parameter mitgegeben werden.)

c. Identifikation (Name, Adresse) der lokalen CGI-Arbeitsstation

2. Aufbau einer neuen Verbindung von der Applikation auf Rechner A zur CGI-Arbeitsstation auf Rechner B und Abbau der ersten Verbindung

Dieser etwas kompliziert erscheinende Weg zum Aufbau einer Transportverbindung ist notwendig, um die Verwaltung der im jeweiligen Betriebssystem verankerten Transportadressen zu vereinfachen. Außerdem ist durch diesen Mechanismus gewährleistet, daß die Applikation lokal auf Rechner A in identischer Weise arbeitet wie im Betrieb über das Rechnernetz.

Abb. 5.: Das Computer Graphics Interface CGI in einer offenen Kommunikationsumgebung

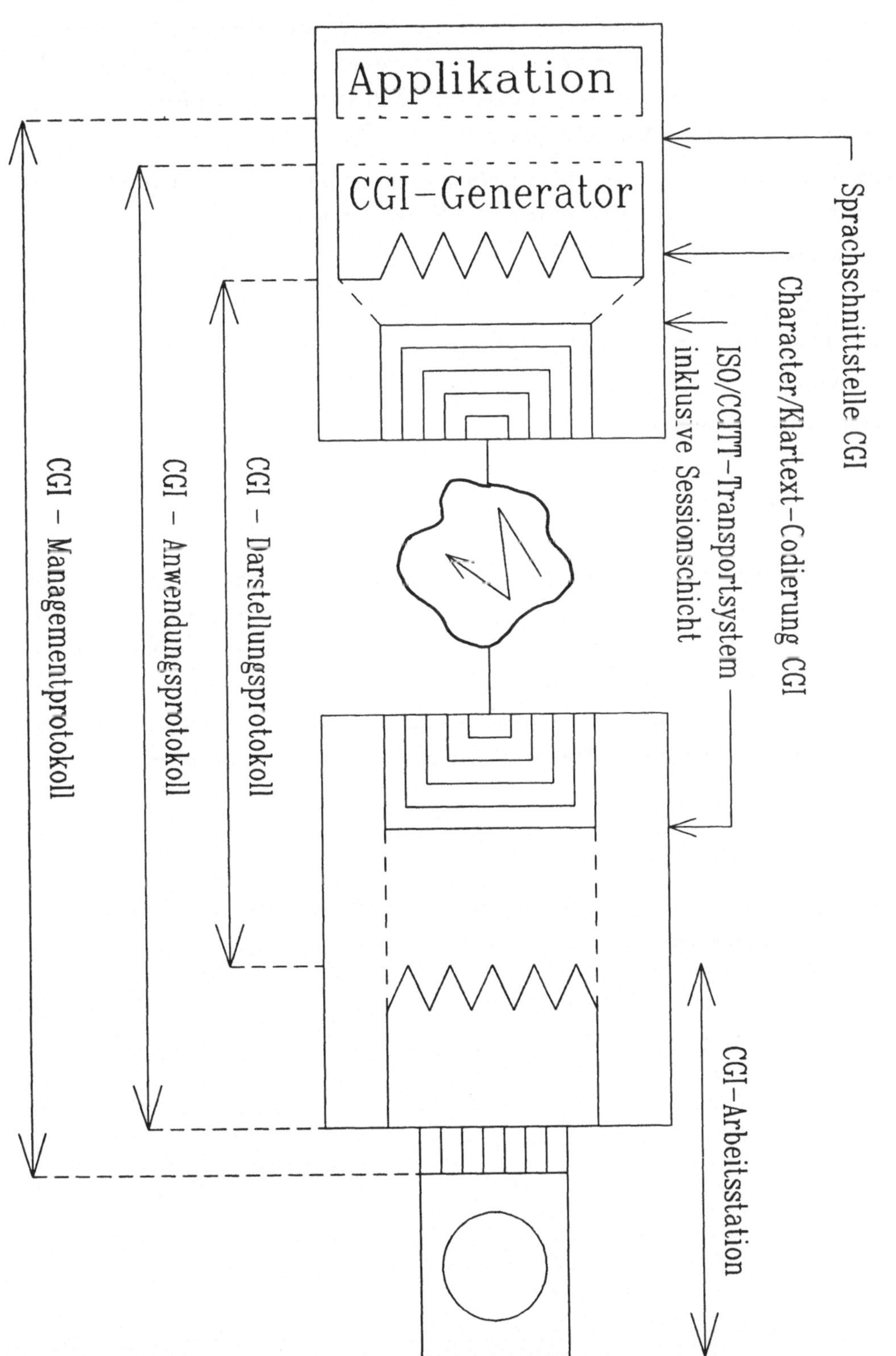

Aushandlungsphase

Solange keine verbindlichen ISO-Protokolle für die Darstellungsschicht existieren, muß in dieser Phase die Methode des "picture coding" zwischen Sender und Empfänger ausgehandelt werden. Dieses ist Aufgabe einer weiteren, noch zu definierenden Instanz der Darstellungsschicht.

Außerdem muß zwischen Sender und Empfänger ein Intelligenzabgleich durchgeführt werden, der sich unter anderem auf folgende Punkte bezieht:

- Genauigkeit
- Behandlung der Farben
- Eingabefähigkeit der CGI-Arbeitsstation
- Setzen von Standard-Werten
- Verfügbarkeit von Zeichensätzen

Austauschphase

In dieser Phase wird der normale Datenaustausch auf der Ebene der CGI-Schnittstelle abgewickelt. Fehler, die im Transportsystem des Rechnernetzes auftreten, werden von diesem entweder selbst behoben oder an die oberen Schichten weitergereicht. Für den Fall, daß ein Fehler nicht abgefangen werden kann, müssen im CGI-System geeignete Fehlerbehandlungsmechanismen vorgesehen werden, damit der Benutzer über den aktuellen Zustand des Transportmediums Rechnernetz informiert ist.

Abbauphase

Die Verbindung wird ornungsgemäß abgebaut und die Kontrolle lokal an die CGI-Arbeitsstation übergeben.

Das Problem der Behandlung mehrerer Arbeitsstationen

Mit dem vorliegenden Entwurf der CGI-Norm ist der gleichzeitige Betrieb mehrerer Arbeitsstationen im Sinne des Arbeitsstationenprinzips von GKS nicht möglich, wenn auf der Seite des Senders nur eine logische Verbindung und ein CGI-Generator existiert; eine Aufteilung des Datenstroms kann vom Sender nicht vorgenommen werden, da die Identifikation unterschiedlicher Arbeitsstationen nicht bekannt ist.
Das Problem kann dadurch gelöst werden, daß der zusätzlichen Instanz der Darstellungsschicht die Verwaltung mehrerer Arbeitsstationen übertragen wird. In diesem Fall ist es dann auch möglich, graphische Information für mehrere CGI-Arbeitsstationen nur einmal zu übertragen (Multicasting).

Zusammenfassung und Ausblick

Um über die CGI-Schnittstelle zwischen verschiedenen graphischen Hard- bzw. Software-Systemen in verbindungsorientierten offenen Rechnernetzen kommunizieren zu können, müssen einige Regeln verabredet werden, die über die funktionale Festlegung der graphischen Basisfunktionen und deren Codierung hinausgehen. Außerdem müssen für die Benutzung des CGI in lokalen Netzen gesonderte Absprachen getroffen werden.

Literatur

/CCITT 81/ CCITT - Empfehlungen der V-Serie und der X-Serie, Heidelberg-Hamburg: R.V. Deckers Verlag, G. Schenk 1981

/CEPT 85/ Videotext Presentation Layer Data Syntax, Geometric Display, CEPT T/CD 6.1 revised

/CGI 84/ Computer Graphics - Virtual Device Interface, ANSC X3H33, December 1984

/GKS 84/ ISO/IS 7942 Graphical Kernel System GKS, Functional Description, November 1984

/OSI 83/ ISO/IS 7498 Open Systems Interconnection, Basic Reference Model, May 1983

Kommunikation über graphische Standardschnittstellen

B.W. Alheit und H. Kuhlmann
ZGDV Darmstadt

1. Einleitung

Für die Bereiche Graphik und Kommunikation in Rechnernetzen liegen zur Zeit folgende Normen bzw. Empfehlungen vor:

- Graphisches Kernsystem (GKS)
- X.3/X.28/X.29-Dialog

GKS als Norm für die graphische Datenverarbeitung definiert eine Anwendungsschnittstelle, die das Erstellen von geräteunabhängigen Graphikanwendungen erlaubt. Implizit definiert GKS eine Geräteschnittstelle, das sogenannte Workstation-Interface. Diese Schnittstelle wird z.B. dazu verwendet, intelligente Graphikterminale an Zentralrechner anzuschließen. Dabei kann die Kommunikation auch über ein Rechnernetz erfolgen.

Dem gegenüber läßt sich mit dem nicht genormten Metafilekonzept von GKS eine einfache Kommunikation mit Hilfe des Transfers von Bilddateien von Rechner zu Rechner realisieren.

Für den Bereich Dialog in Rechnernetzen existieren die CCITT-Empfehlungen X.3, X.28 und X.29 ¢, die aufbauend auf paketvermittelnde Rechnernetze (CCITT-Empfehlung

¢
X.3 spezifiziert die Anpassung asynchroner Endgeräte an das Netz
X.28 beschreibt die Kommunikation zwischen asynchronen Datenendeinrichtungen (DEE) und PAD
X.29 legt den Austausch von Informationen und Daten zwischen paketvermittelnden DEE und PAD fest

X.25 ¢) einen alphanumerischen Dialog realisieren. Die Empfehlungen X.3, X.28 und X.29 sind auch unter dem Stichwort PAD bekannt. Sie definieren einen alphanumerischen Dialog, der zeilenorientiert ist. Gerätespezifische Steuerzeichen lassen aber eine Foroatierung der Ausgabe zu, wenn sie nicht von der Rechnersoftware, Betriebssystem oder Netzwerkprogramme (z.B. Software-PAD), geschluckt werden.

Mit solchen gerätespezifischen Steuerzeichen lassen sich zwar auch Graphiken erzeugen, sind aber nicht für geräteunabhängige Graphikanwendungen geeignet. Entsprechendes gilt für die Durchführung von graphischen Eingaben.

Wie läßt sich nun das Ziel graphische Kommunikation in Rechnernetzen erreichen?

Zum einen durch den schon erwähnten Bildaustausch mit Hilfe des Filetransfers: dabei kann der Computer Graphics Metafile (CGM) verwendet werden, der als kompletter Normenentwurf vorliegt. Im Gegensatz dazu ist der GKS-Metafile GKSM nur sehr unvollständig als Anhang zur GKS-Norm beschrieben.

Die interaktive Kommunikation läßt sich mit Hilfe der GKS-Workstationschnittstelle (GKS-WSI), dem Computer Graphics Interface (CGI) oder der Graphics Data Syntax (GDS) realisieren. CGI und GDS befinden sich am Beginn der Normungsaktivitäten, während GKS als Norm vorliegt. Deshalb werden z.B. im Rahmen des Deutschen Forschungsnetzes (DFN) das Graphische Kernsystem und das Workstation-Interface eingesetzt.

2. GKS-Workstation

Im Graphischen Kernsystem wird auf funktionaler Art ein graphischer Arbeitsplatz (Workstation) beschrieben, der folgendes beinhaltet:

- er besitzt eine rechteckige Ausgabefläche
- Koordinatenwerte werden auf geräteunabhängiger Basis übergeben und in Gerätekoordinaten transformiert
- es stehen unterschiedliche Darstellungselemente zur Verfügung (z.B. POLYLINE, TEXT), denen Attributsets zugeordnet sind

¢)
X.25 spezifiziert für ein paketvermittelndes Rechnernetz die Ebenen 1-3 im OSI-Modell der ISO

- außerdem sind 6 logische Eingabegeräte definiert, die sich in 3 verschiedenen Eingabemodi betreiben lassen
- für relativ schnelle Bildmanipulationen steht jeder Workstation ein Segmentspeicher zur Verfügung

Daraus läßt sich eine geräteunabhängige Schnittstelle zum Rest von GKS ableiten, was im Rahmen des DFN durchgeführt wurde. Die Erfahrungen daraus, wurden bzw. werden in den Entwurf für eine zukünftige genormte graphische Schnittstelle, dem Computer Graphics Interface (CGI), eingebracht.

3. "Computer Graphics Interface"

Mit dem Computer Graphics Interface (CGI) soll eine intelligente graphische Geräteschnittstelle definiert werden.
Dieses wird wesentlich durch Vertreter von Geräteherstellern vorangetrieben. Der Schwerpunkt bei der Entwicklung liegt deshalb auch auf der hardwaremäßigen Realisierbarkeit.

CGI ist kompatibel zu GKS, aber berücksichtigt auch andere Entwicklungen, wie z.B. die der Bitmap-Graphik. In Abb. 1 sind drei verschiedene Einsatzmöglichkeiten vom CGI dargestellt.

Beim primitiven graphischen Gerät befindet sich die CGI-Implementierung zusammen mit der Applikation auf dem Host. Beim intelligenten Terminal liegt die CGI-Implementierung entweder als Firmware in einem Terminal vor oder sie wurde als Software in einem PC realisiert, der als Terminal eingesetzt wird. Als dritte Möglichkeit existiert das integrierte System, bei der nur die für die Applikation notwendigen Funktionen des CGI implementiert sein müssen.

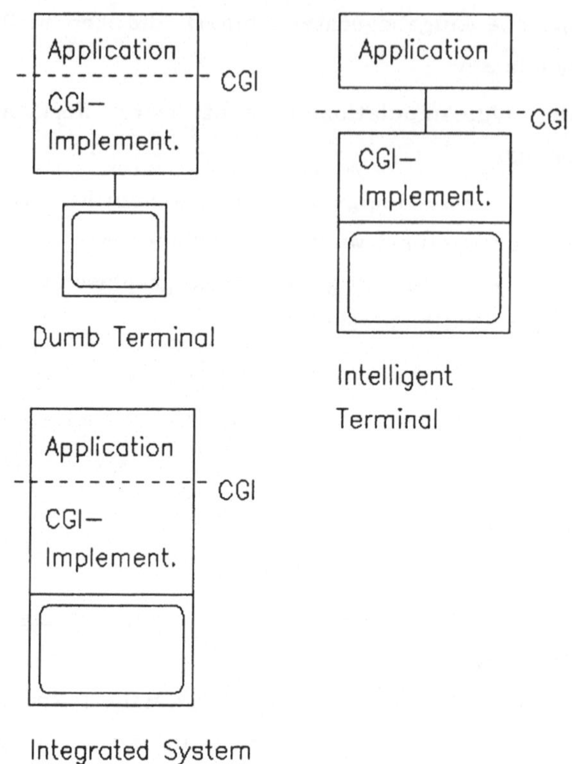

Abb. 1: CGI-Einsatzmöglichkeiten

4. Kommunikationsrealisierung

Der alphanumerische Dialog ist heutzutage praktisch mit allen existierenden Rechnern und Rechnersystemen möglich. Der Anschluß von Personalcomputern mit Hilfe von Akustikkoppler an das öffentliche Telefonnetz, herstellerspezifische Rechnernetze, wie z.B. SNA von IBM oder TRANSDATA von Siemens, oder der Einsatz von Hardware- oder Software-PADs in öffentlichen Rechnernetzen sind nur Beispiele dafür. Abgesehen von der Kodierung von länderspezifischen Zeichen wie z.B. die deutschen Umlaute, existieren beim alphanumerischen Dialog weitgehenst nur Probleme bei Steuerzeichen wie Linefeed oder Carriage-Return, die von einzelnen Rechnern oder Terminals unterschiedlich interpretiert bzw. angewendet werden. Diese Schwierigkeiten sollen durch die Definition eines virtuellen Terminaltyps beseitigt werden.

Für den Filetransfer existieren weitgehenst schon Realisierungen oder sie sind geplant. Dies betrifft beide Arten von Rechnernetzen, Local Area Network (LAN) und

Wide Area Network (WAN), bzw. deren Kopplung untereinander durch entsprechende Gateways. Die Bildbeschreibungsdaten werden dabei je nach Kodierung (z.B. Klartext- oder Binärkodierung) mit dem Standard- bzw. einem speziellen Filetransfer übertragen.

Für den Fall der interaktiven graphischen Kommunikation ist dies noch im Aufbau. Wie schon erwähnt, soll im Deutschen Forschungsnetz das GKS dafür verwendet werden. Das Graphische Kernsystem wird dazu durch das Workstation-Interface (WSI) in die beiden Teile Kern und Workstation zerlegt.

Der GKS-Kern beinhaltet folgende Bestandteile von GKS:

- Parameter- und Zustandsüberprüfung
- Normalisierungstransformation
- allgemeiner Segmentspeicher
- GKS-Beschreibungstabelle
- GKS-Zustandsliste
- Segmentzustandsliste
- Fehlerzustandsliste

Dem gegenüber besteht der Workstationteil aus folgenden Elementen:

- Workstationtransformation
- lokaler Segmentspeicher
- Segmenttransformation
- Workstation-Beschreibungstabelle
- Workstation-Zustandsliste
- Gerätetreiber

Das WSI ist implizit in fast allen bekannten GKS-Implementierungen vorhanden und zwar durch eine mehr oder weniger große Anzahl von Unterprogrammaufrufen. Diese werden nun für die Kommunikation in Rechnernetzen durch den Austausch von Datenelementen zwischen den beiden Prozessen Anwendung und GKS-Kern auf der einen Seite und GKS-Workstation auf der anderen Seite ersetzt.

Dazu wurde ein Protokoll definiert, das auf dem Protokoll T.70 ¢ für die Transportebene im OSI-Referenzmodell aufbaut (Abb. 2). (In Zukunft kann das Protokoll auf der Sessionschicht aufsetzen, wenn deren Normung abgeschlossen ist.)

Mit diesem Protokoll läßt sich nicht nur eine einzelne Workstation ansprechen, sondern für Workstations, die an einem gemeinsamen Netzknoten angeschlossen sind, besteht die Möglichkeit gemeinsame Datenelemente nur einmal über die vorhandene Netzverbindung zu übertragen. Diese Vorgehensweise wird als "multicasting"

¢ von T.70 werden die Dienste T-CONNECT, T-DATA und T-DISCONNECT in Anspruch genommen

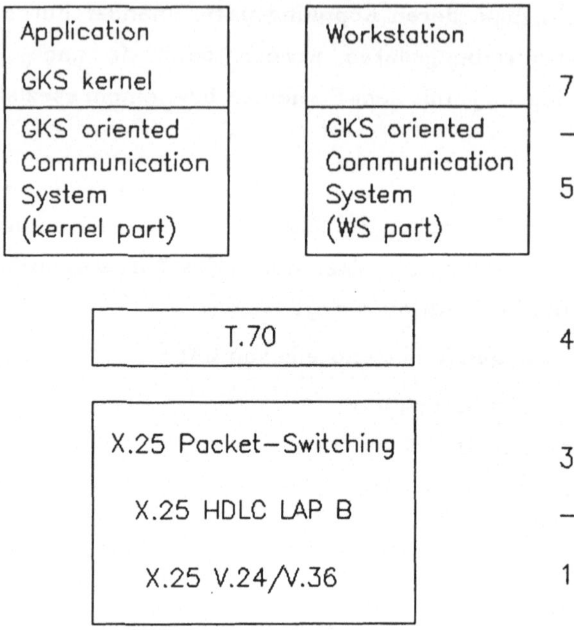

Abb. 2: GKS-Kommunikationssystem im OSI-Modell

bezeichnet.

Der Austausch der Datenelemente erfolgt durch einen Send/Receive-Mechanismus, d.h. nachdem vom Kern ein Datenelement an die Workstation gesendet wurde, wird ein Datenelement als Antwort erwartet. Für die Realisierung dieser Kommunikation wurden folgende Module konzipiert (siehe Abb. 3):

– Workstation-Controller

– Converter

– Coder

Der Modul Workstation-Controller ist dabei in zwei Ausprägungen vorhanden:

– Remote WS-Controller (RWC) auf der Kernseite

– Local WS-Controller (LWC) auf der Workstationseite

Die Aufgaben des Remote WS-Controllers bestehen im Aufbau, der Verwaltung und Freigabe von Verbindungen zu den Workstations. Durch ihn wird außerdem das sogenannte "multicasting" realisiert.

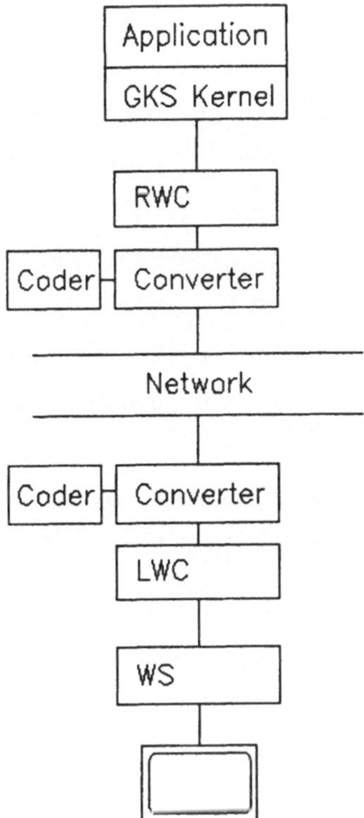

RWC - Remote Workstation-Controller

LWC - Local Workstation-Controller

WS - Workstation

Abb. 3: GKS-Kommunikationssystem

Der Local WS-Controller verwaltet die Workstations und ist für die Verteilung der Ausgabeparameter und -attribute zuständig.

Der Converter setzt die Funktionen des Workstation-Interfaces in Dateneinheiten um, die dann dem Partnerprozeß bzw. den Partnerprozessen übermittelt werden. Er ist außerdem für die Bearbeitung und Weiterleitung der Dateneinheiten zuständig, die von den Partnerprozessen empfangen werden.

Der Coder führt das Kodieren und Dekodieren der unterschiedlichen Datentypen, die im Graphischen Kernsystem existieren, durch.

5. Anwendungsumgebung

Wie kann nun jemand, der vor einem graphischen Arbeitsplatz sitzt, die von ihm gewünschte Anwendung auf einem anderen Rechner aktivieren?

Zum einen kann er den Operateur am dortigen Rechenzentrum anrufen und ihn bitten die Anwendung zu starten oder sich über einen PAD mit dem Rechner verbinden, um die Anwendung selbst zu aktivieren.

Die erste Lösung ist für den praktischen Einsatz ungeeignet. Die zweite hat den Nachteil, daß unter Umständen ein zweites Terminal benötigt wird, das bis zum Ende der Sitzung ungenutzt ist.

Am vorteilhaftsten ist eine dritte Lösung, bei der unsichtbar für den Benutzer die Anwendung und die Workstation aktiviert wird.

6. "Application Support Manager"

Solange keine Standards existieren, die das Starten eines Prozesses und die Kommunikation zwischen zwei Prozessen über eine Verbindung erlauben, soll innerhalb des DFN folgendes Verfahren verwendet werden:

Auf jedem Knoten des Rechnernetzes existiert ein permanenter Prozeß, der sogenannte Application Support Manager (ASM), der für das Starten von Applikationen und das Überwachen und Abbrechen von gestarteten Applikationen zuständig ist. Er sorgt außerdem für die Bereitstellung von Netzadressen.

Das Starten von Applikationen mit Hilfe des ASM erfolgt folgendermaßen (siehe Abb. 4):

- Der Anwender meldet sich beim lokalen ASM an und übergibt ihm die Informationen, die notwendig sind, um die Applikationen auf dem entfernten Rechner zu starten.
- Der ASM setzt sich dann mit dem ASM auf dem entfernten Netzknoten in Verbindung und übergibt ihm die notwendige Startinformation. Dieser startet dann die Anwendung. (Dieser Prozeß muß vom Betriebssystem sofort aktiviert werden, denn es handelt sich nicht um einen Batch-Job, wie es beim Remote Job Entry (RJE) der Fall wäre.)

Die gestartete Applikation meldet sich dann beim ASM auf ihrem Rechner an und erhält die Adresse der entfernten Workstation. Diese Adresse benötigt der GKS-Kern,

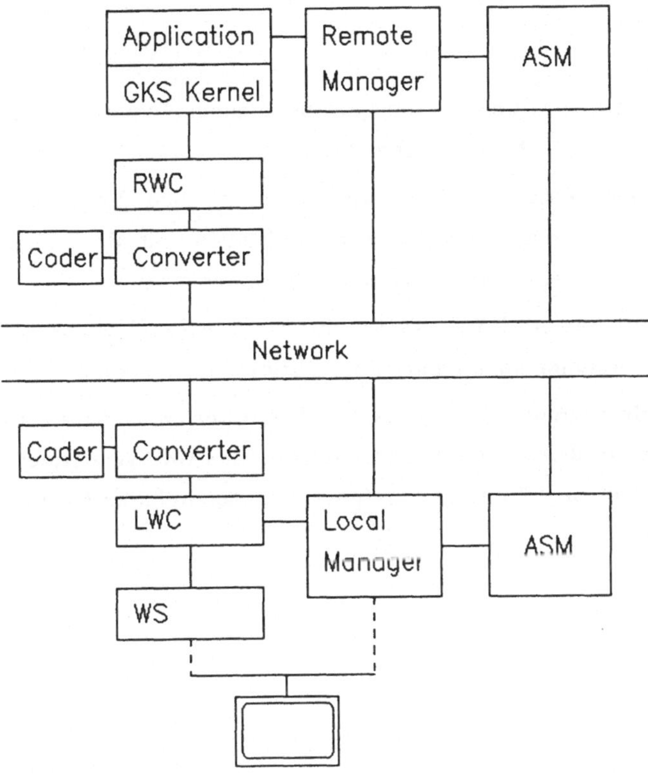

RWC - **Remote Workstation-Controller**
LWC - **Local Workstation-Controller**
WS - **Workstation**
ASM - **Application Support Manager**

Abb. 4: GKS-Kommunikationssystem und Anwendungsumgebung

um beim Eröffnen der Workstation die Verbindung zu ihr herstellen zu können.

- Nach dem erfolgreichen Starten der Applikation teilt der ASM dies dem ASM, von dem die Initiative ausging, mit. Der Anwender erhält dann die Information, daß die Applikation auf dem Remoterechner gestartet wurde und unter welcher Adresse sie ansprechbar ist.
- Danach kann die GKS-Workstation aktiviert werden.

7. Managementrahmen

Um die Anwendung und den Anwender von netzspezifischen Dingen freizuhalten, wird der sogenannte Managementrahmen eingesetzt.

Der Managementrahmen besteht aus den Ausprägungen Local Manager und Remote Manager (siehe Bild 4). Beide Manager kommunizieren mit dem jeweiligen ASM. Außerdem findet zwischen beiden eine Aushandlungsphase statt.

Der Local Manager ruft den ASM auf, startet die Workstation-Software und teilt der "Kernseite" mit, unter welcher Adresse die Workstation angesprochen werden kann.

Dem gegenüber wird der Remote Manager vom ASM auf der "Kernseite" gestartet, und dieser startet seinerseits das Anwendungsprogramm, das GKS verwendet. Außerdem wird dem Remote Workstation-Controller mitgeteilt, unter welcher Adresse die Workstation zu erreichen ist.

8. "Momentaner Stand"

Die Schnittstelle GKS-Kern/-Workstation wurde definiert und wird zur Zeit realisiert. Dem gegenüber liegt das Computer Graphics Interface erst als Arbeitsentwurf vor, sodaß maximal Experimentalrealisierungen existieren können.

Implementierungen der Ebenen 1-4 des OSI-Modells, die für die graphische Kommunikation verwendet werden, X.25 und T.70, existieren bereits bzw. werden momentan realisiert. Die beschriebenen Kommunikationsmodule (RWC, LWC, ASM, ...) werden im Laufe des Jahres 1985 in ersten Versionen erstellt.

Der erste Einsatz der graphischen Kommunikation im DFN soll im Laufe des Jahres 1986 erfolgen. Die breitere Nutzung kann dann anschließend erfolgen, wobei dann dieser Dienst vom DFN-Verein offeriert wird.

9. Ausblick

Aufbauend auf Protokollen der Sessionschicht müssen Graphikprotokolle entwickelt werden, die das CGI berücksichtigen. Außerdem muß der gemischte Betrieb von Alphanumerik und Graphik möglich sein.

Diese Protokolle müssen so ausgelegt werden, daß auch der Betrieb in Local Area Networks und gemischten Rechnernetzen (LAN + WAN) durchgeführt werden kann.

10. Zusammenfassung

Auch für die Graphische Datenverarbeitung wird die Kommunikation über Rechnernetze benötigt. Spezielle Standards (national oder international) dafür fehlen zur Zeit noch, aber aufbauend auf existierende Standards werden durch die beschriebenen Elemente erste Lösungen für die Realisierung geschaffen.

11. Literatur

ALHEIT,B.W., ENCARNACAO,J., KUHLMANN,H.: GKS im Netzwerkbetrieb; Realisierung im BS2000. DFN-Pflichtenheft G006, November 1984.

ALMOND,J.C., HAHN,J., RABENSEIFNER,R.: Verteiltes GKS und CGM-Output-Workstation. DFN-Pflichtenheft G002, Februar 1985.

BECHLARS,J., EGELHAAF,CHR., SCHÜRMANN,G.: GKS-orientiertes Kommunikationssystem in offenen Rechnernetzen. DFN-Pflichtenheft G003-1, August 1984.

BECHLARS,J., EGELHAAF,CHR., SCHÜRMANN,G.: The GKS-Workstation Interface, Version 1.0. DIN-AK 5.9.4 / 15-84, August 1984.

CCITT-Empfehlungen der V-Serie und der X-Serie, Datenübermittlung (Übersetzungen). R.v. Deckers Verlag, G. Schenck, Heidelberg-Hamburg, 1981.

DIN 66252 Graphisches Kernsystem (GKS). Funktionale Beschreibung. Beuth Verlag Berlin, Oktober 1983.

DIN 66293 Teil 1-4 Datei für die Speicherung und Übertragung von Bildinformation. Beuth Verlag Berlin, Juni 1985.

EGLOFF,P., FOEST,G., HAMMERL,L., SCHULZ,M.: Computer Graphics Metafile Transfer in offenen Rechnernetzen. DFN-Pflichtenheft G003-2, August 1984.

ISO/DIS 7498 Open Systems Interconnection. Basic Reference Model. April 1982.

X3.nnnn-198n Information Processing Systems - Computer Graphics - Interfacing Techniques for Dialogues with Graphical Devices (Computer Graphics Virtual Device Interface).

ZPL-DFN. Graphische Kommunikation in offenen Netzen, - Ziele und Lösungsansätze -. Berlin, Mai 1984.

ZPL-DFN. Protokollhandbuch, Version 2. Berlin, Mai 1985.

The Relationship between GKS and the Computer Graphics Metafile CGM

J.C. Almond
Rechenzentrum der Universität Stuttgart

1. Introduction

The Graphical Kernel System (GKS) is establishing itself more and more as a practical standard for the development of graphical software systems. Although GKS makes mention of "Metafiles" for the archiving or storage of graphical information, and includes as an appendix a suggested "GKS-Metafile" (GKSM) containing an "audit trail" of the GKS functions called, no metafile definition is included as part of the ISO standard, nor is it clear that the suggested GKSM could be appropriately used for the function of 'picture capture', such as would be needed for outputting selected views or pictures onto a plotter. For this purpose, a new proposal, /ISO 8632/, the Computer Grahics Metafile (CGM) is well underway, and is expected to reach the status of an ISO Draft International Standard (DIS) by the end of 1985.

From the beginning, no clear reference model was established which could have served as an architectural basis for defining the functionality of or the relationship between these proposal. Since the use of CGM was not to be limited to the GKS environment, complete compatibility with GKS was never acclaimed as a goal, nor was it achieved. The result is a metafile lacking some GKS facilities while offering others not present in GKS.

The need to clarify the resulting issues has given rise to considerable discussion and controversy within the ISO, DIN, and DFN working groups involved in defining and in using these standard proposals. Since several organisations within the DFN (Deutsches Forschungsnetz) community are committed to carrying out projects involving both of these standards, it soon became clear that an exact interpretation of the functional relationship between GKS and CGM would be crucial to the coordination of these developments.

This paper reports on the the efforts of a DFN working group chaired by the author, and consisting of representatives from the Technical and Free Universities of Berlin, and the Hahn-Meitner Institute in Berlin, as well as the University of Stuttgart. Not surprisingly, the most difficult part of the study lays not so much in the detailed mapping of individual elements as in the nature and functional behaviour of metafiles in the GKS environment per se.

2. Overview of the Differences between GKS and CGM

A one-to-one mapping between GKS and CGM cannot be achieved in any case, since:

1. Some GKS functions are not present in CGM:
   a. All functions referring to segments.
   b. The 'SET xxxREPRESENTATION' functions, xxx=POLYLINE, POLYMARKER, TEXT or PATTERN, for setting workstation attributes in the corresponding bundle tables.
   c. Functions for setting or changing the workstation transformation (workstation window or viewport).
2. Some additional functions of CGM are not present in GKS:
   a. Further output primitives such as disjoint polyline, polygon, and polygon set.
   b. Higher level primitives such as circle, ellipse, etc.
   c. Extended capabilities in the area of text processing, e.g. named fonts, changing character set, appended text, and restricted text.
   d. Attribute elements such as perimeter properties, auxiliary color, direct color selection, view surface color, etc.
   e. Enhanced facilities for tailoring and controlling the interpretation of the metafile, such as scaling mode, control of the precision of various items, and the control of default values.

Some of this expanded functionality results from the intention to use the metafile from systems which may have expanded capabilities compared to GKS. (My metafile can do more than your metafile.) The facilities lacking in CGM call for a clarification as to the usage of this metafile in the GKS environment.

3. What is a Metafile?

This question is not so simple as it may seem on the surface. Enderle, et.al. /END 84/ quote the metafile subgroup of ISO TC97/SC5/WG2: "A graphics metafile is a mechanism for the transfer and storage of graphics data that is both device- and application-independent".

The CGM proposal itself /ISO 8632/ is entitled ***Metafile for the Storage and Transfer of Picture Description Information***. In neglecting to define either "graphics data" or "picture description information", both definitions leave open several crucial questions. For example, is the CGM to have any dynamic properties? I.e. are there to be any elements within a CGM picture which can cause the picture to change in the sense of scaling, display attributes such as color, display priority of elements, etc? Furthermore, the specific mention of "storage and transfer" seems to neglect the need for device-independent plot files, certainly one of the major expected uses of CGM in the production environment.

From the point of view of a possible reference model, a distinguishing property of the concept of a metafile is certainly the possibility of the logical separation between the generator and the interpreter of the metafile with repect to time (archiving), space (file transfer), or process (independence of hard- and software). One logical consequence of process-idependence, fundamental to the concept of metafiles is that, in general, the generator of the metafile knows neither the properties of the metafile interpreter, nor the attributes of the (as yet unknown) device upon which the graphical information may be dispayed nor can it inquire as to their values. Only those properties of the graphical information which have not yet been bound by the generator can be bound by the interpreter, and this will of necessity be in a device-dependent fashion.

3.1 Types of Metafiles

The term 'metafile' is currently being used for at least two rather different types of graphical information:

1. The 'session capture' metafile, containing all essential information to recreate the interactive graphics process dynamically. As depicted in Figure 1, none of the transformation or binding operations of the display 'pipeline' have been carried out at the GKSM stage, leaving all these to be performed by the metafile interpreter.

2. The static 'picture capture' metafile, containing 'snapshots' of pictures or frames, as produced either by the dynamic environment of interactive graphics, or by an application producing presentation graphics. As seen in Figure 1, CGM is basically such a metafile, since most operations such as transformations, attribute binding, resolving segment priorities, etc., in particular any operations which could cause dynamic regenerations within a picture, have already been carried out by the CGM generator.

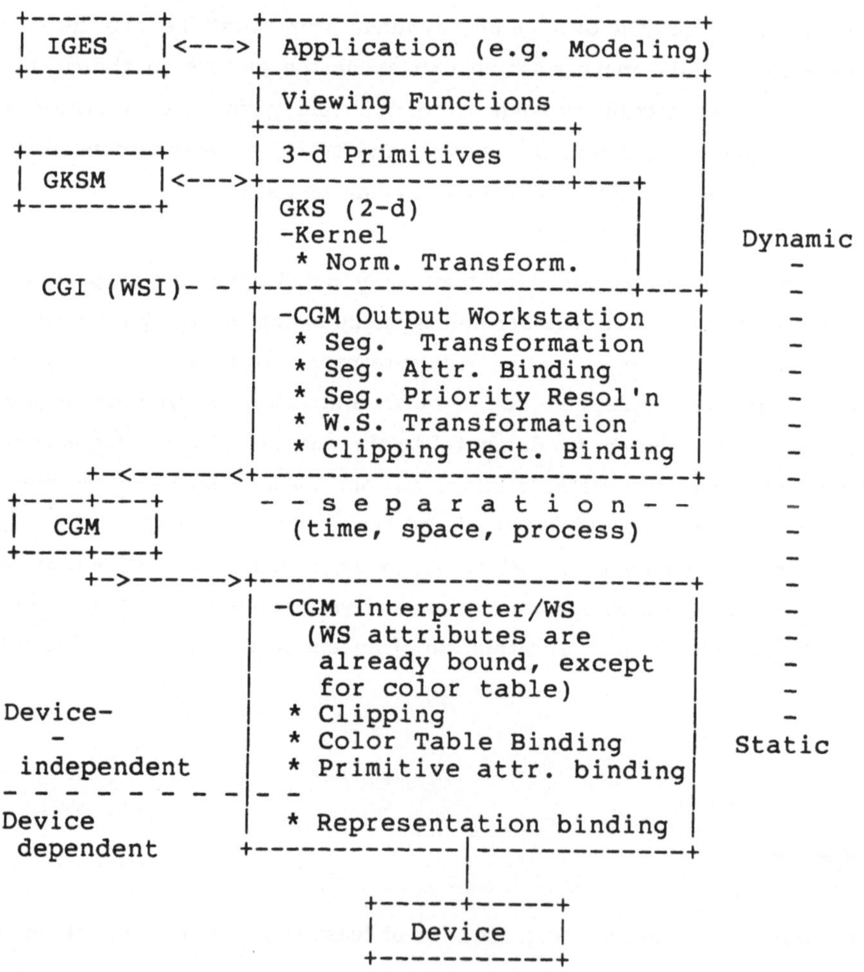

Figure 1: A Possible Reference Model for Metafiles

3.2 Some Problems and Inconsistencies

- CGM contains a COLOR TABLE element for dynamically changing the color table of the interpreter within a picture. This element, which in the GKS environment at least, could cause a dynamic regeneration of the picture according to the changed color table, contradicts the definition in 3.1 (2) and must be handled in an interpreter/device-dependent manner.
- CGM contains no elements for setting or changing the elements of the bundle tables of the interpreter. Any SET xxx REPRESENTATION calls from GKS refer only to the bundle tables of the metafile generator, not those of the interpreter. It is not clear why these workstation attributes are handled differently than is the color table. A suggestion for interpreting such GKS calls is given in "Bundle Tables" in 4.5.1.
- Consistent with the definition in 3.1 (2), there are no elements in CGM for changing the workstation transformation within a picture. Nevertheless, there was a serious proposal, originating from the metafile group of the British Standards Institute (BSI), to include such elements. In recent actions of the ISO Metafile Control Board, the proposal was rejected.
- The problem of the resolution of segment priorities is especially interesting. The feature of the segment priority basically reflects the availability of raster terminals, in which the priority is resolved simply by the order in which the pixels are set, or objects are drawn. The task of resolving the geometric intersection of segments is difficult or impossible for the metafile generator. Ironically, the task cannot be passed via the metafile to the interpreter, even if it is driving a raster terminal. (You cannot move backward in the display pipeline of Figure 1.) As an illustration of the alternatives, consider Figure 2.

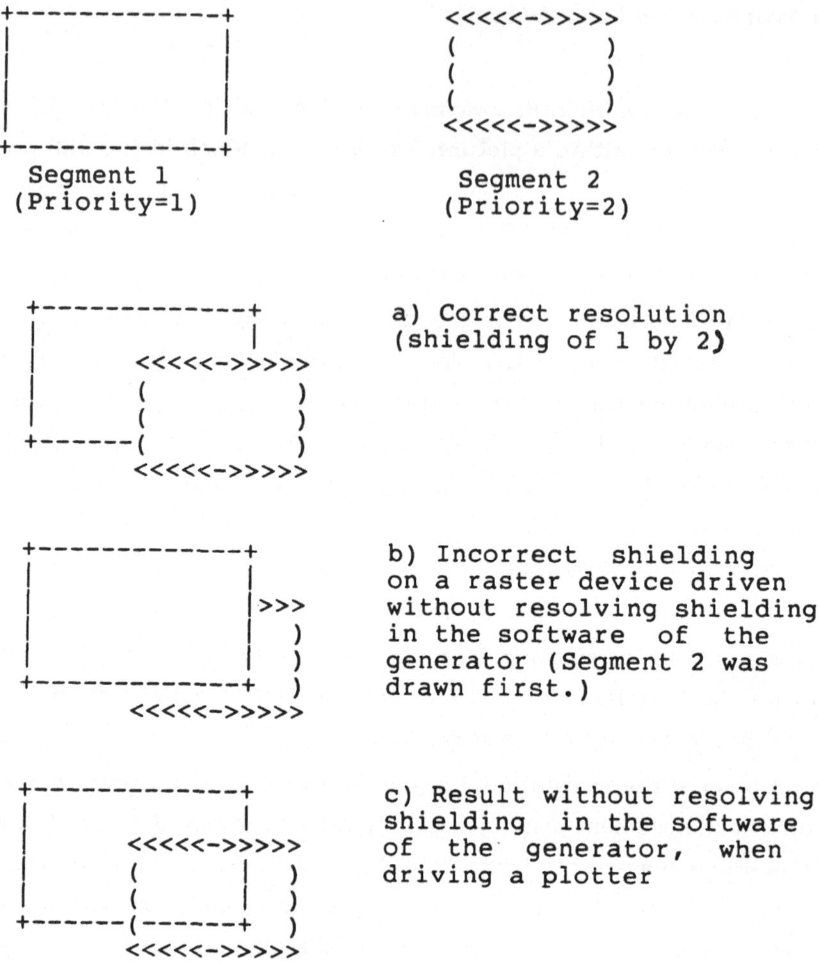

Figure 2: The Resolution of Segment Priority

3.3 Scenarios Using CGM in the Graphics Environment

CGM is expected to be usable as a metafile both in the GKS environment and by applications outside GKS. Some specific examples of the usage of CGM might be:

1. The temporary or archival storage of pictures in the level 0 GKS environment. The lack of segment information in CGM would not prevent its use reversibly (accurate and complete recovery of all information in the original picture), since there is no segment information in level 0 GKS to get lost.

2. The temporary or archival storage of pictures in GKS environments of levels 1 or 2. Such metafiles would not be reversible, since any segment information in the GKS environment cannot be represented in CGM, and would of course not be available to a GKS-based program interpreting the metafile.
3. The processing of plot files, usually via queues, in the production environment. Such CGM files could be generated by GKS-programs or by other graphics software.
4. The previewing or editing of pictures as an alternative to or preliminary to plotting.
5. The transfer of pictures within a network. The agreement as to a metafile standard is, of course, essential in this case.

4. The Mapping of metafile Concepts

4.1 Generation of CGM pictures

Considering the static nature of CGM as discussed above, it would be logical to expect a device being driven by a CGM-interpreter to behave in the same fashion as a plotter being driven directly by a GKS WS.
Whereas such a plotter would normally be used to capture selected pictures on explicit command, it could also be run (with <implicit regeneration>= allowed), each new view being reflected as a picture on the plotter. Indeed, this would even be useful if one were making movies. The generation of pictures on the CGM is thus governed by the same functionality as to explicit and implicit regeneration as for any other WS. In other words, a CGM "Begin picture" element would be generated by any of the following events:

1. Outputting primitives or segments onto an empty "display surface".

2. The implicit regeneration of the information in segments. Assuming <Implicit Regeneration>= allowed, then the generation of a new picture will be caused by the following actions:
   - o changing the workstation transformation (WST) by setting the workstation window or viewport while the display surface is not empty
   - o deleting a segment
   - o changing a segment transformation
   - o setting a segment priority when this would cause a visible change in the picture
   - o changing segment attributes such as visibility or highlighting
   - o outputting primitives or segments (associating or inserting) when segment priorities cause new information to override the existing image
   - o changing the color or pattern tables (SET color or pattern REPRESENTATION)
   - o changing the bundle tables of the WS using the SET REPRESENTATION functions (see the mechanism described in "Bundle Tables" in 4.5.1).
3. Explicit generation using UPDATE or REDRAW ALL SEGS. There is a basic problem associated with the regeneration of graphical information. If the CGM output workstation is open, then the simple output of primitives will cause a picture to be begun. If the final picture desired for the CGM is written as the result of an explicit or explicit regeneration, then the originally started picture will remain, possibily as an unwanted "orphan". A remnant of this kind can only be avoided by developing the desired picture first in the WISS, and then associating of copying to the opened CGM WS. This, of course, can only be done in a level 2 GKS environment. Thus, for levels 0 and 1, there is no possibility of truly static, on-demand picture capture when regenerations are used.

4.2 Mapping the Workstation transformation to CGM

As recognised in /BSI/, there are two distinct requirements to be satisfied in this regard:

1. For CGM <scaling mode> "abstract", the picture is written onto the CGM in a dimensionless manner. Such pictures might be used simply for archiving purposes, or for outputting to devices whose dimensions are not known beforehand.

2. For CGM <scaling mode> "metric", the picture or drawing is written onto the CGM in metric or physical coordinates, such that the final result will be of a specified physical size. One can best imagine this mode being used to generate output for a plotter whose dimensions are known.

It must be possible for the user in the GKS environment to specify either "abstract" or "metric" scaling mode when creating a CGM. The recommendation of the DFN working group satisfies this requirement by mapping the GKS functions to CGM as following:

1. If no WS viewport has been explicitly defined at the time the picture is begun, then:
   - o <scaling mode> is set to "abstract" for the picture (i.e. the NDC space of GKS is represented 1:1 in the VDC of CGM).
   - o The CGM <VDC extent> is set equal to the WS window (default is the unit square). Philosophically, we have mapped the NDC space into an identical region in VDC, in which the window of the NDC space has become in effect a "viewport" in an abstract unit square display space in VDC.
   - o No transformation of the graphical information is necessary.
   - o When the CGM is interpreted, the original WS window information can be recovered from the <VDC extent>.
   - o Even if the workstation provides a default for the WS viewport, it is not used unless explicitly specified. A special routine could be provided for this purpose.
   - o As there are no plot dimensions (i.e. no viewport) on the CGM, a default would have to be implemented in the interpreter for plotting such abstract pictures.
2. If the WS viewport has been explicitly defined at the time the picture is begun, then:
   - o <scaling mode> is set to "metric" for the picture.
   - o CGM <VDC extent> is set equal to the WS viewport (device coordinates).
   - o For the DFN environment, the scaling factor is set to 1000 (mm/Meter), since GKS works in meters, while CGM's device coordinates are in millimeters. For interpreters wishing to work in other units, one could conceivably define other scaling factors.
   - o All graphical information is transformed into VDC units such that the lower-left corner of the NDC window coincides with the lower-left corner of the <VDC extent>, and such that the transformation is isotropic.

- Such a CGM can also be interpreted by GKS, transforming the coordinates back to NDC using the scaling factor. The original window information, however, cannot be recovered.

4.3 Clipping

The graphical information of the CGM has of course not been clipped. The WS has simply caused the clipping rectangle to be set to the appropriate value reflecting the intersection of the viewport (if the clipping indicator was on) and the workstation window (both in NDC).
Since clipping is always to be performed to this rectangle, the clipping indicator in the CGM should always be on.

If only a very small part of the NDC space is within the WS window, a very large amount of unnecessary information may be written to the CGM, only to be clipped away by the interpreter. An example is where a large number of plots are to be created, showing blowups of small portions of a large and complicated drawing. This may cause extreme inefficiencies in storing or in transferring such CGMs in a slow or expensive network. Although clipping cannot in general be performed before writing the CGM, it should be possible to perform an optional filtering action, by which objects lying completely outside the clipping rectangle would not be written to the CGM. This could be done by the application itself, but would perhaps better be done by the WS. However there is no standard function within GKS to direct the WS to carry out such a process.

4.4 The Higher-Level output Elements in CGM

It is proposed to take advantage of such elements as circle, ellipse, etc. of CGM by generating the appropriate CGM element when the corresponding Generalised Drawing Primitive (GDP) is called from GKS. This requires special handling of the GDP's for circle and ellipse elements in the GKS environment.

4.5 Mapping Attributes

4.5.1 Bundle Tables

As we observed in "Overview of the Differences between GKS and CGM" in 2.0, CGM has no elements for setting or changing the contents of bundle tables. Since CGM contains <bundle index> elements, we may assume the interpreter to contain the corresponding bundle tables. Furthermore, the GKS WS creating the CGM will normally have bundle tables, which can be changed by the SET xxx REPRESENTATION functions. In other words there exist bundle tables in both the GKS and the CGM environment, but GKS can neither alter the information in the bundle table of the CGM interpreter, nor inquire as to its values.

We will now describe a mechanism which makes consistent (1) use of the bundle tables in both environments:

1. The bundle tables of the interpreter are set to values most appropriate to the device being driven or, for a GKS-based interpreter, appropriate to the application at hand. There is no way of changing these values from the environment which creates the CGM.
2. The bundle tables of the GKS output-WS are normally not initialised, but can be set from within the environment of the WS.
3. The use of a bundle index (BIX) in the WS environment results in the following elements in the CGM:
   a. If the WS bundle table has not been explicitly set for the given index, then a <bundle index> element is written to the CGM, giving the desired index. This index refers to the bundle table of the interpreter.
   b. If the WS bundle table has been explicitly set for the given index, then the specified attributes can only be sent to the interpreter in unbundled form, and the CGM must contain:
      - o an <aspect source flags> element for setting the corresponding flags to "individual",
      - o the (individual) attributes themselves

(1) Consistent in itself, and also with the requirement set forth in "Generation of CGM Pictures" in 4.1 that the device being driven by the CGM interpreter should behave as though it were being driven directly by a GKS WS.

o when the BIX for the same bundle table is reset to use a value for which the table has not been explicitly set, then an <aspect source flags> element is written to CGM to change the flags back to "bundled".

4.5.2 Text Attributes

CGM allows the character up and the character base vectors to be nonorthogonal, in order to represent sheared characters. Although GKS has no separate base vector, an equivalent result can be achieved, if somewhat awkwardly, by applying transformations.

In order to represent such transformed text, GKS provides "textvectors" at its internal WS interface as shown in the figure.

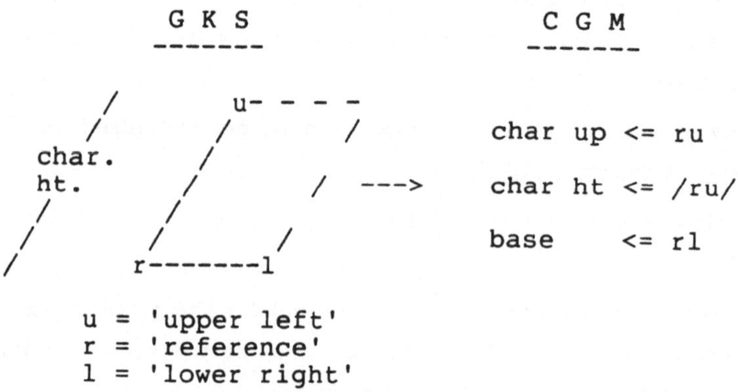

Figure 3 : Mapping of Text Attributes

Other text attributes can be mapped easily onto CGM.

4.5.3 Perimeters of Filled Areas

There are significant differences between GKS and CGM in this area. GKS draws the bounding perimeter of a filled area only for style HOLLOW, using the fill area color index to select the color.

CGM has a more general mechanism, using distinct perimeter attributes (type, width, color) within the fill bundle for this purpose. In addition there is a perimeter visibility attribute, not part of the fill bundle, which specifies whether the perimeter is to be displayed. These attributes determine the appearance of polygons, circles, ellipse, etc.

When creating CGM files from the GKS environment, certain problems may occur. Assume the GKS WS specifies, for a given polygon, a fill area bundle index which refers to the bundle table of the interpreter, as outlined in "Bundle Tables" in 4.5.1. Since GKS can neither set nor inquire as to the values in this bundle table, it cannot know whether the interior style is HOLLOW or not, and thus cannot know whether the perimeter should be visible or invisible. If GKS sets the perimeter to invisible, an interior style HOLLOW may result in a degenerate polygon which is completely invisible. If the perimeter is set to visible, an undesired perimeter may be drawn, perhaps all the worse since the perimeter in CGM may be of a color different from that of the interior fill.

Following extensive discussion of this problem, the ISO Metafile Control Board recently resolved that a new CGM interior style HOLLOW be defined, exactly compatible with GKS, and that a new style EMPTY be created with the perimeter controlled by the attributes as in the original CGM proposal. This modification, which should appear in the next draft of the CGM proposal, indicates that the standards proposals can indeed be adapted to each other, even if on an "ad hoc" fashion. Could it be done better with a well thought out reference model?

Bibliography

/BECH 84/ BECHLARS, J., ET AL.: The GKS-Workstation Interface, Version 1, August 1984, FU - Berlin, and Hahn-Meitner Institute

/BSI/ BRITISH STANDARDS INSTITUTE, BRODLIE, K., ED.: The Relationship between GKS and the CGM, Version 3, April 1985

/END 84/ ENDERLE, G., ET AL.: Computer Graphics Programming, Springer, 1984

/ISO 7942/ ISO IS 7942: Graphics Kernel System, Functional Description, July 1985

/ISO 8632/ ISO DIS 8632: Metafile for the Storage and Transfer of Picture Description Information, January 1985

Videotex-Standards und ihr Bezug zu den Computer Graphik Standards

M. Worlitzer
FTZ Darmstadt

1. Die Videotex-Idee

Etwa im Jahre 1968 wurde in England die Idee formuliert, den Fernseher über einen Modem mit dem Fernsprechnetz und zentralen Datenverarbeitungsanlagen zu verbinden, die beliebige Abruf- und bestimmte Dialogprozeduren für private aber auch geschäftliche Teilnehmer zulassen.

Anfang der siebziger Jahre nahmen sich auch Frankreich, Kanada und Japan dieser Idee an: Es sollten Informationssysteme für den kleinen Mann auf der Basis billiger Kommunikationstechniken und standardisierter Darstellungsleistungsmerkmale aufgebaut werden.

Inzwischen haben alle wichtigen westlichen und teilweise östliche Länder die Idee aufgegriffen und mit unterschiedlichen Zielsetzungen und Zeitabläufen entsprechende Verfahren realisiert. Die Idee wurde variiert und ausgebaut, neue Zielsetzungen, z.B. die Bürokommunikation oder zukünftige digitale Netze einzubeziehen, die es auch erlauben, größere Datenmengen schnell zu übertragen, werden die Systeme zukünftig mitprägen.

Somit wird selbstverständlich das als verteiltes Kommunikationssystem zu betrachtende Videotexnetz für die graphische Datenverarbeitung interessant; die Normung trug diesen Gedanken durch die Definition von Geometrik-Elementen teilweise Rechnung.

2. Standards-Entwicklungen in internationalen Organisationen

Das u.a. Übersichtsbild zeigt, daß zwischen den Standardisierungsorganisationen, die sich mit Graphik befassen, enge Verknüpfungen gegeben sind. Jedes der entsprechenden Gremien hat seinen eigenen Wirkungsbereich, die sich teilweise aber auch überschneiden. Über die aufgezeigten Beziehungen hinaus existieren selbstverständlich Querverbindungen (Abb. 1) in jede denkbare Richtung, und es bleibt

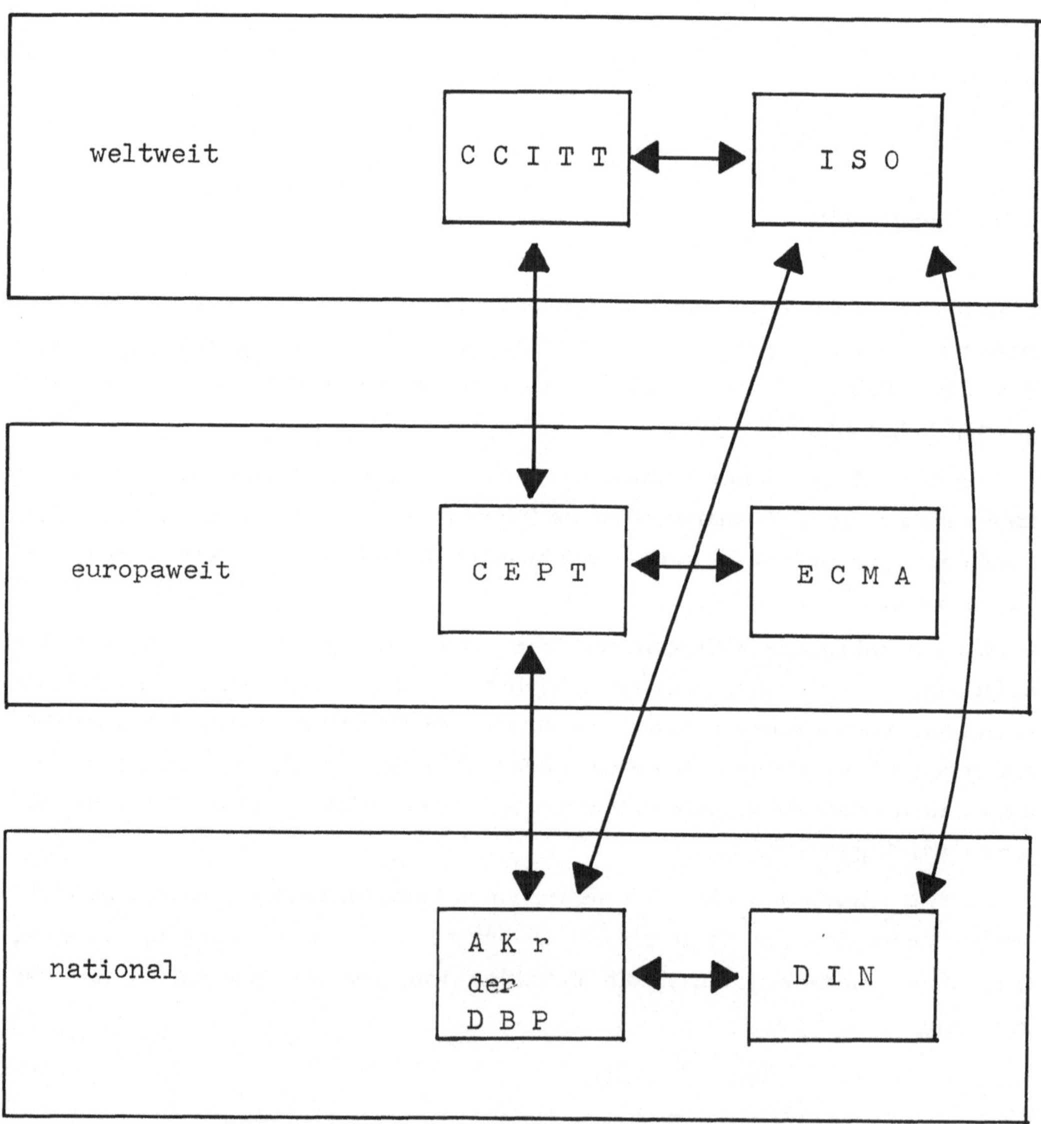

Abb. 1

hervorzuheben, daß die Intention, in enger Kooperation vorzugehen, selten so deutlich geworden ist, wie bei der Graphikentwicklung.

Eines der Hauptprobleme ist jedoch der Zeitfaktor. Generell kann gesagt werden, daß der Zeitbedarf für die Entwicklung von Standards mit dem geographischen Wirkungsbereich korrelliert, so daß Zeitversätze vorprogrammiert sind.

3. Geometrik als Strukturelemente der Videotexstandards

Geometrik spielte ja immer schon in der Videotexdiskussion eine Rolle und schließlich hatte Kanada ja bereits das alte Telidon in den 70er Jahren für den Videotexdienst propagiert und war damit ein Vorreiter dieser Darstellungstechnik. Inzwischen ist die Bedeutung des Geometrikmodus durch alle Länder, die Videotex betreiben, oder zukünftig betreiben wollen, präzisiert und relativiert worden:

In der von AT & T federführend entwickelten "North American Presentation Layer Protocol Syntax" steht das Geometrikverfahren in einer sehr engen Vermaschung mit dem Alpha-Mosaik-Modus und auch in Japan ist der Geometrikmodus eine Untermenge des gesamten Videotexstandards. Ähnlich sahen die Europäer seit eh und je die Rolle des Geometrikmodus. Die DBP hat bereits 1981 während der Funkausstellung Geometrikfunktionen als mögliche Anwendung außerhalb des Alpha-Mosaik-Basis-Modus vorgestellt. Es ist also nicht neu, daß sich die Videotex-Dienst-Betreiber mit Geometrieanwendungen beschäftigen, sondern das Engagement im Geometrikmodus nach der Festlegung von Videotex-Basisfunktionen zeigt, daß der Geometrikmodus zwar zweitrangig hinter dem Basisdienst steht, da er für die breite Masse der Privatteilnehmer nicht erforderlich ist, daß ihm aber trotzdem für den Videotexdienst Bedeutung zugemessen wird, da er für viele Anwendungen interessant erscheint.

Beispielhaft für solche Anwendungen seien hier genannt:

- Businessgraphic,
- Werbegraphik,
- technisch-wissentschaftliche Graphik,
- Design- und Konstruktionsgraphik.

Zieht man in Betracht, daß z.B. der Büro-Kommunikations-Bereich und Videotex viele gemeinsame Aspekte haben und daß viele Terminals einige technischen Voraussetzungen (ebenso wie der Bereich der Personalcomputer) für beide Bereiche mitbringen, erklärt sich die Intensität der internationalen Diskussion über Geometrik-/Graphik-Funktionen in der Videotex-Umgebung von selbst.

Diesen Gedanken trug die entsprechende CEPT-Arbeitsgruppe auch Rechnung und entwickelte bereits in den Jahren 1982/83 ein Geometrikverfahren zur Verwendung als eigenständiges Modul im Videotex-Bereich.

4. CEPT-Geometrik als Modul

Bevor das Vorgehen und die Ergebnisse weiter detailliert werden, erscheint es wichtig, einen Überblick zur Struktur des CEPT-Standards und die Einordnung des Geometrik-Moduls in die Daten-Syntax zu geben. Der CEPT-Standard war von vornherein in Form einer modularen Struktur konzipiert, so daß sich die Geometrikoption als eines dieser Module sehr leicht hineinfügen ließ. Eine Übersicht zur Struktur der CEPT-Datensyntax stellt das folgende Bild dar.

Der Standard besteht aus mehreren in sich abgeschlossenen Elementen (Moduln), die durch Identifizierungsmechanismen in Form von Steuerzeichenfolgen abgerufen werden. Die Strukturelemente der Datensyntax werden "Videotex Presentation Data Elements (VPDE) genannt. Eines dieser VPDE ist jetzt das Geometrikmodul. Durch die Identifizierung über die Steuerzeichenfolge US (Unit Separator = Code 1/15), der somit die höchste syntaktische Bedeutung im CEPT-Standard hat und einen weiteren Code aus Spalte 3 der Codetabelle wird der Geometrikmodus aufgerufen, so daß das Btx-Endgerät vom Präsentationsmodul Alpha-Mosaik in das Präsentations-Modul Geometrik-Darstellung umschaltet.

5. Kooperation von ECMA

Das CEPT-Geometrikverfahren wurde bereits Mitte 83 den entsprechenden ISO Gremien vorgelegt, aber erst im April 1984, als die ISO-Arbeitsgruppe TC 97/SC2/WG8 unter Beteiligung von 2 CEPT-Vertretern die Grundlagen für ein weltweites Bildkodierverfahren festlegen wollte, wurde der CEPT-Standard konkreter in die Betrachtung einbezogen. Die Europäische Computer-Manufactorer Association (ECMA) entschloß sich nach dieser ISO WG 8 Sitzung, einen Standard für ihren Bereich, der auf dem

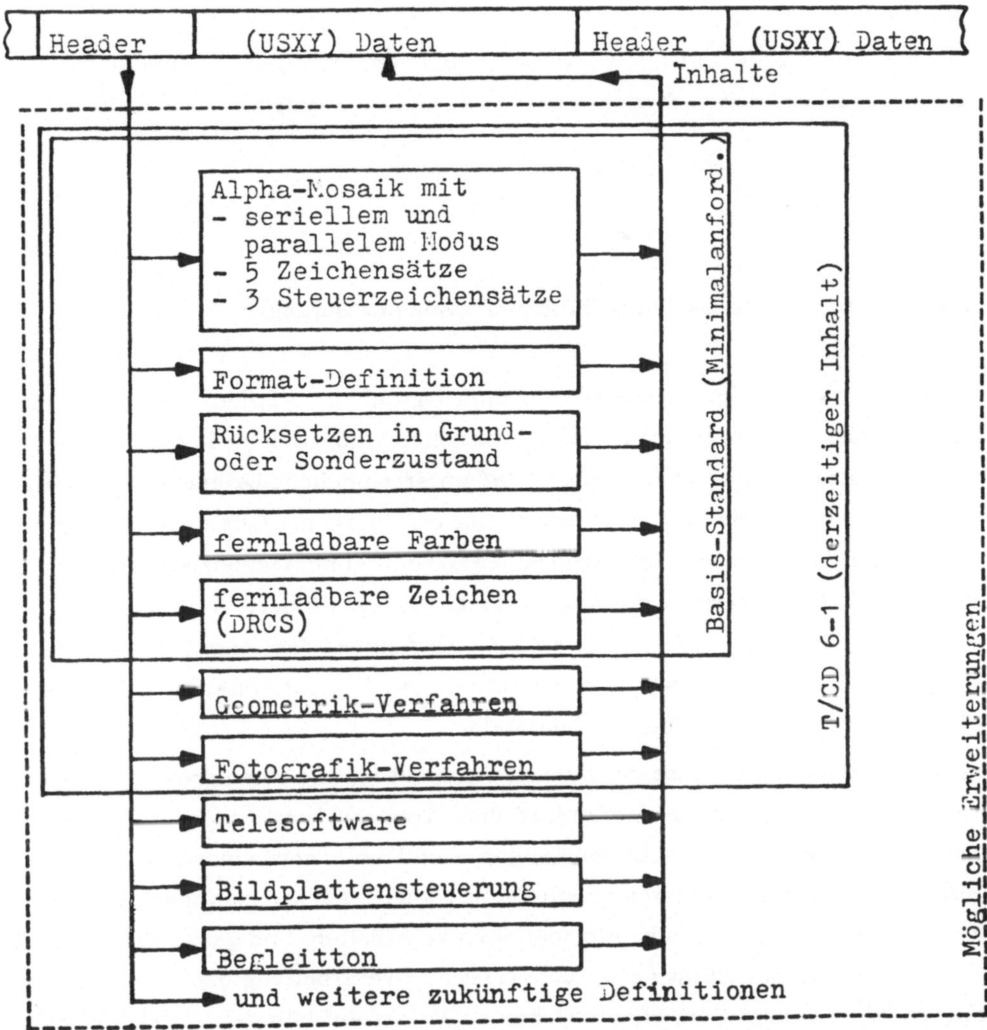

Abb. 2: Struktur des CEPT-Videotex-Standard

CEPT-Verfahren aufbaut und somit einen kompatiblen Grundstock im Computergraphikbereich und im Videotexbereich darstellt, zu definieren.

Als Basis sollte der Funktionskatalog aus der CEPT weitgehend übernommen werden und die Kodierung auf diesen Standard angewendet werden. Eine offizielle Zusammenarbeit beider Gremien startete im Juli 1984 und in mehreren gemeinsamen Arbeitstagungen zwischen Juli 84 und November 84 erarbeitete man eine Vorschlag, um in der ISO-Arbeitsgruppe die Grundlage für ein einheitliches Kodierverfahren von Geometrik-/Graphikfunktionen auf GKS-Basis zu legen. Selbstverständlich hatte diese Arbeit Rückflüsse auf die bisherigen Ergebnisse der CEPT, da Einigung auf weltweiter Ebene nur durch Kompromißbereitschaft aller Verhandlungspartner erreichbar sind.

So sind z.B. seitens de CEPT viele erforderliche Anpassungen in Anbetracht der Chance auf einen weltweiten Standard bereits akzeptiert worden.

6. Kompatibilität als Voraussetzung für gemeinsame Anwendungen

Kompatibilität kann in mehreren Stufen gesehen werden. Als unterste Kompatibilitätsstufe könnte man die Identifikation von verschiedenen Elementen oder Moduln eines Verfahrens ansehen, so daß unterschiedliche Level erkannt werden und nicht vorhandene Moduln identifiziert und erforderlichenfalls nicht dargestellt werden. Bei der Festlegung eines gemeinsamen Graphik- und Geometrik-Standards ist jedoch eine höhere Form der Kompatibilität eine Mindestvoraussetzung. Bei derCEPT/ECMA-Version wurde eine exakte Übenahme der bereits durch GKS beschriebenen Funktionen gewählt, da die funktionale Kompatibilität eine Voraussetzung für einen gemeinsamen Standard darstellt.

Die exakte Festlegung gemeinsamer Funktionen stellt bereits einen großen Schritt in Richtung auf einen einheitlichen Standard dar. Schließlich sind hierdurch alle Leistungsmerkmale zwischen potentiellen Sendern und Empfängern eindeutig vereinbart und auch dann, wenn sie unterschiedlich kodiert wären, könnte man mit begrenztem Aufwand durch Umkodierung alle Informationen verarbeiten. Und genau hierum geht es. Funktionale Kompatibilität bedeutet verlustfreie Verarbeitung bzw. Präsentation der angebotenen Information, ohne daß Konvertierung auf höherem Level, z.B. duch Analyse der Semantik oder durch Scan- und Konvertierprozesse in der Speicherebene vorgenommen werden müssen.

Wenn aber schon funktionale Kompatibilität, warum dann nicht auch Kodekompatibilität. Denkbar ist zwar, daß extrem unterschiedliche Anwendungen auch unterschiedliche Anforderungen an die Kodierung haben können, aber der Anspruch an den Kode

- eindeutig und redundanzfrei
- kodeeffizient und damit speicher- und übertragungskostenminimierend
- mit vertretbarem Aufwand verarbeitbar
- universell an mehreren Schnittstellen einsetzbar

zu sein, gilt für alle Anwendungsbereiche gleichermaßen.

Der in der CEPT-Empfehlung T/CD 6-1 beschriebene Geometrikmodul wurde also an

Bereichen der Videotex-Umgebung Rechnung getragen werden.

Das Bildfenster ist dem Videotex-Bereich entsprechend auf ein Seitenverhältnis von 4 zu 3 festgelegt, wobei ein Normal-Koordinaten-Bereich von 0 bis 1 horizontal und 0 bis 0,75 zum Tragen kommt. Um die Effektivität für viele Anwendungen zu erhöhen, wurde neben der mit ECMA und ISO gemeinsam entwickelten Relativadressierung (Displacement mode) zusätzlich eine Inkrementaladressierung entwickelt und in das Verfahren mit aufgenommen. Der CEPT-Geometrik-Modul enthält seinem Anwendungsbereich in der Videotex-Welt entsprechend ausschließlich Ausgabefunktionen; Eingabe- und Erfragefunktionen dagegen gehören nicht zum Funktionsumfang, da die interaktiven Möglichkeiten der Videotex-Systeme auf das Repertoire der existenten Teilnehmereingabemöglichkeiten begrenzt sind.

7. Die gemeinsame Schnittstelle und die Klasseneinteilung der Funktionen

Grundsätzlich kann der CEPT-Geometrik-Standard als Untermenge eines Computer-Graphik-Standards gesehen werden. Während in der Computer-Graphik nicht nur Ausgabefunktionen, sondern vor allem Eingabefunktionen und interaktive Erfragefunktionen erforderlich sind, erfordern die öffentlichen Videotex-Systeme aufgrund ihrer Eigenschaft als offene teilnehmergesteuerte Kommunikationssysteme mit einem bestimmten festgelegten Applikationsrahmen lediglich die Normung für den Abrufer, nämlich die Ausgabefunktionen. Andererseits unterliegt die Erzeugung dieser Funktionen wiederum den Konventionen der Computergraphik bzw. die Übertragung und Speicherung denen des Videotex-Systemes.

Aus Sicht der Computergraphik enthält das Videotex-System ein Multi-Workstation-Interface für die Verarbeitung von Ausgabe-Primitives in normalisierter Form. Aus der Sicht des Videotex-Systems liegen die GKS-Schicht und die Anwendung im externen Rechner, während im Videotex-Terminal der Geometrik-Modus als Untermenge enthalten ist.

Die Architektur des Videotex Geometrik-Terminals trägt dem GKS-Level-Konzept Rechnung. So sind vier Terminalklassen definiert, von denen die obersten beiden den Ausgabeleveln 2a und 1a zugeordnet werden und in denen die Geometrik-Elemente unabhängig von anderen Videotex-Ausgabeelementen manipuliert und dargestellt werden. Die beiden unteren Terminalklassen sind dem Ausgabelevel 0a zugeordnet.

Das eine Terminal arbeitet sinngemäß wie die höheren Terminalklassen die Geometrikelemente unabhängig ab, während die unterste Terminalklasse Geometrik und den Videotex-Basis-Alpha-Mosaik-Modus im selben Speicher ablegt. Durch dieses Terminalkonzept dürfte für alle Anwendungen in der Videotex-Umgebung genügend Flexibilität gegeben sein.

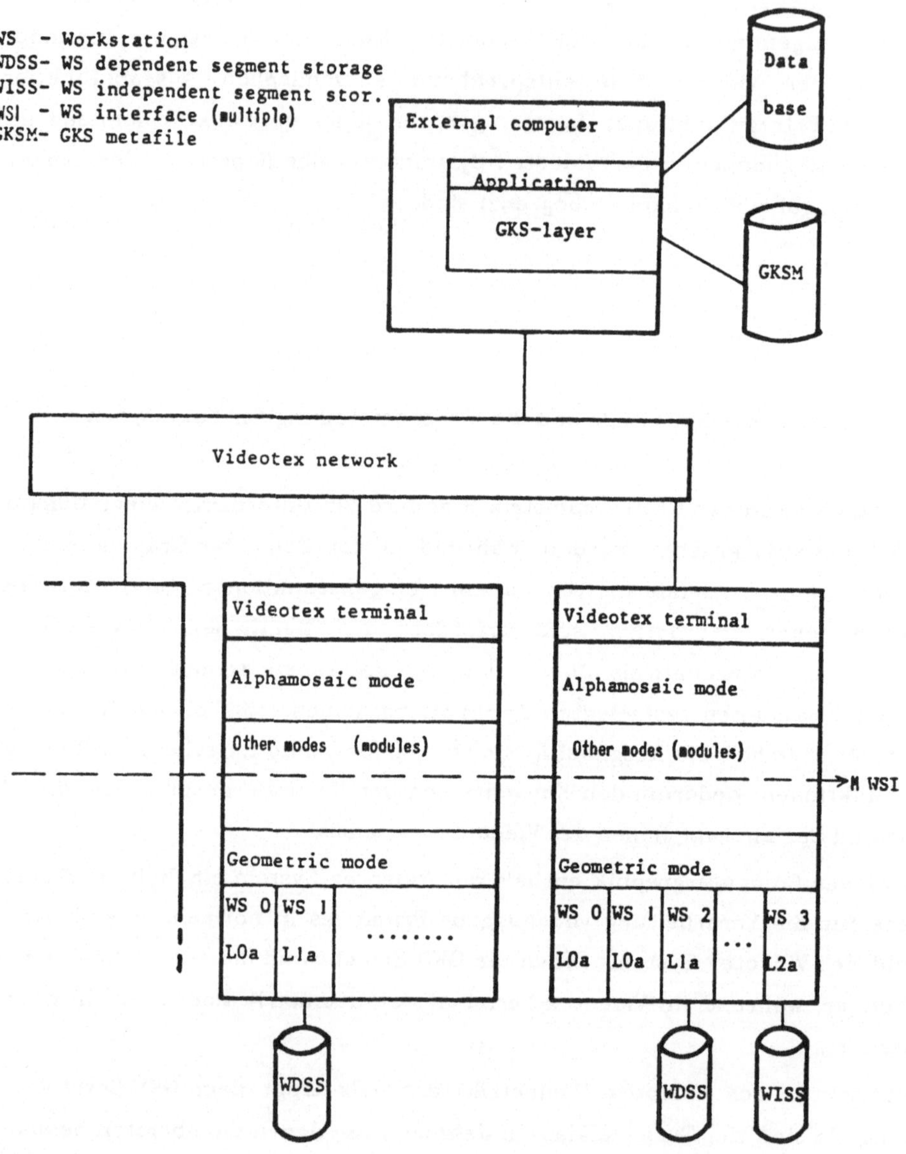

Abb.3: GKS/Graphik in der Videotex-Umgebung

Videotex im Kontext der Computer Graphik Standards

Jürgen Schönhut
Regionales Rechenzentrum Erlangen*

1. Einleitung

Durch den nationalen und internationalen Erfolg des Graphischen Kernsystems (GKS) /ISO 7942 - 85/DIN 66 252/ wurde ein Bewußtseinswandel in der internationalen Computer Graphik Offentlichkeit vollzogen. Was man früher als unmöglich erachtete, ist plötzlich in den Bereich des unmittelbar erreichbaren gerückt. Dies hat insbesondere auch das Gewicht der Graphik innerhalb der Normungsgremien erhöht. Nach GKS erfolgt eine zügige Weiterarbeit an Folge- und Ergänzungsnormen. Im folgenden will ich versuchen, einen kurzen Überblick darüber zu geben.

2. Die Computer Graphik Standards

Die derzeit in Arbeit befindlichen Graphik Standards lassen sich nach verschiedenen Gesichtspunkten unterteilen. Eine Gliederung bietet die Unterscheidung in **Funktionale Spezifikation** und **Einbettung (Bindings)** in Programmiersprachen oder Codierungen. Orthogonal dazu ist eine Einteilung nach der Orientierung in Richtung **Anwendungssysteme** oder in Richtung **Workstation bzw. File/Device**.

(*) jetzt bei Fraunhofer-Gesellschaft Darmstadt

2.1 Funktionale Spezifikationen

2.1.1 Anwendungs-System-Orientierte Standards

Unter diese Gruppe fällt das **Graphische Kernsystem GKS**, das im August 85 als ISO 7942 erschienen ist. Dieser Standard für zweidimensionale Basis-Graphik war der Wegbereiter für alle folgenden Arbeiten. Er hat mittlerweile weltweit Anerkennung gefunden; nationale Normen sind in Vorbereitung u.a. in den USA, in Deutschland, Frankreich, England, den Niederlanden, um nur einige zu nennen.

Die Beschränkung auf 2D war ein taktischer Vorteil; inzwischen war jedoch die Forderung nach 3D so deutlich geworden, daß eine kompatible Erweiterung **Graphical Kernel System for Three Dimensions (GKS 3D)** in Angriff genommen wurde. Diese Arbeit hat mittlerweile den Zustand eines ISO Draft Proposals /ISO DP 8805/ erreicht.

GKS und GKS-3D erlauben nur einstufige Segmente; in bestimmten Anwendungsgebieten z.B. CAD sind jedoch Struktur-Hierarchien erforderlich. Dieser Anforderung trägt die Entwicklung des **Programmer's Hierarchical Interactive Graphics System** Rechnung. Dabei ist Kompatibilität mit GKS ein wichtiges Ziel der Bemühungen. Es ist zu erwarten, daß dieses Projekt im Frühjahr 1986 den Status eines ISO DP erreichen wird.

Ein anderer Standard, über den derzeit in den USA nachgedacht wird, beschäftigt sich mit sogenannten Window-Systemen. Dies ist im Hinblick auf die zunehmende Anzahl Systeme, die solche Techniken zur Verfügung stellen, ein wichtiger Ansatz, der sicherlich auch innerhalb der ISO seinen Niederschlag finden wird. Derzeit können sich die einzelnen nationalen Normungsorganisationen kommentierend beteiligen.

2.1.2 Workstation/Device/File-Orientierte Standards

Die ersten Standardisierungsarbeiten in diesem Bereich finden sich in GKS /ISO 7942/, das den **GKS Metafile (GKSM)**, zu deutsch Bilddatei, beschreibt. Die Funktionalität eines GKS Metafile ist integraler Bestandteil der Norm; sein Format ist jedoch nur im Annex E und daher international nicht bindend festgehalten. Bei der deutschen GKS-Norm DIN 66 252 haben allerdings auch Anhänge Norm-Charakter und sind bindend.

Um die Lücke für Metafiles zu schließen, wurde der **Computer Graphics Metafile (CGM)** Standard entwickelt. Allerdings ist der CGM bisher kein Ersatz für den GKSM, da die aktuelle Version noch keine Segmente umfaßt; sie bietet lediglich einen Ersatz für einen Level 0a GKS Metafile. Der Zustand dieser Norm ist derzeit ISO Draft Proposal /ISO 2nd DP 8632/1/, der in Kürze zum ISO Draft International Standard registriert wird. Derzeit gibt es in der ISO Überlegungen, zu einer Erweiterung, die dann die volle GKSM Funktionalität einschließt.

Ein neuer Standard, **Computer Graphics Interface**, der dann u.a. auch Segmente und Netzwerk-Aspekte umfassen soll, ist in der ISO geade New Work Item geworden. Der CGM soll eine echte Untermenge des CGI sein.

2.2 Binding Standards

Die Binding Standards lassen sich wiederum in zwei Gruppen unterteilen; die klassischen Begriffe hier sind Language Binding Standards und Coding Standards. Die Sprachschalen, also Einbettungen eines funktionalen Standards in eine Programmiersprache sind erforderlich, um dessen Funktionen aus einer bestimmten Programmiersprache heraus ansprechen zu können; hierbei handelt es sich in der Regel um prozedur-orientierte Bindings. Die sogenannten Codings stellen dagegen message-orientierte Bindings dar. Dadurch werden die Funktionen in eine Informationsfolge übersetzt, die zur Speicherung und Übertragung der Funktionen benutzt werden kann.

2.2.1 Prozedur-orientierte (Language) Binding Standards

Prozedur-orientierte Bindings Standards sind derzeit in verschiedenen Bereichen in Arbeit. Am weitesten fortgeschritten sind derzeit die **GKS-Sprachschalen für FORTRAN, Pascal und Ada**; sie haben mittlerweile den Status eines ISO Draft Proposal erreicht. Ein Language Binding für einen GKS Subset existiert auch im neuen Standardvorschlag für Basic. Weiterhin gibt es Arbeiten an GKS-Sprachschalen für C, Algol 68 und eine Reihe von anderen Sprachen; C spielt dabei eine wichtige Rolle, allerdings befinden wir uns hier im Dilemma, daß C keine genormte Programmiersprache ist, d.h. daß zunächst eine Sprachnorm entwickelt werden muß. Bei Ada konnte z.B. die Sprachschale nicht als Draft Proposal registriert werden, so lange die Sprachnorm selbst noch nicht diesen Status erreicht hatte. Bei der Sprachschale für C bietet sich allerdings die Möglichkeit eine Technical Report in der ISO an.

Natürlich sind auch für **GKS-3D Sprachschalen** erforderlich und in Arbeit. Gleichzeitig gibt es Vorschläge für Sprachschalen zum CGM. In die gleiche Gruppe gehören auch Language Bindings für den Computer Graphics Interface Standard.

Auch für alle anderen funktionalen Standards sind Spracheinbettungen erforderlich; so sind **PHIGS Language Bindings** in Plannung. Auch für einen eventuell zu erwartenden Window Standard sind Sprachschalen erforderlich.

2.2.2 Message-orientierte Bindings (Coding) Standards

Der erste Computer Graphic Coding Standard ist der in GKS Annex E beschriebene **GKS Metafile**. Hierbei handelt es sich um ein sogenanntes Clear Text Coding, das allerdings als im Annex befindlich keine verbindliche internationale Norm darstellt. Dennoch ist derzeit kein Ersatz dafür vorhanden, da ja der als Ersatz geplante CGM noch keine Segmentfunktionen enthält. Da dieser Anhang in allen geplanten nationalen GKS-Normen enthalten sein wird (in der Bundesrepublik sogar als verbindlicher Teil der Norm), hat der GKS Metafile de facto eine stärkere Position, als seinem formalen Status zu entnehmen ist.

Am weitesten fortgeschritten sind die Bemühungen um den **Computer Graphics Metafile CGM**; hier existieren neben der oben erwähnten funktionalen Beschreibung auch Entwürfe für ein **Character Coding** /ISO 2nd DP 8632/2/, ein **Binary Coding** /ISO 2nd DP 8632/3/ und ein **Clear Text Codig** /ISO 2nd DP 8632/4/; alle Teile dieser Norm werden in Kürze als ISO Draft International Standards registriert werden.

Da der Computer Graphic Metafile Standard eine echte Untermenge des **Computer Graphic Interface** Standard sein wird, stellen die CGM Codings gewissermaßen schon einen ersten Entwurf für die CGI Codings dar.

Auch auf der Ebene der zum Anwendungssystem orientierten Standards sind inzwischen Vorschläge für Coding Standards gemacht worden, so z.B. für ein**Character Coding für GKS**. Dies ist umso wichtiger, als Arbeiten an VLSI Implementierung von GKS (wie sie etwa an der THD FG GRIS durchgeführt werden) eine weitere Verlagerung der Funktionalität in die Geräte bewirken.

Der vorgeschlagene**Videotex** Standard /CEPT T/CD 6.1/ enthält in Teil 2 (Geometric Display) ebenfalls einen Graphikbestandteil; die dort spezifizierte Schnittstelle ist eine Multi-Workstation-Schnittstelle, die ihre Funktionalität aus GKS bezieht. Das dort festgelegte Coding stimmt überein mit dem Character Coding, wie es etwa im CGM verwendet wird; dieses Codierverfahren wurde gemeinsam mit dem zuständigen

ISO Gremium ISO TC97/SC2/WG8 entwickelt. Der Videotex-Vorschlag ist der Output-Subset des bei der ECMA entwickelten Entwurfs **Graphics Datc Syntax for Multiple Workstation Interface (GDS).**

3. Das Verhältnis von Videotex zu den Graphic Standards

Um Videotex richtig einordnen zu können, sollte man zunächst versuchen, die Computer Graphic Standards und GDS in Relation zu setzen.GDS wurde von der ECMA (zusammen mit CEPT) entwickelt; es basiert auf GKS; dabei wird leider nicht nur auf den GKS Standard verwiesen, sondern es wird GKS paraphrasiert. Dies birgt die Gefahr,unterschiedlicher Interpretation von GDS und GKS. Ein generelles Problem bei der Harmonisierung sind die deutlich unterschiedlichen Planungshorizonte von ECMA/CEPT und ISO.

Auf der Seite von ECMA/CEPT herrscht ein enormer Zeitdruck, das Dokument fertigzustellen und nichts mehr zu ändern; dahinter stehen Hersteller, die GDS in Geräten implementieren wollen. An der Diskussion selbst ist nur eine begrenzte Offentlichkeit beteiligt. Typische Entwicklungszeiten für einen Standard liegen eher im Monats- als im Jahresbereich.

Dagegen steht die Arbeit in der ISO unter den ISO Richtlinien, die eine eingehende Diskussion der Entwürfe in einer breiten Öffentlichkeit vorschreiben. Es gibt dort mehrere Bearbeitungsstufen einer Norm (New Work Item, Working Document, Draft Proposal, Draft International Standard, Internationaler Standard) mit jeweils eigenen Abstimmungsverfahren. Die typische Durchlaufzeit für eine ISO Norm liegt im Bereich von mehreren Jahren.

Die folgende Tabelle gibt einen Überblick über die Zeitplanung für Graphic Standards in der ISO.

Diese unterschiedlichen Durchlaufzeiten und Terminzwänge bergen die Gefahr unterschiedlicher Entwicklungen von Normen zum gleichen Gegenstand.

GDS bzw. Videotex hat Überlappungen mit den in Bearbeitung befindlichen Computer Graphics Standards Graphical Kernel System, Computer Graphics Metafile sowie Computer Graphics Interface. Die Minderfunktionalität gegenüber GKS betrifft im wesentlichen die Normalisierungstransformation und den GKS Metafile. Eine Verwendung der kompletten GKS Funktionalität für GDS hätte mit Einschränkung die Bedürfnisse ebenfalls abgedeckt; Zusätzliche Komplexität wäre nur bei (der nicht notwendigen) Verwendung der Normalisierunngs-Transformation hinzugekommen.

Projekt	DP	DIS	IS
GKS		10/84 (6/85 Druck)	
GKS LaB FORTRAN	2/85	10/85	9/86
GKS LaB Pascal	12/84	9/85	9/86
GKS LaB Ada	2/85	10/85	10/86
GKS-3D	2/85	2/86	2/87
GKS-3D LaB FORTRAN	3/86	2/87	2/88
GKS-3D LaB Pascal	4/86	2/87	2/88
GKS-3D LaB Ada	4/86	2/87	2/88
PHIGS	1/86	2/87	3/88
PHIGS LaB Pascal	4/86	2/87	3/88
CGM (parts 1-4)	7/84	10/85	10/86
CGI	1/86	2/87	2/88

Die Ergebnisse von GDS und Videotext werden sicherlich in die Diskussionen um das Computer Graphics Interface einfließen. Es ist zu hoffen, daß sich dabei eine Lösung erreichen läßt, die nicht zu inkompatiblen Standards im Computer Graphics und Videotex Bereich führt. Die Ansätze hierzu sind gut. Es darf gehofft werden!

Literatur

ISO 7942 — Information Processing - Computer Graphics - Graphical Kernel System (GKS) - Functional Description, 1985

ISO DP 8805 — Information Processing - Computer Graphics - Graphical Kernel System for Three Dimensions (GKS-3D) - Functional Description, 1985

ISO TC 97/SC21/WG2 N327	Programmers Hierarchical Interactive Graphical System (PHIGS), 1985
ISO 2nd DP 8632/1	Information Processing - Computer Graphics - Metafile for Transfer and Storage of Picture Description Information (CGM) - Part 1: Functional Description, 1984
ISO 2nd DP 8632/2	Information Processing - Computer Graphics - Metafile for Transfer and Storage of Picture Description Information (CGM) - Part 2: Character Encoding, 1984
ISO 2nd DP 8632/3	Information Processing - Computer Graphics - Metafile for Transfer and Storage of Picture Description Information (CGM) - Part 3: Binary Encoding, 1984
ISO 2nd DP 8632/4	Information Processing - Computer Graphics - Metafile for Transfer and Storage of Picture Description Information (CGM) - Part 4: Clear Text Encoding, 1984
ISO TC97/SC21/WG2 N324	Computer Interface Techniques for Dialogue with Graphical Devices (CGI) - Functional Description, 1985
ECMA TG PC N44	Graphics Data Syntax for a Multiple Workstation Interface, 1985 (Rev. 7)
CEPT T/CD 6.1	Part 2 (Rev.), Videotex Presentation Layer Data Syntax - Geometric Display, Entwurf April 1985

Anforderungen an Geometrisches Modellieren in Netzwerken

H. Grabowski, M. Köthe
Forschungszentrum Informatik an der Universität Karlsruhe

F.-L. Krause, H. Hoffmann
Fraunhofer-Institut für Produktionsanlagen und Konstruktionstechnik, Berlin

H. Nowacki, K. Parlar
Institut für Schiffs- und Meerestechnik, TU Berlin

1. Einleitung

Für die industrielle Produktion erhält die CAD-Technik eine zunehmende Bedeutung. Der Schwerpunkt ist dabei die Produktmodellierung und rechnerinterne Speicherung des behandelten technischen Objektes. Bei der Produktmodellierung ist die Gestaltbeschreibung als geometrisches Modellieren ein Begriff geworden. In den Produktionsbereichen Konstruktion und Arbeitsplanung wird eine Vielzahl von geometrischen Daten verarbeitet, so daß der Erfassung, Speicherung und Verwaltung geometrischer Daten eine zentrale Bedeutung zukommt.

In den Produktionsprozessen, die rechnerunterstützt durchgeführt werden, erfolgt die Kommunikation mit Hilfe von Daten und rechnerinternen Modellen. Unter rechnerinternen Modellen werden Modelle verstanden, die neben der gestaltbeschreibenden Geometrie auch technologische, funktionelle sowie administrative Informationen und Zusammenhänge wiedergeben können.

Für viele Anwendungsbereiche ist ein neutraler Informationsaustausch über ein Rechnernetz erst dann sinnvoll möglich, wenn auch der Zugriff auf "fremde" Informationen und deren Weiterverarbeitung unabhängig vom Rechnerstandort und den geltenden Systemumgebungen erfolgen kann. Diese Problematik ergibt sich auch im

Bereich des CAD, wo es vielfältige Systeme unterschiedlichen Leistungsumfangs gibt, deren Kommunikation über ein Rechnernetz nur durch Bereitstellung neutraler Schnittstellen ermöglicht werden kann. Für die Erprobung der Modellierung in Netzwerken bietet sich das Deutsche Forschungsnetz DFN an.

Das Deutsche Forschungsnetz hat eine offene Kommunikation zwischen Rechnersystemen zum Ziel und will damit den Anwendern Zugang zu Anwendungssoftware und anderen Ressourcen auf heterogenen Rechnersystemen erschließen. Die kommunikationsseitigen Voraussetzungen hierfür sollen durch strikte Einhaltung standardisierter Schnittstellen und Protokolle geschaffen werden.

2. Bedarf und wirtschaftliche Bedeutung

Der Bedarf für eine Kommunikation zwischen Modelliersystemen an unterschiedlichen Standorten ergibt sich aus mehreren Gründen:

- Heutige CAD-Systeme bieten für die geometrische Darstellung von technischen Objekten verschiedene Funktionalitäten, selbst innerhalb einer Klasse ähnlicher Anwendungen, und sind daher für bestimmte Modellieraufgaben unterschiedlich gut geeignet. Manche Systeme sind für bestimmte Aufgabenbereiche gar nicht einsetzbar. Daher wird von vielseitigen Anwendern die Verfügbarkeit mehrerer CAD-Systeme angestrebt, die miteinander kommunizieren können.
- In der Entwicklung durchläuft ein Produkt zahlreiche Definitionsphasen, die meist von verschiedenen Abteilungen im Unternehmen bearbeitet werden. Für jede Phase stehen eigene Modellierressourcen zur Verfügung, die jedoch eine konsistente Fortschreibung des gesamten Produktmodells ermöglichen müssen. Dies ist nur durch neutralen Modellaustausch zwischen Abteilungen des Unternehmens möglich. Entsprechendes gilt für den Modellaustausch mit Lieferanten.
- Der Trend geht in der Industrie in zunehmendem Maße von CAD-Systemen, die überwiegend geometrische Modelle erstellen, zu solchen, die eine vollständige Produktmodellbeschreibung erzeugen. Dabei müssen bisher getrennte Subsysteme über Kommunikationsbrücken zusammenwachsen.

Die wirtschaftliche Bedeutung der anzustrebenden kommunikationstechnischen Verfahren liegt u.a. in folgenden Bereichen:

- Austauschbarkeit von Modellinformationen zwischen verschiedenen Unternehmensbereichen,
- desgleichen zwischen Bestellern und Lieferanten (Angebot) sowie mit Kooperationspartnern,
- Nutzung verteilter CAD-Archive und Datenbanken,
- Verteilbarkeit von Methoden und Modellen des CAD-Bereichs und
- Erschließung von zentralen Normteiledatenbanken und Patentarchiven.

Obwohl viele der hierfür erforderlichen Kommunikationsmittel in neutraler Form heute noch nicht zur Verfügung stehen, ist doch der Bedarf hierfür an vielen Stellen klar erkannt worden. Davon zeugen nicht zuletzt die intensiven Entwicklungen, die gegenwärtig an vielen Orten, speziell von DIN und ISO, zur Vereinbarung neutraler Schnittstellen von Produktmodelliersystemen vorangetrieben werden.

3. Stand der Technik

Die Entwicklung technischer Produkte ist ein komplizierter, iterativer Prozeß. Dazu ist die Verarbeitung großer Informationsmengen erforderlich.

Ein modernes Hilfsmittel hierzu sind CAD-Systeme. Dabei handelt es sich um integrierte Entwicklungs- und Konstruktionssysteme, die die zur Problemlösung eingegebenen oder errechneten Daten in strukturierter Form speichern. Die dabei entstehende Information wird als rechnerinterne Darstellung (RID) oder als rechnerinternes Modell des Produktes bezeichnet.

Die bisher üblichen geometrischen Modelle speichern i.a. die vollständige Geometrie und Topologie der modellierten Bauteile. Einige CAD-Systeme können zusätzlich unstrukturierte, nichtgeometrische Informationen zu den einzelnen Elementen speichern.

Selbst mit dieser Erweiterung sind die Informationsinhalte dieser Modelle nicht ausreichend für eine vollständige Produktbeschreibung im Sinne ihrer integrierten Weiterverarbeitung. Diese Problematik führte zur Entwicklung sogenannter Produktmodelle.

Der Informationsgehalt dieser Modelle ist nicht nur geometriebezogen, sondern berücksichtigt auch die technologische Struktur der Produkte. Produktmodelle enthalten demnach nicht nur geometrische, sondern auch technologische und organisatorische Daten.

Für die Erstellung und Verarbeitung von Produktdaten bieten die verschiedenen CAD-Systeme jeweils einen festen Satz von Modellierungsfunktionen, die nicht für alle Modellierungsprobleme gleich gut geignet sind.

Da es zur Zeit noch kein universelles, d.h. für alle Anforderungen geeignetes, CAD-System gibt und ein solches in absehbarer Zeit nicht zu erwarten ist, müssen oft mehrere Modelliersysteme zur Entwicklung eines Produktes eingesetzt werden. Dazu ist ein Modellaustausch zwischen diesen Systemen notwendig.

Die Entwicklung der existierenden Modellierungssysteme erfolgte jedoch ohne Berücksichtigung von kommunikationstechnischen Aspekten eines Rechnernetzes, was sich insbesondere an den systemspezifischen internen Schnittstellen zwischen Komponenten des Systems und den meist problemorientierten externen Anwenderschnittstellen widerspiegelt. Komponenten des Systems sind - neben dem Modellierungsteil - ein graphisch-interaktives Kommunikationssystem und eine Datenverwaltungskomponente sowie problemspezifische Anwenderbausteine.

Große Probleme bei der Kommunikation verschiedener Modellierungssysteme im Rechnernetz ergeben sich durch die häufig enge Verflechtung der Modellierungs- und Graphikfunktionen sowie die nach Aufbau und Inhalt unterschiedichen rechnerinternen Darstellungen, selbst innerhalb einer Leistungsstufe. Außerdem sind die von den Systemen zur Verfügung gestellten Anwenderschnittstellen sehr unterschiedlich, so daß für den Benutzer mit einem Wechsel des Systems größere Umstellungen in der Arbeitsweise verbunden sind.

Eine allgemeine Methode zur Kommunikation zwischen verschiedenen CAD-Systemen besteht seit einigen Jahren in der Spezifizierung von CAD-System-neutralen Übertragungsmodellen. Problematisch ist jedoch der eingeschränkte Leistungsumfang dieser Übertragungsmodelle und der damit verbundene Informationsverlust bei der Ubertragung von Modellen.

Folgende Übertragungsmodelle sind derzeit bekannt bzw. geplant:

- **IGES** (Initial Graphics Exchange Specification /1/, /2/)
  Die IGES-Schnittstelle wurde 1979 als Version 1.0 publiziert und 1981 in den USA als ANSI-Standard Y14.26M genormt. Im März 1985 ist eine IGES-Version 3.0 als verbesserter Normenvorschlag beim ANSI eingereicht worden. In diesen wurden mehr als 250 Änderungs- und Erweiterungsvorschläge eingearbeitet.

- **SET** (Standard d'Echange et de Transfert /3/)
Die SET-Schnittstelle wurde in Frankreich in direkter Konkurrenz zu IGES entwickelt und Anfang 1984 erstmals international vorgestellt. SET verfolgt das Ziel, sämtliche in den verschiedenen CAD-Systemen verfügbaren Produktdaten in einer generalisierten Produktdatenbank abzuspeichern. SET besitzt gegenüber IGES eine flexiblere und kompaktere Datenstruktur. Weitere Vorzüge liegen u.a. in einer klaren Strukturierung der Elemente sowie in der Trennung von geometrischen und graphischen Daten.

- **ESP** (Experimental Solids Proposal /4/)

XBF-2 (Experimental Boundary File /5/)
XBF-2 sowie das darauf basierende ESP sind primär auf die Übertragung von 3D-Volumenmodellen ausgerichtet.Da die Beschreibung der dafür erforderlichen Elemente auf dem IGES-Format basieren, ist eine einfache Integration in den IGES-Standard möglich. Die Schnittstelle ESP wurde im Juli 1984 fertiggestellt und bis Mitte 1985 praktisch erprobt. Es ist zu erwarten, daß ESP Bestandteil künftiger IGES-Nachfolger-Versionen sein wird.

- **VDAFS** (VDA-Flächenschnittstelle /6/)
Die VDAFS wurde von der deutschen Automobilindustrie speziell zur Übertragung von Freiformkurven und -flächen beliebigen Polynomgrades definiert. Eine Erweiterung auf einen mit IGES vergleichbaren Elementeumfang ist nicht zu erwarten.

- **GKS** (Graphisches Kernsystem /7/)
Das in Deutschland entwickelte Graphische Kernsystem liegt mittlerweile als internationale Norm vor. Da es allerdings auf rein graphische Daten ausgerichtet ist, ist GKS für die Modellübertragung nicht relevant.

- **PDES** (Product Definition Exchange Standard /8/)
Die aktuelle Entwicklung in der amerikanischen Normung ist dadurch gekennzeichnet, daß die Konzeption einer nicht mehr zu IGES kompatiblen, neuen Norm diskutiert wird. Zur Unterscheidung wurde der neue Name PDES vorgeschlagen. Als Schwerpunkte werden eine Überarbeitung der physichen Übertragungsformate zur Verringerung des Datenvolumens, eine bessere Strukturierung der Elemente sowie eine funktionale Behandlung von Bemaßung und Beschriftung genannt. Die bisher in IGES enthaltenen Elemente sollen weitgehend übernommen werden.

- **PDDI** (Product Data Definition Interface /9/)
  Im Rahmen des PDDI-Projektes, das von der United States Air Force in großem Umfang gefördert wurde, wurde ebenfalls eine Schnittstelle zum Austausch produktdefinierender Daten vorgeschlagen. Diese Schnittstelle soll jedoch nicht in Konkurrenz zu IGES als amerikanischer Standard vorgeschlagen werden, sondern direkt in die PDES-Entwicklung einfließen.

- **TAP** (Transport und Archivierung produktdefinierender Daten)
  Mit der Zielsetzung, langfristig einen deutschen Beitrag zur internationalen Normung für die Übertragung und Archivierung produktdefinierender Daten zu liefern, wurde im DIN (Deutsches Institut für Normung) ein eigener Arbeitskreis eingerichtet (DIN NAM 96.4/TAP). Nach einer umfangreichen Analyse von IGES werden seit Anfang 1984 Leitlinien und Grundkonzepte für eine derartige Schnittstelle festgelegt und in die internationale Diskussion eingebracht. Einen Schwerpunkt stellt u.a. die Übertragbarkeit von Normteilen sowie von parametrisierbaren Produktmodellen (incl. Normteilen) dar.

- **ISO-STEP** (Standard for Exchange of Product Model Data)
  Die oben aufgeführten Aktivitäten sind alle Ausgangsbasis für einen geplanten ISO-Standard (International Standardization Organization). Zur Durchführung dieser Arbeiten wurde Anfang 1984 in der ISO ein Sub-Komitee (ISO TC184/SC 4) mit dem Arbeitstitel "External Representation of Product Definition Data" eingerichtet. Auf der konstituierenden Sitzung im Juli 1984 wurde der Rahmen für die internationale Zusammenarbeit festgelegt. Übereinstimmend herrscht die Meinung, daß nur ein einziger, weltweit akzeptierter Standard wirklich sinnvoll ist. Ein stabiler Entwurf ist für Ende 1986 vorgesehen. Die Amerikaner wollen ihre PDES-Ergebnisse voll in diese Entwicklung einbringen.

Abb. 1 zeigt zusammenfassend alle Aktivitäten, die sich auf die Entwicklung von Übertragungsstandards beziehen, sowie deren Beziehungen zueinander. Danach werden die ISO-Aktivitäten eine zentrale Rolle einnehmen.

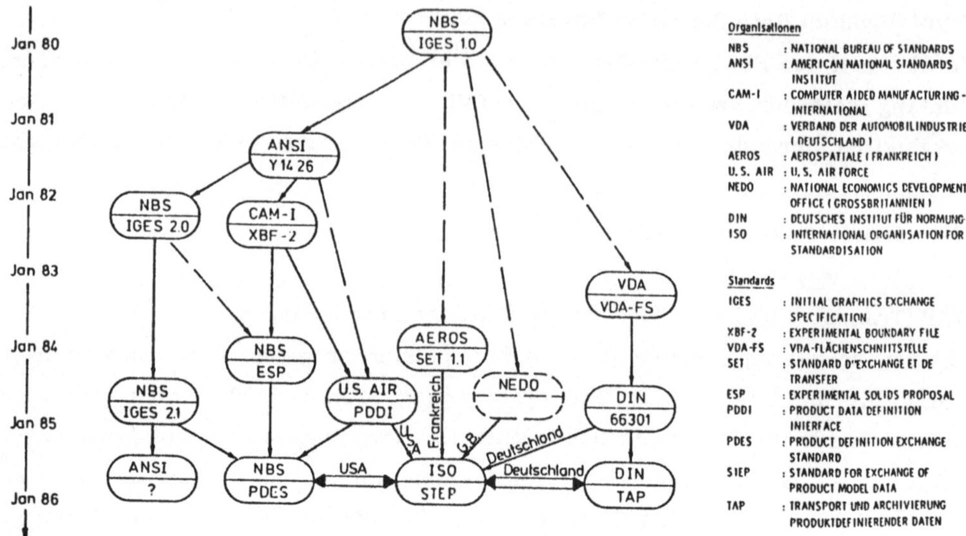

Abb.1: Entwicklung von Übertragungsstandards /10/

Die angeführten, bisherigen Übertragungsmodelle verwenden auf der Ebene der Speicherstruktur sequentielle Dateien in Klarschrift-Kodierung, überwiegend mit fester Satzlänge im Lochkartenformat. Sie sind dadurch mit einfachen Hilfsmitteln zu übertragen, können jedoch nur als Ganzes verarbeitet werden. Bei einigen Modellen wird die Verarbeitung durch eine Einteilung der Datei in logische Abschnitte (Sections), die jeweils Teileigenschaften für alle Elemente enthalten und dadurch nicht unabhängig voneinander sind, zusätzlich erschwert.

4. Kommunikation zwischen Produktmodelliersystemen

4.1 Mögliche Betriebsformen

Für das Arbeiten mit Modelliersystemen in einem Rechnernetz sind die folgenden drei Betriebsformen denkbar /11/:

- **Local modelling:**
  Das Modelliersystem befindet sich am gleichen Standort wie der Anwender, die Modelldaten werden jedoch von anderen Standorten bereitgestellt, indem sie zur weiteren Verarbeitung mit dem Netz-Basisdienst File-Transfer zugeleitet werden (Abb.2).

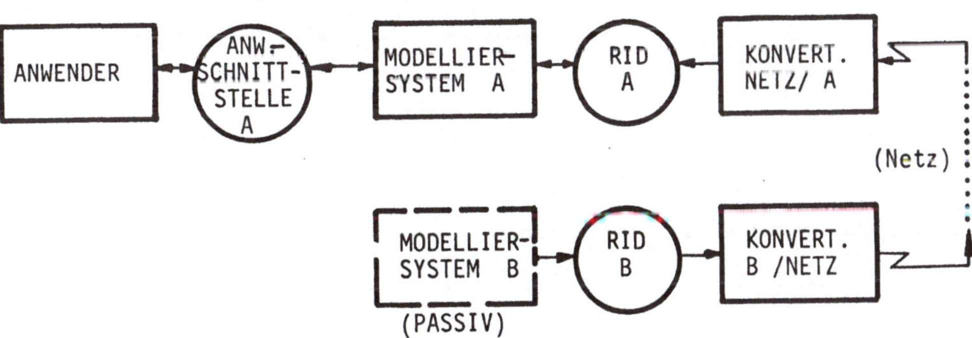

Abb. 2: Modellieren am eigenen Standort A mit den Daten von System B

- **Remote modelling:**
  Der Anwender arbeitet mit einem an einem entfernten Standort befindlichen Modelliersystem über Funktionen des Netzes, wobei die erzielten Ergebnisse am eigenen Standort betrachtet und weiterverarbeitet werden sollen. Hierbei werden neben dem File-Transfer auch Kommunikationsdienste mit Dialog und Remote Data Access benötigt (Abb. 3).

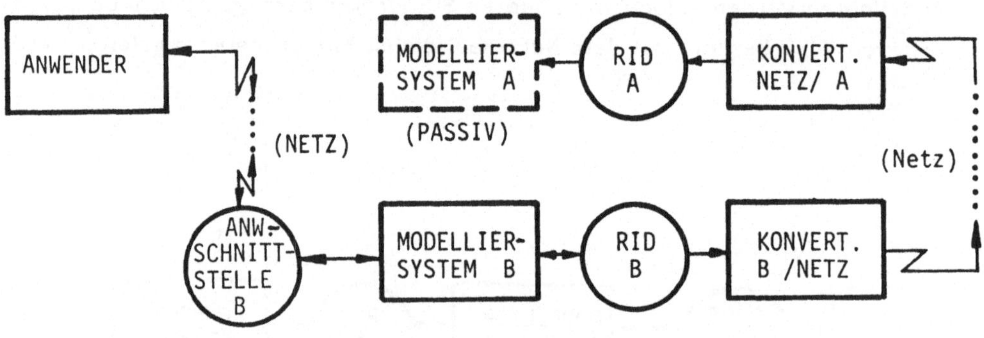

Abb. 3: Modellieren mit entferntem System B

- **Distributed modelling:**
  Hierbei sind mehrere im Netz verteilte Modellierer während der Modellierung bzw. Modellweiterverarbeitung, sei es sequentiell oder sei es teilweise parallel (synchronisiert) zu bearbeiten. Bei dieser Betriebsform sind Netzfunktionen des File-Transfer, des Dialogs, des Remote Job Entry, des Remote Data Access, sowie der Remote-Interprozess-Kommukation/Synchronisation, erforderlich. Ferner wird eine Remote-Status-Abfrage benötigt (Abb. 4).

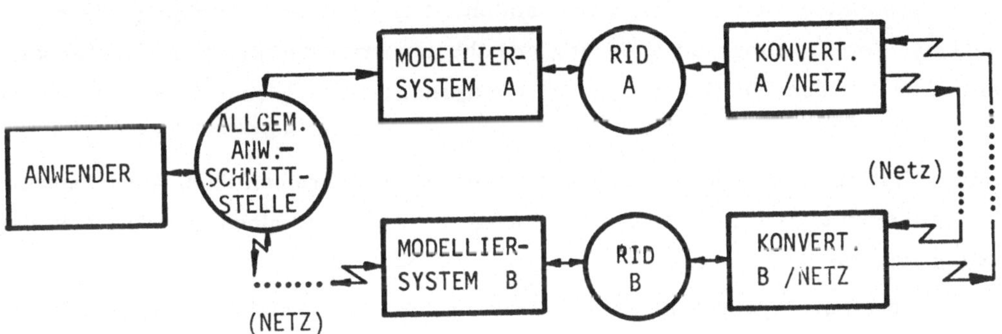

Abb. 4: Verteiltes Modellieren

4.2 Local Modelling

Die Betriebsform Local Modelling erfordert lediglich File-Transfer über das Rechnernetz und wird derzeit genutzt, indem Dateien im IGES- oder VDAFS-Format von einem Modelliersystem zum anderen übertragen werden. Viele CAD-Systeme, die heute im betrieblichen Einsatz sind, besitzen bereits eine IGES- bzw. VDAFS-Schnittstelle. Damit stehen geometrische Modelle, die mit einem CAD-System erstellt wurden, auch für andere CAD-Systeme zur Weiterverarbeitung zur Verfügung.

4.3 Remote and Distributed Modelling

Für eine heterogene, verteilte Modellierung in Rechnernetzen ist eine leistungsfähige Speicherungsstruktur im Übertragungsformat erforderlich, die den wahlfreien Zugriff auf einzelne Elemente und eine gezielte Veränderbarkeit der Informationen erlaubt. Dadurch kann der Übertragungsaufwand auf ein praktikables Niveau gesenkt werden.

Ein erster Schritt in diese Richtung ist die Schnittstelle IIF (International Interface Format) /12/, die in Verbindung mit IGES-Implementationen entwickelt wurde. Nach diesem Konzept wird die systemabhängige rechnerinterne Darstellung von einem ebenfalls systemabhängigen Translator in eine CAD-systemunabhängige rechnerinterne Darstellung, den IIF-File, umgewandelt. Dies ist eine Darstellung, die relativ freizügige Verarbeitung und Änderung erlaubt. Ein systemneutraler Konverter kann bei Bedarf aus dem IIF-File eine neutrale externe Datei, z.B. eine IGES-Datei, erzeugen.

Diesem System fehlten jedoch die Mechanismen zur inkrementellen Aktualisierung der systemneutralen RID an allen beteiligten Stationen eines verteilten Modellierungssystems.

Alle im Abschnitt 3 angeführten Übertragungsmodelle beschäftigen sich mit dem Datenaustausch zwischen den Modellierungssytemen. Weitgehend ungelöst ist jedoch die prozedurale Kommunikation der Systeme (Kommando-Dialog). Auf dieser Ebene muß der Modellierungsdialog mit einem heterogenen, entfernten Modellierer durchgeführt werden. Eine weitere, wichtige Aufgabe der prozeduralen Kommunikation ist die Synchronisierung der parallelen Aktivitäten und die Überwachung der Konsistenz der systemneutralen rechnerinternen Darstellung an allen beteiligten Stationen.

In kommunikationstechnischer Hinsicht kann man den Stand des Wissens dadurch kennzeichnen, daß die Übertragung von neutralen Modelldateien mit Hilfe des File Transfer-Dienstes beherrscht wird. Dagegen fehlt es an Mechanismen für einen (neutralen) Dialog mit entfernten Modellierern (MD = Modellierdialog) sowie für die Synchronisierung gleichzeitig ablaufender Prozesse in zwei (oder mehr) aktiven, verteilten Modelliersystemen oder -subssystemen (IMK = Inter-Modellier-Kommunikation). Erste Ansätze zu einer entsprechenden Interprozeßkommunikation finden sich im DFN in der Antragstellung von Prof. Rühle, Universität Stuttgart im Zusammenhang mit dem System RSYST. Jedoch bezieht sich die dabei vorgeschlagene Lösung auf die Kommunikation zwischen Prozessen in gleichartigen Systemen (RSYST zu RSYST) /13/.

Aus dem heutigen Entwicklungsstand ergibt sich als unmittelbares wissenschaftliches Ziel die Untersuchung der Realisierbarkeit einer Kommunikation zwischen heterogenen Produktmodelliersystemen über das Deutsche Forschungsnetz mit Hilfe neutraler Schnittstellen. Dabei geht es zunächst um die Definition geeigneter neutraler Schnittstellen, dann um die Klärung der kommunikationstechnischen Anforderungen und schließlich um die Untersuchunng der Effektivität und des erreichbaren Zeitverhaltens der erkannten Lösungswege. Dabei sind im einzelnen die folgenden Fragen zu untersuchen:

- Konzeption und Spezifikation einer systemneutralen Anwenderschnittstelle (SNAS), über die Modellierer im DFN nach Art eines vereinheitlichten virtuellen Modelliersystems angesprochen werden können.
- Einteilung der Modelliersysteme in Funktionsklassen, die jeweils eine gemeinsame Funktionsmenge als Basis für die Kommunikation besitzen.
- Planung und Beschreibung des Abbildungsvorganges von modelliererabhängigen Modelldarstellungen auf neutrale, standardisierte Datenformate. Dabei Untersuchung eines zweistufigen Vorgehens:
  a) **Übersetzung** der systemabhängigen Darstellung in eine neutrale rechnerinterne Form.
  b) **Konvertierung** des neutralen rechnerinternen Formats in die neutrale rechnerexterne Darstellung.

  Das **neutrale rechnerinterne Format** ist hierfür zu entwickeln und zu beschreiben.
- Die **Anforderungen an die kommunikationstechnischen Dienste** für den Modellierdialog (MD) und die Kommunikation zwischen Modellierern (IMK) sind präzise zu definieren und ein Lösungsweg dafür zu spezifizieren. Eine Übersicht über ein Kommunikationssytem zwischen Modellierern gibt Abb. 5.

Neben den systemabhängigen rechnerinternen Darstellungen (RID) für die Modelle müssen zwei systemneutrale Darstellungen konzipiert werden. Eine davon ist rechnerintern (NRID = Neutrale, d.h. CAD-systemunabhängige, rechnerinterne Darstellung) mit der Eigenschaft des direkten Zugriffs und der inkrementellen Weiterverarbeitungsfähigkeit, und die zweite besitzt ein rechnerexternes (NRED = Neutrale rechnerexterne Darstellung) Format, das sequentiell aufgebaut ist und nur insgesamt weiterverarbeitet werden kann.

Abb. 5: Kommunikationssystem zwischen Modellierern

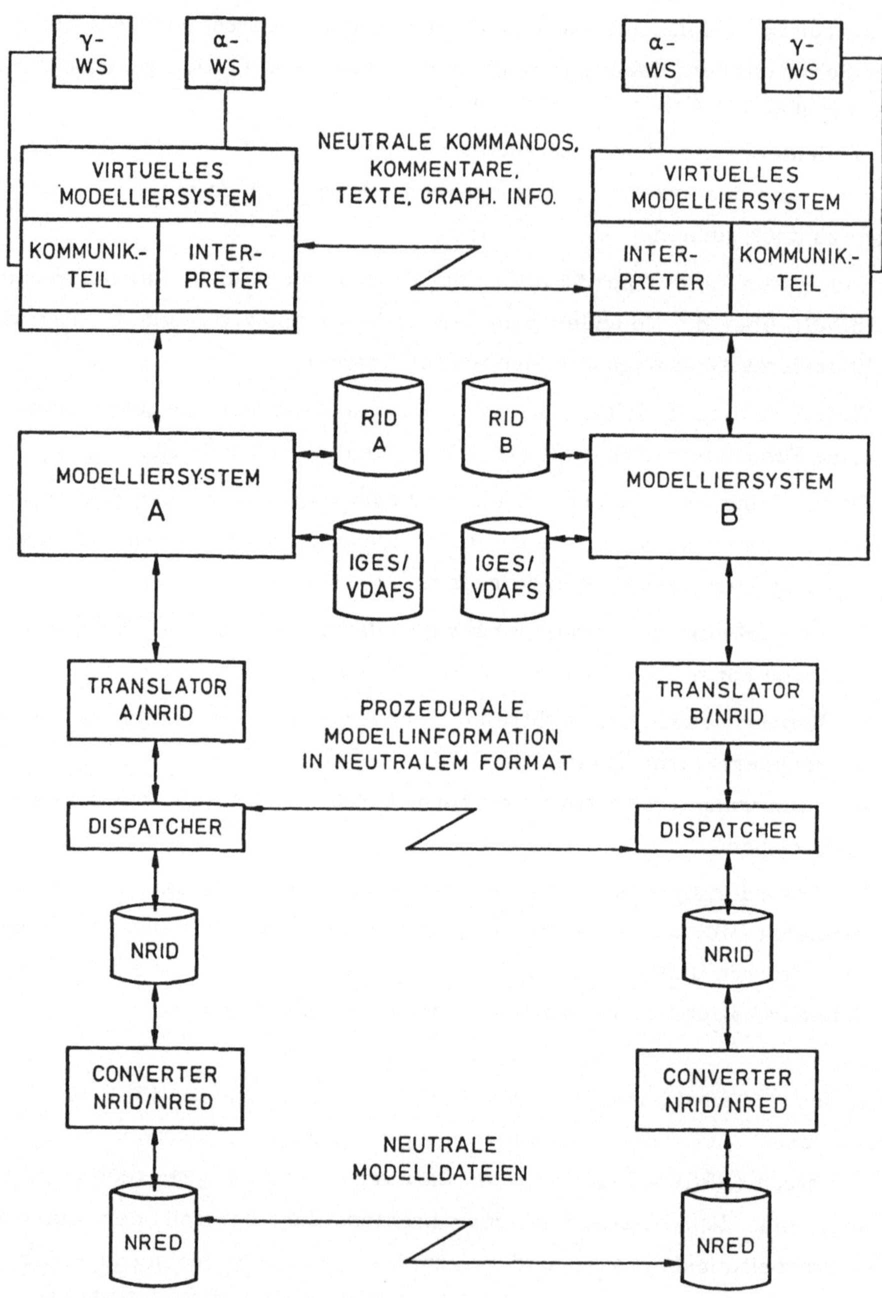

α-WS = ALPHANUM. WORKSTATION
γ-WS = GRAPH. WORKSTATION
RID = RECHNERINTERNE DARSTELLUNG
NRID = NEUTRALE RECHNERINTERNE DARSTELLUNG
NRED = NEUTRALE RECHNEREXTERNE DARSTELLUNG

Es wird von dem zuständigen Translator im Zuge der Erzeugung einer NRID auch ein CALL-Interface (prozedurale Schnittstelle) verwendet, welches die Primitiva im NRID-Format erzeugt. Es ist dabei möglich, die Ausführung der entsprechenden Operationen auch auf einem fremden Rechnersystem zu veranlassen, wenn für die Übertragung der prozeduralen Daten ein neutrales Format vereinbart wird.

NRED ist ein neutrales Format, um vollständige Modelldateien zu übertragen, das äquivalent zu den heute bekannten Kommunikationssätzen IGES, VDAFS oder SET aufgebaut werden muß.

Die Kommunikation zwischen Produktmodellierern über das DFN kann nach Abb. 5 folgendermaßen ablaufen. Ausgangspunkt ist das Modelliersystem A mit einer RID A und den Möglichkeiten, IGES- oder VDAFS-Dateien aufbauen zu können. Wird der Modellierer A im Netz betrieben, so muß er einen Zusatz erhalten, das sogenannte virtuelle Modelliersystem, das zum einen für die Kommunikation im Netz zuständig ist und zum anderen die Kommandointerpretation übernimmt. Eine Kommandointerpretation ist immer dann erforderlich, wenn ein Systemanwender über die alphanumerische oder graphische Workstation Kommandos benutzt, die in einer systemneutralen Form auftreten. Diese Form für Modellkommandos wird spezifiziert, um verschiedene Modellierer netzeinheitlich ansprechen zu können. Die Kommandoübertragung vom Modellierer A zum Modellierer B erfolgt in einer systemneutralen Form als Operationscode mit Argumenten. Die Antworten werden als Kommentare, Texte oder graphische Informationen ebenfalls neutral übertragen. Das virtuelle Modelliersystem B muß die von A ankommenden neutralen Kommandos interpretieren, so daß sie vom System B ausgeführt werden können.

Die für die Kommandoausführung benötigten Modellteile werden von einem Translator vom Format A in das Format NRID übersetzt und in der neutralen Form übertragen. Ein Dispatcher steuert die Möglichkeiten des Sendens und des Empfangens von Modelldaten. Der Aufbau des Datenformates erlaubt die Durchführung von Änderungen.

Eine Datei im NRID-Format wird von einem Converter in die externe sequentielle Form NRED überführt. Diese Form wird für die Übertragung von vollständigen Produktmodelldateien verwendet.

Mit den beschriebenen Untersuchungen und Entwicklungen sollen, insgesamt gesehen, die Voraussetzungen für den Einsatz von Modelliersystemen im Netzverbund verbessert werden. Dabei liegen die neuen Akzente auf der Erschließung eines dialogfähigen Zugangs zu fremden Modellierern (Remote Modelling).

5. Zusammenfassung

Die Ausgangssituation ist dadurch gekennzeichnet, daß durch intensive Bemühungen der internationalen und deutschen Normung neutrale Datenschnittstellen für Modellierer erarbeitet worden sind, die geeignet sind, einen Datenaustausch zwischen heterogenen Modelliersystemen auch über Rechnernetze zu ermöglichen. Jedoch sind die dabei verwendeten externen Dateiformate hauptsächlich für den Austausch geschlossener Modelle durch File Transfer geeignet. Der Zugang zu fremden Modelldaten im Sinne eines Direktzugriffs scheint z.Z. auf die Kommunikation zwischen gleichartigen Modellierern beschränkt. Dagegen sind dialogfähige, inkrementelle Arbeitsweisen mit Modelliersystemen an entfernten Standorten auf dieser Basis bisher nicht möglich.

Aus diesen Gründen erwächst die Notwendigkeit, die folgenden allgemeinen technischen Ziele zu verfolgen:

- Untersuchung der Realisierbarkeit einer Kommunikation zwischen Produktmodelliersystemen über das DFN, die auch für den Zugriff zu heterogenen Modelliersystemen am entfernten Standort und für das Arbeiten mit mehreren, verteilten Modellierern geeignet sein soll (Remote and Distributed Modelling).
- Verbindung mehrerer Stufen eines Produktdefinitionsablaufs, der über mehrere Abteilungen verteilt sein kann.
- Überwindung von begrenzten Unterschieden in der Funktionalität bzw. Modelldarstellung von Modellierern.

Literatur

/ 1/ AMERICAN NATIONAL STANDARD: "Digital Representation for Communication of Product Definition Data", ANSI Y14,26M-1981, veröffentlicht durch American Society of Mechanical Engineers, New York, 1981

/ 2/ INITIAL GRAPHICS EXCHANGE SPECIFICATION (IGES), Version 2.0, U.S. Dept. of Commerce, National Bureau of Standards, Washington, 1983

/ 3/ STANDARD D'ECHANGE ET DE TRANSFERT (SET), Aerospatiale, Specification Rev. 1.1, Suresnes, März 1984.

/ 4/ EXPERIMENTAL SOLIDS PROPOSAL, Advanced Geometry Subcommittee of IGES, National Bureau of Standards, Washington, 1984

/ 5/ EXPERIMENTAL BOUNDARY FILE, "CAM-I Geometric Modelling Project Boundary File Design (XBF-2)", CAM-I Report R-81-GM-02.1, 1982

/ 6/ VDA/VDMA -FLÄCHENSCHNITTSTELLE, "Format zum Austausch geometrischer Informationen", Entwurf für eine Deutsche Norm, DIN 0066301, Berlin, 1984

/ 7/ GRAPHISCHES KERNSYSTEM (GKS), Funktionale Beschreibung, DIN 66252, Deutsches Institut für Normung, Beuth-Verlag, Berlin, 1983

/ 8/ PRODUCT DEFINITION EXCHANGE STANDARD (PDES), Project Overview, Beitrag zu ISO TC 184/SC 41 WG 1, November 1984

/ 9/ PRODUCT DEFINITION DATA INTERFACE (PDDI), System Specification Document, Bericht von McDonnell Aircraft Co., St. Louis, 1984

/10/ GRABOWSKI, H., HEIDRICH, R.: Abschlußbericht zum Forschungsvorhaben "Verfahren zur Speicherung von Norm- und Zukaufteilen nach IGES", Institut für Rechneranwendung in Planung und Konstruktion, Universität Karlsruhe, 1985

/11/ DEUTSCHES FORSCHUNGSNETZ, ZPL (Hrsg.): Ergebnisse der Klausurtagung des Arbeitskreises "Graphik im Deutschen Forschungsnetz" in Miltenberg vom 16.-20.1.1984, Version 2.0, Mai 1984

/12/ WEISSFLOG, U.: "Exchange of Product Definition Data Between Dissimilar Systems Using IGES", Beitrag zum GI-Fachgespräch der GI-CAD-Fachgruppe, Braunschweig, 1984

/13/ RÜHLE, R. ET AL.: "DFN-RSYST, Verteilung einer Modell- und Methodenbank mit Datenbasis in einem offenen Netz", Pflichtenheft für DFN-Projekt, Institut für Kernenergetik und Energiesysteme, Universität Stuttgart, 1984

Verteilte Dokumentenverarbeitung

Angela Scheller
Hahn-Meitner-Institut, Berlin

1. Einleitung

Das Deutsche Forschungsnetz (DFN) stellt als anwendungsorientiertes Projekt rechnergestützte Kommunikationsdienste für die Wissenschaft bereit. Anwender im wissenschaftlichen Bereich sollen durch diese Kommunikationsdienste bei der täglichen Arbeit unterstützt werden. Zu dieser Arbeit gehört in ständig steigendem Umfang die Erzeugung von Dokumenten, wie z.B. Ergebnisberichten, Zeitschriftenartikeln, Benutzeranleitungen und Büchern. Neben alphanumerischen Zeichen treten in diesen Dokumenten aus dem technisch-wissenschaftlichen Bereich zahlreiche Sonderinformationen, wie z.B. Formeln und Graphiken auf.

Der Dokumentendienst im DFN soll eine netzeinheitliche Verarbeitung solcher Dokumente ermöglichen. Durch die zunehmende Verbreitung von Rechnernetzen gewinnt die dezentrale Dokumentenverarbeitung und somit der Begriff des *Joint Editing* stark an Bedeutung. Mehrere Autoren an unterschiedlichen Orten müssen in der Lage sein, mit geringem Aufwand einen gemeinsamen Bericht oder Artikel zu verfassen. Das scheitert heutzutage oft an der Verwendung zahlreicher unterschiedlicher Text- oder Formatiersysteme. Die an unterschiedlichen Anlagen erstellten Teildokumente lassen sich nur mit großem Aufwand vereinigen und in ein einheitliches Format bringen. Daher besteht der Bedarf nach allgemeingültigen Dokumentendatenstrukturen, die unabhängig von spezieller Hardware oder Formatiersystemen sind. Abb. 1 zeigt ein Beispiel für die dezentrale Erzeugung eines Dokumentes.

Die übertragenen Dokumente oder Teildokumente sollen an jedem im DFN zur Verfügung stehenden Rechner unabhängig von den dort eingesetzten Formatiersystemen weiterverarbeitet werden können.

Komfortable interaktive Systeme wie z.B. das Star-System von XEROX oder der Macintosh von APPLE, die nach dem WYSIWYG-Verfahren (What You See Is What You Get) arbeiten, lassen sich innerhalb eines offenen Rechnernetzes bisher nicht einsetzen, da ihre Datenstrukturen nicht austauschbar bzw. nicht veröffentlicht sind. Für diesen Einsatz stehen bisher nur batchorientierte Formatiersysteme zur Verfügung.

Die Integration des Dokumentensystems in das DFN soll dem Benutzer neben dem Austausch von Dokumenten auch die Nutzung spezieller Ausgabegeräte (z.B. Photosatzanlagen) ermöglichen, die nicht vor Ort zur Verfügung stehen.

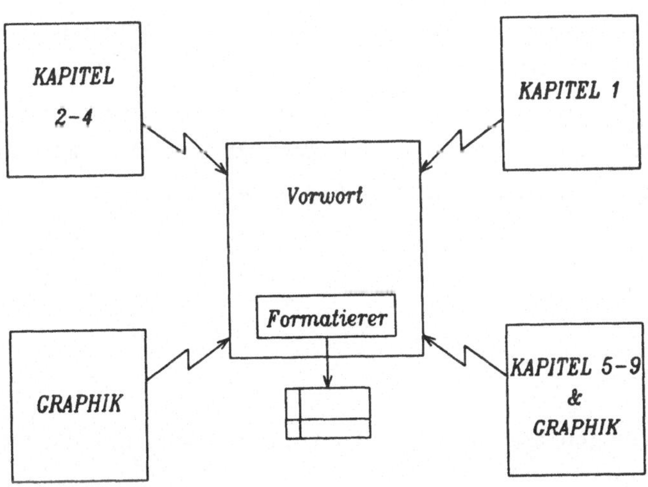

Abb. 1: Dezentrale Erzeugung eines Dokumentes

Das Gebiet der Dokumentenverarbeitung ist seit einiger Zeit Gegenstand der Arbeit sowohl nationaler als auch internationaler Standardisierungsgremien. Die Arbeiten erstrecken sich über ein breites Spektrum, welches durch Schlagworte wie *Büroinformations- und Kommunikationssysteme*, *electronic mail*, *Be- und Verarbeiten von technischen Dokumenten* beschrieben wird. Der Dokumentendienst im DFN beschäftigt sich zunächst ausschließlich mit dem letzten Punkt. Unter der Verarbeitung von Dokumenten wird hier die einheitliche Erstellung, Darstellung, Manipulation und der Transport der Dokumente innerhalb des DFN verstanden. Wie in allen anderen Projektbereichen des DFN soll auch hier weitgehend auf internationale Standards zurückgegriffen werden. Im folgenden Abschnitt werden einige Entwicklungen internationaler Standardisierungsgremien in diesem Bereich erläutert. Diese Übersicht beschränkt sich jedoch auf die für das DFN relevanten Entwicklungen und ist nicht vollständig.

2. Standards auf dem Gebiet der Dokumentenverarbeitung

Auf internationaler Ebene beschäftigen sich CCITT, ECMA und die ISO mit dem Thema Dokumentenverarbeitung. Es gibt zahlreiche Normenentwürfe, aber keiner hat bisher den Status eines internationalen Standards erreicht. Die für die Dokumentenverarbeitung im DFN relevanten Entwürfe kann man in zwei Gruppen gliedern, die aus unterschiedlichen Anforderungen an die Dokumentenverarbeitung entstanden sind. Dabei handelt es sich um die *Computer Languages for the Processing of Text (CLPT)*, die in der ISO behandelt werden und die *Office Document Architecture (ODA)*, die sowohl in der ISO als auch in CCITT und ECMA bearbeitet wird.

2.1 ODA/ODIF

Von diesem mehrteiligen Standard sollen an dieser Stelle nur die folgenden beide Teile erläutert werden:

- *Office Document Architecture (ODA)* /ISO 18-3-283/
- *Office Document Interchange Format (ODIF)* /ISO 18-3-388/

o ODA liefert ein Modell zur Strukturierung von Dokumenten. Dieses Modell umfaßt sowohl die logischen als auch die Layout-Strukturen eines Dokumentes. Beide Strukturen sind hierarchisch aufgebaut. Mit Hilfe dieser Strukturen und den dazugehörigen Relationen hat man ein Mittel zur vollständigen Beschreibung formatierter und unformatierter Dokumente.
Die Objekte der logischen Struktur sind vom Benutzer frei wählbar. Während bei der Verwendung herkömmlicher Formatierungssysteme Begriffe wie *Seitenwechsel*, *Zentrieren* oder *Unterstreichen* verwendet werden, wird bei der Erstellung einer logischen Dokumentenstruktur mit *Kapiteln*, *Überschriften* oder

Hervorhebungen gearbeitet. Die logische Struktur enthält keinerlei Information über die Abbildung des Dokumentes auf das Endgerät. Diese Abbildung wird durch die Layout-Struktur festgelegt. Diese Struktur besteht aus den im Standard definierten Objekten *Document*, *Page Set*, *Page*, *Frame* und *Block*. Das gesamte Dokument wird aus Blöcken zusammengesetzt, deren Kanten parallel zu den Kanten der Seite verlaufen.
Es besteht die Möglichkeit, sogenannte Dokumentenklassen zu definieren, die gemeinsame logische und Layout-Strukturen aufweisen. Diese generischen Definitionen legen die allgemeinen Regeln für die Erstellung eines Dokumentes einer bestimmten Dokumentenklasse fest.
Ein ODA vollständig beschriebenes Dokument besteht also aus den vier Komponenten *Generische logische Definition*, *Generische Layout-Definition*, *Spezifische logische Struktur* und *Spezifische Layout-Stuktur*.
Der eigentliche Dokumenteninhalt gehört zu den sogenannten Basis-Objekten. Jedem Basis-Objekt ist eine Menge von Attributen zugeordnet, die die gewünschte Abbildung des Inhaltes definiert. Hier können Textfonts, Textgröße, Hervorhebungen und vieles mehr festgelegt werden.

o Das Datenaustauschformat ODIF beschreibt die Abbildung der ODA-Objekte in einen sequentiellen Datenstrom. In diesem Format wird sowohl die Reihenfolge als auch die Kodierung der einzelnen ODA-Komponenten festgelegt. Ein Dokument muß nicht alle vier ODA-Strukturen enthalten.
ODIF verwendet die CCITT-Empfehlung *X.409 (Presentation Transfer Syntax)* /CCITTX409/ für die Kodierung der einzelnen Objekte. Bei dieser Standardnotation handelt es sich um eine erweiterte Backus-Naur-Form, in der jedes Datenelement aus Identifikation, Länge und Inhalt besteht. Dokumente in diesem Format sind nur mit speziellen Dokumenteneditoren zu erstellen.
In der CCITT wird unter dem Titel *T.73 - Document Interchange Protocol for the Telematic Services* /CCITTT73/ ein Standard erarbeitet, der in großen Teilen identisch ist mit ODA/ODIF. T.73 enthält jedoch bisher nur die Layout-Strukturen. Die logischen Strukturen werden noch nicht unterstützt. Dadurch kann man nur bereits formatierte und nicht mehr modifizierbare Dokumente übermitteln.
Im Technischen Ausschuß TC29 der ECMA wird ein weiterer Normenentwurf unter dem Titel *Office Document Architecture* /ECMA85/ bearbeitet. Dieser Entwurf deckt sich weitgehend mit dem ISO-Entwurf.

2.2 CLPT

Ein weiterer zehnteiliger Standard zu dem Bereich der Dokumentenverarbeitung wurde in der ISO unter dem Titel ***Computer Languages for vhe Processing of Text*** erarbeitet. An dieser Stelle soll nur der für die Definition von DFN-einheitlichen Dokumentendatenstrukturen relevante Teil 6 *Document Representation Specification (SGML)* /ISO18-8-40/ erläutert werden.

SGML beschäftigt sich nur mit den logischen Strukturen eines Dokumentes. Die Weiterverarbeitung mit SGML strukturierter Dokumente beschränkt sich nicht auf das Formatieren von Texten, sondern kann z.B. auch im Dokumenten-Retrieval-Bereich liegen.

Obwohl SGML und ODA/ODIF völlig unabhängig voneinander entwickelt wurden, lassen sich auch mit SGML Dokumente analog zum Architekturmodell von ODA darstellen. Die Objekte aus ODA werden in SGML als Elemente bezeichnet. Bei den einzelnen Element-Deklarationen können beliebige Attribute mit den entsprechenden Vorbelegungen definiert werden, während bei ODA/ODIF die erlaubten Attribute bereits festgelegt sind.

Bei der Definition einer Dokumentenklasse mit Hilfe von SGML wird neben dem Dokumentenmodell gleichzeitig eine Markup-Sprache zur Erzeugung spezifischer logischer Strukturen festgelegt. Diesen Markup kann der Benutzer mit Hilfe des normalen Texteditors in sein Dokument integrieren. Ein SGML-Parser interpretiert diesen Markup und setzt ihn um in Formatierkommandos.

3. DFN-einheitliche Dokumentendatenstrukturen

Für die DFN-einheitlichen Dokumentendatenstrukturen wird das Architekturmodell von ODA auf der logischen Ebene übernommen. Bei der Entscheidung, ob ODIF oder SGML verwendet werden soll, spielte die unterschiedliche Art der Layout-Definition eine wichtige Rolle. Die Festlegung der Layout-Struktur mit Hilfe von Blöcken, die vordefinierte Positionen und Größen haben, ist für die Erzeugung technisch-wissenschaftlicher Dokumente nicht geeignet. Bei der Erstellung von Briefen hat man von vornherein eine feste Vorstellung der Seitenaufteilung. Hier können feste Blöcke für Absender, Adresse, Referenzzeile, Anrede usw. festgelegt werden. Ein Brief mit mehreren Folgeseiten ist aus maximal drei verschiedenen Seitentypen aufgebaut.

Bei einem Bericht oder Artikel, der Graphiken, Tabellen, Listen und Fußnoten enthält, kann jede Seite völlig anders strukturiert sein, wobei diese Struktur vorher nicht bestimmbar ist. Beim Einsatz von SGML muß das Markup zum Beginn und zum Ende jedes Elementes von einem Parser in Formatierkommandos umgesetzt werden. Bei Beginn der Kurzfassung eines Artikels würde man z.B. ein schmaleres Format einschalten und am Ende wieder auf normale Seitenbreite oder zweispaltigen Druck umschalten. Dieses Verfahren ist unabhängig von der Länge der Kurzfassung und von dem Ort ihres Auftretens. Es entspricht daher eher den Anforderungen aus dem Bereich der technisch-wissenschaftlichen Dokumentenverarbeitung.

Viele Autoren wollen oder dürfen das Layout ihrer Berichte und Bücher nicht selbst beeinflussen, da es ihnen von Verlagen oder anderen Institutionen vorgegeben wird. Diese Autoren sind nur noch an der logischen Struktur ihrer Dokumente interessiert. Wenn man andere Projekte in diesem Bereich betrachtet, z.B. bei Verlagen, so arbeiten auch diese aus dem gleichen Grunde mit SGML.

Ein weiterer Punkt, der für den Einsatz von SGML im technisch-wissenschaftlichen Bereich spricht, ist die Unterstützung von Formeln. Die Darstellung von Formeln ist ein ganz wesentlicher Faktor bei der technisch-wissenschaftlichen Dokumentenverarbeitung. SGML unterstützt die Formelnotation von TEX und TROFF, während bei ODIF erst die weitere Entwicklung abgewartet werden muß.

Langfristig wird auch im DFN die Erzeugung der Dokumente durch einen komfortablen Dokumenteneditor angestrebt. Es muß aber trotzdem immer möglich sein, daß auch Benutzer mit geringer Ausstattung am Dokumentendienst teilnehmen können. Das ist ein weiterer Grund, eine Datenstruktur vorzuziehen, die mit dem normalen Texteditor erzeugt werden kann.

Die Freiheiten, die man in SGML bei der Definition von Dokumentenklassen hat, führen dazu, daß jedes Projekt unterschiedliche Dokumentenklassen verwendet. Es muß darauf hingearbeitet werden, daß in CLPT eine Registrierung von Standard-Dokumentenklassen vorgenommen wird.

Innerhalb des DFN wurden zunächst drei Dokumentenklassen definiert: ***report***, ***paper*** und ***letter***. Die Dokumentenklasse ***report*** soll die Erzeugung der im technisch-wissenschaftlichen Bereich auftretenden Formen von Berichten und Benutzeranleitungen abdecken. Sie kann neben üblichen Textteilen eine Titelseite, eine Vorwort, Formeln, Tabellen, Listen, Fußnoten, Kopf- und Fußzeilen, Graphiken, ein Literaturverzeichnis und Anhänge enthalten. Ein Inhaltsverzeichnis wird automatisch generiert. Die Funktionalität der Dokumentenklasse ***paper*** besteht aus einer Untermenge der Dokumentenklasse ***report***. Ihr Einsatzgebiet ist die Dokumentenerzeugung im Rahmen von Vorträgen oder Artikeln.

Sie enthält weder eine seperate Titelseite noch Vorwort, Kopf- und Fußzeilen oder Anhänge. Alle übrigen Elemente entsprechen denen in der Dokumentenklasse ***report***. Es wird aber ein anderes Layout verwendet. So wird z.B. keine Seitennumerierung vorgenommen und kein Inhaltsverzeichnis erzeugt. Beim Beginn eines neuen Kapitels oder des Literaturverzeichnisses wird kein Seitenwechsel durchgeführt. Bei dem vorliegenden Beitrag zu diesem Tagungsband handelt es sich um eine Ausprägung der Dokumentenklasse ***paper***.

Die Dokumentenklasse ***report*** wurde so definiert, daß auch ohne Probleme Teildokumente verarbeitet werden können. Wenn mehrere Autoren an einem Dokument arbeiten, kann jeder einzelne sein Teildokument darstellen. Erst wenn alle Autoren ihren Teil fertiggestellt haben, wird das Dokument zusammengefügt.

4. Integration von Graphik in Dokumente

Bei der Integration von Graphik in Dokumente wird heute noch oft auf Schere und Klebstoff zurückgegriffen. Weder ODA/ODIF noch CLPT enthalten bisher konkrete Ansätze für die Integration von Graphik in Dokumentendatenstrukturen. Daher wurde aufbauend auf internationalen Standards aus dem Bereich der graphischen Datenverarbeitung im Rahmen des DFN ein Konzept für die Integration der Graphik sowohl in ODA/ODIF als auch in CLPT erarbeitet.

Zur Speicherung zweidimensionaler graphischer Informationen stehen der *GKS-Metafile GKSM* /ISO7942/ und der *Computer Graphics Metafile CGM* /ISO8632/ zur Verfügung. Während im CGM nur rein statische Bilder gespeichert werden können, kann der GKSM das Protokoll einer kompletten GKS-Sitzung enthalten. Darin können auch Steuerfunktionen wie z.B. *Open Workstation* oder *Activate Workstation* und Segmentfunktionen wie *Delete Segment* enthalten sein. Bei der Integration von Graphik in Dokumente wird diese Funktionalität nicht benötigt. Der gesamte GKSM müßte interpretiert werden, um das letzte aktuelle Bild zu ermitteln und in das Dokument einzufügen.

Im Rahmen eines anderen DFN-Projektes wird zur Zeit an Abbildungsvorschriften für die Konvertierung von GKSM in CGM und den entsprechenden Konvertierungsprogrammen gearbeitet. Daher besteht nicht die Notwendigkeit, beide Arten von Metafiles in Dokumente zu integrieren. Der CGM deckt die benötigte Funktionalität ausreichend ab.

Für die DFN-einheitlichen Dokumentenklassen ***report*** und ***paper*** wurde ein Element ***graphic*** definiert, das aus einem CGM in Klartextkodierung und einem optionalen Untertitel besteht. Mit Hilfe von Attributen werden unter anderem die Größe der Graphik, die Position, die Orientierung und die Abbildunngsvorschrift festgelegt. So können z.B. bestimmte Ausschnitte eines Bildes in ein Dokument integriert und die Bilder um 90, 180 oder 270 Grad gedreht werden. Es kann weiterhin definiert werden, ob das Bild maßstabsgetreu abgebildet werden soll oder ob eine Verzerrung gewünscht wird. Die Position eines Bildes innerhalb des restlichen Dokumenteninhaltes kann festgelegt werden, oder es kann dem Formatierer überlassen werden, zu entscheiden, wo das Bild sich am besten in das Layout einfügt.

Parallel zu dem Entwurf dieses SGML-Elementes wurde ein Konzept für eine Graphic Content Architecture in ODIF erarbeitet, die dieselbe Funktionalität bietet. In ODIF werden weniger Attribute benötigt, da die Größe und Position der Graphik durch die Layout-Struktur bestimmt werden.

Es folgt die im DFN verwendete Definition des Elementes ***graphic*** mit einem Beispiel für seine Verwendung innerhalb einer spezifischen logischen Struktur.

```
<!ELEMENT GRAPHIC -O        (CGM, SUBTITLE?)
                XLEN      CDATA                REQUIRED
                YLEN      CDATA                REQUIRED
                POSITION  (LEFT | RIGHT | CENTERED) CENTERED
                PLACE     (FIX | FLOAT)        FLOAT
                X0        CDATA                UNKNOWN
                Y0        CDATA                UNKNOWN
                X1        CDATA                UNKNOWN
                Y1        CDATA                UNKNOWN
                SCALE     (UNIFORM | NOTUNI)   UNIFORM
                ORIENT    (0|90|180|270)       0
                FRAME     (FRAME | NOFRAME)    NOFRAME
                UNIT      (MM | IN)            MM >
<!ELEMENT CGM  - 0      CDATA >
<!ELEMENT SUBTITLE - 0      CDATA >
```

```
<graphic xlen="30" ylen="50" frame>
<cgm>
BEGMF "NIKOLAUS";
VERSION 1;
ELEMLIST "DRAWINGPLUS",
VDCTYPE REAL;
BEGPIC OFF,1,"BILD 1"
BEGPICBODY;
LINE (0.7000000E+00,0.0000000E+00),(0.3000000E+00,0.0000000E+00),
(0.7000000E+00,0.5000000E+00),(0.3000000E+00,0.5000000E+00),
(0.7000000E+00,0.0000000E+00),(0.7000000E+00,0.5000000E+00),
(0.5000000E+00,0.9000000E+00),(0.3000000E+00,0.5000000E+00),
(0.3000000E+00,0.0000000E+00);
ENDPIC;
ENDMF;
<subtitle>Abb. 2 Das Haus vom Nikolaus
```

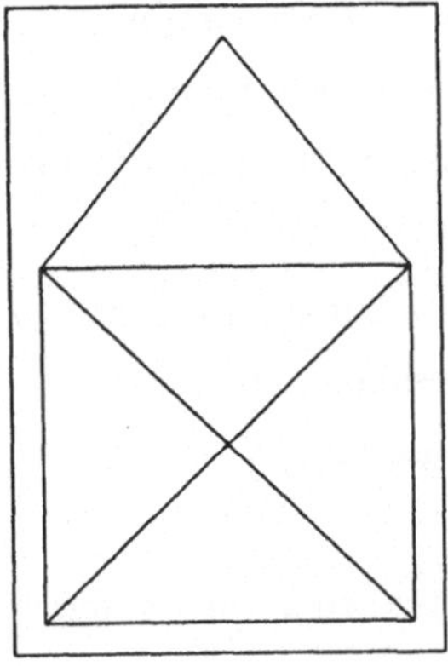

Abb. 2: Das Haus vom Nikolaus

5. Der Dokumentendienst im DFN

Das Dokumentensystem wird am Hahn-Meitner-Institut (HMI) in mehreren Entwicklungsstufen realisiert. Für die Verarbeitung der DFN-einheitlichen Dokumentendatenstrukturen wurde auf einer VAX 11/780 unter VMS ein allgemeiner SGML-Parser realisiert, der jederzeit auch andere Dokumentenklassen interpretieren kann. Im HMI wird die Überführung der logischen in die Layout-Struktur mit TEX realisiert. An anderer Stelle sollen SCRIPT und TROFF verfügbar gemacht werden. Die Ausgabe erfolgt im HMI auf dem Drucksystem QMS Lasergrafix 1200. Das Layout für die einzelnen Dokumentenklassen ist in der ersten Entwicklungsstufe fest vorgegeben und vom Benutzer nicht beeinflußbar. Der Transfer der Dokumente erfolgt zunächst mit dem normalen Filetransfer für Textdateien.

In der folgenden Entwicklungsstufe wird ein Prädialog realisiert, der es dem Benutzer ermöglicht das Layout seines Dokumentes ohne Modifikation der Datei festzulegen.

Es kann z.B. zweispaltiger oder doppelseitiger Druck gewählt oder das Erscheinungsbild von Überschriften und Hervorhebungen definiert werden. Auch in den folgenden Entwicklungsstufen gilt das Standard-Layout aus Entwicklungsstufe I, so daß die Verwendung des Prädialoges optional ist.

Weiterhin wird in den folgenden Entwicklungsstufen ein spezieller Dokumenteneditor realisiert, der die Funktionen eines normalen Text-Editors, eines Graphik-Editors und spezielle Kommandos zur Bearbeitung von logischen Objekten der DFN-einheitlichen Dokumentenklassen vereinigt.

Für den Transfer der Dokumente wird eine komprimierte Transferkodierung und ein separater Netzdienst entwickelt, der diese Transferkodierung automatisch erzeugt.

Die erste Entwicklungsstufe des Dokumentendienstes wurde Ende März 1985 freigegeben. Über konkrete Erfahrungen mit diesem System kann nach so kurzer Zeit noch nicht berichtet werden.

Literatur

/CCITTX409/ CCITT/SGVII: Draft Recommendation X.409, Message Handling Systems: Presentation Transfer Syntax and Notation, June 1983

/CCITTT73/ CCITT/SGVIII: T.73 - Document Interchange Protocol for the Telematic Services, Third Draft, October 1983

/ISO7942/ ISO/DIS 7942 Graphical Kernel System, Functional Description, September 1984

/ISO8632/ ISO/DIS 8632 Computer Graphic - Metafile for Storage and Transfer of Picture Description Information, December 1984

/ISO18-3-283/ ISO/TC97/SC18/WG3/N283 Office Document Architecture, February 1984

/ISO18-3-388/ ISO/TC97/SC18/WG3/N388 Office Document Interchange Format, October 1984

/ECMA85/ Office Document Architecture and Interchange Format, Ninth Working Draft, January 1985

/ISO18-8-40/ ISO/TC97/SC18/WG8/N40 Information Processing Systems, Text Preparation and Interchange, Processsing and Markup Languages, Part 6 - Generic Document Representation Specification (SGML), November 1984

/KNU84/ KNUTH, D.E.: The TEXbook, New York: Addison-Wesley 1984

Integration graphischer Arbeitsstationen in naturwissenschaftliche Anwendungen

Ralf Marian
GSI Darmstadt

Kurzfassung

Am Beispiel einer repräsentativen Arbeitsstation mit lokalen graphischen Funktionen wird diskutiert, welche Gesichtspunkte bei der Integration eines solchen Gerätes in einem wissenschaftlichen Groβbetrieb unter besonderer Berücksichtigung der Anforderungen des naturwissenschaftlich orientierten Benutzers eine Rolle spielen. Rahmenbedingungen sind hierbei die Forderungen nach Verbesserung der Qualität des Arbeitsplatzes, Entlastung des Zentralrechners, Entlastung des Übertragungsnetzes und ein weitgehender Gewinn an Unabhängigkeit vom allgemeinen Rechnerbetrieb durch maximale Nutzung der lokalen Intelligenz der Arbeitsstation. –

Schlüsselworte: Integrierte Arbeitsstationen für naturwissenschaftliche Anwendungen, Qualitätsverbesserung von Arbeitsplätzen, Zentralrechnerentlastung, Netzentlastung, Unabhängingkeit von einem Groβrechenbetrieb.

Summary

A representative example from the contemporary personal computer (PC) market is discussed and used to explain which views are of main importance in integrating these devices into large scale scientific applications. In particular, the demands of users who are natural scientists are taken into account. The general framework within which this subject is viewed is formed equally by demands for increased workplace quality, reduction of hostload, and the reduction of the amount of data transferred to and from the workstation, and by the substantial independence of the host and large scale activities of other users achieved by using the capacity of the local workstation effectively.

Keywords: Integrated workstations for applications in natural sciences, quality increase in places of work, reduction of hostload, reduction of data transfer, independence from host.

1. Anforderungen des naturwissenschaftlich orientierten Benutzers an den graphischen Arbeitsplatz

Ein naturwisssenschaftlich orientierter Benutzer stellt an einen graphischen Arbeitsplatz je nach Einsatz in der Experimentauswertung, im graphischen Editieren oder in der Dokumentation (Veröffentlichung) unterschiedliche Anforderungen. Das jeweilige Anforderungsprofil wird unter den folgenden drei Punkten charakterisiert.

1.1 Experimentauswertung (Ref.1)

Bei der Gesellschaft für Schwerionenforschung (GSI) werden am Schwerionenbeschleuniger UNILAC (Universal Heavy Ion Linear Acclerator) Experimente zur Grundlagenforschung in den Bereichen Kern- und Atomphysik, Kernchemie und Biologie durchgeführt. Dabei liefern die Messungen digitalisierte Rohdaten mit einer Datenrate von bis zu 400 kByte/sec. Die gewaltigen Datenmengen müssen analysiert und auf wenige Zahlen reduziert werden, die die repräsentativen Ergebnisse des Experiments enthalten. Dabei hat der Datenfluß einer solchen Experimentauswertung z.B. folgendes Aussehen:

- o Aufzeichnung der digitalisierten Meßergebnisse
- o Reduktion der Meßdaten auf auswertbare Zahlenreihen
- o Parameterabhängige Korrelation als Gundlage zur Darstellung zwei- und dreidimensionaler Spektren
- o dialogorientierte Modifikation der Darstellungen, z.B. durch Umskalierung, Projektionen, Vergößerungen eines Ausschnitts oder durch Überlagerung mehrerer Spektren

- Beschreibung der Meßergebnisse durch physikalische Modelle

Eine weitere typische Anwendung ist die Aufzeichnung des wachsenden Spektrums als kumulierende Datenmenge quasi unter Realzeitbedingungen. Unter der Voraussetzung, daß sich Graphiken hinreichend schnell aus eingehenden Daten extrahieren lassen, kann der Benutzer anhand der dargestellten Meßergebnisse Maßnahmen zur Experimentsteuerung ergreifen.

Der graphische Arbeitsplatz soll außerdem für externe Benutzer als Remotestation zur Experimentauswertung einsetzbar sein, da häufig externe Benutzer auf die zentralen Einrichtungen zur Experimentauswertung zugreifen. Die Datenmenge im Übertragungsnetz verringert sich in dem Maße, wie die lokale Leistungsfähigkeit der Arbeitsstation wächst.

Die soweit skizzierten Anwendungsprofile stellen an eine Arbeitsstation folgende Anforderungen:

- Handhabung großer Datenmengen unter realzeitgerechten Verarbeitungsbedingungen.
- Mit geringem Aufwand manipulierbare 2D- und 3D-Graphiken hoher Auflösung mit Projektionen, Transformationen und Vergrößerungen von Ausschnitten.
- Vielfältige und einfache Eingabemöglichkeiten zur Kommunikation mit dem Rechner.
- Einsetzbarkeit als Remotestation für externe Benutzer der zentralen Rechenanlage.

1.2 Allgemeine Graphiken und Bilder

Zur Präsentation von Meßergebnissen, den Zusammenhängen ihrer Erzeugung und Beschreibung der zugrunde liegenden Theorien, werden Bilder und Graphiken benötigt, die Modelle erläutern oder wissenschaftlichen Problemstellungen zur Veranschaulichung dienen. Hinzu kommen Skizzen und Photographien von Meßapparaturen, Konstruktionszeichnungen und Management-Graphiken.

Hieraus sich ableitende Anforderungen sind:

- Interaktive Erzeugung und Veränderung allgemeiner graphischer Objekte
- Zugriff auf Datenbanksysteme für graphische Objekte

- o Unterstützung eines Metafiles für graphische Objekte

Die aufgezählten Anforderungen sind gemischt zentralrechner- und arbeitsstationsorientiert.

1.3 Dokumentation

Ein weiterer Schwerpunkt im Anwendungsbereich eines naturwissenschaftlichen Benutzers ist die Kombination von Text und Graphik für wissenschaftliche Veröffentlichungen und beinhaltet im wesentlichen eine interaktive Manipulierbarkeit der Kombination von Graphik und Text. Sieht man von Transformationen rasterisierter Photographien ab, so sollte diese Aufgabe von einer leistungsfähigen Arbeitsstation voll übernommen werden können.

Die zu stellenden Anforderungen sind daher:

- o Die Implementierung eines interaktiven Textverarbeitungssystems mit Kombinationen von Graphik und Text muß möglich sein.
- o Die Auflösung des Bildschirms muß der des Ausgabegerätes annähernd entsprechen, um bei der interaktiven Manipulation einen korrekten Eindruck von der später auszugebenden Textseite zu erhalten.

2. Untersuchung der Anforderungen anhand einer repräsentativen Arbeitsstation

Da bei GSI die Grapjikanwendungen im Bereich der Experimentauswertung und des graphischen Editierens auf dem Zentralrechner (IBM 3084Q) implementiert sind, wurde im Sinne eines pragmatischen Vorgehens als erstes Gerät der IBM 3270 PC/GX (Ref.2) im Hinblick auf die genannten Anforderungen untersucht (Hardwarekonfiguration Abb. 1).

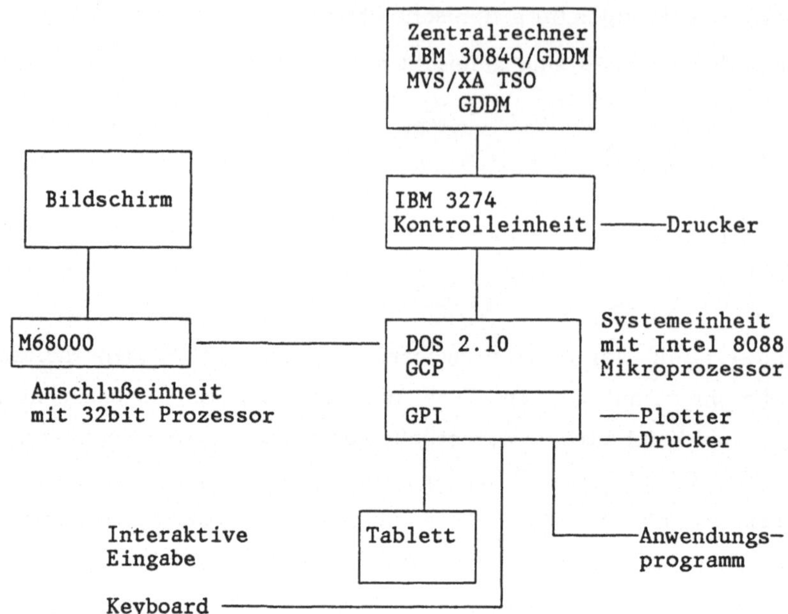

Abb. 1: Hardwarekonfiguration des 3270 IBM PC/GX

Folgende technischen Daten charakterisieren die Minimalausstattung:

1. Bildschirm mit 1024x1024 Bildpunkten auf 26x28 cm2, 19" Durchmesser, 960x1000 Punkte addressierbar, Bildwiederholungsfrequenz 57Hz non-interlaced.
2. Bildschirmanschlußeinheit mit 128kB Schnellspeicher für Vektorliste (Segmentspeicher), Standard- und Benutzerzeichensätze und Systemfunktionen, 32 bit Mikroprozessor (Motorola 68000), Refresh-buffer mit 6 bit-Ebenen, Unterstützung von 16 Farben in der Graphik- und 8 Farben in der Alpha-Ebene.

Die Graphik-Hardware deckt die folgenden Funktionen ab:

- o Vektor/Raster Konversion
- o 2D- und 3D-Transformationen, Skalierung und Projektionen
- o Clipping (Abschneiden von Bildelementen, die außerhalb des Fensters liegen)
- o Korrelation von Cursor und Segmenten
- o Graphische Grundobjekte (Primitive) wie Linie, Fläche, Bogen, Kreis, Ellipse und stetige Kurven sind implementiert.

Hinzu kommt ein programmierbarer Zeichengenerator.

3. Systemeinheit mit 512kB RAM, 8088 Mikroprozessor, Diskettenlaufwerk für doppelseitige Disketten und einer 10Mbyte Festplatte.
   Leistungsfähigere Varianten mit zwei Diskettenlaufwerken und einer Ergänzungseinheit mit zwei Festplattenlaufwerken sind ebenfalls erhältlich.
4. Ein Keyboard mit zahlreichen Funktionstasten.

An zusätzlicher Ausstattung kommen Tablett mit Giffel, anschließbare Printer und Plotter, sowie Anschlußmöglichkeiten für weitere Geräte über einen asynchronen Communication Adapter (RS 232C) hinzu.

Hardwaregekoppelte Funktionen

Dies sind Funktionen, die dem Benutzer ohne Programmieraufwand zur Verfügung stehen und über Funktionstasten ausgeführt werden. Hierzu zählen:

1. Management von bis zu vier parallelen Aktivitäten am Zentralrechner ("host sessions"), einer PC-Sitzung und zwei Notizblöcken, in denen interaktiv alphanumerische Information niedergelegt werden kann.
2. Fenster- und Schirm-Management, wobei unter Fenster hier ein in der Größe variabler Ausschnitt aus dem jeweiligen Host-, PC-, oder Notizblock-Fenster gemeint ist.
   Leider kann ein solches "Hardware-Fenster" nur von unten und rechts verkleinert werden, so daß dies in den Anwendungsprogrammen bei der Definition des "Viewports" gegebenenfalls berücksichtigt werden muß. Schirm bedeutet hier die beliebige Zusammenstellung und Anordnung dieser Fenster auf der Bildschirmfläche. Der Benutzer hat die Freiheit, sich bis zu 9 verschiedene Schirme zu definieren, zwischen denen er mittels Knopfdruck wählen kann (Abb.2).
3. Lokales interaktives Vergrößern, Verkleinern und Zentrieren von Bildelementen bei Hostanwendungsprogrammen auf Tastendruck.
4. Autokey-, Copy- und Spoolprint-Funktion
   Diese Funktionen ermöglichen, sich wiederholende Texte in verschiedenen Fenstern auf Knopfdruck zu reproduzieren, alphanumerischen Schirminhalt zwischen verschiedenen Fenstern ganz oder teilweise zu kopieren und graphische und alphanumerische Fensterinhalte zum Zwecke der späteren Wiederverwendung oder als direkte Ausgabedaten (nur für IBM-Geräte) in Dateien festzuhalten.
5. Wählbarkeit von Vorder- und Hintergrundfarben der Fenster.

Angeschlossen wird die Arbeitsstation wahlweise über SNA, non-SNA, "Synchronous Data Link Control (SDLC) Remote" oder "Binary Synchronous Control (BSC)

Remote" an eine IBM 3274 Steuereinheit.

```
+------------------+----------------------------+
| Fenster          | Fenster                    |   Schirm 1
| z.B              | z.B.                       |   mit 4 aktiven
| Host A           | Host B                     |   Fenstern
|------------------|----------------------------|
| Fenster          | Fenster                    |
| z.B.             | z.B.                       |
| Notizblock M     | PC                         |
+------------------+----------------------------+

+------------------+----------------------------+
| Fenster          | Fenster                    |   Schirm 2
| z.B              | z.B.                       |   mit 2 aktiven
| Host A           | Host B                     |   Fenstern
+------------------+----------------------------+
```

Abb. 2: Fenster und Schirme des IBM 3270 PC/GX

Weitere Schirmaufteilugen können in jeder beliebigen Kombination gewählt werden. Zwischen den Schirmen kann während der laufenden Anwendungsprogramme verzweigt werden.

Softwarekomponenten für graphische Anwendungen

Zwei Graphikschnittstellen stehen dem Anwendungsprogrammierer zur Verfügung. Diese können je nach Anwendungsperspektive allein, aber auch in Kombination genutzt werden.

1. PC-Software

   Diese hat die Komponenten:

   - o Betriebssystem DOS 2.10
   - o Graphisches Kontrollprogramm GCP (Graphic Control Program), das die Schirmaufteilung, Segmentspeichaufteilung, die angeforderten Funktionen (Autokey, Copy, Spoolprint), die Verwendung gespeicherter Symbole und den Zugriff auf interne Graphik des PC (Personal Computer) über das GPI (Graphic Procedure Interface) koordiniert (Ref. 3).
   - o Etwa 220 graphische Basisfunktionen, die einen Großteil der Varianten strukturierter interaktiver Bildverarbeitung zulassen (dynamische Segmente, 2D- und 3D-Transformationen der Segmente, Transformationen der Blickrichtung, Projektionen, Aufruf von Segmenten, direkten und gestaffelten (queued) Input, etc.).
   - o 3D-Graphik für Drahtmodelle mit perspektivischen Projektionen, jedoch ohne implementierte Algorithmen für verdeckte Linien und Flächen.
   - o Spracheinbettung in FORTRAN ist in Vorbereitung, ebenso wie eine Anpassung der Graphikfunktionen an die Norm GKS.

2. Host-Software

   Die Graphiksoftware auf der Host-Seite ist das GDDM (Graphical Data Display Manager) Release 4 (Ref. 5 und 6). Sie stellt ein abgestuftes hierarchisches Gerätesystem zur Verfügung, an dessen Spitze der PC mit der Möglichkeit der Nutzung aller zur Verfügung gestellten Funktionen steht. Das gesamte Softwarepaket umfaßt ca. 235 Funktionen für 2D-Graphik, deren Funktionen sich in weiten Bereichen mit der PC-Graphik decken. Die Kommandos sind so strukturiert, daß sich Anwendungen für die Sprachen Assembler, APL, COBOL, FORTRAN und hauptsächlich PL/1 schreiben lassen.

Die Metafiles der beiden Graphikprogramme GCP/GPI und GDDM lassen sich für viele Anwendungen ineinander überführen. Der Anwender ist jedoch gezwungen, für diesen Fall sich auf das gemeinsame Funktionsspektrum der Programmpakete zu beschränken, da nicht alle Funktionen im einen wie im anderen Graphikpaket vorhanden sind. So ist z.B. die lokale 3D-Graphik auf die Schnittstelle GPI beschränkt, da entsprechende Funktionen im GDDM nicht vorhanden sind. Unter der Voraussetzung, daß man sich an Einschränkungen hält, ist es möglich, die Ausgabedateien beider Softwarepakete aufeinander abzubilden und als Eingabe für zahlreiche Ausgabegeräte des Herstellers zu verwenden.

Zusammenfassung der für diese Arbeitsstation gegebenen Systemkomponenten und der durch sie vorgegebenen Rahmenbedingungen:

1. Einschränkungen:

   Diese Einschränkungen betreffen vorwiegend den Bereich der Anwendungen der lokalen PC-Graphik hinsichtlich des RAM Speicherbereiches und der Speichermöglichkeiten auf der Festplatte. IBM PASCAL ist wegen seiner zahlreichen Erweiterungen (Adressenbehandlung, Speicher- und DOS-file-Allocierung) für komplexe Anwendungsprogramme hervorragend geeignet. Da jedoch unter Ausnutzung aller gegebenen Möglichkeiten weder Sprache noch Basisgraphik einer Norm genügen, ist die Übertragung der Programme auf andere Rechenanlagen mit erheblichem Umstellungsaufwand verbunden.

   Der 64kB Segmentspeicher schließt, da sich der Segmentspeicherbereich durch Aufnahme programmierter Zeichensätze noch weiter verkleinert, die kombinierte Anwendung komplexer interaktiver Graphik in Host und PC praktisch aus. Jedoch sind unter Berücksichtigung der vorhandenen Datenübertragungskanäle derartige Anwendungen sowieso außerhalb der Reichweite der Arbeitsstation. Der Datentransfer zwischen Host und Arbeitsstation ist beschränkt auf Segmentspeicher, "File Transfer" und der Copy-Funktion für Fensterinhalte.

   Die Integration aller Systemkomponenten (Host, PC, Ausgabegeräte etc.) erreicht der Systemplaner, wenn er sich ganz auf die Produkte der Herstellerfirma beschränkt. Jedoch sind die Metafiles für graphische Objekte hervorragend dokumentiert, so daß keine prinzipiellen Schwierigkeiten entstehen, den GPI- und GDDM- Metafile (PIF- bzw.GDF-File) anderen Metafiles anzupassen.

   Da 3D-Graphik nicht (GDDM) bzw. nur ansatzweise (PC) vorhanden ist, müssen Host-Anwendungsprogramme diese auf 2D-Basis simulieren.

2. Positive Charakteristika der geschilderten Arbeitsstation:

   Geräte der beschriebenen Kategorie bieten dem Benutzer einen multifunktional nutzbaren integrierten Arbeitsplatz an, in dem gleichermaßen graphische Anwendungsprogramme im Zentralrechner und PC angewendet werden können. Frei wählbare Zwischenabstufungen, vom Einsatz als einfaches Terminal bis zum gewöhnlichen Arbeitsplatzrechner, sowie nützliche Zusatzfunktionen (Copy, Autokey, Print spooling) können anmwendungsspezifisch ausgenutzt werden. Insbesondere bietet die Möglichkeit des kombinierten Arbeitens an mehreren Bildschirmen, die hier in einer Arbeitsstation integriert sind, weitreichende Anwendungsperspektiven, wie z.B. die parallele Bearbeitung von Experimentdaten mit verschiedenen

Auswertprogrammen, deren Ergebnisse, einschließlich graphischer Aufarbeitung, in der Arbeitsstation gezeigt werden können. Die Arbeitsstation kann somit als Kontrollkonsole für derartige Anwendungen genutzt werden. Parallel dazu kann der Benutzer seine Kommentare etc. in den Notizblöcken vermerken und speichern. Die Hinwendung zum Schreibtisch wird somit weitgehend überflüssig. Ein Umkonfigurieren des Systems, z.B. auf eine andere Kombination von Sitzungen oder eine andere Segmentspeicherverteilung, erfordert ein erneutes Laden des GCP. Dieser Vorgang wird z. B. notwendig, wenn man von einer segmentspeicheraufwendigen Host- zu einer segmentspeicheraufwendigen PC-Sitzung wechseln möchte. Andere Variationen wie z.B. die der Schirmkombinationen, der Notizblockinhalte oder der Autokey-Texte können stapellaufgesteuert vorgenommen werden.
Die graphischen Basisfunktionen der Programmpakete GDDM und GPI decken weitestgehend die 2D Graphik ab und entsprechen im wesentlichen dem GKS Niveau L1c.

3. Vergleich der im wissentschaftlichen Bereich anfallenden Anforderungen mit den Möglichkeiten der geschilderten Arbeitsstation

Gemäß den Stärken und Schwächen der beschriebenen Arbeitsstation lassen sich die folgenden Einsatzmöglichkeiten verifizieren:

1. Einsatz im Bereich Experimentauswertung
Auf Grund des geringen Speichervolumens der Arbeitsstation, sowie der geringen Datenübertragungsgeschwindigkeit von ca. 1000 byte/sec. vom Zentralrechner zum PC, muß in der Experimentauswertung auf Graphikschnittstelle GPI verzichtet werden. Die Experimentauswertung verbunden mit der Schnittstelle GDDM wird jedoch verbessert durch den beschleunigten Bildaufbau, der verringerten Datenübertragung und den interakiven lokalen Möglichkeiten unter Ausnutzung des lokalen Segmentspeichers. Hinzu kommen die im GDDM Release 4 angebotenen erweiterten Inputmöglichkeiten (String, Stroke), sowie erweiterte Echosegmente (rubberbox, rubberband oder ein frei wählbares Segment). Da Experimentdaten und ihre Verarbeitungsmodifikation im Host verbleiben und die interaktive Anregung zur Schaffung neuer rechenintensiver Prozesse vom Host-Fenster ausgeht (Modellanpassungen, Fits), sind auch Voraussetzungen für eine realzeit-

Eine optimierte Anwendung kann mit den gegebenen Möglichkeiten über entsprechend eingerichtete Menüs das gesamte Auswerteprogramm über Funktionstasten, Tablett und Zahlenteil des Keyboards steuern. Will man jedoch die über das GDDM erstellte Graphik zur weiteren Editierung im PC aufgreifen, so ist man an die Konventionen, die für die Überführung von GDF- in PIF-Files gelten, gebunden. Von weiterem Nachteil ist die Abwesenheit einer leistungsfähigen 3D-Graphik, wie ske für Spektren benötigt wird die z.B. eine Häufigkeitsverteilung in Abhängigkeit von Masse und Kernladungszahl in einem kernphysikalischen Experiment darstellen.

2. Einsatz im Bereich des allgemeinen graphischen Editing
Die Basisgraphikfunktionen in PC und Host bieten gleichermaßen die Möglichkeit, komplexe graphische Editierprogramme einzurichten bzw. diese, soweit vorhanden, über die erweiterten Inputmöglichkeiten zu verbessern. Das Erlernen einer Kommandosprache für Graphikanwendungen wird auf diese Weise überflüssig. Mit Abstrichen in der Verwendung umfangreicher Datenbanken oder Bildmanipulationen in den Anwendungen sind graphische Editoren sehr gut auslagerbar. Die nicht abgedeckten Bereiche des Datenbankeinsatzes und der Bildeditierung als "Pixel"-Transformationen können gegebenfalls von ergänzenden Programmen im Host abgedeckt werden. Die beiden Metafiles (GDF-File, PIF-File) bilden den Ausgangspunkt für eine geräteunabhängige Verarbeitung.

3. Die Integration eines geeigneten Text-, Bild-, Graphik-Editiersystems wurde bisher vom Hersteller nur als Hostanwendung mit dem 3270 PC/GX als interaktiver Arbeitsstation angekündigt. Unsere Untersuchungen deuten an, daß die Implementierung eines formatierenden Textsystems mit der PC-internen Graphik keine pinzipiellen Schwierigkeiten bereitet, sofern man auf Bildtransformationen verzichtet.
Hinsichtlich der Ausgabe bietet der Hersteller zur Abrundung des Systems Geräte an, die mit ihrer Auflösung den Ansprüchen kombinierter Text- und Graphik-Verarbeitung gerecht werden. (z.B. IBM 4250 Drucker mit 256 Bildpunkten pro cm). Inwieweit es Probleme bei Kombinationen des PCs mit Ausgabegeräten anderer Hersteller gibt, muß untersucht werden.

4. Integration einer multifunktionalen intelligenten Arbeitsstation in die GSI-Graphik Anwendungen

Es gibt bei GSI zwei Programmsysteme die interaktive Graphik in großem Maßstab enthalten, allerdings bisher nur auf der Basis einfacher Ausgabegeräte und Farbgraphik-Terminals verschiedener Hersteller. Diese sind das Experimentauswertesystem SATAN (Ref.7, System to Analyse Tremendous Amounts of Nuclear data) mit interaktiver Graphik zur Darstellung von Experimentdaten und der GNOM (Graphics and Numeric Operating Method), ein multifunktionales graphisches Editiersystem mit eigener Kommandosprache (Ref.8). Die Struktur der Interfaces wird in Abb. 3 dargestellt. Die Graphik-Anweisungen und Daten werden auf dem AGF-PLOTFILE (Ref.9) niedergelegt und vom Interpreter für die jeweiligen Geräte interpretiert. Dadurch wurde eine geräteunabhängige Graphik Programmierung in den Anwendungsprogrammen möglich. Um eine größtmögliche Kompatibilität für die graphischen Darstellungen aller Geräte zu erreichen, werden nur wenige Primitive benutzt.

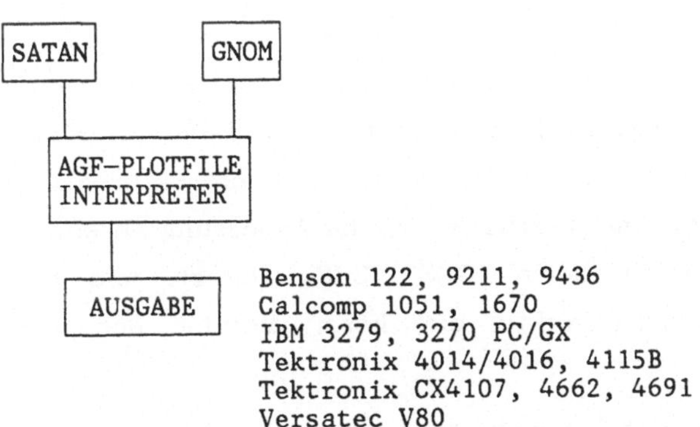

Abb. 3: Schnittstellen der Anwendungsprogramme GNOM UND SATAN

Dies bedeutet für die Integration der beschriebenen Arbeitsstation, daß alle höheren Primitive, wie Kreis, Ellipse, allgemeine Fläche (begin area, end area) in einfachere Primitive übersetzt werden müssen, um eine Anpassung auf Ausgabegeräte anderer Hersteller zu erreichen.

In der gegenwärtigen Form des verwendeten AGF-Plotfiles sind Segmente als strukturierende Bildeinheiten vorgesehen. Bisher wurde jedoch auf ihre Implementierung und korrespondierende Interpretation im Interpreter verzichtet, da man an die Vorteile der Segmentierung an den bisher installierten Terminals nicht interaktiv ausnutzen konnte. Eine sinnvolle Integration, die die spezifischen Möglichkeiten der Arbeitsstation voll ausnutzt, wird daher auf eine Levelanhebung des AGF-Plotfiles nicht verzichten können. Bezeichnet man die verschiedenen Niveaus eines Metafiles auf folgende Weise (Ref.10),

- o L0) Graphische Primitive und Attribute
- o L1) Bildsegmentierung, Benennung der Segmente, Transformationen+L0
- o L2) Definition und Referenzen von Teilbildern, Macros und Textfonts+L1
- o L3) Anwendungsorientierte Daten, CAD Objekte, Symmetrieangaben und Eigenschaften+L2

so sind PIF- und GDF-Metafile als Metafiles der Kategorie L2 anzusehen, wohingegen der ADF-Plotfile in der verwendeten Form der Kategorie L0 zuzuordnen ist. Da insbesondere das Programmiersystem GNOM Objekte mit Baumstruktur manipuliert, erscheint zum Betreiben der Bildeditierung mit PC-Graphik und Ankopplung an GNOM ein Metafile niedrigen Niveaus als unzureichend.

Aufgabenstellung zur Verifizierung der Integration:

- o Der PC muß an eine geräteunabhängige Schnittstelle gebunden werden. Hierzu müssen die lokalen Graphikfunktionen auf den AGF-Plotfile abgebildet oder besser unter Erhaltung der gesamten Bildstruktur auf GNOM-Objekte abgebildet werden. Eine Alternative ist die Anpassung an einen Metafile, der einer internationalen Norm (GKS, IGES) genügt, was die Integration zukünftiger Softwareprodukte, die diesen Metafile benutzen, wesentlich vereinfacht.
- o Die Möglichkeiten des interaktiven Umgangs mit Daten, die in bisherigen Anwendungen nur auf Kommandos und Cursoreingaben basieren, müssen durch die erweiterten Eingabemöglichkeiten ergänzt werden.
- o Experimentauswertungs- und Bildeditierungsprogramme müssen auf der Basis der lokale Graphik erstellt, getestet und integriert werden.
- o Kombinationen von Text und Graphik für wissenschaftiche Anwendungen müssen auf der Basis lokaler Graphik implementiert und getestet werden. Produkte der Herstellerfirma, die diese Richtung verfolgen sind angekündigt worden.

- o Die Benutzung der Arbeitsstation muß dem ungeübten Anwender durch handliche Menüs erleichtert werden.
- o Die Programmprodukte des Herstellers zur Erzeugung komplexer Graphiken müssen wissenschaftlichen Anforderungen angepaßt werden.
- o Interaktive Graphik-Programme, die alle Möglichkeiten der Arbeitsstation voll ausnutzen, müssen entworfen, programmiert und getestet werden. Hierzu zählen insbesondere Anwendungsmodelle für eine kombinierte Graphik von GDDM und GPI und das Zusammenwirken mehrerer Sitzungen am Zentralrechner.

5. Zusammenfassung

Die beschriebene Arbeitsstation ist ein in der Angebotspalette des Herstellers und folglich in einer IBM-Umgebung integriertes Gerät, das für mannigfaltige Aufgabenstellungen eingesetzt werden kann. Die Anpassungsfähigkeit an vollkommen unterschiedliche Aufgabenstellungen ist dabei die eigentliche Stärke, die vom Einsatz als einfaches Terminal bis zum "stand-alone" Graphik-PC genutzt werden kann. Hinsichtlich seines Einsatzes in der Experimentauswertung eignet es sich nur für Host-Anwendungsprogramme, wobei dem Designer von Anwendungsprogrammen jedoch zahlreiche Möglichkeiten zur Verfügung stehen, die mit denen einfacher Terminals nicht verglichen werden können. Besonders der Aspekt, über mehrere Kanäle Graphikanwendungen zu programmieren, die in einer Arbeitsstation zusammenlaufen, ist eine softwaretechnische Herausforderung.

In den Bereichen des graphischen Editing und der integrierten Textverarbeitung, die unter Ausnutzung der lokalen Intelligenz weitgehend auslagerbar ist, werden komfortable interaktive Möglichkeiten zur Verfügung gestellt.

Literatur

(Ref.1) LOWSKY, J.: Informatik-Fachberichte 86, Prozeßrechner 1984, S. 206, Springer-Verlag, Berlin, Heidelberg, New York

(Ref.2) ROE, D.: SEAS proceedings anniversary meeting 1984, ISSN 0254-6213, S. 253

(Ref.3) Graphics Control Program Workstation Programmer's Guide and Reference, SC33-0181-0

(Ref.4) Graphics Control Program Pascal Programmer's Reference, SC33-0210-0

(Ref.5) MALINGS, J.: SEAS proceedings anniversary meeting 1984, ISSN 0254-6213, S.179

(Ref.6) HOWE, D.: SEAS proceedings anniversary meeting 1984, ISSN 0254-6213, S. 313

(Ref.7) GSI Gesellschaft für Schwerionenforschung, Experiment Data Acquisition and Analysis System, ISSN 0171-4546

(Ref.8) GSI, GNOM - Eine Zusammenfassung zum Nachschlagen, Version 2.1, Oktober 1983

(Ref.9) ENDERLE, G., GIESE, I., KRAUSE, M., MEINZER, H.P.: The AGF Plotfile, GMD Selbstverlag, Januar 1979

(Ref.10) PFAFF, G.E.: Tutorial on GKS, Berlin-Seminar 1984

Rechnergestützte Statik für Skelettbauten aus Stahlbeton

Ein Beispiel für verteiltes Modellieren

Erhard Engelmann
Technische Universität Berlin*, Zentrum für Graphische Datenverarbeitung

Zusammenfassung

Der rechnergestützte Entwurf von Skelettbauten aus Stahlbeton ist wegen des sehr hohen Anteils dieser Bauwerke am gesamten Bauvolumen von besonderer Bedeutung. Die statischen Unterlagen von Skelettbauten bestehen aus Schalplänen, Berechnungsplänen und Bewehrungslisten sowie einem aus Positionsplänen, Texten, Tabellen, Diagrammen und Formeln zusammengesetzten Statischen Bericht. Der Rechnereinsatz ist zur Zeit noch auf die Berechnung von Tragsystemen und die Bemessung von Bauteilen konzentriert. Große Teile des Statischen Berichts und die meisten Zeichnungen werden manuell erstellt. Die Kommunikation erfolgt weitgehend über das Medium Papier. In vielen Bearbeitungsschritten, z.B. beim Prüfen der Statik, müssen die Beschreibungsdaten erneut für den Rechner erfaßt werden.

Im Rahmen eines Forschungsvorhabens an der TU Berlin wird entsprechend dem neuesten Stand der Hardware- und Softwaretechnologie eine Konzeption zur rechnergestützten Erstellung und Archivierung von vollständigen statischen Unterlagen für Stahlbetonskelettbauten entwickelt und erprobt. Die Schwerpunkte der Forschungsarbeiten bestehen im Strukturieren der bauingenieurgerechten Beschreibung von Skelettbauten, der Spezifikation der Benutzeroberfläche, der Entwicklung eines Konstruktionsmodells für das Tragwerk und eines Modells für den statischen Bericht sowie der Entwicklung rechnerinterner Datenmodelle. Besonderes Gewicht wird auf die Austauschbarkeit der Modelldaten zwischen den am Bau

(*) jetzt bei Sietec GmbH

Ziele:

- o Entwicklung eines Werkzeuges zur interaktiven Erstellung der statischen Unterlagen für einfache Skelettbauten aus Stahlbeton.
- o Archivierung der vollständigen statischen Unterlagen im Rechner und Übertragung dieser Unterlagen zwischen verschiedenen Rechnern in einem offenen Netz.
- o Einsatz modernster Technologien und Methoden bei der Gestaltung von Datenmodell, CAE-Arbeitsplatz und Arbeitsverfahren.

1. Beschreibung der Struktur von Bauwerk und Statischem Bericht

1.1 Gliederung der statischen Bearbeitung von Skelettbauten

Der Bauingenieur geht von den vorgegebenen architektonischen Zeichnungen aus und konstruiert das Tragskelett des Bauwerks.
Diese Aufgabe gliedert sich in folgende Schritte:

- o Konzeption des Tragverhaltens
- o Aufstellen des Statischen Berichtes
  (Baubeschreibung, Positionspläne, Berechnung der Tragsysteme, Dimensionierung der Bauteile)
- o Anfertigen der Konstruktionszeichnungen
  (Schalpläne, Bewehrungspläne, Bewehrungslisten)

Der Statische Bericht und die Konstruktionszeichnungen bilden die Statischen Unterlagen. Sie werden von einem oder mehreren Ingenieuren erarbeitet. Bei speziellen Bauverfahren arbeiten auch mehrere Firmen (z.B. Fertigteilbau) zusammen. Anschließend werden die Statischen Unterlagen vom Prüfingenieur in statischer Hinsicht geprüft und zur Bauausführung freigegeben. Auf der Baustelle wird der Bauvorgang vorwiegend anhand der Konstruktionszeichnungen durchgeführt und überwacht. Bei der Übergabe der beschreibenden Daten zwischen den Beteiligten können große Zeitgewinne erzielt und die Qualität erheblich gesteigert werden.

1.2 Spezifikation der Baukonstruktion

Die Baukonstruktion beschreibt das Bauwerk aus der Sicht des konstruktiven Bauingenieurs. Sie besteht aus Konstruktionselementen wie z.B.:

- o Stützen
- o Balken
- o Platten
- o Scheiben

Zwischen den Konstruktionselementen bestehen verschiedenartige Beziehungen wie:

- o Gliederung nach geometrischer Anordnung (Bauteile):
  Geschoss, Querschnitt, Bauabschnitt, usw.
- o Gliederung nach Tragwirkung (Tragsystemen):
  Decke, Rahmen, Kern, usw.

1.3 Spezifikation der Konstruktionsfunktionen

Die Konstruktion des Bauwerks umfaßt folgende Arbeitsschritte:

- o Gliedern in Konstruktionselemente
- o Festlegen der Eigenschaften der Konstruktionselemente
- o Feststellen der Belastung
- o Gliederung in Tragelementen
- o Berechnung der Schnittkräfte in den Tragwerken
- o Bemessung der Konstruktionselemente für die Schnittkräfte
- o Festlegung der Bewehrungsführung

1.4 Spezifikation des Statischen Berichts

Die Statischen Unterlagen für einen Skelettbau aus Stahlbeton bestehen aus dem Statischen Bericht und den Konstruktionszeichnungen. Die Konstruktonszeichnungen werden in der ersten Phase dieses Projektes nicht behandelt.

Der Statische Bericht ist in Kapiteln mit folgenden typischen Inhalten gegliedert:

- o Beschreibung der Geometrie und der Funktionen des Bauwerks
- o Beschreibung des Baugrundes
- o Globale Beschreibung der Tragkonstruktion des Bauwerks
- o Positionspläne
- o Zusammenstellung der Bauwerkslasten
- o Berechnung des Lastabtrags nach Einflußflächen
- o Berechnung von Schnittkräften in verschiedenen Tragsystemen, beispielsweise:
  - Deckensysteme
  - Rahmensysteme
  - Hochhauskerne
  - Hochhausschotte
- o Bemessung der Bewehrung in verschiedenen Konstruktionselementen, beispielsweise:
  - Decken eines Geschosses
  - Balken eines Geschosses
  - Stützen und Wände eines Geschosses
  - Fundamente.

Diese Kapitel sind ihrerseits in typische Abschnitte gegliedert.

Die Abschnitte der Kapitel setzen sich aus Texten, Formeln, Tabellen und Diagrammen zusammen. Die Typen und Eigenschaften der Berichtsteile und ihre Beziehungen im Bericht werden spezifiziert.

1.5 Spezifikation der Berichtsfunktionen

Das Erstellen des Statischen Berichtes umfaßt beispielsweise folgende Arbeitsschritte:

- o Gliedern des Berichtes in Kapiteln
- o Erstellen der Baubeschreibung
- o Erstellen der Positionspläne
- o Beschreiben der Konstruktionselemente

- o Beschreiben der Belastungen
- o Beschreiben der Tragsysteme
- o Darstellen der Schnittkräfte
- o Darstellen der Bewehrung
- o Beschreibung der Beziehungen zwischen Tragsystemen und Konstruktionselementen
- o Beschreibung der Beziehungen zwischen Text, Formeln, Tabellen und Diagrammen

2. Beschreibung der Benutzeroberfläche

2.1 Definition der Anforderungen an einen CAE-Arbeitsplatz

Der CAE-Arbeitsplatz soll den Bauingenieur bei der Bearbeitung des Projektes wirkungsvoll unterstützen. Der Arbeitsplatzrechner muß daher nach verschiedenen Gesichtspunkten beurteilt werden wie z.B.:

- o Bedienungskomfort
- o Bearbeitungsgeschwindigkeit (Antwortzeiten)
- o Speicherkapazität (Informationsmenge)
- o Darstellung der Ergebnisse
- o Kommunikationsfähigkeit (Datenaustausch)

Daraus ergeben sich technologische Anforderungen an die Hardware.

2.2 Spezifikation der Fenster

Zur Unterstützung des Bauingenieurs am Arbeitsplatz wird eine Fenstertechnik mit integriertem Menu verwendet. Es werden 3 Hauptfenster gebildet:

- o Arbeitsfenster
- o Berichtsfenster

o Steuerungsfenster

Das Arbeitsfenster zeigt das Tragsystem (ein Konstruktionselement oder ein Konstruktionsteil), das momentan bearbeitet wird. Im Arbeitsfenster wird die Benutzerführung für die gewünschte zu bearbeitende Aufgabe angefordert. Die Anweisungen des Anwenders werden scheinbar sofort verarbeitet. Die Bearbeitungsschritte werden angezeigt. Das Berichtsfenster wird aktualisiert, wenn eine Änderung Auswirkungen im dargestellten Ausschnitt hat. Reine Fensteroperationen werden durch den CAE-Arbeitsplatz selbständig ausgeführt und die Prozessoren des Konstruktionsmodells werden durch ihn angestoßen. Nach der Bearbeitung durch diese Prozessoren wird im Berichtsfenster der geänderte Zustand gezeigt.

Das Berichtsfenster zeigt den aktuellen Zustand des Statischen Berichts. Diese Darstellung ist ein genaues Abbild der Papierausgabe. Die optische Auflösung ist meist jedoch gröber als auf dem Papier. Der angezeigte Zustand entspricht der zum jeweiligen Zeitpunkt aktiven Variante der Konstruktion. Im Berichtsfenster kann der Anwender jederzeit vorwärts und rückwärts im Statischen Bericht blättern. Änderungen können jedoch nur im Arbeitsfenster durchgeführt werden. Dazu besteht die Möglichkeit, im Berichtsfenster Elemente oder Systeme (Objekte) zu identifizieren (picken) und das entsprechende Arbeitsfenster zu aktivieren.

Am Steuerungsfenster kontrolliert der Benutzer die Bearbeitungsreihenfolge. Bei Bedarf weicht er von der vorgegebenen Benutzerführung ab und aktiviert neue Fenster. Alle Verwaltungsfunktionen, die Variantenanforderungen, die Speicherfunktionen und die Transportfunktionen werden am Steuerungsfenster durchgeführt. Das Steuerungsfenster muß immer vorhanden sein.

Die Verteilung der Fenster auf einem Bildschirm oder ihre Verteilung auf mehrere Schirme legt der Anwender je nach vorhandener Hardware zu Beginn seiner Arbeit fest. Das Steuerungsfenster kann auch z.B. auf einen Funktionstastenblock gelegt werden.

2.3 Spezifikation der Verarbeitungslogik

Auf dem Arbeitsplatzrechner wird die zentrale Verwaltung für eine Benutzersitzung (User Session) durchgeführt. Es wird darüber entschieden, wo die einzelnen Teilaufgaben abgearbeitet werden. Beispielsweise können aufwendige Berechnungen in einen Universalrechner Universal- oder Vektorrechner verlegt werden. Die Fensteroperationen werden immer auf dem CAE-Arbeitsplatz ausgeführt.

Der Anwender steuert die Bearbeitungsreihenfolge nach seinen Bedürfnissen. Er kann mehrere Arbeitsfenster aktiv halten, jedoch nur ein Berichts- und ein Steuerungsfenster. Innerhalb eines Fensters wird die Reihenfolge der Bearbeitung vom Rechner vorgeschlagen. Die Hierarchie der Unterfenster entspricht der Logik des Konstruktionsmodells. Der Anwender kann von der vorgeschlagenen Reihenfolge abweichen, jedoch nicht entgegen der Hierarchie. Wenn der Benutzer von der vorgeschlagenen Reihenfolge der Bearbeitung abweicht, können unerwartete Fehler auftreten, die vom System nach Möglichkeit erkannt und dem Anwender angezeigt werden. Fehler, die auf formal korrekten Bearbeitungsgängen entstehen, werden nicht erkannt.

3. Beschreibung des Konstruktionsmodells

Das logische Modell zur Abspeicherung und Bearbeitung der Bauwerksdaten wird Konstruktionsmodell genannt. Es ist in Konstruktionsteile gegliedert. Jedes Konstruktionsteil kann aus verschiedener Sicht behandelt werden. Diese Betrachtungsweisen werden als Teilmodelle bezeichnet. Beispiele von Teilmodellen sind:

- o Berichtsmodell
- o Tragwerkmodell
- o Geometriemodell
- o Zeichnungsmodell
- o Berechnungsmodell

Teilmodelle sind die prädestinierten Datenmengen zum Austausch zwischen verschiedenen Bearbeitungsstellen.

Die Konstruktionsteile werden für jedes Teilmodell aus einer Folge verschiedener Elemente zusammengesetzt. Diese Folge kann auch leer sein. Die Elemente werden nach dem jeweiligen Teilmodell benannt, z.B.:

- o Berichtselemente
- o Tragwerkselemente
- o Zeichnungselemente

Die für den Statischen Bericht benötigten Teilmodelle und deren Elemente werden im vorliegenden Projekt spezifiziert.

4. Beschreibung des Datenmodells

Zur Speicherung des Konstruktionsmodells wird dieses auf ein Datenmodell abgebildet. Das Datenmodell wird mit problemangepaßten Datenbanktechnologien verwaltet. Als Datenbasis wird eine Direkt-Zugriff-Datei, wie sie vom benutzten Compiler unterstützt wird, verwendet. Die Elemente der Teilmodelle werden durch eine Verknüpfung von Grundelementen (Objekten) und Basisprozessoren gebildet. Die Struktur für jeden Basisprozessor wird in einem eigenen Element, das Prozessorelement genannt wird, festgelegt. Die Grundelemente und die Prozessorelemente werden gemeinsam in der aktuellen Datenbasis abgespeichert.

Für den Austausch der einmal erfaßten Daten zwischen Anwendern verschiedener CAE-Pakete werden Teile des Modells herausgesucht, die auch auf anderen CAD-Systemen darstellbar sind. Es sind dies in der Regel die geometrische Beschreibung des Bauwerkes und die Lagepläne.

Im Rahmen des Projektes wird geprüft, ob sich für die selektierten Modellteile die IGES Datenstruktur eignet.

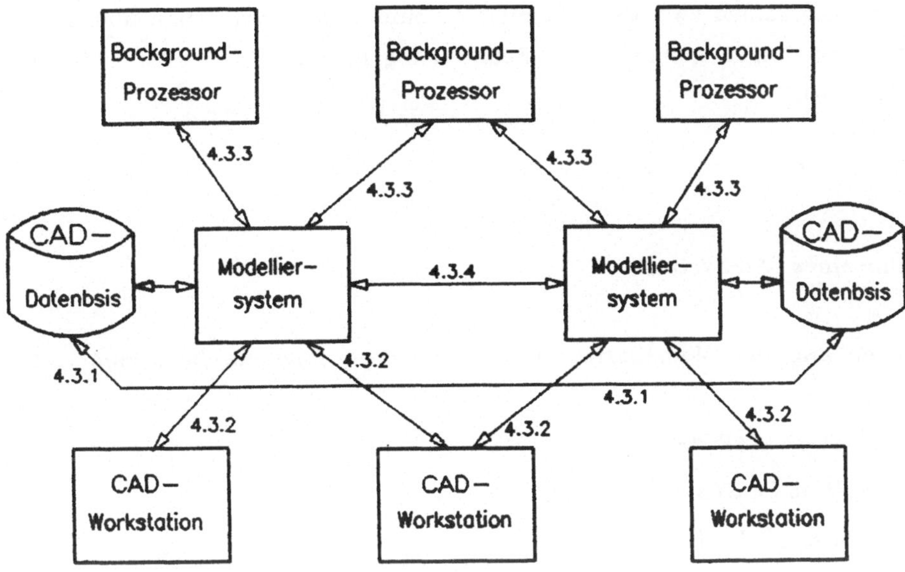

Abb. 1: Mögliche Verteilung von Modelliersystemen im Netz (Beispiel)

5. Einbettung eines CAE-Systems in ein offenes Netz

5.1 Beschreibung der Netz-Umwelt

Die Beschreibung der Realisierung erfolgt an Hand des Modells von Abb. 1. Zwischen den Bausteinen dieses Modells können jeweils Netzverbindungen bestehen. Je nach Implementierung und vorhandener Hardware können diese Verbindungen auch innerhalb eines Rechnersystems vorhanden sein.

Es wird kein Unterschied zwischen internen Verbindungen, homogenen und heterogenen Netzverbindungen gemacht. Die Realisierung in einem WAN oder LAN bleibt hiervon unberührt.

5.2 Bausteine eines CAE-Systems

Im Zusammenhang der Modellierung im DFN werden folgende Bausteine unterschieden:

- o CAE-Workstation (CAE-WS)
- o Modelliersystem (M-SYS)
- o CAE-Datenbasis (CAE-DB)
- o Background-Prozessor (BGP)

Die Kommunikationsbeziehungen sind in Abb. 1 dargestellt. Die Aufgaben der einzelnen Bausteine sind im folgenden beschrieben.

Die CAE-Datenbasis enthält eine rechnerinterne Darstellung (RID) in modellierspezifischer oder in normierter Form.

5.3 Beschreibung einer CAE-Workstation

In Abb. 2 ist eine vollständige Konfiguration einer CAE-WS dargestellt. Eine CAE-WS kann auf einem Rechner betrieben werden oder auf verschiedene Rechner eines Rechnersystems verteilt werden. Moderne PC's sind jedoch in der Lage, einen Großteil der CAE-Funktionen selbst auszuführen.

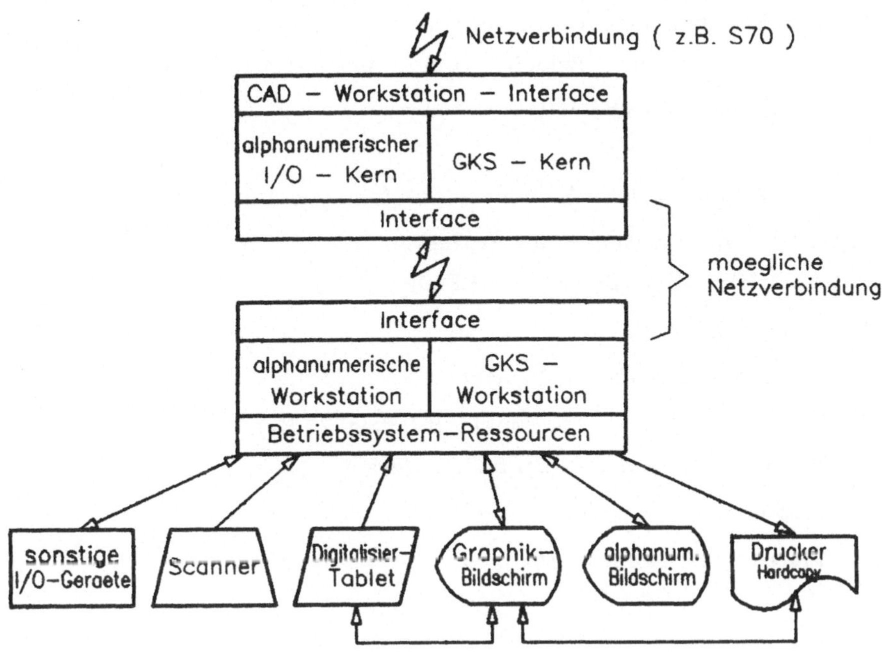

Abb. 2: CAE-Workstation (maximale Konfiguration)

Eine CAE-Workstation beinhaltet die Grundsoftware für graphische und alphanumerische Funktionen, d.h. das Graphische Kernsystem (GKS) und eine entsprechende Software für alphanumerische und sonstige Ein- und/oder Ausgabbefunktionen.

Die Funktionen der CAE-Workstation lassen sich in folgende Ebenen unterteilen:

CAE-WS-Interface :Dieses Interface übernimmt die Kommunikation mit dem Modelliersystem. Es benutzt dazu eine netzeinheitliche Modelliersprache.

Steuerungsmodule :Je ein Modul für die Koordinierung der graphischen Ein-/Ausgaben (GKS) und die alphanumerischen und sonstigen Ein-/Ausgaben.

Stationsmodule : Je ein Modul für die Funktionsabbildung oder die Simulation von Funktionen der graphischen Geräte (GKS-WS) und der alphanumerischen und sonstigen Geräte (alpha-WS).

Geräte : Eine beliebige Anzahl verschiedener Geräte für spezielle Aufgaben, mindestens jedoch ein graphischer Bildschirm mit Eingabemöglichkeit.

Für die Realisierung sind an eine CAE-Workstation folgende Anforderungen zu stellen:

- 32-Bit-Prozessor mit Floating-Point-Prozessor (Leistung ca. 1 MIPS INTEGER bzw. D 3 MFLOPS)
- 1 - 2 MByte Hauptspeicher
- 40 - 80 MByte Plattenspeicher je Projekt
- Graphik-Bildschirm (1280 x 1024 Punkte, 8-farbig, 70 Hz) mit Maus, Tablett, Trumbwheels, Graphikprozessor
- X.25-Anschluß oder Ethernet-Interface
- Printer / Plotter (DIN A4 oder A3)

5.4 CAE-Workstation-Dialog

Der CAE-Workstation-Dialog ist die Schnittstelle zwischen einer CAE-Workstation und einem oder mehreren Modelliersystemen. Es wird gleichzeitig jedoch immer nur ein Modelliersystem angesprochen. Ein alternativer Betrieb zwischen mehreren Modelliersystemen ist denkbar.

Der CAE-Workstation-Dialog stellt eine interaktive Kommunikationsform dar, die zwei gleichberechtigte Partner (M-SYS und CAE-WS) miteinander verbindet. Die beiden Kommunikationsrichtungen können daher unabhängig voneinander betrachtet werden. Die Synchronisation wird durch das CAE-Workstation-Interface (CAE-WS-I) erledigt. Dazu sind entsprechende Netzdienste erforderlich.

Der CAE-Workstation-Dialog wird mit einer CAE-Sprache gesteuert. Diese Sprache läßt sich durch die Implementierung der unten beschriebenen Sprachelement-Typen realisieren. Jede Kommunikationseinheit wird aus Sprachelementen, die sich in 6 Typen unterscheiden lassen, zusammengesetzt.

Die Abfolge von Sprachelementen wird durch die Verarbeitungsform der realen Kommunikatonspartner bestimmt. Im synchronen Fall wird jede Eingabe von der CAE-Workstation zum Modelliersystem von diesem quittiert. Die CAE-Workstation wartet darauf eventuell noch auf Ausgaben vom Modelliersystem, wenn dies vorgesehen ist. Diese Kommmunikation ist auch darstellbar als eine Reihenfolge von einem "SEND" gefolgt von einer festen Anzahl "RECEIVE's". Im asynchronen Fall lassen sich die

Typen der Sprachelemente problemunabhängig implementieren. Zusammengehörige Sprachelemente werden durch eine Laufnummer in Verbindung gesetzt. Die Reihenfolge der Sprachelemente ist damit willkürlich vom Bearbeitungsfortschritt der Kommunikationspartner abhängig.

Zur Beschreibung der Sprachelement-Typen wird folgene Syntax verwendet:

(...) kann entfallen

\+ es wird genau ein Sprachelement vom Partner als Antwort erwartet.

\- es wird keine Reaktion des Partners erwartet.

++ es wird eine beliebige Anzahl von Sprachelementen vom Partner als Antwort erwartet, mindestens jedoch eines.

a) Kommunikationsrichtung CAE-WS zum M-SYS

Es werden 3 verschiedene Sprachelement-Typen übertragen. Diese Sprachelement-Typen können wie folgt charakterisiert werden:

o Kommando (Zusatzinformation) ++

o Nachricht (Zusatzinformation) -

o Interrupt +

Zu einem Kommando gehören eine oder mehrere Antworten. Die Antworten müssen dem Anforderungskommando eindeutig zugeordnet werden können, da die Reihenfolge der Antworten im asynchronen Fall beliebig ist. Im synchronen Fall müssen die Anzahl der Antworten auf ein Kommando bekannt sein. Eine Nachricht wird nur an das M-SYS abgegeben. Irgendwelche Anworten sind nicht vorgesehen.

Ein Interrupt erzwingt eine Quittung. Interrupt und Quittung überholen alle anderen Sprachelemente.

b) Kommunikationsrichtung M-SYS zur CAE-WS

Auch in der Richtung zur CAE-Workstation werden 3 verschiedene Sprachelement-Typen verwendet. Sie haben folgendes Aussehen:

o Eingabeaufforderung (Zusatzinformation) +

- o Ausgabeauftrag (Daten) -
- o Expressnachricht -

Ein Ausgabeauftrag wird an die CAE-Workstation übermittelt. Eine Antwort wird nicht gegeben. Die korrekte Ausführung der Übertragung wird vom Interface mit seinen Synchronisationshilfsmitteln überwacht. Für die richtige Verarbeitung eines ordnungsgemäß übernommenen Ausgabeauftrages ist die CAE-Workstation allein verantwortlich. Ein Ausgabeauftrag kann die Antwort auf ein Kommando sein.

Eine Eingabeaufforderung (Request) verlangt als Antwort ein Kommando oder eine Nachricht. Die Zuordnung zur Eingabeaufforderung wird durch das Modelliersystem getroffen. Automatische Zuordnungen sind nicht vorgesehen.

Eine Expressnachricht überholt alle wartenden Sprachelemente. Sie erfordert keine Antwort. Die Quittung auf ein Interrupt durch die CAE-Workstation ist eine Expressnachricht.

Literatur

DFN-AK GRAPHIK — Graphische Kommunikation in offenen Netzen, Ergebnisse der Klausurtagung in Miltenberg 1984 Berlin: DFN-Verein e.V., 1984

KALDEWEY, K. — Rechnergestützte Tragwerksplanung, Dokumentation der Projektarbeiten am DFN-Projekt G004, 1985 Technische Universität Berlin, Institut für Allgemeine Bauingenieurmethoden

ENGELMANN, E., PAHL, P.J. Rechnergestützte Statik für Skelettbauten aus Stahlbeton, Projektbeschreibung des Gesamtprojektes "Statischer Bericht" Berlin 1984, Technische Universität Berlin, Institut für Allgemeine Bauingenieurmethoden

ENGELMANN, E. — Graphik für technische Objekte, Dissertation Berlin 1985, Technische Universität Berlin

LINHARD, B. Ein interaktives Verfahren zur Spezifikation und Darstellung von Bauwerksrahmen, Diplomarbeit, Berlin 1985, Technische Universität Berlin, Institut für Allgemeine Bauingenieurmethoden

Ein Graphikeditor für IC-CAD: GKS-gerechte Hierarchienutzung zur Datenreduktion

K. Hoffmann, H. P. Harant, W. Thiele
Fraunhofer-Institut für Festkörpertechnologie, München

Zusammenfassung

Bei Graphikanwendungen zum Entwurf integrierter Schaltungen treten Datenmengen in der Größenordnung mehrerer Megabytes auf. Diese Datenmengen können nur durch hierarchische Strukturierung (wiederholte Zusammenfassung gleicher "Bildteile" zu "Zellen") sinnvoll bearbeitet werden, da hierbei

- der Speicheraufwand nicht mit der Gesamtzahl der Rechtecke, sondern mit deren Logarithmus wächst und
- der Rechenaufwand zur Darstellung eines "Windows" annähernd proportional zur Zahl der dargestellten Elemente ist.

Es wird angezeigt, daß diese Hierarchiestrukturen in einer geeigneten GKS-Implementierung effizient durch GKS-Funktionen dargestellt werden können. Bei der Realisierung am Beispiel der Graphikterminals Tektronix 41XX ergibt sich eine Reduktion der zu übertragenden Datenmengen um einige Größenordnungen.

1. Struktur der IC-CAD-Daten

Um die Komplexität von Entwürfen integrierter Schaltungen mit bis zu mehreren hunderttausend Transistoren und Millionen von Rechtecken handhaben zu können, werden IC-Entwürfe generell hierarchisch strukturiert. Hierzu werden geometrische Primitive (Rechtecke, u.U. allgemeine Polygone), die Strukturen auf dem IC darstellen, zu "Zellen" zusammengefaßt. Der grundlegende Unterschied zwischen diesen Zellen und den in GKS definierten Segmenten ist die Möglichkeit, Zellen von anderen Zellen aufzurufen. Überlicherweise wird ein Entwurf durch eine Hauptzelle spezifiziert, die eine Hierarchie (Baum) von Unterzellen aufruft. Bei zwei Zellaufrufen je Zelle lassen sich z.B. mit 10 Zellen 1024 gleiche Graphikelemente darstellen; der Speicheraufwand wächst also nur logarithmisch mit der Anzahl der geometrischen Primitive. Ein weiterer Vorteil dieser Strukturierung ist, daß der Rechenaufwand für Bildaufbau (Zoom) durch die Summe von Speicheraufwand und Anzahl der dargestellten Rechtecke beschränkt ist.

2. Benötigte GKS-Funktionen/Abbildung der Hierarchie

Ein IC-Layout enthält Geometrieprimitive auf verschiedenen Ebenen. Die Ebenen werden bestimmten Verarbeitungsschritten bei der Fertigung zugeordnet (Oxidschichten, Polysilizium, Metall oder Implantation); es liegt nahe, den Ebenen verschiedene Bündelindizes zugeben, um die Unterscheidbarkeit auf den verfügbaren Ausgabegeräten sicherzustellen. Ein typisches Leistungsprofil ist:

- 255 verschiedene Bündelindizes
- 7 verschiedene Farben (Füllmuster)
- 640 x 480 Bildpunkte Auflösung (Terminal)
- mehrere Schriftgrößen (optional)

Bei der Eingabe sollte Ereignissteuerung möglich sein, um eine möglichst flexible Steuerung und evtl. den Abbruch eines Bildaufbaus zu ermöglichen.

Der GKS-Standard unterstützt die Hirarchie nicht direkt. Unter Verwendung der Funktionen:

- Füge Segment ein,
- Kopiere Segment zum Arbeitsplatz bzw.
- Ordne Segment dem AP zu

läßt sich jedoch ein komplexer hierarchischer Layout durch wenige GKS-Aufrufe darstellen. Dabei erfolgt die Expansion der Datenstruktur (und Explosion des Speicherbedarfs) im arbeitsplatzunabhängigen Segmentspeicher AUSS. Bereits bei mäßig

Terminals verfügbaren Segmentspeicher von 250 - 800 kByte, so daß erhebliche Bildaufbauzeiten auftreten und die lokale Intelligenz der Terminals kaum genutzt werden kann.

Die Einfügeoperation kann GKS-konform durch eine Referenz im AUSS ersetzt werden. Da hierbei die hierarchische Struktur erhalten bleibt, kann bei den Operationen "Kopiere Segment zum Arbeitsplatz" oder "Ordne Segment dem Arbeitsplatz zu" die Einfügeoperation oder Referenz lokal am Terminal erfolgen, wodurch sich eine Reduktion der übertragenen Daten auf den "hierarchischen Speicherbedarf" ergibt. Bei Terminals, die eine lokale Referenzierung von Segmenten unterstützen (z.B. Softwarezusatz 4115P51), ergibt sich zusätzlich die entsprechende Reduktion beim Arbeitsplatzsegmentspeicher, was eine lokale Bearbeitung komplexerer Entwürfe, auch bei "nur" 256 kByte Segmentspeicher, ermöglicht.

Der AUSS wird dadurch quasi zum universellen Segmentspeicher; es stellt sich die Frage, ob die Plazierung der Segmente in Host oder Peripherie vom Anwender vorgeschrieben oder der GKS-Implementierung freigestellt werden soll.

Die Verwendung der Normalkoordinaten vom Typ REAL im AUSS und die Möglichkeit, beliebige Einfügetransformationen zu spezifizieren, führen zu Problemen bei der Auslagerung des AUSS in der Peripherie, da der lokale Koordinatenbereich oft auf 12 Bit beschränkt ist und da als Einfügetransformation i.A. nur Segmenttransformationen zugelassen werden.

Die uneingeschränkt GKS-konforme Implementierung dieses Konzepts dürfte auf weitgehend freiprogrammierbaren Workstations möglich sein; im folgenden betrachten wir jedoch nur Ansätze zur Implementierung auf Standard-Graphiktermials.

3. Implementierung am Beispiel der Terminals Tektronix 41XX

Zur Realisierung des "Zellaufruf"-Konzepts auf den Terminals Tek 4105 - 4115 sind verschiedene Ansätze möglich:

i) Benutzung der lokalen Einfügeoperation (Nachteil; Speicherbedarf).

ii) Geeignete Wahl des Regenerierungsmodus und mehrfache Plazierung von Segmenten (Nachteil: lokaler Zoom nicht möglich).

iii) Benutzung der lokalen "Call"-Funktion (nur 4115 mit Zusatzsoftware).

Die Lösungen i) und iii) lehnen sich noch eng an das Arbeitsplatz-Segmentspeicherkonzept an, während bei ii) die GKS-Segmentspeicherkonzeption auf den Kopf gestellt ist: der AUSS wird in das Terminal verlegt und der Standard-Segmentverarbeitung im Terminal wird eine zusätzliche Steuerungsebene überlagert. Der Ansatz ii) ist nur für einstufige Hierarchien geeignet; dieser Ansatz wurde nicht weiter verfolgt, da die Auswahl der in das Terminal auszulagernden Zellen und der Aufwand zur Simulation des Segmentverhaltens als nicht gerechtfertigt erschienen.

Die Lösungen i) und iii) unterscheiden sich nur durch den aktuellen Segmentspeicherbedarf und, abhängig von der Implementierung im Termial, durch die Bildaufbauzeit. Wir haben zunächst die Lösung i) in einem am IFT entwickelten GKS-System mit PASCAL-Sprachbindung und besonderer Berücksichtigung der CAD-typischen Durchsatzforderungen implementiert.

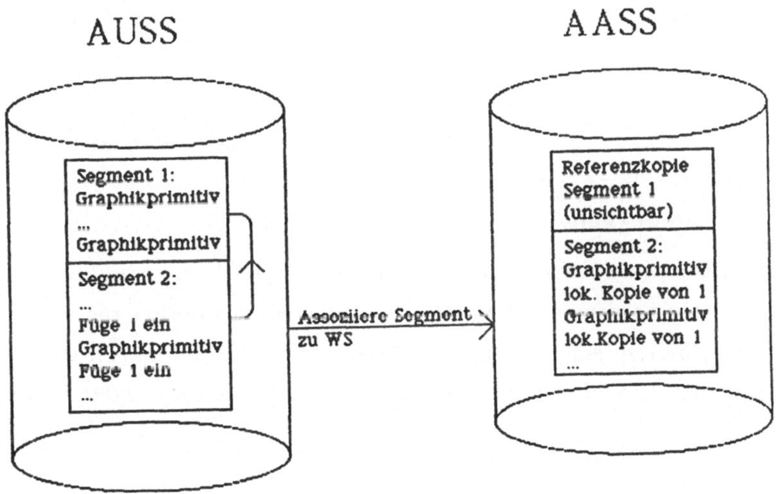

Abb. 1: AUSS-Hierarchie

Die Struktur der Implementierung ist in Abb. 1 dargestellt. In der Praxis ergibt sich bei üblichen Layouts eine Reduktion der übertragenen Datenmenge um einen Faktor < 10; bei stark hierarchischen Strukturen (Speicher) ist sogar mit einem Faktor 100 zu rechnen. Die Datenreduktion verbessert sowohl die Übertragungszeit als auch die CPU-Zeit am Host-Rechner. Bei dem hier gewählten Ansatz konnte das im E.I.S.-Projekt verwendete Gatearray (770 Gatter) noch im Segmentspeicher des TEK 4115 (768 K) in expandierter Form dargestellt werden; bei Verwendung des Softwarezusatzes für hierarchische Strukturierung ist zu erwarten, daß auch sehr komplexe, reguläre Strukturen (z.B. 256 K-Speicher) auf dem TEK 4115 dargestellt werden können.

Bei allen Terminals der Reihe gilt die grundlegende Einschränkung gegenüber GKS, daß die GKS-Bündeltabellen nicht im Terminal gehalten werden, und daß alle Graphikprimitive in einem Segment gemeinsam geklippt werden. Diese Einschränkungen sind jedoch im Interesse akzeptabler Antwortzeiten tragbar.

4. Vorschläge für eine bessere Normeinbindung

Es wurde gezeigt, daß GKS eine sinnvolle Nutzung der beim IC-CAD verwendeten hierarchischen Strukturen erlaubt. Gegenüber einem auf die Hierarchie maßgeschneiderten Layouteditor tritt jedoch einiges an Mehraufwand durch die von GKS Einfügemodell erzwungene Neugeneration aller Segmente bei Modifikation eines Blattes.

Der wesentliche Verbesserungsvorschlag ist die Unterstützung von Segmenthierarchien von GKS aus; wünschenswert ist eine "Call"-Funktion, die auf die aktuelle Version des Segments zugreift (Editierbarkeit von Zellen).

Auf der Hardwareseite ist die explizite Hierarchie beim TEK 4115 verfügbar. Die erforderliche Zusatzfirmware kann von der lokalen Diskette oder vom Hostrechner geladen werden; die letztere Möglichkeit sollte auch bei den wesentlich billigeren Modellen der 41XX-Serie realisierbar sein, da es sich um den selben Prozessor (8086/8186) handelt.

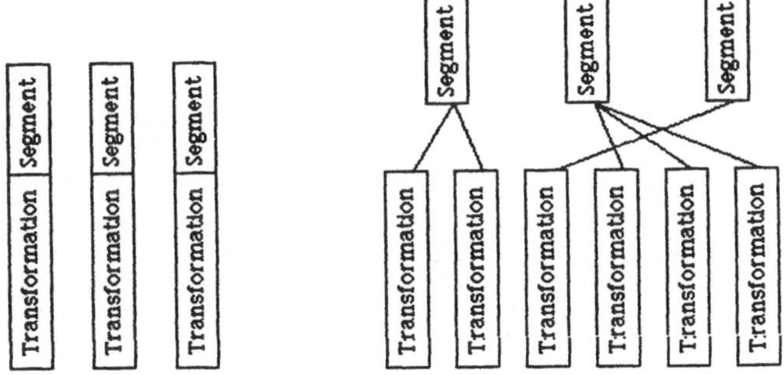

Abb. 2: "Klassische" Segmentstruktur - Hierarchische Segmentstruktur

Ein interessanter Aspekt ist dabei die Frage nach der Editierbarkeit auf allen Hierarchiestufen: GKS unterstützt Editierbarkeit genau auf der unteren Hierarchiestufe, bei Segmenttransformationen (Abb. 2). Das GKS-Segmentkonzept kann als einstufige Hierarchie interpretiert werden, wobei jede Zelle genau einmal aufgerufen wird. Die Segmenttransformation ist deshalb dem Segment und dem Aufruf zugeordnet; bei dem skizzierten hierarchischen Segmentkonzept muß jedoch für jeden Aufruf eine Transformation spezifiziert werden. Eine Editierbarkeit der Segmentaufruftransformation ist wünschenswert, macht jedoch eine Benennung nicht nur der Segmente, sondern auch der Segmentreferenzen erforderlich.

Aus ergonomischen und ablauftechnischen Gründen ist zu fordern, daß bei Bildaufbauzeiten von mehr als drei Sekunden eine Abbruchmöglichkeit vorgesehen wird. Diese ist mit Event-Input realisierbar, sofern das Bild vom Benutzerprogramm ohne Segment erstellt wird; andernfalls sind GKS-Erweiterungen und, bei lokalen Operationen, spezielle Hardwarefunktionen nötig.

Validierung von GKS-Software

Normkonformitätsprüfung und Zertifizierung von GKS

Berthold Kirsch
GMD

Der vorliegende Beitrag deckt einen Teil des Seminars "Validierung und Zertifizierung von Graphischen Programmsystemen" ab.

1. Prüfverfahren für die Anwenderprogrammschnittstelle, Datenstrukturen von GKS

Anwenderprogrammschnittstelle

Dic Anwenderprogrammschnittstelle ist die Schnittstelle zwischen einer GKS Implementation und einem graphischen Programm. Das graphische Programm dient einer bestimmten Anwendung und benutzt zum Erzeugen von Graphik das Graphische Kernsystem. Die Schnittstelle ist die Menge der in den jeweiligen Sprachschalen festgelegten und in der Norm beschriebenen GKS-Funktionsaufrufe. An dieser Schnittstelle werden mit Hilfe der von GKS zur Verfügung gestellten Erfragefunktionen die Datenstrukturen des GKS und ihre Handhabung getestet. Es werden die GKS-Zustandsvariablen auf ihre Korrektheit überprüft.

GKS-Zustandsvariablen

Die GKS-Zustandsvariablen teilen sich auf in:

- Betriebszustand
- GKS-Zustandsliste
- Segmentzustandsliste
- Eingabewarteschlange
- Arbeitsplatz-Zustandsliste
- GKS-Fehlerzustandsliste

Die GKS-Zustandsvariablen sind durch GKS-Erfragefunktionen von einem GKS-Anwendungsprogramm aus erfragbar, sie ändern sich durch den Aufruf anderer GKS-Funktionen. GKS-Funktionen sind in der Norm teilweise nur durch ihre Wirkung auf diese Zustandsvariablen beschrieben. Die Prüfung einer Funktion basiert nun darauf, daß die durch den GKS-Funktionsaufruf manipulierten GKS-Zustandsvariablen auf ihre Richtigkeit getestet werden, wobei auch überprüft wird, ob nicht betroffene Zustandseinträge unverändert geblieben sind.

So werden z.B. bei der Prüfung einer GKS "Setze Grundelement-Attribut" Funktion zunächst alle übrigen Primitive-Attribute über die GKS-Erfragefunktion ermittelt unnd gespeichert, dann wird die zu testende "Setze Primitive-Attribut" Funktion aufgerufen. Nach dem Aufruf dieser GKS-Setzefunktion müssen alle anderen Primitive-Attribute unverändert geblieben sein, die GKS-Zustandsvariable für das gesetzte Primitive-Attribut muß den neuen Wert haben.

Korrekte und fehlerhafte Handhabung von GKS

Die Prüfung der Datenstrukturen einer GKS-Implementation gliedert sich in zwei Bereiche

- Aufruf von GKS-Funktionen, die im jeweiligen Zustand erlaubt sind (Anwenderschnittstellentest)
- Aufruf von GKS-Funktionen, die nicht erlaubt sind (Fehlerbehandlung).

Ich möchte hier zunächst den ersten Teil beschreiben, der GKS-Funktionen nur in den erlaubten Systemzuständen benutzt; die Prüfung der Fehlerbehandlung wird im Anschluß daran erläutert.

Der Aufbau des Testens an der Anwenderschnittstelle

Das Prüfpaket für die Anwendertests wurde von der Technischen Hochschule in Darmstadt im Auftrag der GMD erstellt; eine erste Version für GKS 6.0 im Wintersemester 1982, die zweite für GKS-Version 7.2 wurde im April 1984 an die GMD abgeliefert. Das Paket gliedert sich in vier Schichten:

- Unterstützeschicht (Dienstprogramme);
- Erfrageschicht (GKS-Erfragefunktionen);
- Aktionsschicht (Kontrollfunktionen, Ausgabe-Attribute, Transformations-, Segment-, Eingabefunktionen);
- Programmschicht (Testprogramme).

Die Unterstützeschicht

Die Unterstützeschicht besteht aus Routinen, die

- ein Aufrufprotokoll (Trace) erzeugen
- die Fehlerdatei verwalten,
- die Vegleiche durchführen
- und die erwarteten und tatsächlichen Werte von GKS-Zustandsvariablen in eine Datei schreiben.

Diese Routinen werden von allen anderen Schichten aufgerufen. Sie dienen der Vereinfachung der Routinen in den restlichen Schichten. So braucht man z.B. um eine erwartete und eine tatsächlich überlieferte Zustandsvariable in der Fehlerdatei zu protokollieren nicht in jeder Routine FORTRAN-Write-Anweisungen, sondern man ruft die entsprechende Schreibroutine auf, die dann die Werte in die Fehlerdatei schreibt und als "EXPECTED" und "DELIVERED" kennzeichnet.

Stackmechanismus

Um im Fehlerfall möglichst schnell den Fehler lokalisieren zu können und um aussagekräftige Fehlermeldungen zu erhalten, wurde ein Mechanismus eingebaut, der es erlaubt die bisherige Aufrufhierarchie festzuhalten.

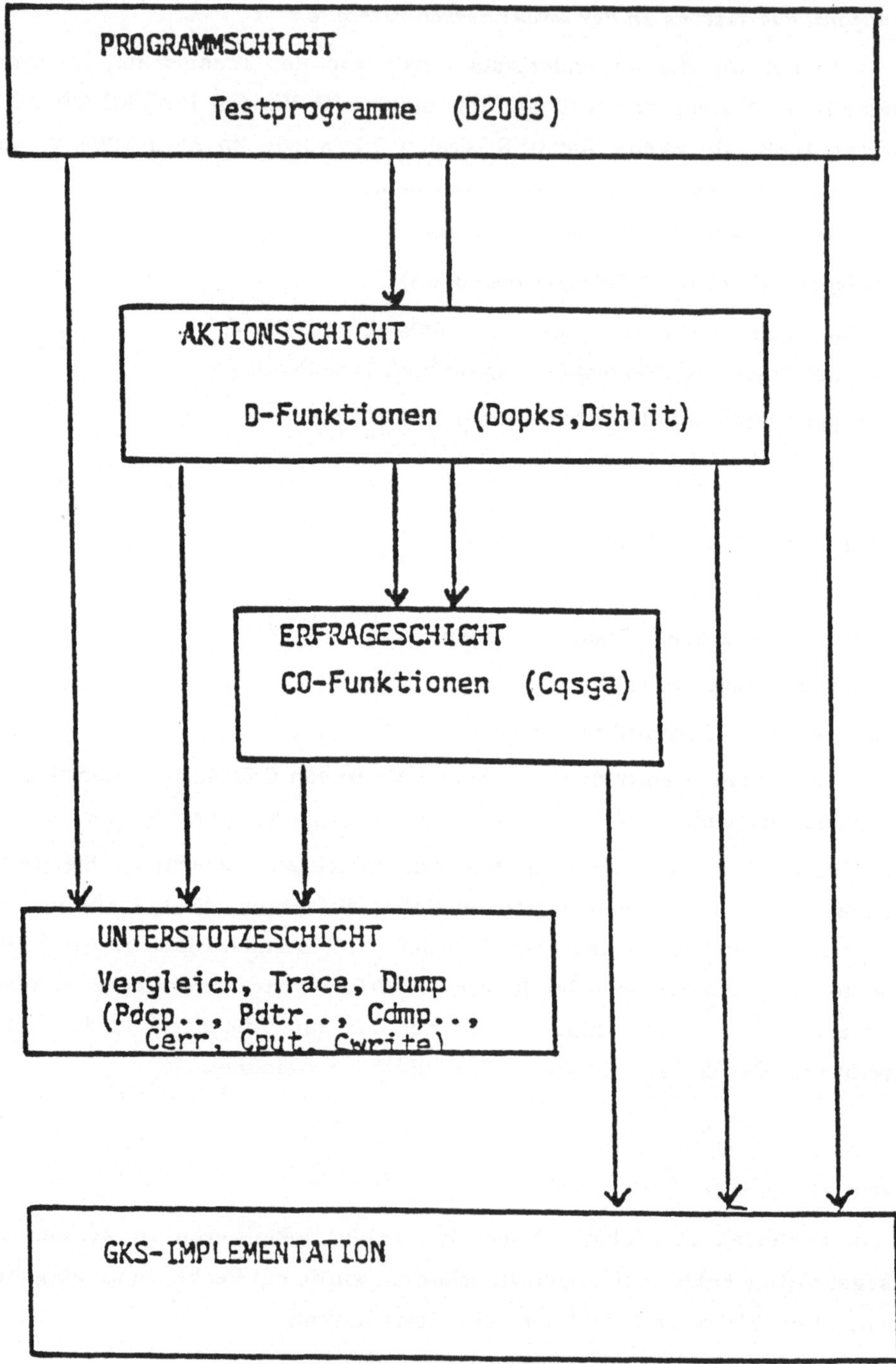
PROGRAMMSCHICHT
Testprogramme (D2003)
AKTIONSSCHICHT
D-Funktionen (Dopks,Dshlit)
ERFRAGESCHICHT
CO-Funktionen (Cqsga)
UNTERSTÜTZESCHICHT
Vergleich, Trace, Dump
(Pdcp.., Pdtr.., Cdmp..,
Cerr, Cput, Cwrite)
GKS-IMPLEMENTATION

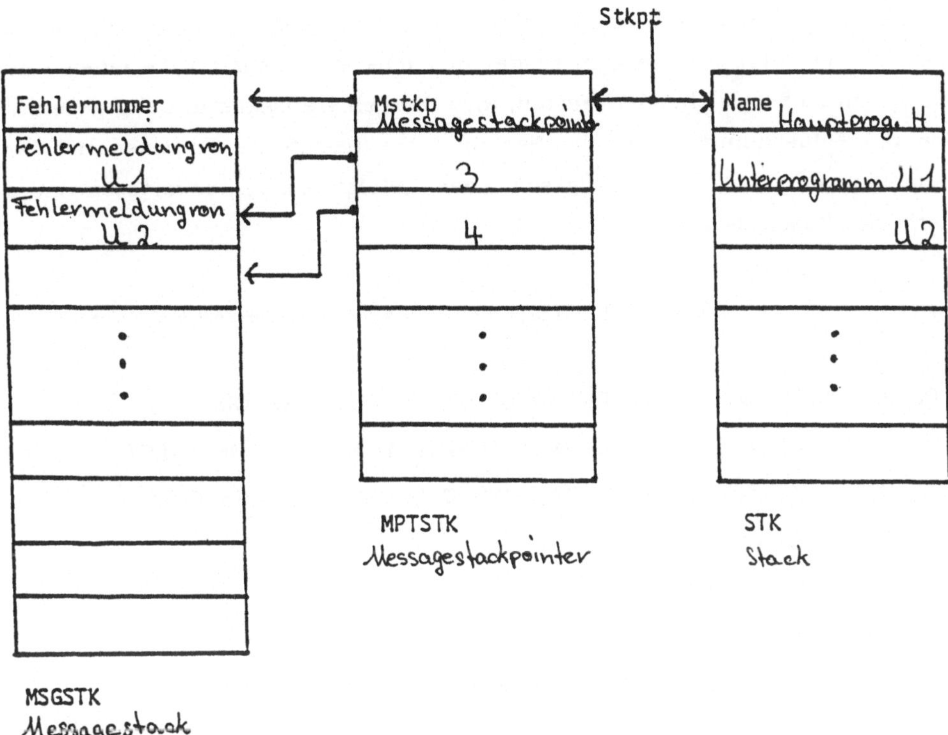

Zu Beginn einer Routine:

STKPT = STKPT + 1 * Stackpointer erhöhen, nächster freier Platz

STK (STKPT) = NAME * Routinenname auf den Stack legen

MPSTK (STKPT) = MSTKPT * aktuellen Messagestackpointer zuweisen

Am Ende einer Routine:

MSTKPT = MPTSTK (STKPT) * Messagestackpointer zurücksetzen

STKPT = STKPT - 1 * Platz freigeben (vergessen)

Der Stack enthält die Namen der jeweils aufgerufenen Routinen und die von diesen abgelegten Fehlermeldungen. Die abgelegte Fehlermeldung bezieht sich auf den vorgesehenen Test, sie wird nur im Fehlerfall ausgegeben, ansonsten überschrieben.

Der Fehlerreport

Grundlage für den Prüfbericht ist der von den jeweiligen Testprogrammen erzeugte Fehlerreport, dieser wird automatisch angelegt.

Von den einzelnen Routinen werden Informationen auf den Stapel gelegt, die beim Beenden wieder vergessen werden. Meldet nun eine Vergleichsroutine einen Unterschied in den zu vergleichenden Werten, wird die Fehlerausgabe in Gang gesetzt. Es werden die Fehlernummer und die Namen der aufgerufenen Routinen mit ihren Fehlermeldungen in ein Fehlerfile geschrieben, gefolgt von den erwarteten und den tatsächlichen Zustandsvariablen.

```
++++++++++++11. ERROR DELECTED+++++++++++++++++++++++++++

  1 D2003:  SETTING OF WORKSTATION VIEWPORT CAUSES ERROR
  2 DSWKVP: DATA ERROR: SET WORKSTATION VIEWPORT/OR SIDEEFFECT
    CQWKT:    EXPECTED CURRENT VIEWPORT VALUE NOT DELIVERED
       EXPECTED ARRAY:          4
        0.00000    0.34500    0.00000    0.27500
       DELIVERED ARRAY:         4
        0.00000    0.17250    0.00000    0.13750

++++++++++++++++++++++++++++++++++++++++++++++++++++++++++++
```

Im vorliegenden Beispiel wurde der Fehler in der Routine CQWKT (erfrage Arbeitsplatz Transformation) entdeckt. CQWKT wurde von DSWKVP (setze Arbeitsplatz Viewport) aufgerufen, das Hauptprogramm war D2003. Vor dem Aufruf der jeweiligen Routine wird zunächst der erwartete Fehler auf den Stapel gelegt. Trat kein Fehler auf, wird die Meldung vor dem nächsten Test überschrieben, im Fehlerfall wird der gesamte Inhalt des Stapels ausgegeben.

Im Testprogramm D2003 soll die Funktion GSWKVP geprüft werden. Vor dem Aufruf der Testfunktion DSWKVP wird die Meldung "SETTING OF WORKSTATION VIEWPORT..." auf den Stapel gelegt. Bevor die Arbeitsplatztransformation abgefragt wird, wird von DSWKVP die 2. Meldung abgelegt, anschließend wird die Routine CQWKT aufgerufen. Hier werden die von der GKS-Erfragefunktion GQWKT gelieferten Werte mit den von CQWKT erwarteten Werten verglichen. Vor jedem Vergleich wird eine Meldung abgelegt.

Wurde kein Unterschied festgestellt, wird die letzte Meldung überschrieben. Nur wenn eine Nichtübereinstimmung festgestellt wird, wird der gesamte Stackinhalt ausgegeben. Hätte CQWKT keinen Fehler entdeckt, wäre nach Beendigung von DSWKVP der Stackinhalt vergessen worden.

Ablaufprotokoll

Falls die Fehlerinformation nicht ausreicht, ist es möglich, ein Ablaufprotokoll (Trace) zu erstellen. Abhängig von einem Traceschalter können zu Beginn und am Ende einer Routine die Werte der Ein-Ausgabeparameter mit den Tracefunktionen (PDTRxx) in eine Datei geschrieben werden. Hat die zu testende Implementierung ebenfalls eine Tracemöglichkeit, kann diese auch genutzt werden. Man erhält dann eine entsprechend große Liste mit allen aufgerufenen Routinen und ihren Parameterwerten.

Die Erfrageschicht

Oberhalb der Unterstützeschicht befindet sich die Erfrageschicht, hier befinden sich die Testerfragefunktionen (Bsp. CQSGA), eine 1:1 Abbildung von GKS-Erfragefunktionen. Im Gegensatz zur entsprechenden GKS-Funktion sind bis auf die Fehlerkennzeichnung alle Parameter Eingabevariablen, es handelt sich um die in fen zu erfragenden Zustandsvariablen erwarteten Werte. In der Testerfragefunktion wird die entsprechende GKS-Erfragefunktion aufgerufen, dann wird mit den Vergleichsfunktionen festgestellt, ob die Zustandsvariablen richtig gesetzt sind. Bei Abweichungen von den erwarteten Werten wird die Fehlerausgabe angestoßen und die unterschiedlichen Werte werden von den Routinen CDMPxx herausgeschrieben.

Die Aktionsschicht

Die Test-Erfragefunktionen werden von den Routinen der Aktionsschicht (Bsp.: DSHLIT, DOPKS) aufgerufen. Zur Aktionsschicht gehören alle GKS-Funktionen außer den GKS-Erfragefunktionen und denen, die nur Ausgabe erzeugen, ohne einen Systemzustand zu verändern. Die Programme der Aktionsschicht sind so aufgebaut, daß zunächst die gegenwärtigen GKS-Zustandsvariablen mit GKS-Erfragefunktionen erfragt und dann abgespeichert werden. Aus Platz- und Laufzeitgründen beschränkt man sich auf eine begrenzte Menge, in der Regel die Zustände, die sich ändern müssen und zusätzlich vielleicht einige, die auch berührt sein könnten (Seiteneffekte). So wird z.B. beim Setzen eines primitiven Attributes auch überprüft, ob alle anderen primitiven Attribute unverändert geblieben sind. Nachdem die betroffenen Zustandsvariablen abgespeichert sind, wird die zur Testroutine gehörige GKS-Routine aufgerufen und anschließend durch die Testerfragefunktionen nachgeprüft, ob die GKS-Zustandsvariablen korrekt gesetzt wurden bzw. sich nicht verändert haben. Je nach Schwere eines entdeckten Fehlers wird der Fehlerindikator der Testroutine auf einen Wert zwischen 1 und 4 gesetzt. Jede Routine außer den reinen Schreibroutinen hat als letzten Parameter einen Fehlerflag.

Dieser wird je nach Fehlerschwere gesetzt; dabei bedeutet:

- 0: kein Fehler aufgetreten;
- 1: für die zu testende Funktion unbedeutender Fehler aufgetreten;
- 2: Seiteneffekt aufgetreten, oder mehrere kleinere Fehler;
- 3: Funktion arbeitet falsch;
- 4: Schwerer Fehler, Funktion konnte nicht getestet werden.

Die Testprogrammschicht

Die drei beschriebenen Schichten bilden die Grundlage für die eigentlichen Testprogramme. In der Testprogrammschicht werden von verschiedenen Testprogrammen aus (Bsp. D2003) die Auswirkung einzelner GKS-Funktionen auf die GKS-Zustandsvariablen überprüft. Die Testprogramme müssen so gestaltet sein, daß für jede Normstufe ein Satz von Prüfprogrammen bereitsteht, wobei z.B. die Prüfung von Normstufe 0a ein Teil des Prüfens von 2b ist.

Die von der Technischen Hochschule in Darmstadt erstellten Testprogramme überprüfen

- die GKS-Kontrollfunktionen (öffne, aktiviere, deaktiviere, schließe),
- die GKS-Zustandsliste,
- die Arbeitsplatzzustandsliste,
- die Bündeltabellen, Initialisierung von Eingabegeräten,
- minimale Anforderungen,
- und die Segmentbehandlung.

Diese Testprogramme dienten in der Hauptsache dazu, die GKS-Testroutinen auf ihre Richtigkeit zu überprüfen. Sie dienen auch dazu, GKS-Implementationen auf Normkonformität zu prüfen. Zu den Testprogrammen, die Änderungen der GKS-Zustandsvariablen überprüfen, gehören weitere Tests, die die Widerspruchsfreiheit der verschiedenen Einträge prüfen. Für einen solchen Konsistenztest wurde auf dem Workshop im Dezember 1985 eine Liste von Punkten erstellt, die getestet werden müssen. Ein Testprogramm für Normstufe 0a existiert bereits.

Bei der Installation der Datenstrukturtests auf kleineren Anlagen stellte sich heraus, daß einzelne Testprogramme so umfangreich waren, daß sie nicht ausgeführt werden konnten und in kleinere Teile zerlegt werden mußten. Bei einer Umorganisation in kleinere Testprogramme sollten diese so angelegt sein, daß jedes Testprogramm einer Normstufe zugeordnet wird und daß die Summe der einzelnen Testprogramme einen vollständigen Test ergibt, aber Doppelprüfungen vermieden werden. Für ein nicht systematisches Testen kann man jedes beliebige vorhandene GKS-Programm in ein

GKS-Testprogramm überführen, indem man jedem GKS-Routineaufruf außer Erfragefunktionen den Namen und die Parameter der jeweiligen GKS-Testroutine gibt. so wird z.B. aus
"CALL GOPWK (WKID, CONID, WTYPE)" der Aufruf
"CALL DOPWK (WKID, CONID, WTYPE, INDERR)".

2. Testen der Fehlerbehandlung in GKS

Die GKS Norm beschreibt zu jeder Funktion eine Menge von Fehlern, die der jeweilige Aufruf dieser GKS-Funktion verursachen kann. Die korrekte Fehlerbehandlung der GKS-Implementation wird mit speziellen Fehlertestfunktionen geprüft. Zu jeder GKS-Funktion existiert eine Fehlerfunktion, die die GKS-Funktion in verschiedenen GKS-Systemzuständen aufruft und den zurückgelieferten Fehlerindikator mit dem erwarteten Fehlerwert vergleicht. Es werden dabei alle für die Funktion definierten Fehler getestet.

Die Prüfung der Fehlerbehandlung wird zur Zeit an der Universität von Leicester entwickelt. Hier existieren bereits die Fehlerfunktionen bis Normstufe 1a.

Das Prüfpaket unterscheidet vier verschiedene Fehlerarten:

- Aufruf einer Funktion im falschen Betriebszustand;
- Aufruf mit einem falschen Parameterwert;
- Aufruf mit mehreren falschen Parametern;
- gemischte Fehler (falscher Betriebszustand, falsche Parameter).

Ein Test gilt dann als erfolgreich bestanden, falls

a) ein Betriebszustandsfehler erwartet wird und dieser auch gemeldet wird,

b) der Betriebszustand korrekt ist, aber ein anderer Fehler erwartet wird und dieser Fehler in der Menge der möglichen Fehlermeldungen liegt,

c) kein Fehler auftreten sollte und der Fehlerindikator 0 ist.

Anderenfalls wird die Fehlerbehandlung durch die GKS-Implementation falsch durchgeführt.

Von den Fehlertestfunktionen wird ein automatischer Fehlerbericht angelegt. Für jede getestete GKS-Funktion werden die Anzahl der durchgeführten Tests und das Ergebnis protokolliert.

Dieses Protokoll hat dann in etwa diese Form:

```
TEST SET 101            -OPEN GKS-

        ********************************
        * 4 TESTS SUCCESSFUL
        * OUT OF 4 TESTS
        * 0 FAILED
        * 0 UNTRIED
        ********************************

TEST SET 102            -OPEN WORKSTATION-

        ********************************
        * FAILURE IN TEST 7
        * TYPE: PARAMETERS ERROR
        * ERROR 26 EXPECTED
        * NO ERROR REPORTED
        ********************************
```

Diese Fehlermeldungen sind selbsterklärend, die aufgefundenen Fehler werden dann im Prüfbericht beschrieben.

3. Prüfvorgang, Zertifikatvergabe

Allgemeine Organisation einer Normkonformitätsprüfung

Die drei Funktionsträger

Im Rahmen einer Zertifizierung unterscheidet der Normenausschuß Informationssysteme (NI) im DIN Funktionsträger, die für eine Zertifizierung notwendig sind:

- Zertifizierungsstelle;
- Antragssteller;
- Prüflaboratorium.

Die Zertifizierungsstelle

Zu jeder Normenorganisation gehört eine Zertifizierungsstelle oder sie selbst ist eine. In der Bundesrepublik Deutschland übernimmt die Deutsche Gesellschaft für

Warenkennzeichnung (DGWK), eine 100% Tochter des Deutschen Instituts für Normung (DIN), für das DIN diese Aufgabe. Sie beurteilt Prüflaboratorien und die einzusetzenden Prüfmittel und erteilt die Berechtigung bestimmte Prüfungen durchzuführen. Das Zertifikat über eine durchgeführte Prüfung wird von ihr, meist gegen eine Gebühr, auf Grund des Prüfberichtes des Prüflaboratoriums ausgestellt. Durch Zusammenarbeit mit ausländischen Zertifizierungsstellen wird eine gegenseitige Anerkennung von Prüfergebnissen sichergestellt. Ein in Deutschland zertifizierte FORTRAN-Compiler erhält z.B. ohne weitere Prüfung auch das Zertifikat in den USA.

Der Antragsteller

Der zweite Funktionsträger bei einer Zertifizierung ist der Antragsteller. Prüfungen werden auf Grund eines Antrages ausgeführt. Antragsteller kann jeder sein, der einen Prüfauftrag erteilt. Für GKS werden es in erster Linie GKS Implementierer sein, die die Normkonformität ihres Produktes bescheinigt haben wollen, es kann aber auch eine Firma sein, die ihre GKS Konfiguration auf Normkonformität prüfen lassen will.

Das Prüflaboratorium

Die Prüfung wird von einem von der Zertifizierungsstelle autorisierten Prüflaboratorium durchgeführt. Die Durchführung der Prüfung und die zu benutzenden Prüfmittel sind genau festgelegt, um bei jeder Prüfung die gleichen Prüfbedingungen zu haben. Das Prüflaboratorium erstellt über die durchgeführte Prüfung einen Prüfbericht für den Auftraggeber. Läßt sich der Auftraggeber von der Zertifizierungsstelle darüber ein Zertifikat ausstellen, so hat er den Prüfbericht zugänglich zu machen, da in dem Zertifikat auf den entsprechenden Prüfbericht verwiesen wird.

Stand der Normkonformitätsprüfung von GKS

Die GMD ist zur Zeit dabei, die Anerkennung als Prüfstelle für DIN E 66 252 GKS durch die Deutsche Gesellschaft für Warenkennzeichnung (DGWK) zu erlangen. Ein Teil der Prüfsoftware wurde bereits Mitte April dem zuständigen DIN Unterausschuß zur Begutachtung vorgelegt und demonstriert. Dieser Arbeitskreis (DIN-NI-AK-5.9.3, künftig AK-21.2.?, Normkonformitätsprüfung und Zertifizierung von GKS) erarbeitet dann eine entsprechende Empfehlung für die DGWK. Die nächste Sitzung dieses Arbeitskreises findet am 29. November 1985 in der GMD Birlinghoven statt, wo dann die übrige Prüfsoftware zur Begutachtung vorgelegt werden wird. Die GMD ist bestrebt, bis November 1985 die Prüfwerkzeuge für die Anwenderschnittstelle und die Bedienerschnittstelle für Normstufe 2c fertigzustellen und möchte ab 1986 als GKS-Prüfstelle akkreditiert sein und einen offiziellen Prüfdienst starten. Die Prüfung an der Geräteschnittstelle wird noch Entwicklungsaufwand fordern und soll ab 1987 in das Prüfpaket integriert werden.

Ablauf einer Normkonformitätsprüfung

Was muß nun ein Interessent tun, um seine GKS-Implementation prüfen zu lassen? Dieser Interessent wendet sich an die GMD, Z2.R, mit der Bitte, seine Implementation zu testen. Zunächst wird ein entsprechender Vertrag geschlossen, in dem die notwendigen Regeln festgelegt werden (Validationskosten, Termin für die Zusendung des Bandes mit den Prüfroutinen, Beschreibung der GKS-Implementation und der Anlage auf der getestet werden soll, vorgesehener Termin für die Prüfung, ...). Spätestens 30 Tage vor dem beabsichtigten Prüftermin erhält der Vertragspartner die Prüfunterlagen, d.h. ein Band mit den Prüfroutinen und die notwendigen Unterlagen für die Handhabung der Prüfsoftware. Diese Unterlagen dienen der Vorbereitung der Prüfung von der Implementiererseite aus (Bereitstellen von Prozeduren, Erstellen von implementierungabhängigen Routinen). Der Vertragspartner hat hier die Möglichkeit eventuell aufgetretene Fehler in seiner Implementierung zu verbessern. Ziel einer Prüfung ist es ja nicht, möglichst viele Fehler im Prüfbericht aufzuführen, sondern ein normkonformes Produkt zu erhalten.

Zur Prüfung bringt die Prüfstelle alle notwendigen Unterlagen erneut mit. Sie führt in Zusammenarbeit mit dem Hersteller die Prüfung durch, wobei der Vertragspartner die Testprogramme lauffähig vorbereitet (Übersetze-, Binde-, Ausführungsroutinen erstellen).

Die bei der Prüfung aufgefundenen Fehler werden, soweit es nicht automatisch geschieht, gemeinsam protokolliert. Auf Grund der Fehlerprotokolle wird anschließend von der GMD ein Prüfbericht erstellt und dem Vertragspartner zur Uberprüfung vorgelegt, sodaß strittige Punkte vor Erstellen des endgültigen Prüfberichtes noch geklärt werden können. Der Prüfbericht beschreibt die aufgetretenen Fehler, er ist Grundlage für die Erstellung eines Zertifikates durch die DGWK.

Um ein Zertifikat zu erhalten, wendet sich der Auftraggeber mit einem formlosen Schreiben an die DGWK, diese vergibt dann entsprechend zum Prüfbericht das Zertifikat. Natürlich ist es auch möglich, die Prüfroutinen nur zu internen Prüfzwecken zu erhalten, oder auf die Ausstellung eines Zertifikates zu verzichten.

Wurde ein Zertifikat vergeben, werden die geprüfte GKS-Implementation in die Liste der geprüften GKS-Implementationen aufgenommen. In dem Zertifikat wird die geprüfte GKS-Implementation und die verwendete Umgebung (Rechner, Betriebssystem, Compiler, graphische Geräte) beschrieben und auf den Prüfbericht verwiesen. Der Implementierer kann weitere Konfigurationen angeben, bei denen das gleiche Ergebnis erzielt wird; diese Angaben werden vom Hersteller garantiert. In dem Zertifikat wird auf den zugehörigen Prüfbericht verwiesen, der dann für jedermann zugänglich sein muß.

Ein Zertifikat hat eine beschränkte Gültigkeitsdauer, nach Ablauf dieser Zeit ist eine Folgeprüfung notwendig oder die GKS-Implementation wird in die Liste der nicht mehr geprüften Implementationen aufgenommen. Die Regeln für die Gültigkeitsdauer eines Zertifikates müssen noch genau festgelegt werden. Ein Zertifikat gilt für ein oder zwei Jahre, abhängig von den aufgetretenen Fehlern, bei einer fehlerfreien Implementation kann es verlängert werden. Bei Änderung der geprüften Implementation ist nach Ablauf der Gültigkeitsdauer eine erneute Prüfung notwendig.

Literatur

DIN E 66 252 — Graphisches Kernsystem (GKS), funktionale Beschreibung, Normenausschuß Informationssysteme (NI) im DIN, Oktober 1983

ISO 7942 (draft) — Graphical Kernel System (GKS), Functional Description, Arbeitspapier ISO TC97/SC5/WG2 N262, September 1984

PFAFF, G.E. — Zertifizierung graphischer Systeme, Informatik-Spektrum, April 1983

ENDERLE, G., KANSY, K., PFAFF, G.: Computer Graphics Programming - GKS. The Graphics Standard, Springer-Verlag, Berlin-Heidelberg 1984

ENCARNACAO, J.L. (ED.): Conformance and Certication of Graphics Systems, Computers and Graphics, Pergamon Press, New York-Oxford, Vol. 8, Nr. 1, 1984

DIN FACHBERICHT: Konformitätsprüfung und Zertifizierung für Informationsverarbeitungssysteme, Konzeptstudie eines Arbeitskreises des NI im DIN, Juni 1984, (deutsche Übersetzung vom 28.3.85)

GKS-Metafiles und Computer Graphics Metafiles

Ulrich Welz
Siemens AG, München

Einleitung

Das standardisierte Graphische Kernsystem (GKS) /GKS 84/ enthält keine Spezifikation für das Format und den Inhalt eines Metafiles (Bilddatei). Nur die funktionale Schnittstelle für die Benutzung eines Metafiles als GKS-Workstation ist definiert. Im Anhang zur GKS-Norm wird zwar der GKS-Metafile beschrieben, aber gleichzeitig darauf hingewiesen, daß dies kein Bestandteil der eigentlichen Norm ist. Damit wollte man der beabsichtigten Erstellung einer getrennten Norm für Bilddateien nicht den Weg verbauen. Unter dem Namen "Computer Graphics Metafile" (CGM) existiert nun ein Vorschlag des ANSI für eine solche seperate Metafilenorm. Es stellte sich bald heraus, daß die darin entwickelten Vorstellungen nicht in allen Belangen den an einen GKS-Metafile gestellten Anforderungen entsprechen. In dieser Arbeit wird der Einsatz des CGM innerhalb GKS grundlegend untersucht.

Innerhalb des Zeitraumes, in dem diese Arbeit angefertigt wurde, haben sich beide Normentwürfe verändert. Für GKS existiert seit November 1984 die Version 7.4, welche in kürze zur endgültigen GKS-Norm erhoben werden soll. Nach der Veröffentlichung des in Lessburg überarbeiteten Metafile-Normentwurfs /VDM 84/ im Juni 1984, ist im Dezember 1984 eine weitere Version /CGM 84/ publiziert worden. Damit verbunden war eine Änderung der Bezeichnung für die zukünftige Norm. Der neue Name "Computer Graphics Metafile" ersetzt den alten Begriff "Virtual Device Metafile". Inhaltliche Veränderungen ergaben sich durch die Hinzunahme weiterer Darstellungselemente (Ellipse, Rechteck, Polygonmenge usw.) und eine Anpassung der Wertbereiche von Attributen an den GKS-Normentwurf.

1. Unterschiede zwischen Computer Graphics Metafile und GKS-Metafile

1.1 Verwendungszweck der beiden Metafiles

Unter einem Metafile versteht man im allgemeinen einen Mechanismus für die Speicherung und den Austausch von Bildinformationen zwischen Computersystemen. Um dies zu ermöglichen, muß die graphische Information in einer geräte- und anwendungsspezifischen Form vorliegen.

Zusätzlich zu dieser allgemeinen Definiton beinhaltet der GKS-Metafile noch bestimmte Kontrollstrukturen, die nicht primär das Aussehen des Bildes beeinflussen, sondern viel mehr die Art und Weise, wie dieses Bild erzeugt werden soll. Beispiele für solche Elemente sind die Funktionen "deferral state", "update workstation" und das Zusammenfassen von Bildteilen in Segmente. Man verfolgte damit das Ziel, die Funktionalität einer GKS-Outputworkstation auf den Metafile abzubilden. Dies eröffnet die zusätzliche Möglichkeit, den GKS-Metafile auch als Backup-File zu benutzen.

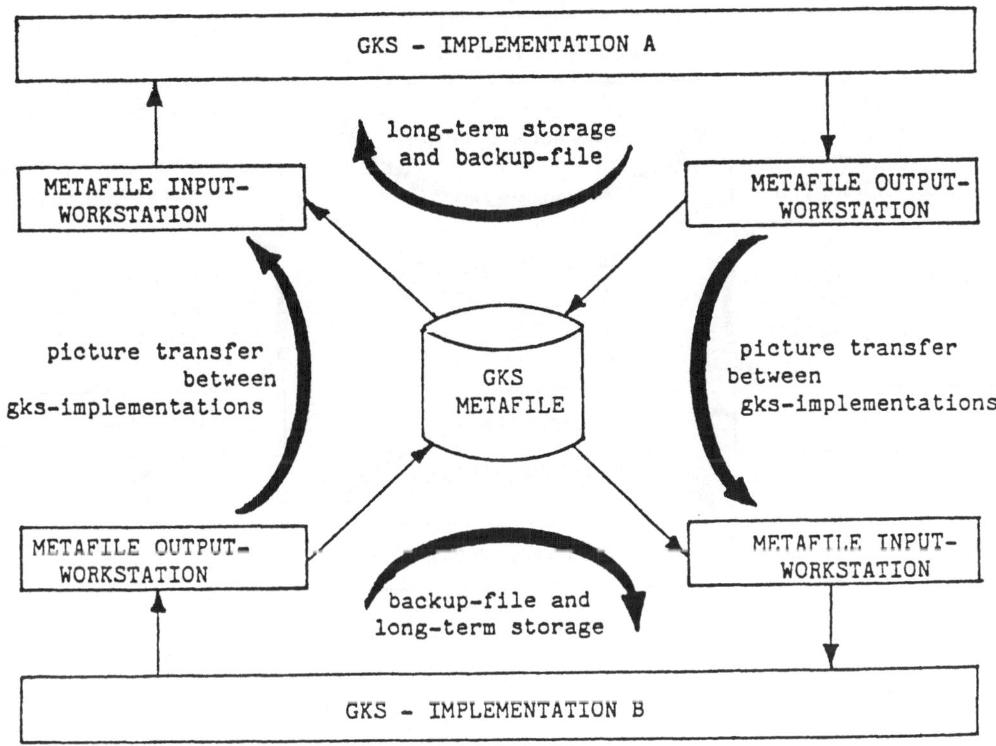

Abb. 1: Verwendung von GKS-Metafile

Im Gegensatz dazu wurde der CGM konzeptiert, um Bildinformationen zwischen unterschiedlichen graphischen Systemen austauschen zu können. Um dieses Ziel zu verwirklichen, beschränkt man sich vorläufig auf eine minimale Anzahl von Funktionen. In der Technologie von GKS ist dies der Funktionsumfang der Leistungsstufe 0a. Besonderen Wert wird auf den Aspekt der Geräteunabhängigkeit der Bilddateien gelegt. Zu diesem Zweck wurde eine Reihe von weiteren CGM-Elementen eingeführt, die es in GKS nicht gibt. Beispiele für solche Erweiterungen sind der "metric scale factor" und die Textausrichtungen "continuous horizontal" und "continuous vertical".

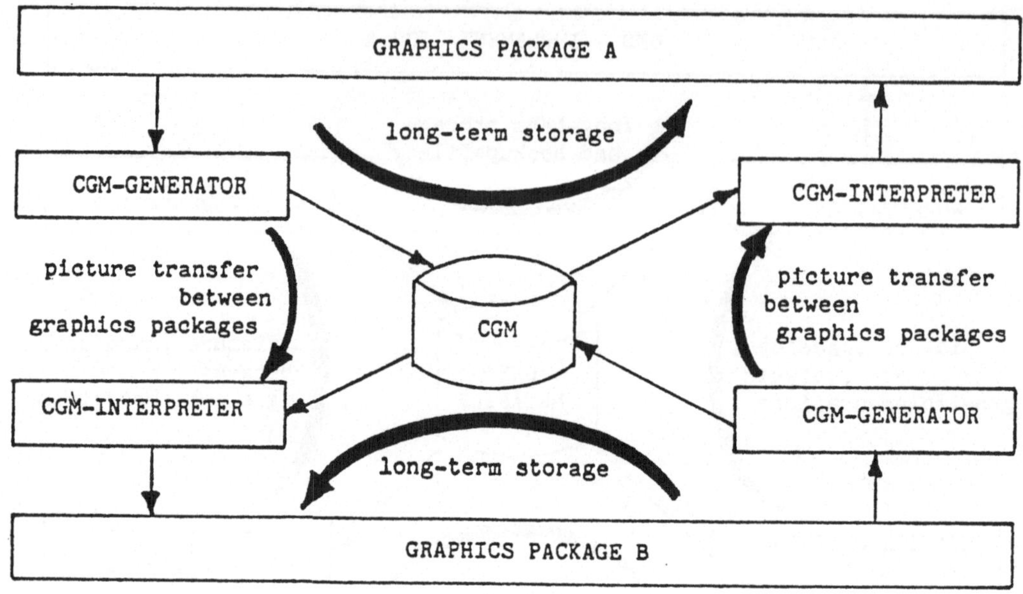

Abb. 2: Verwendung von CGM

1.2 Strukturierung der beiden Metafiles

Der Aufbau eines CGM läßt sich am besten mit Hilfe einer kleinen Grammatik verdeutlichen. Sie spiegelt nur den groben Aufbau wider. Die Terminale sind in Großbuchstaben geschrieben.

<metafile> ::= <BEGIN METAFILE>
<metafile descriptor elements>
<picture>*
<END METAFILE>

<picture> ::= <BEGIN PICTURE>
<picture descriptor elements>*
<BEGIN PICTURE BODY>
<picture element>*
<END PICTURE>

<picture element> ::= <control element>/<graphical element>/
<attribute element>/<escape element>/
<external element>

Ein CGM-Metafile setzt sich aus Bildern zusammen, die jeweils aus einem Vorspann ("picture descriptor elements") und einem Bildkörper mit den graphischen Grundelementen bestehen. Jedes Bild wird als eine eigenständige Einheit verstanden, die mit den vorhergehenden oder nachfolgenden Bildern nichts zu tun hat. Dies drückt sich darin aus, daß am Anfang eines jeden Bildes die Attribute auf die Iniialißierungserte zurückgesetzt werden.

Für einen GKS-Metafile hat eine vergleichbare Grammatik folgendes Aussehen:

<gks metafile> ::= <FILE HEADER>
<metafile contents>*
<END ITEM>

<metafile contents> ::= <workstation control items>/
<output primitive items>/
<attribute items>/<segment items>

Dem GKS-Metafile fehlt die Aufspaltung des Inhaltes in einzelne unabhängige Bilder. Die GKS-Funktion "clear workstation" ist noch am ehesten mit dem Beginn eines neuen Bildes vergleichbar. Der Bildschirm wird ebenfalls gelöscht, aber alle Attributswerte bleiben unverändert erhalten.

1.3 Die CGM-Elemente "vdc-extent" und "scaling mode" im Vergleich zum "workstation window" und "-viewport" des GKS

Beide Metafiles benutzen als Koordinatensystem idealisierte Gerätekoordinaten. Im GKS heißen sie normalisierte Koordinaten (NDC) und im CGM virtuelle Gerätekoordinaten (VDC). Neben der Tatsache, daß man die Orientierung für das VDC-Koordinatensystem beliebig festlegen kann, liegt der hauptsächliche Unterschied in der Abbildung auf die realen Gerätekoordinaten.

Im GKS wird die Gerätetransformation durch das Workstation-Window und das Workstation-Viewport festgelegt. Somit sind für diese beiden Funktionen auch Metafile-Einträge vorgesehen. Die Viewport-Grenzen beziehen sich immer auf ein bestimmtes Gerät, denn sie werden in Gerätekoordinaten anggeben und liegen innerhalb der maximalen Bildfläche. Dies hat zur Folge, daß bei der Interpretation eines Metafiles nur genau dieses Gerät benutzt werden darf. Ist dies nicht der Fall, kann es zum GKS-Fehler "workstation viewport is not within the display space" kommen. Natürlich kann man diesen Fehler bei der Interpretation der Bilddatei auffangen und die Viewport-Grenzen auf einen Wert setzen, der innerhalb der maximalen Bildfläche des momentan aktiven Gerätes liegt. Diese Lösung verletzt aber die angestrebte Geräteunabhängigkeit von Metafiles.

Im CGM wurde das Problem gelöst, indem nur die Skalierung des Bildes vorgeschrieben wird und nicht die Lage des Viewports innerhalb der maximalen Bildfläche. Dem Workstation-Window entspricht das Element "vdc-extent", dessen Grenzen in virtuellen Gerätekoordinaten angegeben werden. Durch die Angabe eines Faktors ("metric sale factor") wird den VDC-Koordinateneinheiten eine Größe in Millimetern zugeordnet und damit eine maßgetreue Abbildung auf dem Ausgabemedium ermöglicht. Mit Hilfe des Skalierungsfaktors kann man natürlich keine Verschiebung in X- bzw. Y-Richtung beschreiben.

Die GKS-Gerätetransformation darf für eine geöffnete Workstation jederzeit verändert werden. Im Gegensatz dazu ist das Setzen der Einträge "vdc-extent" und "metric scale factor" nur einmal am Anfang eines Bildes möglich. Dies ist einer der wesentlichen Unterschiede zwischen den beiden Metafilekonzepten.

Vollständigkeitshalber sei hier noch angemerkt, daß im CGM-Konzept zusätzlich ein abstrakter Skaliermodus vorgesehen ist. In diesem Modus wird der Skalierungsfaktor nicht ausgewertet und das Bild in einer beliebigen, dem jeweiligen Ausgabemedium angepaßten Größe dargestellt.

1.4 Weiterführende Konzepte der CGM-Definition gegenüber dem GKS-Metafilekonzept

1.4.1 Konfigurierbarkeit des CGM

Entsprechend der Zielsetzung, den Austausch von Bildinformationen zwischen beliebigen graphischen Systemen zu erlauben, existieren eine Reihe von CGM-Elementen, mit denen sich der funktionale Umfang und die logischen Datenformate konfigurieren lassen.

Die volle Funktionalität des CGM muß nicht immer verwendet werden. Dies ist bei der Erzeugung von Metafiles sinnvoll, die später von einfachen graphischen Geräten direkt interpretiert werden sollen. Ein Beispiel dafür ist das Generieren von Plotfiles. Durch die Aufzählung der verwendeten Funktionen in dem Element "metafile element list" erkennt ein Interpreter, ob er den vorliegenden Metafile auch vollstandig bearbeiten kann. Diese Auflistung der Metafile-Elemente ist aber nicht mit dem Konzept der GKS-Leistungsstufen zu vergleichen. Der CGM-Mechanismus erlaubt die Auswahl beliebiger Teilmengen von Funktionen.

Das VDC Koordinatensystem unterliegt ebenfalls der Konfurierbarkeit. Durch die Benutzung des Elements "vdc types" läßt sich der Koordinatentyp, Integer oder Real, bestimmen. Die Auflösung des Koordinatenraums beschreibt das Element "vdc precision" und die Orientierung (Richtung der x- und y-Achse) das Element "vdc extent".

Für einige Attribute läßt sich ein korrespondierender Parametermodus auswählen. Der "colourselection mode" gibt an, ob Farbwerte direkt (RGB-Wert) oder durch den Index einer Farbtabelle angegeben werden. Für die Linienbreiten und die Markergrößen hat man die Wahl zwischen der Angabe eines Absolutwertes oder eines Skalierungsfaktors, der dann auf eine geräteabhängige nominale Größe bezogen wird. Die entsprechenden CGM-Einträge nennen sich "linewidth specification mode", "marker size specification mode" und "perimeter width specificaton mode". Alle diese Modi können für jedes Bild einmal neu gesetzt werden.

Im Gegensatz zum GKS beschränkt sich die CGM-Definition für die Kodierung der Zeichenfolgen innerhalb von Textelementen nicht auf ASCII-Zeichen. Die Auswahl der verschiedenen Möglichkeiten erfolgt in zwei Schritten. Zuerst wird eine Liste von registrierten Zeichenmengen angegeben (Element "character set list"), aus der über einen Index ("character set index") eine der Mengen ausgewählt wird.

1.4.2 Die Darstellungselemente des CGM

Neben den GKS Darstellungselementen verfügt das CGM-Konzept über eine Reihe weiterer graphischer Grundelemente.

a) Linienelemente

- "polyline"

  Entspricht der Funktion "polyline" im GKS.

- "disjoint polyline"

  Nicht zusammenhängende Linienstücke werden dargestellt.

- "circular arc 3 points" und "circular arc centre"

  Ein Kreisbogen wird gezeichnet. Er kann auf zwei unterschiedliche Arten angegeben werden. Entweder durch Radius, Mittelpunkt und je einen im Mittelunkt verankerten Start- bzw. Endvektor oder durch drei Punkte (Anfangs-, Fortsetzungs- und Endpunkt) auf dem Kreisbogen.

- "elliptial arc"

  Ein Ellipsenbogen wird gezeichnet, dessen Lage sich aus dem Mittelpunkt und den Vektoren für die beiden Halbachsen ergibt. Die Länge des Bogens wird im Bogenmaß angegeben.

b) Markierungselemente

- "polymarker"

  Dieses Element entspricht der GKS-Funktion "polymarker".

c) Textelemente

- "text"

  Dieses Element entspricht der GKS-Funktion "text".

- "restricted text"

  Der Text wird in ein Parallelogramm eingepaßt.

- "append text"

  Dieses Teilelement kommt ohne die Angabe einer Startposition aus. Sie ergibt sich immer aus dem vorausgegangenen Textelement, an welches der neue Text angehängt wird.

d) Flächenelemente

- "polygon"
  Dieses Element entspricht der GKS-Funktion "fill area".
- "polygon set"
  Eine Menge von einzelnen Polygone, deren Kanten wahlweise sichtbar bzw. unsichtbar sind, wird dargestellt.
- "rectangle"
  Ein achsenparalleles Rechteck wird gezeichnet.
- "circle"
  Eine Kreisfläche, deren Geometrie sich aus dem Kreismittelpunkt und dem Radius ergibt wird dargestellt.
- "ellipse"
  Eine Ellipsenfläche, deren Geometrie sich aus dem Mittelpunkt und den Vektoren für die beiden Halbachsen ergibt wird dargestellt.
- "circular arc 3 points close","circular arc centre close" und "elliptical arc close"
  Die Geometrie dieser drei Flächenelemente entspricht den korrespondierenden Linienelementen. An Stelle von Kreis- bzw. Ellipsenbögen werden in diesen Fällen Kreis- bzw. Ellipsensegmente dargestellt.

e) Zellenelement

- "cell array"
  Dieses Element entspricht der GKS-Funktion "cell array".

Zusätzlich zu diesen fünf Klassen gibt es genau wie im GKS ein "generalized drawing primitive".

Das Graphische Kernsystem verfügt pro Klasse nur über eine Funktion. Dies ist immer die Grundfunktion, mit deren Hilfe sich die anderen Funktionen erzeugen lassen. In diesem Sinn stellen die anderen CGM-Elemente keine echte Erweiterung dar, sondern erhöhen nur den Komfort für den Benutzer. Eine Ausnahme sind die beiden zusätzlichen Textelemente "append text" und "restricted text", die deshalb hier näher beschrieben werden.

Das Erstellen einer zusammenhängenden Textzeile, mit unterschiedlichen Attributen für jedes einzelne Wort erfordert im GKS die Verwendung seperater Textelemente. Zwischen den Aufrufen der Textfunktion können die Attribute entsprechend gesetzt werden. Den für eine richtige Positionierung der Wörter untereinander notwendige

Verknüpfungspunkt liefert die Erfragefunktion "inquire text extent". Da die Textausdehnung für unterschiedliche Workstations nicht immer gleich ist, muß man den Verknüpfungspunkt für alle aktiven Workstations abfragen und auch entsprechend unterschiedliche Textelemente an die Workstations senden. Möchte man diese spezielle Textzeile in einer geräteunabhängigen Form auf einem Metafile abspeichern, so darf man natürlich keine gerätespezifischen Informationen (Koordinaten) verwenden. Im CGM existiert für diesen Fall das Element "append text", welches als Parameter keine Textposition benötigt. Nach der Benutzung eines normalen Textelements können weitere Textteile einfach angehängt werden.

Bei der Einpassung von Texten in einen Rahmen aus seitenparallelen Linien ist man im GKS auf das Ausprobieren angewiesen.

```
SET CHARACTER HEIGHT (desired-height)
INQUIRE TEXT EXTENT (wkid,..., "desired-text",..., computed-text-extent)
WHILE computed-text-extent .not equal. desired-text-extent +- delta DO
BEGIN
CHANGE TEXT ATTRIBUTES
INQUIRE TEXT EXTENT (wkid,..., "desired-text",..., computed-text-extent)
END
```

Die Buchstabenhöhe kann unmittelbar angegeben werden. Daraus ergibt sich, unter Berücksichtigung des fontabhängigen Höhen/Breitenverhältnisses der Buchstabenfelder, die Längenausdehnung einer Zeichenfolge. Leider kann die Information über den Font nicht durch GKS-Funktion erfragt werden. Somit ist eine Berechnung der Längenausdehnung nicht möglich und es bleibt nur die iterative Vorgehensweise als Lösungsweg. Selbst wenn man über die fehlende Information verfügt (z.B. aus Benutzermanual der GKS-Implementierung), kann nur in Verbindung mit der Textpräzision "stroke" die Ausdehnung der Zeichenfolge tatsächlich berechnet werden. In dem Modus "string" bzw. "character", müssen die Textattribute nicht exakt ausgewertet werden und eine Aussage über die Größe des Textes ist trotz der zusätzlichen Information nicht möglich. Die iterativ gefundene Textgröße ist somit:

a) abhängig von dem verwendeten Font

b) zusätzlich geräteabhängig bei der Benutzung der beiden Textpräzisionen "string" und "character".

Um die im Zusammenhang mit Metafiles wichtige Geräteunabhängigkeit in jedem Fall zu gewährleisten, wurde im CGM das Textelement "restricted text" eingeführt. Über einen Parameter kann ein Parallelogramm angegeben werden, in welches der Text vom System automatisch eingepaßt wird.

1.4.3 Die Attribute der Darstellungselemente des CGM

Alle in der GKS-Beschreibung definierten Attribute sind auch in dem CGM-Konzept enthalten. Darüber hinaus wurden weitere Attribute aufgenommen und der Wertbereich von GKS-Attributen erweitert.

Um Textzeilen so untereinander positionieren zu können, daß keine Überschneidungen auftreten, bedient man sich in GKS der Funktion "inquire text extent". Mit dem erhaltenen "text extent rectangle" ist es möglich, den richtigen Anfangspunkt für die folgende Zeile zu bestimmen. Diese Position variiert von Workstation zu Workstation, so daß bei der Benutzung des GKS-Metafiles eine auf ein Gerät zugeschnittene Bilddatei entsteht. Um dies zu vermeiden wurde das Attribut Textalignment erweitert. Zusätzlich existiert das Wertepaar "continuous horizontal, continuous vertical" mit zwei korrespondierenden Realwerten "continuous horizontal alignment" und "continuous vertical alignment". Die beiden letztgenannten Werte bestimmen den Versatz der Textposition und zwar ausgedrückt in Bruchteilen von der Textausdehnung im rechten Winkel zum "character up vector" bzw. in dessen Richtung. Damit ist es möglich, von einer festen Textposition aus Textzeilen untereinander bzw. Textspalten nebeneinander zu positionieren.

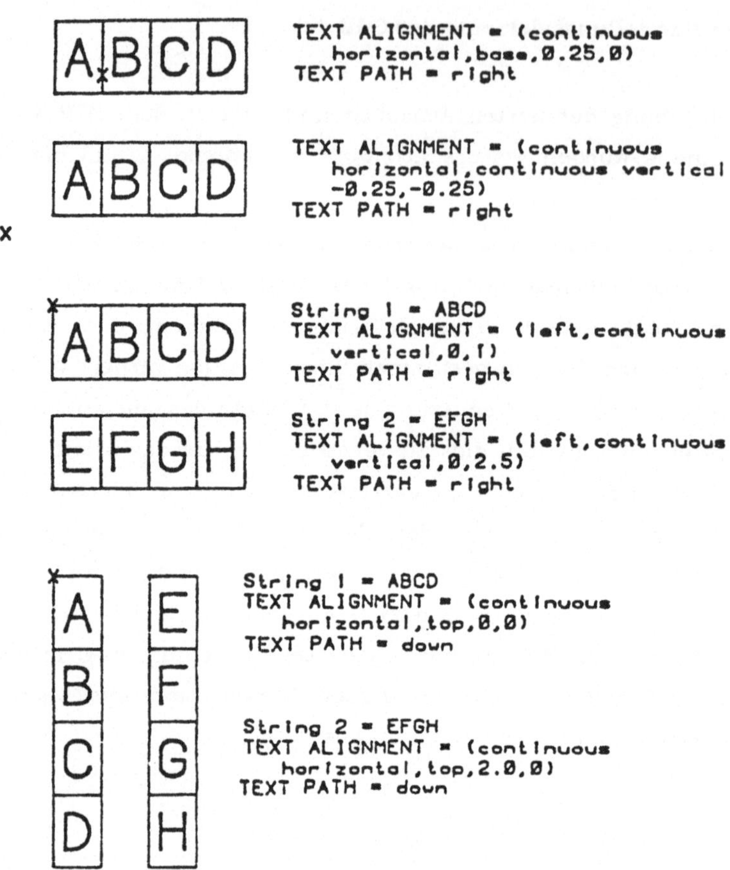

Abb. 3: Beispiele für "continuous text alignment"
(Darstellung stammt aus /CGM 84/)

Die erste Reihe schreibt man z.B. mit Textalignment "left, continuous vertical" und einem vertikalen Textalignmentwert von 1.0. Die zweite Reihe mit einem Alignmentwert von 2.5 und der gleichen Textposition wie bei Zeile eins. Die nächsten Reihen dann mit dem Wert 4.0, 5.5, ... Ein Wert gleich 1.0 stellt sicher, daß keine Uberschneidungen auftreten, ein Wert größer 1.0 bewirkt einen zusätzlichen Abstand.

Ein in GKS nicht vorhandenes Attribut bezieht sich auf die Umrandung von Flächenelementen. Analog zu den Linienattributen gibt es die CGM-Einträge "perimeter type", "perimeter width", "perimeter colour" und diese als individuelle und gebündelte Attribute. Damit ist klar, daß auch die entsprechenden "aspect source flags" vorhanden sind. Durch das Attribut "perimeter visibility" kann die Umrandung sichtbar und unsichtbar geschaltet werden.

Schließlich existiert ein weiteres Attribut "auxiliary colour", welches das GKS ebenfalls nicht kennt. Damit läßt sich eine Farbe auswählen, mit der z.B. die Zwischenräume von gestrichelten Polylines oder der Hintergrund eines schraffierten Kreises dargestellt wird.

1.5 Einschränkungen des CGM-Konzepts gegenüber dem GKS-Metafilekonzept

Aus der Sicht vom GKS beinhaltet der CGM alle Grundelemente und die entsprechenden Attribute der Stufe 0a. Nicht vorhanden sind die beiden Workstationkontrollelemente "clear workstation" und "update workstation". Dem gegenüber steht das schon beschriebene CGM-Konzept der voneinander unabhängigen Bilder. Ebenfalls schon angesprochen wurde die unterschiedliche Beschreibung der Gerätetransformation. Es gibt keine Möglichkeit den Workstation-Viewport innerhalb der ausnutzbaren Bildfläche beliebig zu positionieren. Alle weiterführenden Konzepte der GKS Stufen 1a und 2a, wie Segmentierung, veränderbare Bündelbeschreibungen und der "deferral state", sind in der jetzt vorliegenden Fassung des CGM nicht verwirklicht.

2. Abbildungen zwischen CGM-Elementen und GKS-Funktionen der Stufe 0a

2.1 Einbettung von CGM-Interpreter und CGM-Generatoren in eine GKS-Umgebung

Das Workstationkonzept spielt in GKS eine zentrale Rolle und sollte auch im Zusammenhang mit dem CGM-Bilddateien benutzt werden. Dazu muß, man zwei Workstations vom Typ "cgm-output" und "cgm-input" und der Workstation-Kategorie "metafile-output" bzw. "metafile-input" einführen.

Sobald eine CGM-Outputworkstation aktiviert ist, wird sie mit den relevanten GKS Funktionen versorgt. Die Workstation wandelt die GKS-Funktionen in CGM-Elemente um und wird in dieser Arbeit deshalb auch oft als CGM-Generator bezeichnet. Benutzerspezifische Einträge werden über die Funktion "write item to gksm" auf den CGM geschrieben.

WRITE ITEM TO GKSM

Parameter:

input	workstation identifier	(STRING)
input	item type	(INTEGER)
input	item data record length	(INTEGER)
input	item data record	(DATA RECORD)

Effekt: Ein vom Anwendungsprogramm gelieferter Satz von nichtgraphischen Daten wird auf den Metafile geschrieben. Eine Workstation vom Typ "gksm-output" benutzt dafür das GKSM-Element "user item" und eine Workstation vom Typ "cgm-output" das CGM-Element "application data".

Für eine CGM Inputworkstation existieren für den Benutzer die beiden GKS-Funktionen:

GET ITEM TYPE FROM GKSM

Parameter:

input	workstation identifier	(STRING)
output	item type	(INTEGER)
output	item data record length	(INTEGER)

Effekt: Der Typ des nächsten Metafile-Elementes wird ausgewertet und zusammen mit der Länge des Eintrages zurückgeliefert. Je nach Typ der Workstation handelt es sich dabei um ein GKS-Element bzw. CGM-Element.

READ ITEM FROM GKSM

Parameter:

input	workstation identifier	(STRING)
input	maximal length of item data record	(INTEGER)
output	item data record	(DATA RECORD)

Effekt: Das Datenfeld des nächsten Metafile-Elements wird zurückgeliefert. Je nach Typ der aufgerufenen Workstation handelt es sich dabei um ein GKS-Element bzw. CGM-Element.

Für die Umsetzung der CGM Namen in die Ganzzahlgröße "item type" sollte die Auflistung der CGM Elemente in der Grammatik zur formalen Spezifikation der CGM Struktur verwendet werden.

Die beiden letzten Funktionen dienen dem Lesen von CGM-Datensätzen aus der Bilddatei. Der eigentliche Interpreter ist keine Workstation, sondern nur ein Modul innerhalb des GKS-Teils oberhalb der Workstationschnittstelle. Aufgerufen wird das Interpreterprogramm mit Hilfe der Funktion "interpret cgm item", die nicht im GKS definiert ist.

INTERPRET CGM ITEM

Parameter:

input	workstation identifier	(STRING)
input	item data record length	(INTEGER)
input	item data record	(DATA RECORD)

Effekt: Das CGM Element wird interpretiert und die daraus resultierenden GKS-Funktionen an die aktiven Workstations weitergeleitet. Zusätzlich werden Einträge in der GKS-Statelist entsprechend verändert.

An dieser Stelle wird die gleichartige Handhabung von CGM und GKSM aufgegeben. Für jeden Metafileinterpreter existiert eine seperate Schnittstellenfunktion "intepret item" bzw. "interpret cgm item".

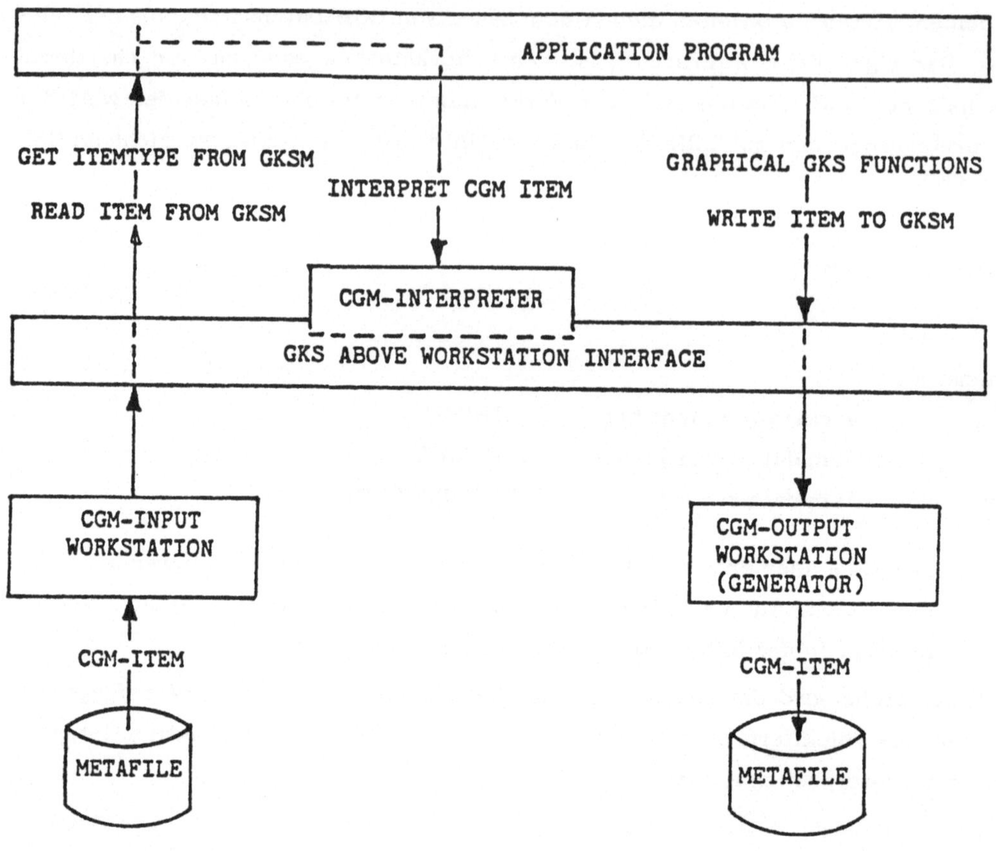

Abb. 4: Einbettung von CGM-Generator und CGM-Interpreter in ein GKS-System

Möchte man für beide Interpreter die GKS-Funktion "interpret item" benutzen, so ist dies nur möglich, wenn die Datensätze der beiden Metafiles unterschiedlich gekennzeichnet sind. Diese zusätzliche Markierung kann von den Metafile-Ausgabe-Workstations vorgenommen werden.

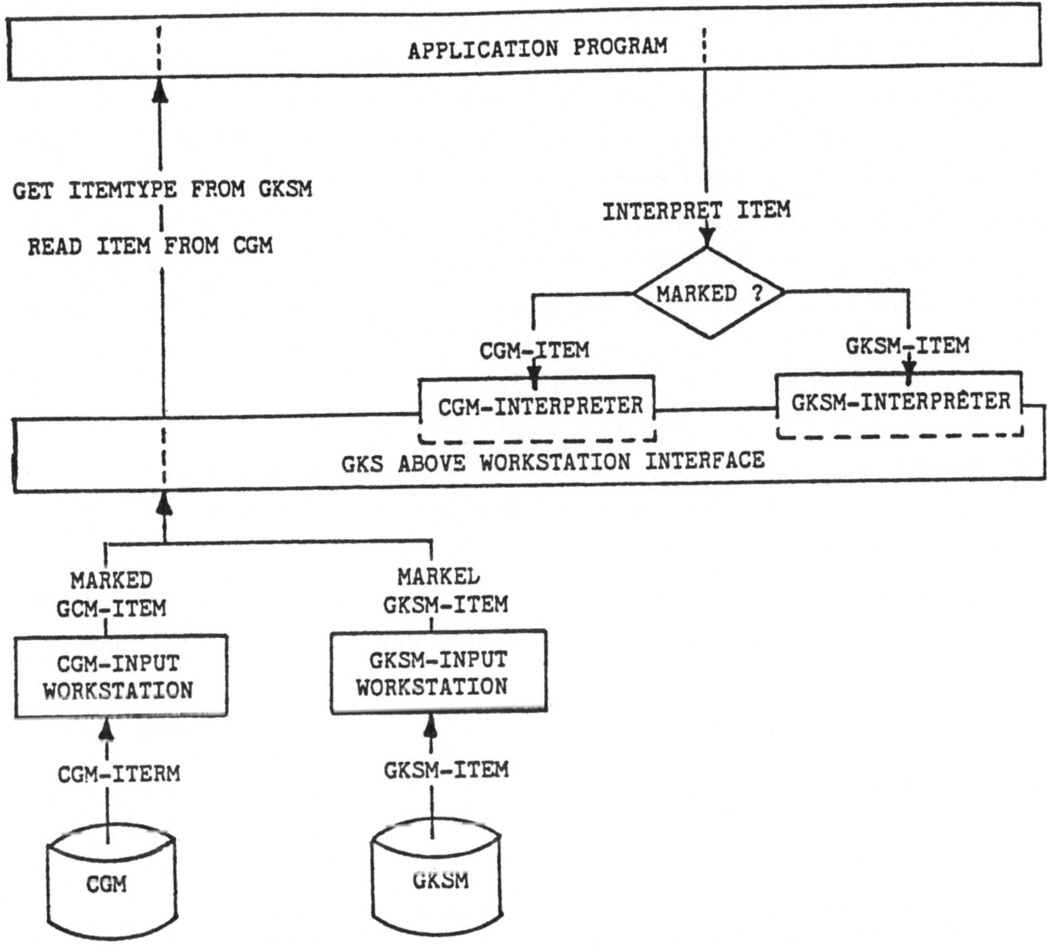

Abb. 5: Aufruf von CGM-Interpreter und GKSM-Interpreter durch die Funktion "interpret item"

Bei Verwendung dieser Lösung ist an der Anwenderschnittstelle der Unterschied zwischen beiden Metafiles nicht mehr sichtbar. Die Benutzung des falschen Interpreters ist somit ausgeschlossen. Diese Vorteile rechtfertigen den notwendigen Mehraufwand für das Kennzeichnen der Metafile-Einträge.

Neben dieser rein funktionalen Anbindung an GKS stellt sich auch die Frage, wie man die Aufgaben zwischen Interpreter und Generator verteilt. Für den Generator sind zwei Extreme vorstellbar. Entweder wird die Konfigurierbarkeit eines CGM im vollen Umfang unterstützt oder aber es werden immer nur Bilddateien erzeugt, die so weit wie möglich einer GKS Bilddatei entsprechen.

Die Konsequenz aus dem ersten Fall ist, daß die weiter oben beschriebene funktionale Anbindung der CGM Outputworkstation nicht ausreicht. Notwendig wird eine zusätzliche Datenstruktur, in welcher die gewünschte Konfiguration des CGM beschrieben wird. Dazu gehört dann ein Interpreter, der ebenfalls alle CGM Formate bedienen kann; denn es ist wünschenswert, daß der von einer GKS Implementierung geschriebene CGM von dieser auch wieder eingelesen werden kann. Den Vorteil, beliebig konfigurierte CGM erzeugen zu können, erkauft man sich mit zwei Nachteilen. Erstens wird gleiche Handhabung von CGM und GKS Bilddateien aufgegeben, denn zum Anlegen der CGM Beschreibungsliste sind neue Funktionen notwendig und zweitens müssen Interpreter und Generator für den aufwendigeren Fall eines beliebigen CGM-Formats ausgelegt sein. Der Aufwand für einen solchen Generator ist nicht zu unterschätzen. Im ungünstigsten Fall werden Bilddateien erzeugt, in denen als Grundelement nur "polylines" einer bestimmten Linienbreite Verwendung finden. Alle anderen Grundelemente und Attribute müssen simuliert werden. In diesem Fall handelt es sich eigentlich weniger um eine Bilddatei, als um einen Kommandofile zur Ansteuerung eines einfachen graphischen Gerätes.

Aus diesen Gründen wird vorgeschlagen einen Generator zu benutzen, der CGM Bilddateien erzeugt, die so weit wie möglich mit den GKS Bilddateien übereinstimmen. Die Aufgabe des Interpreters ist es dann, beliebige Ausprägungen eines CGM zu bearbeiten.

Literatur

/BEN 84/ Structure of a Workstation Interface Position Paper for WG 2 Meeting in Benodet DIN-NI-5.9.4, May 1984

/BRO 84/ BRODLIE, K.: The Relationship between GKS and the CGM University of Leicester, Version 1, September 1984

/CGM 84/ Information Processing Systems Computer Graphics Metafile for the Storage and Transfer of Picture Description Information ANSI dpANS X3.122, October 1984

/EKP 84/ ENDERLE, G., KANSY, K., PFAFF, G.: Computer Graphics Programming - GKS The Graphics Standard Springer-Verlag, Berlin-Heidelberg-New York-Tokyo 1984

/GKS 84/ Graphical Kernel System (GKS) ISO DIS 7942, Version 7.4, November 1984

/VDM 84/ Virtual Device Metafile ISO DP 8932, June 1984

Darstellungsgraphik auf der Grundlage von GKS

Anwendungen für Darstellungsgraphik auf der Grundlage von GKS

R. Kunz

G. Lux-Mülders
ZGDV, Darmstadt

1. Einleitung

Bei der Entscheidungshilfe im Management-Bereich spielen Präsentationsgraphik-Systeme eine immer wichtigere Rolle. Dies hat vor allem zwei Gründe :

1. Durch den wachsenden Einsatz der elektronischen Datenverarbeitung nimmt die Menge von anfallenden Ausgabedaten rapidc zu. Diese ohne entsprechende Aufbereitung auszuwerten, ist mehr und mehr unmöglich. Auch eine vom Rechner direkt durchgeführte Komprimierung und statistische Auswertung reicht oft nicht aus, da Zahlenkolonnen vom Menschen nur schwer lesbar sind. Deshalb geht man zusehends zur graphischen Ausgabe in Diagrammform als leicht faßliche Art der Darstellung über.

2. Der zweite Grund für den neuerdings verbreiteten Einsatz von Präsentationsgraphik-Systemen ist die größere Verfügbarkeit von Rechnerkapazität durch den stark wachsenden Einsatz von Mikrocomputern mit komfortabler graphischer Peripherie.

Die am Markt angebotenen Präsentationsgraphik-Systeme haben allerdings überwiegend einige der folgenden Schwächen :

- Starke Anwendungsorientiertheit
  Das System ist hinsichtlich der zu verarbeitenden Daten als auch hinsichtlich der Darstellung auf einen bestimmten Anwendungsbereich zugeschnitten.

- Feste Zuordnung zwischen Daten und Darstellung
  Die Daten sind in Klassen eingeteilt, wobei jeder Klasse eine bestimmte Form der Darstellung von vornherein zugeordnet ist.

- Mangelhafte Interaktionsfähigkeiten
  Es gibt keine Möglichkeiten, Daten mithilfe eines graphischen Dialoges einzugeben oder die Darstellung zu verändern.

- Mangelhafte Portabilität
  Das System ist zu stark auf eine bestimmte Hardware (z.B. spezielle Ausgabegeräte) zugeschnitten oder benutzt betriebssystemspezifische Graphik-Schnittstellen.

Im folgenden wird ein zweiseitiges Konzept vorgestellt mit dem Ziel, diese Probleme zu überwinden. Nach oben hin ist es auf die speziellen Erfordernisse der Präsentationsgraphik hin zugeschnitten, von unten her baut es auf dem graphischen Standard GKS organisch auf. Trotz großer Flexibilität und allgemeiner Verwendbarkeit stellt es dem Benutzer ein relativ einfaches Modell zur Verfügung.

2. Grundkonzeption eines Präsentationsgraphik-Systems

Bei der Entwicklung eines Präsentationsgraphik-Systems müssen zwei Arten von Anforderungen unterschieden werden : Zum einen betreffend den Bereich der Schnittstelle zum Benutzer, zum anderen technische Ziele, die zwar im Wesentlichen bei der Implementierung zum Tragen kommen, jedoch auch starken Einfluß auf die logische Struktur der Benutzerschnittstelle haben.

<u>Anforderungen an die Benutzerschnittstelle :</u>

o Graphische Interaktion
Ohne daß der Benutzer zur Änderung der Präsentation einige Stufen zurückgehen, d.h. Änderungen am Datenbestannd oder einer Zwischensprache vollführen und damit eine erneute Berechnung bzw. Interpretation aktivieren muß, soll er hier direkt an den Präsentationen arbeiten können und so die Möglichkeit zur interaktiven Feingestaltung der Bilder erhalten (z.B. dynamische Attributänderungen, begrenzte Editiermöglichkeiten an den Präsentationen). Der Dialog sollte zum einen Menüs und Masken anbieten (für unerfahrene Benutzer), zum anderen auch über eine Kommandosprache erfolgen können (bei erfahrenen Anwendern). Auf der Hardware-Seite wünscht man sich für die Eingabe außer der alphanumerischen Tastatur für Daten- und Kommandoeingabe auch eine Maus oder Lichtgriffel zur direkten Auswahl der graphischen Objekte.

o Einfaches Modell
Der Benutzer eines Datenverarbeitungssystems entwickelt ein Modell bezüglich der Funktionalität und internen Struktur dieses Systems. Dieses Modell sollte grundsätzlich möglichst unkompliziert und klar verständlich sein. Für ein Präsentationsgraphik-System heißt dies vor allem, daß der Beziehung zwischen den Präsentationsdaten und ihrer Darstellung ein einfaches Konzept zugrunde liegen muß.

o Flexible Ausgabe
Die Ausgabe von Eingabedaten sollten flexibel sein, d.h. der Benutzer muß Wahlmöglichkeiten zur graphischen Präsentation eines bestimmten Datensatzes haben.

o Anwendungsunabhängigkeit
Das System sollte auf dem Gebiet der Präsentationsgraphik allgemein benutzbar sein und nicht nur Daten bestimmter Anwendungsklassen umsetzen können. Damit muß es sowohl hinsichtlich der zu verarbeitenden Eingabedaten (was die Semantik betrifft, nicht aber das Format !), als auch bezüglich der Menge der Darstellungsmethoden universell sein.

Technische Ziele

- o Portabilität
  Das System sollte weitestgehend unabhängig von der Entwicklungsumgebung sein. Diese Forderung bezieht sich im Falle der Präsentationsgraphik auf die Wahl von Betriebssystem, Programmiersprache, graphischem System, sowie Ein-/Ausgabegerät und -ansteuerung.

- o Erweiterbarkeit/Reduzierbarkeit
  Je nach Anwendung sollte man das System geeignet konfigurieren können, um Redundanzen zu vermeiden. Dieser Aspekt bezieht sich im wesentlichen auf die Darstellungsmethoden. Eine Erweiterung des Systems, z.B. um neue Diagrammarten, sollte problemlos möglich sein, sowohl von der Implementierung, als auch von Modell und Funktionalität der Benutzerschnittstelle her. Umgekehrt muß eine Reduktion des Systems, z.B. um nie benutzte Methoden, ebenso einfach sein (Bausteinprinzip).

- o Effizienz
  Selbstverständlich muß eine gute Performance gewährleistet sein, was natürlich den Flexibilitätsforderungen zuwiderläuft. Dies wird in der Praxis zu Kompromissen führen, die abhängig sind von der verfügbaren Rechnerleistung und den speziellen Erfordernissen an das System.

Die Forderung nach Anwendungsunabhängigkeit bedeutet umgekehrt formuliert, daß das System für möglichst viele Anwendungen auf dem Gebiet der Präsentationsgraphik geeignet sein soll. Damit weist das System viele Freiheitsgrade an der Oberfläche auf, was für die spezielle Anwendung wiederum viel redundante Funktionalität bedeutet.

Als Fazit ergibt sich, daß die Schnittstelle zum Endbenutzer im jeweiligen Anwendungskontext definiert und implementiert werden sollte (dies betrifft sowohl die Bedienung, z.B. einen Dialog, als auch die Anbindung an die Datenbasis des Benutzers).

Diese Erkenntnis hat die natürliche Konsequenz der Aufteilung in zwei Subsysteme :

o Die Anwendung stellt ein mögliches Interface zum Endbenutzer dar, ist speziell für dessen Bedürfnisse konzipiert und vermeidet deshalb die Redundanzen.

o Ein anwendungsunabhängiges Kernsystem stellt die low-level Funktionen und Methoden zur Verfügung, die notwendig sind, daß die Menge der Anwendungen möglichst das gesamte Präsentationsgraphik- Spektrum abdecken kann. Die geforderten Freiheitsgrade sind für eine Anwendung damit potentiell verfügbar.

Die Forderungen nach Portabilität und Anwendungsunabhängigkeit legen auch eine weitere Entscheidung nahe : Die Verwendung des normierten graphischen Systems GKS. Dadurch bekommt das Kernsystem noch eine weitere Funktion. Es stellt eine auf GKS aufbauende Anwendungsschale dar. Dieses schon bei der Entwicklung von GKS mitbedachte Konzept allgemeiner Anwendunsschalen dient dazu, das Abstraktionsniveau erneut anzuheben, um dann mit Begriffen der Anwendung verträglich zu sein. Es darf sich aber dabei keine Einengung in Bezug auf die Anwendung ergeben. Für die Anwendung "Präsentationsgraphik" entspricht eine solche Schale völlig dem oben definierten Kernsystem. Da der Begriff "Schale" aber etwas weiter gefaßt ist und insbesondere auch Aspekten der Systemumgebung Rechnung trägt, wird ihm im folgenden der Vorrang gegeben.

Dadurch ergibt sich als weiteres Ziel, das Schalenkonzept derart allgemein zu entwickeln, daß die vorliegende Schale "Präsentationsgraphik" zum einen als Modell bei der Schaffung weiterer GKS-Schalen dienen kann und zum zweiten, daß weitere Anwendungsschalen zu schon vorhandenen sinnvoll integriert werden könnten.

3. Entwurf einer Anwendungsschale "Präsentationsgraphik" oberhalb GKS

Zu Beginn sei nochmals die Bemerkung aus dem vorigen Kapitel aufgegriffen, daß eine Anwendungsschale (hier Präsentationsgraphik) möglichst hohe Verträglichkeit mit anderen Anwendungsschalen bieten sollte, um gleichzeitiges Benutzen problemlos zu ermöglichen. Gleichzeitige Benutzung ist hierbei nicht im Sinne "nebeneinander" sondern im Sinne "integriert" zu verstehen, d.h., eine Anwendung benutzt mehrere

Anwendungsschalen gleichzeitig und kann Daten und Darstellungen der verschiedenen Schalen miteinander kombinieren. Dies impliziert natürlich sofort, sich mit Begriffen wie "Window Manager" (WM), "Resource Manager" (RM) oder auch "User Interface Manager" (UIM) auseinanderzusetzen. Da aber eine einzelne Anwendungsschale unabhängig von solchen, teilweise noch gar nicht geklärten Konzepten sein soll, können eben diese Konzepte nur auf anderem Niveau angesiedelt werden, wie die Abbildung 1 exemplarisch darstellt.

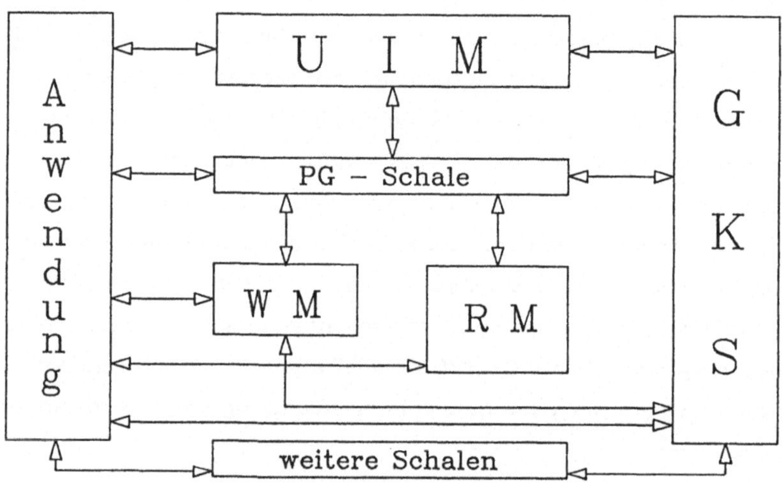

Abb. 1: Umgebung der Anwendungsschale

Eine Folgerung ist daraus sofort ersichtlich: Die Komplexität der zwischen Anwendung und GKS befindlichen Teile wächst stark mit der Kombination verschiedener Anforderungen. Daher soll das Schaubild auch keinesfalls als Modell verstanden sein, als vielmehr ein Hinweis auf mögliche Grenzen der Definition von oberhalb GKS liegenden Schalen. Denn für GKS selbst, als einer Graphikschale oberhalb des Betriebssystems sind Anwendungsschalen, Window Manager oder ähnliches als Anwendungen zu betrachten. Somit wäre eine Trennung in "wirkliche" Anwendung und Anwendungsschale unter dem Gesichtspunkt integrierter Anwendungen nicht unbedingt immer sinnvoll. Die Erarbeitung einer Anwendungsschale "Präsentationsgraphik" darf damit nicht losgelöst von anderen Anwendungen gesehen werden, da der Begriff "Präsentation" in fast alle Bereiche hineingreift. Diesem Punkt wird im vorgestellten Modell Rechnung getragen.

An dieser Stelle ist es notwendig, zu bemerken, daß das bisher nicht hinreichend geklärte Modell eines "User Interface Managers" beim Entwurf der Schale nicht berücksichtigt wird.

3.1 Spezielle Aspekte

In diesem Kapitel werden zwei speziellere Probleme der Präsentationsgraphik näher beleuchtet und die Folgerungen für die Schale erläutert.

Die Datenversorgung

Dazu stellen sich zwei grundsätzliche Fragen :

Wo kommen die Eingabedaten her ?
Wie sehen sie aus ?

Es wird also gefragt nach der Quelle und dem Format dieser Daten. Im wesentlichen gibt es drei wichtige Arten von Datenquellen :

- o Bildschirmeingabe
  Die Form einer direkten Eingabe "per Hand" online am Bildschirm eignet sich nur für kleinere Mengen einzugebender Daten.

- o Datenbank
  Hier sind eventuelle Vorberechnungen nötig, da die Daten häufig nicht genau in der Struktur in der Datenbank abgelegt sind, die es ermöglicht, sie 1:1 auszugeben.

- o Datei
  Die Daten liegen (logisch) in der Form vor, daß sie ohne umfangreiche Berechnungen direkt ausgegeben werden können.

Da die Möglichkeiten für Formate dieser Daten entsprechend groß sind, können die beiden oben genannten Fragen nicht allgemein beantwortet werden. Damit ergibt sich die Notwendigkeit einer Übersetzung der Eingabedaten in eine einheitliche Struktur, die dann von der Präsentationsgraphik-Schale interpretiert werden kann. "Einheitliche Struktur" bedeutet dabei die Festlegung von Datentypen und den Beziehungen zwischen den Daten. Die Struktur muß beliebig komplexe Datenzusammenhänge aus dem Präsentationsgraphik-Bereich abbilden können.

Für die Art der Daten-Schnittstelle gibt es zwei prinzipielle Möglichkeiten :

(1) Die einheitliche Datenstruktur wird von der Anwendung aufgebaut und die Schale greift somit auf eine externe Datei mit fest vorgegebenem Format zu.

(2) Die Datenstruktur wird von der Schale aufgebaut und diese stellt dazu eine funktionale Schnittstelle zur Verfügung :
- Für Lese/Schreib-Operationen auf der Datenstruktur
- Zum Abspeichern von Datenstrukturen auf externe Files zur längerfristigen Speicherung.

Der größte Vorteil der Alternative (1) ist der, daß Änderungen an einer Datenstruktur ohne Aufruf des Präsentationsgraphik-Systems unter Zuhilfenahme eines normalen Texteditors möglich sind. Als Nachteil ist anzusehen, daß die Schale eine Zwischenumsetzung in eine interne Struktur vornehmen muß, die einfacher zu interpretieren ist als die Datenstruktur auf dem externen File. Aufgrund der Interaktionsanforderungen ergibt sich nämlich die Notwendigkeit zu schnellem Suchen, Einfügen und Löschen von Einzeldaten oder Teilstrukturen. Ein weiterer Nachteil der Lösung (1) ist die erhöhte Fehlerwahrscheinlichkeit aufgrund der Möglichkeit zum freien Editieren der Datenstruktur durch den Endbenutzer.

In der Alternative (2) fällt eine Zwischenumsetzung von Eingabedaten durch die Schale weg, die Daten werden direkt in eine schnell zu interpretierende Struktur gebracht. Außerdem ist die Schnittstelle nach Software-Engineerings Grundsätze sauberer (Abschirmungsprinzip, Verwendung abstrakter Datentypen), was die oben erwähnte Fehlermöglichkeit ausschließt. Der Nachteil des Verfahrens ist, daß auch kleine Änderungen an einer Datenstruktur nur über den Aufruf des Präsentationsgraphik-Systems möglich sind. Insgesamt aber ist die Alternative (2) wohl vorzuziehen, was auch im vorliegenden Modell geschieht.

In einem häufig benutzten Präsentationsgraphik-System ist es sicher empfehlenswert, die Umsetzung von Daten aus der Anwender-Datenbasis in die interne Struktur und umgekehrt, automatisch durch Prä- und Postprozessoren der Anwendung vornehmen zu lassen (analog dem IGES-Prinzip).

Darstellungsmethodik

Ein Präsentationsgraphik-System muß eine Auswahl verschiedener Methoden zur Darstellung der Eingabedaten besitzen. Eine solche Methode kann eine Verfahrensweise zur Umsetzung von Präsentationsgraphik-Daten gesehen werden, was sich im vorliegenden Kontext auf die oben erwähnte einheitliche Datenstruktur bezieht. Die Ergebnisse der Anwendung dieser Methoden sind die graphischen Darstellungen.

Im folgenden sind die häufigsten Arten der Darstellung aus dem Bereich Präsentationsgraphik aufgelistet :

- Kreis-Diagramm
- Kurven-Diagramm
- Balken-Diagramm
- Karten- und Flächen-Diagramm

Mithilfe dieser Grundformen sind beliebige Variationen und Feingestaltungen möglich :

- Verfeinerungen
  Unterteilungen von Balken, Kreis-Sektoren, etc.

- Hervorhebungen
  Herausziehen eines Kreis-Sektors, pointierte Darstellung einzelner Elemente mithilfe von Farben

- 3-dimensionale Darstellungen
  Zylinder, Quader, Elemente in z-Richtung angeordnet

o Mischformen
  Mehrere Kurven übereinander, mehrere Kreise nebeneinander, Balken und Kurven in einem Achsenkreuz

o Sonderformen
  High low close chart (siehe /Ack-84/), Trilinear chart (dito), Bubble chart (dito), Metroglyph chart (dito), Kite chart (dito)

Methoden müssen nicht immer solch komplexe Gebilde zum Ergebnis haben, da der Benutzer dann nur wenig Einfluß auf die Darstellung besitzt. Er sollte auch die Möglichkeit haben, sein Bild aus kleinen Einzelbausteinen zusammenzusetzen.

3.2 Konzepte und Modell der Schale

Aufgrund der im letzten Kapitel erläuterten Probleme ergeben sich zusammengefaßt drei konzeptionelle Anforderungen :

o Allgemeine Datenstruktur für beliebig komplexe Datenzusammenhänge

o Variable Darstellungsmethodik sowohl hinsichtlich der Menge der Methoden, als auch bezüglich ihrer Komplexität.

o Allgemeine Datenstruktur für die Darstellungsmethoden, welche unabhängig von den zugrundeliegenden Daten frei wählbar sein müssen. Ein flexibler Wechsel zwischen Darstellungsmethoden auf derselben Datenstruktur sollte problemlos möglich sein.

Aus diesen Forderungen resultiert das in der Abbildung 2 angedeutete Umsetzungsprinzip der Daten über die allgemeine Datenstruktur.

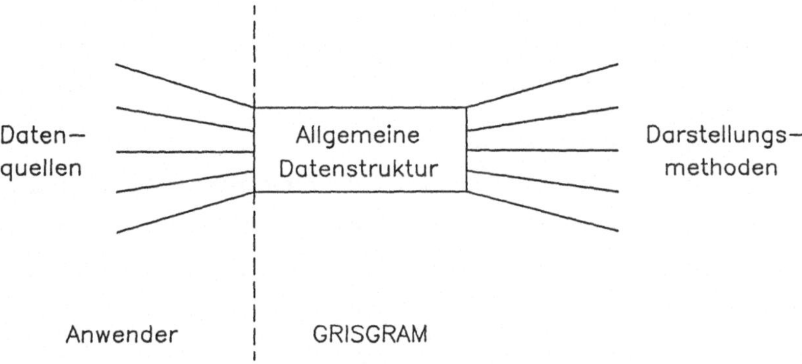

Abb. 2: Umsetzungsschema der Eingabedaten

Weitere Anforderungen betreffen stärker die graphische Funktionalität der Anwendungsschale. Hier sind zu nennen :

o Variable Darstellungsart
  Eine Feinabstimmung der Darstellungen durch den Benutzer soll durch frei variierbare Attributsteuerung möglich sein.

o Abstraktion
  Die Funktionalität von GKS liegt auf einem recht niedrigen Level. Der Sinn einer Anwendungsschale liegt darin, von GKS abzuheben und das Abstraktionsniveau auf eine der Anwendung entsprechende Stufe anzuheben. Dabei müssen die GKS-Begriffe in Begriffe der Anwendung umgesetzt werden.

o Interaktionsunterstützung
  Die Unterstützung graphischer Dialogmöglichkeiten sollte schon in der Schale vorgesehen werden. Entsprechende anwendungsspezifische Funktionen oberhalb von GKS sind bereitzustellen.

Daraus und aus den weiter oben genannten Voraussetzungen ergeben sich folgende Konsequenzen mit unmittelbarem Einfluß auf das System-Modell :

- o Trennung von Daten und Attributen
  Die Attribute der graphischen Primitive und Elemente eines Diagrammes sind nicht automatisch an die repräsentierten Daten gekoppelt. Die Zusammenführung erfolgt anwendungsabhängig oberhalb der Schale, allerdings werden selbstverständlich Default-Werte zur Verfügung gestellt.
- o Zentrale Präsentationsverwaltung der Daten
  Aus der geforderten Trennung von Daten und Attributen resultiert, daß eine zentrale Komponente deren Zusammenhänge verwalten muß.
- o Kein Window-Management innerhalb der Anwendungsschale
  Aufgrund der Vielfältigkeit der graphischen Anwendungen sollte ein Window-Management derart plaziert sein, daß mehrere Schalen und auch die Anwendung selbst darauf Zugriff haben.
- o Ressource-Manager für GKS-Ressourcen-Verwaltung
  Zur allgemeinen Benutzung von Segmenten und weiterer GKS-Ressourcen ist ein Ressource-Manager von Bedeutung, welcher, ähnlich dem Window-Manager, von mehreren Schalen benutzt werden kann.

An dieser Stelle muß hinsichtlich der Funktionalität der Schale noch ein wichtiger Hinweis erfolgen : Es werden keinerlei Vorgaben darüber gegeben, wie die Anwendung die Schale zu benutzen hat, d.h. die korrekte Umsetzung der Anwendersemantik kann nicht in der Schale geleistet werden (z.B. muß die Anwendung sicherstellen, daß die Ausgabe einer Zeitreihe nicht als Kreisdiagramm erfolgt !).

Aus dem eben beschriebenen ergibt sich das Modell der Abbildung 3.

In den folgenden Kapiteln werden diese Komponenten detailliert erörtert. Wichtig ist dabei die Bedeutung der einzelnen Teile für die Anwendung und für den Präsentationsmanager, d.h. inwieweit es sich dabei um zu verwaltende Listen oder um aktive Graphikerzeugung handelt. Die Komponenten "Window-Manager" (WM) und Resource-Manager (RM), die im Bild integriert dargestellt sind, werden in Kapitel 5. gesondert behandelt, da sie eigentlich externe Systemresourcen darstellen.

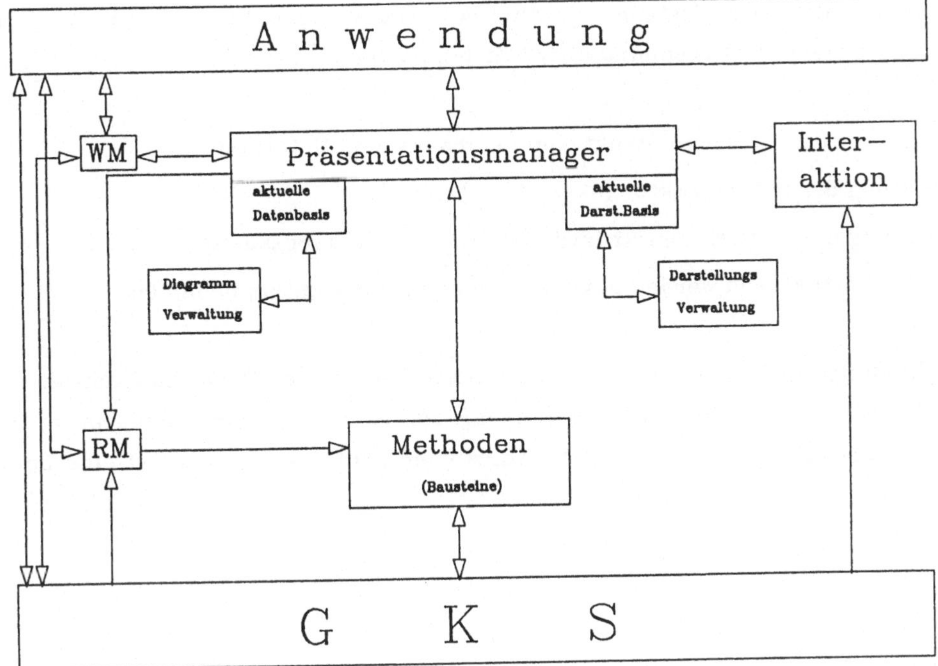

Abb. 3: Struktureller Aufbau des Modells (Informationsfluß)

4. Die Komponenten der Schale

4.1 Präsentationsmanager

Als zentrale Stelle der Anwendungsschale obliegen dem Präsentationsmanager drei wesentliche Aufgabengebiete:

- o Bereithalten einer funktionalen Schnittstelle für die Anwendung
- o Verwaltung aller aktuellen Strukturen der Präsentationsgraphikschale
- o Verbindungsglied aller elementaren Bestandteile

Die funktionale Schnittstelle beinhaltet alle Möglichkeiten, welche die Anwendungsschale der Anwendung über GKS hinaus bietet.

Die Verwaltung der aktuellen Strukturen beinhaltet zwei Unterpunkte:

- Verwaltung der Datenstruktur (aktuelle Datenbasis)
- Verwaltung der Darstellungsstruktur (aktuelle Darstellungsbasis)

Diese beiden Strukturen werden in verschiedenen Unterkapiteln behandelt.

Ein Verbindungsglied aller elementaren Bestandteile ist der Präsentationsmanager deswegen, weil in ihm die Zusammenführung der eben genannten Strukturen und weiterer Informationen zur Darstellung vonstatten geht. D.h. es existiert eine übergeordnete Struktur mit folgendem Inhalt:

was

Element der Datenstruktur

wie

Element der Darstellungsstruktur

wo

Plazierung, d.h. Segmentname

Die Abbildung 4 zeigt den schematischen Aufbau und die daraus resultierenden Einflüsse auf "angrenzende" Teile des Modells:

Wesentlich dabei ist, daß diese Struktur der 'Interaktion' die Möglichkeiten bietet, GKS-Input in Begriffe der Anwendungsschale umzusetzen (siehe Kap. 4.3).

In den folgenden beiden Unterkapiteln werden nun die Daten- und Darstellungsstruktur genauer dargestellt.

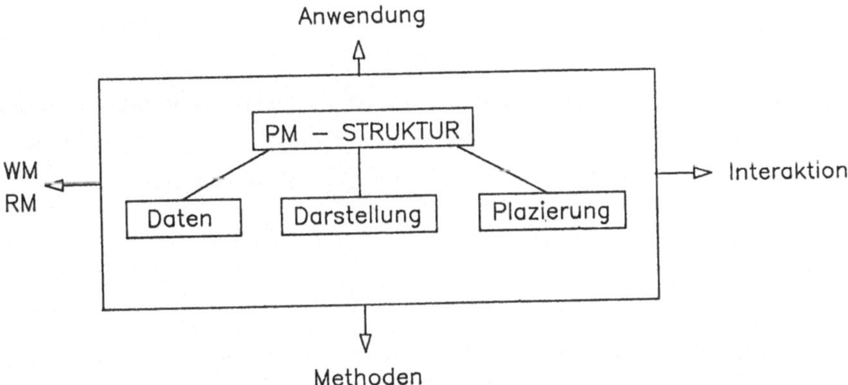

Abb. 4: Strukturen des Präsentationsmanager und deren Umgebung

4.1.1 Aktuelle Datenbasis

In sie werden sämtliche Schriften und Zahlenwerte eingelesen, die in graphische Information umgewandelt und als Diagramm ausgegeben werden sollen. Sie ist konzipiert als logische Struktur, die die wichtige Eigenschaft besitzt, in eine große Anzahl möglicher Diagrammarten umgesetzt werden zu können. Sämtliche gängigen und bekannten Standardformen wie Tortendiagramm, Stabdiagramm, Histogramm, Kurve usw. sind selbstverständlich dabei, aber auch "exotischere", wie in Kapitel 3.1 aufgeführt, können durch entsprechende Methoden umgesetzt werden.

Hierbei liegt die Idee zugrunde, bei der der Benutzer seine Eingabedaten in eine für alle Diagrammarten einheitliche logische Struktur einliest, die er dann in einer beliebigen Form ausgeben kann.

Eine wie auch immer geartete Prüfung der semantischen Bedeutung der Eingabedaten unterbleibt aus naheliegenden Gründen der Anwendungsunabhängigkeit. Dadurch muß der Benutzer selbst entscheiden, was er wie darstellt. Er sollte also in seinem Interesse dafür sorgen, daß unsinnige Darstellungen wie z.B. eine Zeitreihe als Tortendiagramm, unterbleiben.

(1) Überschrift

Deren Bedeutung ist klar, sie dient zur Erläuterung des Diagrammes.

(2) Einheit

Da in den hier betrachteten Diagrammen immer Zahlenwerte verglichen werden, liegt es nahe, deren Einheit anzugeben. Diese kann dann z.B. am Koordinatenkreuz oder unter der Überschrift angebracht werden.

(3) Die Statistik

Dies ist der entscheidende Teil der Datenbasis. Hier werden die statistischen Daten, repräsentiert durch Zahlenwert und Bedeutung, niedergelegt. Darüberhinaus enthält die Statistik Strukturinformationen über die logischen Beziehungen der Daten untereinander.

Eine Analyse von Diagrammstatistiken in /Ack-84/, /FWA-84/, /Momm-84/, /Scho-69/ und /STUG-82/ ergab, daß deren Daten in praktisch allen Fällen zwei Strukturierungsregeln genügen:

- Ein oder mehrere Daten werden zu einem Satz zusammengefaßt und untereinander auf derselben Ebene verglichen.

- Einem Datum können auf niedrigerer Ebene mehrere Sätze NACHGEORDNET sein. Man sagt in diesem Fall: Das Datum wird nach verschiedenen Kriterien (Sätzen) UNTERTEILT.

Durch Definition eines NULLDATUMS als Ausgangspunkt erhält man durch rekursive Anwendung der beiden Regeln beliebig komplexe Hierarchien aus Daten und Sätzen.

Für das vorliegende System gilt allerdings die einschränkende Regel, daß ein Datum nur genau EINEM Satz zugeordnet, ebenso wie ein Satz nur genau EINEM Datum nachgeordnet sein darf. Diese Regel widerspricht zwar in Ausnahmefällen den Verhältnissen in der Realität (dort kann durchaus ein Datum unter mehreren Kategorien mit anderen zusammengefaßt sein), jedoch ist es in den Diagrammen fast immer übersichtlicher, wenn ein von verschiedenen Gesichtspunkten aus betrachtetes Datum auch mehrmals gezeigt wird. Abgesehen davon erhöht die Einschränkung auch die Transparenz für den Benutzer und trägt dazu bei, unnötige Fehler zu vermeiden (keine Zyklen!).

Eine weitere unmittelbar einleuchtende Regel besagt, daß der leere Satz nicht in der Statistik erlaubt ist.

Es wurde schon erwähnt, daß ein Datum durch einen Zahlenwert und dazugehöriger Bedeutung repräsentiert wird. Beides wird hier BETRAG und NAME des Datums genannt. Ein Satz wird durch einen OBERBEGRIFF für die in ihm enthaltenen Daten gekennzeichnet.

(4) Legende

Sie beinhaltet Beziehungen zwischen Teilen der Statistik und weiteren Beschreibungen. Legenden sind frei definierbar und lassen sich auf Elemente der Statistik beziehen, deren Umsetzung wird aber von den einzelnen Methoden "entschieden".

Überschrift, Einheit, Datennamen und Satzoberbegriffe sind beliebige Strings, die Beträge der Daten sind REAL-Zahlen. Um die Sätze den Daten eindeutig zuordnen zu können, ist die Vergabe eines Datenschlüssels durch den Benutzer unumgänglich. Ein Satzschlüssel wird für jeden Satz intern durch das System ermittelt und beigeordnet, sodaß auch hier eine Eindeutigkeit gewährleistet ist.

Entscheidend ist die Vielfältigkeit der Statistik, welche es erlaubt, beliebige semantische Beziehungen abzubilden. Dies soll im folgenden an zwei Beispielen deutlich gemacht werden.

In Beispiel a) wird die Umsetzung einer aktuellen Datenbasis in zwei verschiedene Diagrammarten gezeigt. Die zugrunde liegenden Daten stammen aus dem Bereich der Volkswirtschaft und geben einen Überblick über den Außenhandel der BRD im Jahre 1982. Sie wurden entnommen aus /FWA-84/, S. 927 f. In der Abbildung 5-a wird die aktuelle Datenbasis mit Einheit, Überschrift und Statistik gezeigt. Zunächst erfolgt eine Umsetzung in das Stabdiagramm der Abb. 5-b.

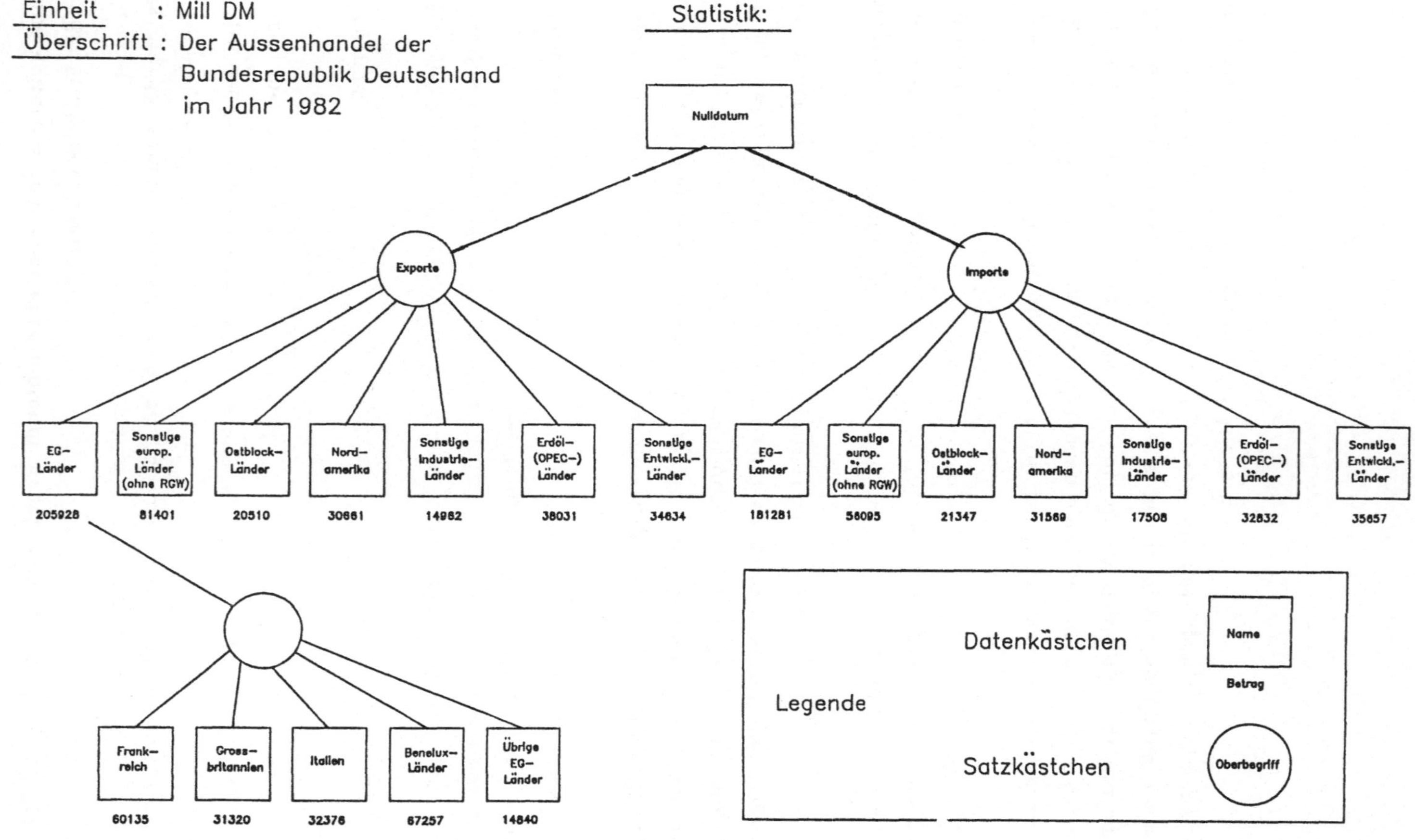

Abb. 5a: Beispiel für eine aktuelle Datenbasis

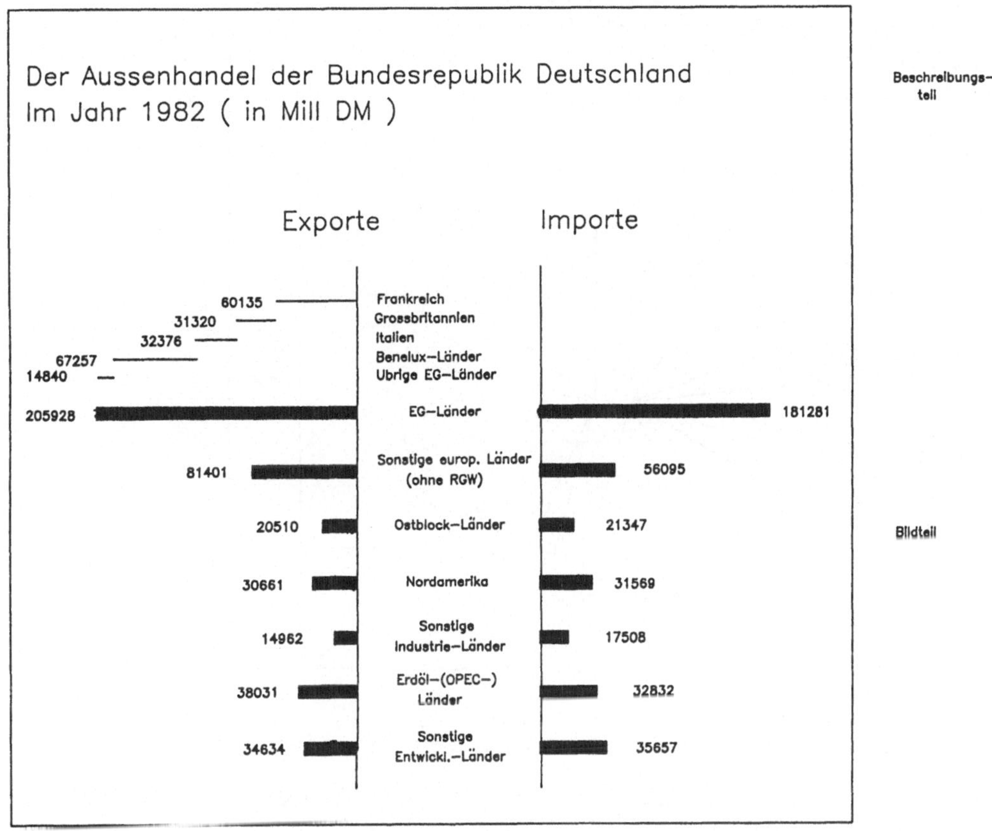

Abb. 5b: Umsetzung der aktuellen Datenbasis in ein Stabdiagramm

In der Abbildung 5-a wird die aktuelle Datenbasis mit Einheit, Überschrift und Statistik gezeigt. Zunächst erfolgt eine Umsetzung in das Stabdiagramm der Abb. 5-b.

Nun soll dieselbe Datenbasis als Tortendiagramm ausgegeben werden. Es ist leicht zu sehen, daß sie zu mächtig ist, um vollständig umgesetzt zu werden. Von den zwei Sätzen "Exporte" und "Importe" kann daher nur einer zur Ausgabe verwendet werden. Dies ist standardmäßig der zuerst definierte, in diesem Beispiel sei dies der Satz "Exporte". Da aber die vordefinierte Überschrift sich auf die Gesamtstatistik bezieht, muß sie geändert werden. Das resultierende Tortendiagramm zeigt die Abb. 5-c. Man beachte hier die Erläuterungen im Beschreibungsteil. Bei anderen Diagrammarten könnten dies z.B. größere Legenden sein oder aber auch ganz entfallen, wie beim Stabdiagramm des Beispieles.

Die Struktur des Beispieles könnte nun mit weiteren Methoden ganz verschiedenartig dargestellt werden, entsprechend der Interpretation und der Tiefe der Bearbeitung.

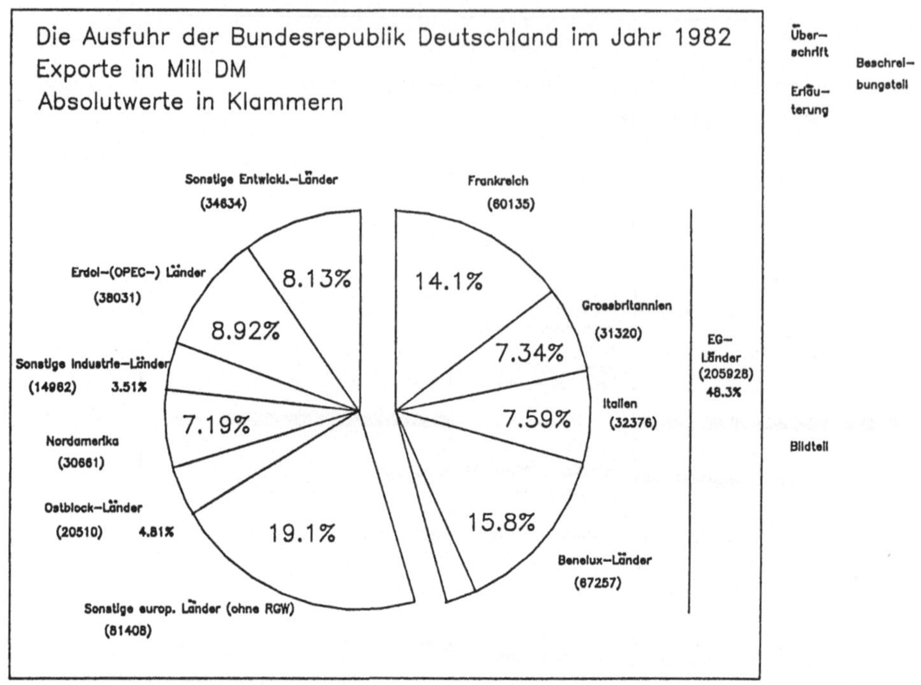

Abb. 5c: Umsetzung der aktuellen Datenbasis in ein Tortendiagramm

Eine weitergehende Möglichkeit ist an Beispiel b) sichtbar, wenn nämlich geometrische dreidimensionale Daten vorhanden sind, die dann auch in dreidimensionale Zusammenhänge umgesetzt werden könnten (z.B. Zylinder- oder 3-D-Balken-Diagramm).

Die beiden Beispiele machen deutlich, daß die Semantik vollkommen unter Kontrolle der Anwendung ist, die formale Datenstruktur jedoch prinzipiell keine Grenzen zur Erzeugung beliebiger Semantiken und Interpretationen setzt.

Interessant ist dabei ein Vergleich zu einem Ansatz von T. Shimomura /Shi-83/, in welchem versucht wird, eine Klassifizierung von "typical business graphs" vorzunehmen. In einer zweidimensionalen Tabelle mit den Achsen C (= Categorical) und Q (= Quantitative) werden alle diese klassifizierten Graphen untergebracht. Es ist dabei leicht ersichtlich, daß die in diesem Kapitel beschriebene Datenstruktur der im genannten Artikel beschriebenen Klassifizierung mindestens gleichrangig ist, was die Flexibilität der Datenstruktur unterstreicht.

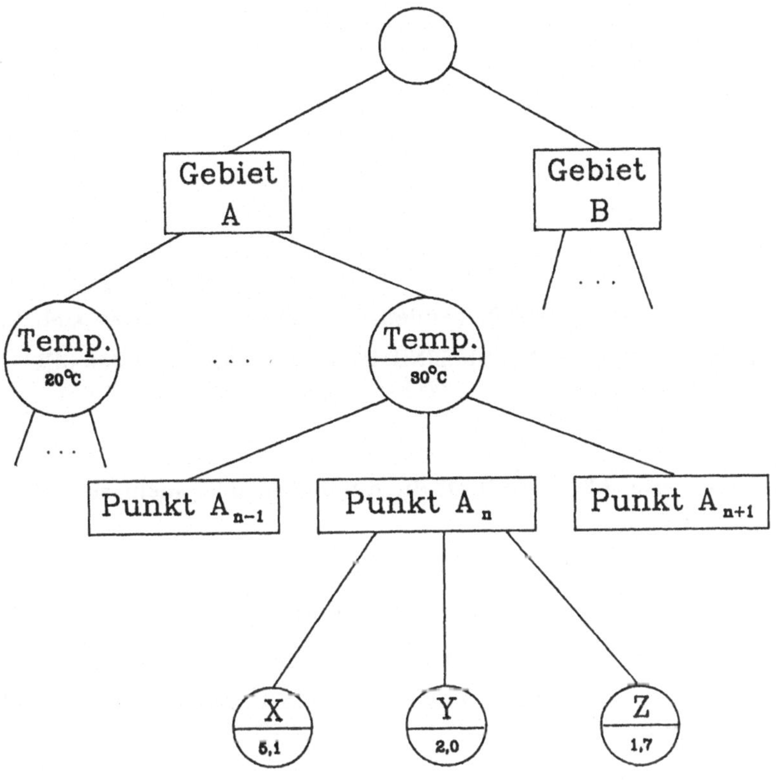

Abb. 6: Statistik für Beispiel b)

4.1.2 Darstellungsstruktur

Die aktuelle Darstellungsstruktur ist eine Tabelle mit definierten Primitives- und Attributszusammenhängen. Dies können (je nach Implementierung) simple Verweise auf bestehende Bundle Tables sein, oder aber noch weitere Beziehungen untereinander beinhalten. Die Semantik dieser Beziehungen läuft im Präsentationsmanager zusammen, da dort die aktuellen Zusammenhänge zwischen Daten und Darstellung verwaltet werden. Die Darstellungsstruktur ist als erweiterte Liste deswegen notwendig, damit die Zusammenhänge von Daten und Darstellung unabhängig von den gewählten Methoden und der damit verbundenen Primitive erzeugt werden können.

Die Darstellungsstruktur hat somit folgendes Aussehen:

Index
Attributsart
Attribute
Relationen

Attributsart entspricht den zugrundeliegenden Primitiven, also ob es sich bei der speziellen Darstellung um FILL AREA, POLYLINE, POLYMARKER, TEXT oder CELL ARRAY handelt.

Attribute können, wie weiter oben erwähnt, Bundle Indizes oder mehr sein, d.h. auch nicht GKS-spezifische Attribute.

Relationen zwischen Darstellungseinträgen sind dann vorteilhaft, wenn z.B. Änderungen an gewissen Attributen andere Änderungen implizieren sollen. Die Semantik dazu ist von der Anwendung vorgegeben, die Umsetzung wird durch den Präsentationsmanager gesteuert.

4.2 Methoden(-bausteine)

Dies ist nun der umfassende Punkt der 'Sichtbarmachung' der Datenstruktur. Methoden(-bausteine) können von der Anwendung über den Präsentationsmanager aufgerufen werden. Alle notwendigen Informationen zur Erzeugung einer Graphik, also Daten und Attribute sowie Fenster, liefert der Präsentationsmanager.

Eine Sammlung von Darstellungsmethoden erfolgte schon in Kap 3.1. Der Begriff "Methodenbausteine" umfaßt neben kompletten Diagrammen auch Teile (z.B. Überschrift, Tortensegment oder Balken). Dadurch wird auch eine Abstraktion von GKS durch Verwendung von Primitiven höherer Ordnung erreicht.

Man kann nun diese Primitive oder Bausteine zu funktionalen Ebenen zugehörig klassifizieren :

1. Basisebene
   Kreissektor, Balken, Achsenkreuz, Überschrift, Würfel, etc.

2. Diagrammebene
   Kreisdiagramm, Histogramm, Balkendiagramm, Kurve mit Achsenkreuz, jeweils mit Überschrift und ggf. Legende

3. Komplexe Graphik-Ebene
   Ausgabe mehrerer Diagramme in einem bestimmten Kontext, z.B. zu Vergleichszwecken, mit gemeinsamer Überschrift, was etwa durch die Ausgabe mehrerer getrennter Diagramme über einen Window-Manager geschehen könnte.

Die Anwendung kann sich mittels verschiedener Methodenbausteine oder einer einzelnen Methode gewünschte Graphiken erzeugen. Eine Reihe von Parametern können diese Darstellungen begleiten, so z.B. Fenster, Verwendungstiefe der Datenstruktur, sichtbare Beschriftungen oder ähnliches mehr. Dies muß von Methode zu Methode entscheidbar sein.

4.3 Interaktion

Obwohl es sich hierbei um ein zentrales Element handelt, wirft es mehrere Schwierigkeiten dahingehend auf, daß es erstens nicht einfach ist, den Begriff Interaktion für die Anwendungsschale zu definieren, und zweitens die Plazierung innerhalb des Modells nicht unbedingt eindeutig ist (obgleich dies aus Abbildung 3 zu schließen wäre). Es ist daher sinnvoll, zuerst einmal einen Anforderungskatalog zusammenzustellen, welcher, in einer Art Idealvorstellung, wünschenswertes zu einer dialogorientierten Anwendungsschale zusammenstellt:

- Arbeiten mit Begriffen der Schale (Statistik, Legende, Darstellung, Methode, ...)

o Automatische Aktualisierung der Datenstrukturen der Anwendungsschale (falls erwünscht)

o Komfortable Benutzerführung

==> Allgemeine Abstraktion

Um Interaktionsmöglichkeiten sinnvoll einpassen zu können, muß natürlich auch entschieden werden, ob man beim Konzept der Eingabemodi (Request, Sample, Event) bleiben will oder nicht.

Zwei Formen der Interaktion lassen sich unterscheiden:

o Reine Eingabe, d.h. Umsetzung und Weiterleitung an Anwendung
o Eingabe mit direkter Aktualisierung von Elementen der Anwendungsschale

Die reine Eingabe ist eine konsistente Erweiterung der GKS-Eingabe, nur daß nun Begiffe der Anwendungsschale an die Anwendung geliefert werden (und nicht Werte der 6 GKS-Eingabeklassen). Dies wird für eine interaktive Anwendung aber nicht der Hauptaspekt sein. Vielmehr ist die zweite Eingabeform von Bedeutung, da hierbei der Anwendung viel Aufwand erspart bleibt. Solche Aktualisierungsfunktionen implizieren dann 4 Arbeitsgänge:

o Eingabe anfordern
o Umsetzung der Eingabe in Schalensemantik
o Aktualisierung der Schalenstrukturen
o Meldung an die Anwendung

Es können prinzipiell alle Strukturen der Anwendungschale aktualisiert werden: die aktuelle Datenbasis, die aktuelle Darstellungsbasis und der Präsentationsmanager.

Die Aktualisierung kann direkt auf einzelne Elemente bezogen werden (z.B. AKTUALISIERE SATZ, AKTUALISIERE LEGENDE), oder aber dies erst nach der Eingabe entscheiden, da der Benutzer sich dann erst für ein bestimmtes Element entschieden hat.

Eine komfortable Benutzerführung sollte über GKS hinausgehende Menüfunktionen beinhalten, welche auch entsprechende Eingaben umsetzen können (impliziert natürlich auch die Entscheidung, ob ein Menüelement oder ein Diagrammelement gepickt wurde).

4.4 Systemschnittstellen

Da es natürlich erforderlich ist, einmal erzeugte Diagramme mitsamt der passenden Darstellungen längerfristig zu speichern, müssen Schnittstellen zu einer Diagrammverwaltung und einer Darstellungsverwaltung existieren. Weiterhin sollten Möglichkeiten vorhanden sein, um Daten fremder Systeme einzuspielen und mittels einer Art 'Präprozessor' auf die interne Datenstruktur umzustellen (siehe Kap. 3.1).

Wie in einem speziellem System diese Möglichkeiten aussehen, hängt von der Implementierung und dem dazugehörigen Dateisystem ab. Wichtig ist aber, eine Funktionalität zur Verfügung zu stellen, welche es der Anwendung erlaubt, auf diese Möglichkeiten zuzugreifen.

Diagrammverwaltung

Jedem Diagramm sind 5 Kenngrößen zugeordnet:

- o Diagrammname
- o Überschrift des Diagramms
- o Name der zuletzt benutzten Darstellung
- o Zuletzt benutztes Fenster
- o Zuletzt benutzte Methode

Unter diesen 5 Kenngrößen sind die Daten eines Diagramms abzulegen, damit späterhin eine leichte Suche und eine vollständige Reproduktion der letzten Darstellung ermöglicht werden.

Darstellungsverwaltung

Unter dem Namen einer Darstellung müssen folgende Bezüge abgespeichert werden:

- o Verweise innerhalb des Präsentationsmanagers, welche den Zusammenhang von Datenstruktur und Darstellungsstruktur herstellen.
- o komplette Darstellungsstruktur
- o benutzte weitere Verweise mitsamt den Einträgen (Teile der Bundle Tables)

Diese Speicherung aller Zusammenhänge zwischen Daten und Darstellung erlaubt eine komplette Reproduktion. Außerdem ermöglicht sie es, gewünschte Darstellungen für Serien von Graphiken zu verwenden, da die Darstellungen getrennt von den Diagrammen verwaltet werden.

5. Externe Komponenten

Die folgenden Komponenten gehören nicht zur eigentlichen Schale, werden aber von ihr benötigt und sollten für mehrere Anwendungsschalen zur Verfügung stehen.

Resource-Manager

Er dient zur Informations-Verwaltung über den Zustand von GKS und besitzt eine höhere Funktionalität als die GKS-Inquiry-Funktionen. Die Notwendigkeit ergibt sich insbesondere bei einer gleichzeitigen Nutzung einer GKS-Task durch mehrere Schalen oder Anwendungen.

Verwaltet werden im einzelnen :

- o Segmentnummern
- o Text Bundle-Entries
- o Fill Area Bundle-Entries
- o Polyline Bundle-Entries
- o Polymarker Bundle-Entriesir

Freie Segmentnummern und Indizes können abgefragt werden.

Window-Manager

Auch diese Komponente gehört prinzipiell nicht intern zur Schale. Zwei Gründe sind ausschlaggebend für die Verwendung eines Window- Managers in einem Präsentationsgraphik-System :

- o Mehrere Diagramme sollen neben- oder übereinander dargestellt werden.
- o Eine oder mehrere weitere GKS-Schalen greifen auf dasselbe Ausgabegerät zu.

Es sind prinzipiell zwei Lösungen zur Realisierung eines Window-Managers denkbar :

(a) "Bildschirm-Informations-Verwalter"
Dieser einfache Window-Manager hätte nur Funktionen zum Abspeichern und zur Ausgabe von Informationen zur Verwaltung der aktuell belegten Flächen des Bildschirmes.

(b) "Komplexer" Window-Manager
In diesem Fall würde die gesamte Ausgabe durch den Window-Manager kontrolliert. Nur auf den Bereichen des Bildschirmes, die er zuweisen würde (z.B. über eine funktionale Schnittstelle), könnte eine Ausgabe erfolgen. Allerdings ist das Problem GKS <•> Window-Manager derzeit noch nicht befriedigend gelöst aufgrund der Philosophie von GKS, den gesamten Bildschirm zu verwalten. Zwei behelfsmäßige Lösungsansätze sind denkbar :

- o GKS greift auf ein "virtuelles Device" zu, d.h. auf das Window, daß der Window-Manager zur Verfügung stellt.
- o Oberhalb von GKS wird eine zusätzliche Schicht gelegt, die den Zugriff auf GKS filtert und die Funktionen eines Window-Managers beinhaltet.

6. Präsentationsgraphik-Implementierung IDEFIX/GRISGRAM

Ziel bei der Entwicklung des Programmsystems IDEFIX/GRISGRAM war es nicht, der Menge der bestehenden Business Graphics Systeme noch ein weiteres hinzuzufügen. Dies konnte auch nicht sinnvoll sein, da die meisten am Markt befindlichen Produkte einen viel zu großen Erfahrungsvorsprung implizieren bzw. über Jahre hinweg mit erheblich mehr Manpower entstanden sind. Vielmehr sollten zukunftsweisende Konzepte im Vordergrund stehen, welche momentan nicht oder nur sehr eingeschränkt zu finden sind. Als solche sind zu nennen :

- o Geräteunabhängigkeit
- o Benutzung von GKS
- o Entwicklung, Implementierung und Verwendung einer Anwendungsschale
- o Interaktion

Präsentationsgraphik-Anwendungsschale GRISGRAM

Das System GRISGRAM (Graphical Representation by Associated Methods der FG GRIS an der TH Darmstadt) stellt einen Präsentationsgraphik-Kern dar. Es umfaßt die Realisierung der aktuellen Datenbasis und setzt diese vollständig in Diagramme um. Der Benutzer hat außerdem die Möglichkeit, ein Ausgabefenster zu spezifizieren und einmal definierte Datenbasen in einer Verwaltung abzulegen.

In einer erweierten Version wurden diesen datenorientierten Komponenten die darstellungsorientierten hinzugefügt (aktuelle Darstellungsbasis, Darstellungsverwaltung, Präsentationsmanager, Resource-Manager), um einen graphischen Dialog zu ermöglichen.

Präsentationsgraphik-System IDEFIX

Die Präsentationsgraphik-Anwendung IDEFIX (Interaktive Diagrammerzeugung für IX-beliebige Methoden) baut auf der oben erwähnten erweiterten Anwendungsschale GRISGRAM auf. Entscheidende Bedeutung kommt dem Aspekt der graphischen Interaktion zu. Deren Möglichkeiten geben dem System das besondere Erscheinungsbild. Voraussetzung dafür ist natürlich eine entsprechende Hardwareunterstützung, d.h. benutzerfreundliche Eingabegeräte, z.B. eine Maus oder ein Tablet.

Das Gesamtsystem stellt sich in mehreren Zuständen dar, jeweils symbolisiert durch die Existenz eines entsprechenden Menüs. Je nach Menüart wird entweder entsprechend der Menüwahl verzweigt, oder ein automatischer Wechsel durchgeführt. Die folgende Abbildung zeigt das entsprechende Zustandsdiagramm.

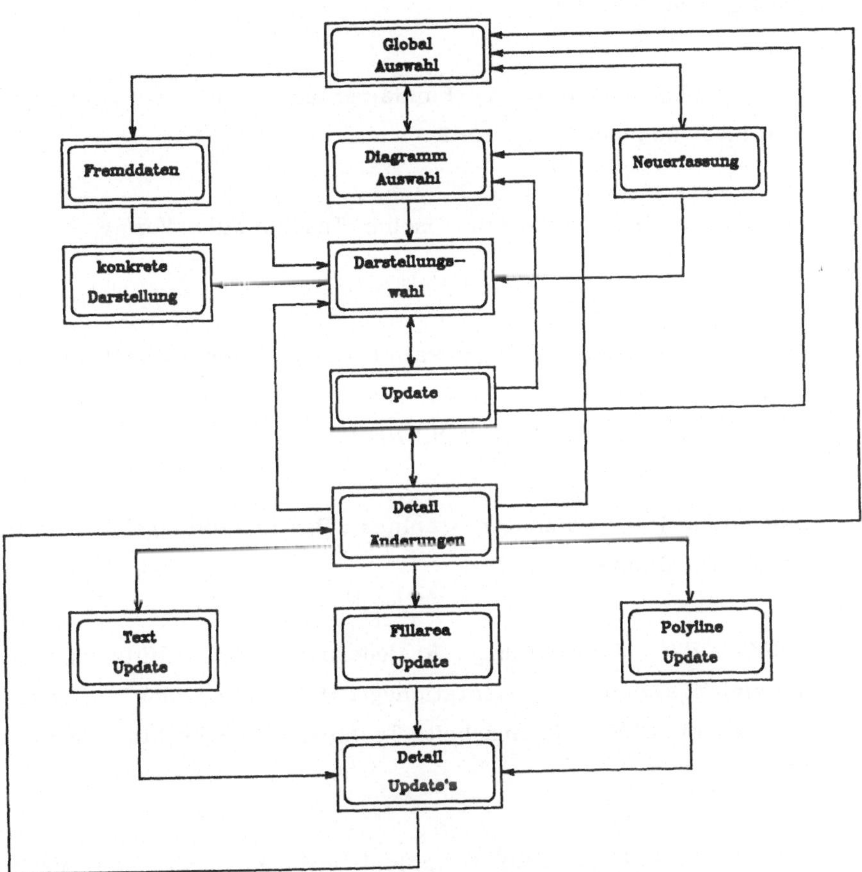

Abb. 7: Systemüberblick - Systemzustände

Literatur

/Ackm-84/ ACKMANN, D.: Neue Darstellungsformen im Bereich Business-Graphik. Proceedings CAMP'84, Berlin 1984.

/Ende-83/ ENDERLE, G., KANSY, K., PFAFF, G.: Computer Graphics Programming. Springer, Berlin 1983.

/Fole-82/ FOLEY, J.D., VAN DAM, A.: Fundamentals of Interactive Computer Graphics. Addison Wesley 1982.

/FWA-84/ Der Fischer Welt Almanach, Fischer Taschenbuch Verlag, Frankfurt 1983.

/GKS-82/ International Standard Organisation (ISO) : Information Processing - Graphical Kernel System (GKS) - Functional Description. New York : ISO, 1982. (Document-No. ISO DIS 7942).

/Hare-82/ HARENDZA, H.B.:: Computer Graphics : Das Anwendungsfeld "Business Graphics". Online 4-6, 1982.

/Kunz-84/ KUNZ, R.:: Konzeption, Realisierung und Nutzung einer Anwendungsschale Präsentationsgraphik für das graphische Kernsystem GKS. Diplomarbeit, Technische Hochschule Darmstadt, 1984.

/Lux-84/ LUX,G.:: GRISGRAM - GRIS Graphical Resources Associated Methods. Diplomarbeit, Darmstadt 1984.

/Momm-84/ MOMMA, B.: Graphik fürs Geschäft. Verlagsgesellschaft Rudolf Müller, Köln-Braunsfeld 1984.

/PGK-84/ KUNZ, R.: Konzeptionspapier zum Entwurf einer Anwendungsschale "Präsentationsgraphik" oberhalb GKS. Darmstadt 1984.

/Scho-69/ SCHOEN, W.: Schaubildtechnik, Stuttgart 1969.

/Shim-83/ SHIMOMURA, T.: A Method for Automatically Generating Business Graphs. IEEE CG&A, Vol. 3 No. 6, September 1983.

/STUG-82/ LUX, G., SCHMITT, T.: Entwurf und Implementierung statistischer Auswertung und graphischer Ausgabe für das Studentenverwaltungssystem STUSS. Studienarbeit, Technische Hochschule Darmstadt, 1982

/UIMS-83/ EG IFIP WG 5.2 : Workshop on 'User Interface Management Systems'. Seeheim, November 1983.

/Wens-83/ BORUFKA, H.G., HANUSA, H., KUHLMANN, H., PFAFF, G.: Workshop on User Interface Managers. Research and Development Report No. GRIS 83-9, Fachgruppe Graphisch-Interaktive Systeme, Technische Hochschule Darmstadt, 1983.

Stand und Möglichkeiten von CAD/CAM im Maschinenbau

W. Poths
VDMA, Frankfurt

1. Die Branche Maschinenbau

Die Sachaufgabe des Maschinenbaus besteht im *Konzipieren und Erzeugen von Komponenten und Systemen zur Stoffumsetzung, Energieumsetzung und Informationsumsetzung* /1/.

Die Breite des Produktspektrums wird deutlich an den Produktprogrammen der zum Maschinenbau zählenden Firmen; z.B. von

- Thekeneinrichtungen mit entsprechenden Kühlaggregaten

bis zur

- Erstellung ganzer Fabriken oder
- Herstellung von (Erz)-Aufbereitungsanlagen

Die Komplexität des Produktspektrums im Maschinenbau umfaßt die folgenden Bereiche:

- Einzelteile
- Baugruppen
- Maschinen
- Aggregate
- Geräte
- FFZ

- FFS
- Anlagen
- Fabriken

Die Träger der Auftragsabwicklung sind je nach Produktkomplexität Einzel-Unternehmen oder Konsortien mit Konsortialführern aus den Branchen Maschinen- und Anlagenbau, Elektrotechnik oder Atomtechnik.

Bei der Erstellung der unterschiedlichen technischen Systeme treten unterschiedliche Leistungstypen vom Einmal-Fertiger bis zum Massen-Fertiger in Erscheinung. Dabei ist in letzter Zeit eine ständige Ausweitung der Einmal- und Einzel-Fertigung zu beobachten, während die Serien- und Massen-Fertigung tendenziell rückläufig sind.

Die Größenstruktur der Branche Maschinen- und Anlagenbau macht deutlich, daß Kooperation bei der Abwicklung von Aufträgen, die komplexe technische Systeme betreffen, häufig notwendig ist. Es ist bemerkenswert, daß fast 92% aller Betriebe mit mehr als 20 Mitarbeitern weniger als 500 Beschäftigte haben.

2. Untersuchung zum CAD/CAM-Einsatz im Maschinen- und Anlagenbau

Die folgenden Ausführungen orientieren sich an einer Untersuchung zum CAD/CAM-Einsatz im Maschinen-, Anlagen- und Stahlbau /2/.

2.1 Definitionen

Bei dieser Untersuchung wurden die Begriffe CAD und CAM in Anlehnung an die Richtlinien des Bundesministers für Forschung und Technologie (BMFT) zur indirekt spezifischen Förderung von Forschungs- und Entwicklungsvorhaben im Rahmen des Programms Fertigungstechnik definiert /3/.

Danach zählen zu CAD folgende Aufgaben:

- Technische Angebote erstellen
- Produkte planen und entwerfen
- Produkte gestalten und ausarbeiten
- Dokumentationsaufgaben durchführen
- CAD-Produktionsphasen planen und steuern

CAM enthält folgende Aufgaben:

- Stücklisten erstellen und verwalten
- Arbeitspläne erstellen und verwalten
- NC-Maschinen programmieren
- Produktionsprogramme planen und anpassen
- Kapazitäten und Termine disp. und verwalten
- Materialien und Teile disp. und verwalten
- Betriebsmittel, Vorrat und Werkzeuge disp. und verwalten
- Materialentnahme- und Arbeitspapier erstellen
- Betriebsdaten erfassen und auswerten
- Qualität kontrollieren
- Produkte kalkulieren

2.2 Aufgabenstellung und Aufbau der Untersuchung

Im Rahmen der Untersuchung sollte der Stand der CAD/CAM-Anwendungen im Maschinen- und Stahlbau festgestellt werden. Dies bedeutete im einzelnen:

- Erfassung der Istsituation
- Ermittlung von Faktoren, die den Einsatz von CAD/CAM-Systemen behindern
- Ermittlung von Faktoren, die den Einsatz von CAD/CAM-Systemen fördern und
- Ableitung von Empfehlungen, deren Realisierung geeignet ist, die CAD/CAM-Anwendung auf breiter Basis voranzutreiben.

Die Untersuchungsergebnisse basieren auf einer statistisch abgesicherten Grundlage /2/.

Die Untersuchung gliedert sich in eine telefonische Breitenbefragung und eine vertiefende Erhebung in Form persönlicher Fachgespräche. Der Stichprobenumfang für den Maschinenbau beträgt

- bei der telefonischen Breitenbefragung 350 Betriebe (6,5% der Grundgesamtheit)
- für die persönliche Befragung 100 Betriebe (2,0% der Grundgesamtheit).

Durch Begrenzung der Untersuchung auf 20 Fachgemeinschaften des Maschinenbaus, für die eine Anwendung von CAD/CAM von besonderer Bedeutung ist, wurde eine hohe Zuverlässigkeit der Ergebnisse erreicht.

2.3 Untersuchungsergebnisse

Die verschiedenen Ausführungen können nur einen groben Einblick vermitteln. Im Bedarfsfall kann der Ergebnisstand über das Forschungskuratorium Maschinenbau in Frankfurt bezogen werden /2/.

2.3.1 Eindringungsgrad

Für 1982 liegt nur der Eindringungsgrad für CAD vor. Es handelt sich jeweils um ungewichtete Werte, d.h. die in der jeweiligen Umfrage vertretenen Betriebsgrößen wurden nicht entsprechend der tatsächlichen Verteilung gewichtet. Der niedrigere CAM-Wert für 1984 ist auf eine andere Abrenzung der Aufgaben zurückzuführen.

Der Gesamtwert macht deutlich, daß sich durch die Gewichtung ein um etwa ein Drittel niedrigeren Wert ergibt. Dieser Vergleich ist möglich, weil beide Aussagen auf dem gleichen Zahlenmaterial basieren.

Interessant ist der Vergleich der Eindringungstiefen zwischen CAD und CAM. Während bei den Großbetrieben die Eindringungstiefe bei CAM knapp das Zweifache von CAD beträgt, liegt sie bei den Mittel- und Kleinbetrieben beim Sechsfachen. Daraus kann der Schluß gezogen werden, daß in den Großbetrieben CAD-Anwendungen bereits wesentlich umfangreicher erfolgen als in Mittel- und Kleinbetrieben.

Die Gliederung des CAD/CAM-Einsatzes nach Fachgemeinschaften zeigt ein außerordentlich differenziertes Bild. Sowohl bei CAD als auch bei CAM ergeben sich große Schwankungen hinsichtlich der Anwendung dieser neuen Hilfsmittel.

Es gibt Fachgemeinschaften, in denen die Anwendungen bei beiden Techniken wesentlich oberhalb des Mittelwertes liegen und andere, in denen sie wesentlich darunter liegen.

2.3.2 Phasenbetrachtung des Anwendungsstandes

Der Anteil der Firmen, die sich bei CAD noch über die Möglichkeiten des Einsatzes informieren, ist reichlich doppelt so groß wie bei CAM. Ähnlich sieht es in der Planungsphase aus.

2.3.3 Anwendungen

Im folgenden werden Detailergebnisse zur Anwendung der CAD- und CAM-Techniken dargestellt. Die Aussagen betreffen sowohl den Istzustand als auch Planungen zum CAD/CAM-Einsatz.

2.3.3.1 EDV-Unterstützung in technischen Unternehmensbereichen

Es wird deutlich, daß mit Ausnahme der Kleinbetriebe mehr als die Hälfte der an der Untersuchung Beteiligten die EDV bereits im technischen Bereich einsetzt. Schlüsse über den Umfang der Anwendungen können daraus jedoch nicht abgeleitet werden.

Die elektronische Datenverarbeitung wird noch lange nicht von allen Betrieben als Hilfsmitel zur Lösung von Aufgaben im technischen Bereich angesehen. Immerhin plant fast die Hälfte der Maschinenbauer keinen Computereinsatz im technischen Bereich.

Offenbar sind die Möglichkeiten des Computers zur Unterstützung der Abwicklung technischer Aufgabenstellungen von vielen Betrieben noch nicht erkannt. Die DV-Betriebskosten je Mitarbeiter erreichen für die Unterstützung von Entwicklungs- und Konstruktionsaufgaben nur ein Drittel derjenigen Kosten, die für das Rechnungswesen eingesetzt werden. Die Anzahl der Terminals erreicht nur die halbe Dichte im Vergleich zum Rechnungswesen.

Weiterhin machen die Zahlen deutlich, daß auch die DV-Entwicklungskosten je Mitarbeiter für den Entwicklungs- und Konstruktionsbereich nur ein Drittel des Betrages erreichen, der für Entwicklungen im Bereich des Rechnungswesen ausgegeben wird.

2.3.3.2 CAD

Die Untersuchungen zeigen, daß 84% der Anwender das CAD-System zum Planen und Entwerfen von Produkten einsetzen. Dies widerspricht der häufig zu hörenden Aussage, daß CAD nicht geeignet sei, die Entwurfsphase zu unterstützen. Weitere Schwerpunkte sind die Gestaltung und Ausarbeitung sowie die Dokumentation.

Die Planungen zum CAD-Einsatz machen deutlich, daß in Zukunft der Rechner noch stärker für Dokumentationsaufgaben, aber auch zur Erstellung von Angeboten im technischen Bereich eingesetzt werden soll.

2.3.3.3 CAM

Die Untersuchungen zum CAM-Bereich zeigen die überragende Bedeutung, die die Erstellung und Verwaltung von Stücklisten und Arbeitsplänen sowie die Disposition und Verwaltung der Materialien, aber auch die Erstellung von Entnahme- und Arbeitspapieren haben. Obwohl auf diesen Gebieten bereits ein hoher Entwicklungsstand erreicht ist, zeigen die Aussagen zu den Planungen, daß die Betriebe ihre Aufmerksamkeit in Zukunft nicht so sehr den bisher weniger stark ausgebauten Aufgaben widmen, sondern daß sie die Anwendungen bei den bereits stark unterstützten Aufgaben weiter ausbauen wollen.

Auch im CAM-Bereich existiert noch ein beachtliches Unterstützungspotenzial. Keiner der an der Untersuchung beteiligten Betriebe unterstützt bereits alle in 2.1 genannten 11 CAM-Aufgaben. Lediglich 25% der Betriebe setzen den Rechner für 7 der dort genannten 11 Aufgaben ein.

2.3.3.4 Potential und Ausschöpfung

Dieser Sachverhalt wird auch durch folgende Aussagen untermauert. Bei den CAD-Anwendungen wird etwa erst ein Drittel des Unterstützungspotentials ausgeschöpft. Setzt man dies in Relation zum Eindringungsgrad, so bedeutet dies, daß erst etwa 2% des im Maschinenbau vorhandenen Potentials durch CAD-Einsatz unterstützt wird. Bedenkt man weiter, daß sich die CAD-Systeme ständig weiterentwickeln und verbessern, was letztlich bedeutet, daß ständig neue Anwendungsmöglichkeiten erschlossen werden, so läßt sich dies zu der Aussage zusammenfassen, daß heute vielleicht 1% des CAD-Potentials im Maschinenbau durch Rechnereinsatz unterstützt wird.

Eine Betrachtung nach Konstruktionsarten und -aufgaben belegt diese Aussage. So werden beispielsweise bei der Variantenkonstruktion die Erstellung technischer Angebote nur zu einem Viertel des vorhandenen Potentials unterstützt. Entsprechendes gilt für die CAD-Aufgabe Produkte planen und entwerfen.

Auch bei den CAM-Anwendungen gibt es zwischen Potential und Ausschöpfung noch beachtliche Unterschiede; sie sind jedoch längst nicht so stark ausgeprägt wie bei CAD. Für den CAM-Bereich liegt ebenfalls detaillierteres Untersuchungsmaterial vor, aus dem das Potential und seine Ausschöpfung, gegliedert nach Aufgaben und Phasen, hervorgeht.

2.3.4 Hardware-Ausstattung

Zwei Drittel der Betriebe setzen nur eine Datenverarbeitungsanlage für technische Aufgabenstellungen ein.

Die Hardware kommt überwiegend von einem Hersteller.

2.3.4.1 Zentraleinheit

82% der Zentraleinheiten, die für technische Aufgaben eingesetzt werden, entfallen auf 9 Hersteller. Die restlichen 18% verteilen sich auf Hersteller mit einem Anteil von weniger als 2%.

Die durchschnittliche Hauptspeicherkapazität (Mittelwerte in Mega-Byte) sieht wie folgt aus:

- CAD/CAM: 2,8
- CAM: 1,8
- Gesamt: 2,2

2.3.4.2 Peripherie

Erwartungsgemäß ist bei den Graphik-Bildschirmen ist das Raster-Scan-Verfahren am häufigsten anzutreffen.

Bei der Druckausgabe ist die Dezentralisierung auf dem Vormarsch.

Bei den Zeichengeräten kommt mit Abstand der Stiftplotter am häufigsten zum Einsatz.

2.3.5 Software-Ausstattung

Auch bei technischen Anwendungen gilt: " Die Hardware ist immer nur so gut wie die Software" (Heinz Nixdorf).

2.3.5.1 CAD-Software

Bei der CAD-Basis-Software werden folgende Namen am häufigsten genannt:

- Medusa
- Euclid
- Detail II
- Cadis 2D
- CADDS
- Catia
- Codem
- GS 1000
- PROREN
- IGDS
- Bocad
- CAE
- Autocad
- Partec
- Krasta

sowie eine Reihe weiterer Programme ohne Angabe des Programmnamens von verschiedenen Herstellern.

Die folgende Tabelle enthält die am häufigsten zum Einsatz kommenden speziellen Anwendungspakete.

Progr.-Name/Art	Anzahl	Nennungen
Berechnungsprogr.	24	75%
Brennscheid-Optimierung	4	13%
Blechabwicklung	7	22%
FE-Netz-Generator	6	20%
Aufbereitung Stück-listen Informationen	19	63%

2.3.5.2 CAM-Software

Die Namen der am häufigsten genannten CAM-Pakete sind:

- COPICS
- ISI
- FEROS
- BOG
- UNIS
- DBOMP

sowie eine Reihe von Programmen ohne Namensnennung und 35 weitere mit nur einem Einsatz.

2.3.6 Kosten des CAD-Einsatzes

Die Ausführungen hierzu beziehen sich auf Hardware und Betriebssystem, Anwendungssoftware, Anfangsinvestitionen und laufende Kosten.

2.3.6.1 Hardware und Betriebssystem

Hierzu wurden die Kosten für 16 Installationen von 4 Herstellern erfaßt. Der Durchschnitt liegt bei rund 215.000 DM je Arbeitsplatz.

2.3.6.2 Anwendungssoftware

Die durchschnittlichen Kosten der Anwendungssoftware wurden je Arbeitsplatz mit rund 193.000 DM ermittelt.

2.3.6.3 Anfangsinvestitionen

Die Höhe der Anfangsinvestitionen je Unternehmen liegt im Schnitt bei 1.436.000 DM. Je Arbeitsplatz schwanken die Anfangsinvestitionen etwa zwischen 200.000 und 500.000 DM.

Die herstellerspezifiscche Aufgliederung ergibt Werte zwischen 293.000 und 394.000 DM.

2.3.6.4 Laufende Kosten

Mehr noch als die Anfangsinvestitionen sind die laufenden Kosten von Bedeutung, die ein Unternehmen für CAD aufbringen muß. Sie schwanken je Unternehmen und Monat zwischen 5.000 und 100.000 DM; im Mittel liegen sie bei rund 29.000 DM. Je Arbeitsplatz (ohne Abschreibung, Miete usw.) liegen die laufenden Kosten pro Monat im Schnitt bei 6.000 DM (Schwankungsbreite zwischen 2.000 und 20.000 DM).

In der Untersuchung sind die Kosten je Arbeitsplatz weiter aufgeschlüsselt nach Schulung, zusätzliches Personal, Datensicherung, Material/Energie, Wartung und Pflege, usw. Im Rahmen dieses Beitrags ist es jedoch nicht möglich, darauf näher einzugehen.

2.3.7 Einführung und Nutzung des CAD/CAM-Systems

Interessante Hinweise liefert die Untersuchung auch zur Einführung und Nutzung des CAD-Systems.

2.3.7.1 Untersuchungsteam, Einführungsart und Kapazitätsbedarf

Zur Einführung der CAD/CAM-Systeme wurde in der Regel ein Untersuchungsteam gebildet, dem Mitarbeiter aus Konstruktion, Arbeitsvorbereitung, EDV/Organisation, aus dem Betriebsrat, häufig aber auch die Geschäftsleitung sowie Berater angehörten. Die Projektleitung lag etwa zu gleichen Teilen bei der Konstruktion, EDV/Organisation oder der Geschäftsleitung.

Die Dauer der Einführung lag zwischen 1,5 und 2 Jahren. Der Kapazitätsbedarf hierfür betrug rund 3 Mannjahre.

2.3.7.2 Ausbildung und Schulung, Nutzungsformen und Nutzungsdauer des CAD-Arbeitsplatzes

In der Untersuchung wurden Aussagen zur Ausbildung von Technischen Zeichnern, Detail- und Entwurfskonstrukteuren gemacht. Die Ausbildung der Technischen Zeichner betrug nur etwa 60% der Ausbildungsdauer der Konstrukteure.

Im Schnitt sind die Mitarbeiter 4,8 Stunden am Bildschirm tätig.

Die tägliche Nutzungsdauer der CAD-Arbeitsplätz beträgt im Durchschnitt 4 - 6 Stunden. Knapp 25% der Arbeitsplätze sind 11 Stunden und länger im Betrieb.

In zwei Drittel aller Fälle bedienen die Konstrukteure die Terminals selbst. Bei etwa einem Drittel der Anwendungsfälle wird eine Hilfskraft eingesetzt, um das CAD-System zu bedienen.

2.3.8 Einsatzbehindernde Faktoren

Verschiedene Untersuchungen (z.B. /4/) belegen, daβ sich in der Bundesrepublik CAD-Systeme weniger schnell durchsetzen als in anderen Ländern. Um hierfür die Motive kennenzulernen, wurden Faktoren ermittelt, die den Einsatz behindern.
Zu diesen Faktoren gehören:

- zu hohe Anfangsinvestitionen (60%)
- zu wenig Software für spezifische Probleme (53%)
- betriebliche Struktur ungeeignet (43%)
- unzureichende Wirtschaftlichkeit (38%)
- Produktionsprogramm ungeeignet (30%)
- Mangel an qualifizierten Mitarbeitern (30%)
- schlechte wirtschafts-politische Rahmenbedingungen (23%)
- zu wenig informiert (21%)
- Hardware-Probleme (19%)
- Vorurteile, Widerstände bei Mitarbeitern (17%)
- Vorurteile, Widerstände bei der Geschäftsleitung (10%)

Als Haupthinderungsgründe werden, die hohen Anfangsinvestitionen sowie das Fehlen von Software für spezifische Probleme, genannt. In diesem Zusammenhang muβ jedoch darauf hingewiesen werden, daβ, mit der zögernden Haltung zur Anwendung der CAD-Systeme den Anbietern die Chance vorenthalten wird, ihre Systeme im ständigen Dialog mit den Anwendern zu verbessern. Das bedeutet, daß nach wie vor der betriebsspezifische Anpasssungsaufwand relativ hoch sein muß.

2.4 Maßnahmen zur Unterstützung der CAD/CAM-Verbreitung

Aus den Untersuchungsergebnissen werden Vorschläge abgeleitet, die dazu dienen sollen, die schnellere Verbreitung des CAD-Einsatzes voranzutreiben. Diese Vorschläge richten sich an die Softwareanbieter, die Hardwarehersteller sowie an öffentliche Institutionen.

3. Ausblick: Die automatisierte Fabrik

Seit rund 30 Jahren werden Computer in der Wirtschaft eingesetzt. Mit der stärkeren Verbreitung von CAD-Systemen besteht erstmals die Chance, die betrieblichen Leistungsprozesse, beginnend mit der Produktentstehung bis zur Abwicklung der Produktion, rechnerunterstützt durchzuführen.

3.1 Informationstechnik - integrierender Bestandteil der automatisierten Fabrik

Mit dieser Entwicklung erhält die Automatisierung der Produktion weitere starke Impulse; der Einsatz von CAD/CAM-Systemen kann geradezu als Einstieg in die Automatisierung der Produktionsprozesse bezeichnet werden. Nicht nur die Bürotätigkeiten von der Konstruktion bis zum Vertrieb, sondern auch die Realprozesse in der Produktion werden zunehmend durch Rechner gesteuert. Diese Durchdringung der gesamten betrieblichen Leistungsprozesse mit Computern eröffnet die Möglichkeit der rechnergesteuerten (geregelten) Verknüpfung aller Prozesse.

Dieser Integrationsprozeß wird weitere Produktivitätssteigerungen zur Folge haben.

Auf dem Weg zur weiteren Automatisierung müssen jedoch noch eine Reihe von Voraussetzungen geschaffen werden, damit diese Integration auch realisiert werden kann. Zu nennen sind hier Funktionserweiterungen durch externe Integration. Ein

Beispiel für diese externe Integration ist die sich anbahnende rechnerunterstützte Zusammenarbeit zwischen Automobilfirmen und Karosseriewerkzeugherstellern unter Zuhilfenahme der VDA-Flächenschnittstelle (VDAFS /5/).

3.2 Thesen

(1) Die Bedeutung des Produktfaktors Information ("Am Anfang war das Wort") wird in vielen Unternehmen - auch vom Management - unterschätzt.

(2) Die Information (=zweckorientiertes Wissen) ist integrierender Faktor der Automatisierung.

(3) Eine gesamtbetriebliche Analyse der Formal- und Realprozesse sowie der damit verbundenen Kommunikation bildet die Grundlage zur Entwicklung eines gesamtbetrieblichen Automatisierungskonzeptes (DIM).

(4) Ein gesamtbetriebliches Automatisierungskonzept kann nur stufenweise realisiert werden.

(5) Die Realisierungsstufen sind Automationsinseln, die parallel oder sukzessive aufgebaut werden.

(6) Bei der Gestaltung der Automationsinseln sind die Schnittstellen im Hinblick auf spätere Integration - soweit zweckmäßig - zu beachten.

(7) Durch Verknüpfung der Automationsinseln nimmt der Grad der Automatisierung zu.

(8) Die Vollautomation ist eine Vision, die unsere ständigen Automatisierungsbemühungen begleiten, die aber wohl nie Wirklichkeit werden wird.

(9) Informationen müssen bewirtschaftet (beschafft, erzeugt, verwaltet, gepflegt ...) werden (Analogie Materialwirtschaft-Informationswirtschaft).

(10) Das Management der Information ist zu einem Schwerpunkt der Unternehmensführung geworden.

Literatur

/1/ SCHIELE O.H.: Technologische Herausforderungen an den deutschen Maschinenbau und Gedanken zu ihrer Bewältigung. Verband Deutscher Maschinen- und Anlagenbau e.V. (VDMA) (Hrsg.), Frankfurt 1984

/2/ BECKMANN H., BEY J., BÜTTNER W., MENSE H., POTHS W., TÖPFER P.: CAD/CAM im Maschinenbau, Vorhaben Nr. 93 Studie über den Stand der CAD/CAM-Anwendung im Maschinen- und Stahlbau 1984 Forschungshefte (Forschungs-Kuratorium Maschinenbau e.V. (FKM)), Heft 114, Frankfurt 1984

/3/ Programm Fertigungstechnik, Richtlinien des Bundesministers für Forschung und Technologie (BMFT) zur indirekt-spezifischen Förderung von Forschungs- und Entwicklungsvorhaben im Rahmen des Programms Fertigungstechnik

/4/ O. V.: Fährt der Technologie-Expreß ohne uns ab? CAD/CAM-Report 9/83, S. 23

/5/ VDA/VDMA (Hrsg.): VDA-Flächenschnittstelle (VDAFS) Version 1.0, Stand 01.07.83, Frankfurt 1983

Vertiefende Literatur:

VDMA (Hrsg.): Handbuch der deutschen Maschinen-Industrie, 16. Ausgabe, Hoppenstedt Wirtschaftsverlag, Darmstadt 1984

BAUMANN H.G., LOOSCHELDERS K.-H.: Rechnerunterstütztes Projektieren und Konstruieren, Grundlagen und Regeln für die Bearbeitung komplexer technischer Systeme. Berlin-Heidelberg-New York-Tokyo: Springer, Düsseldorf: Verlag Stahleisen mb, 1982

VDMA (Hrsg.): Statistisches Handbuch für den Maschinenbau, Ausgabe 1984, Maschinenbau-Verlag Frankfurt

VDMA (Hrsg.): Stand der Datenverarbeitung im Maschinenbau 1981/82, Maschinenbau-Verlag Frankfurt 1982

VDMA (Hrsg.): Zwischenbetrieblicher Vergleich: Kennzahlen aus dem Bereich Entwicklung und Konstruktion 1982 (BwZ 72)

LÖW R., POTHS W.: CAD/CAM - Entscheidungshilfen für das Management Hüthig Verlag, Heidelberg 1985

Forschungskuratorium Maschinenbau e.V. (FKM) (Hrsg.): Probleme des Systemverbunds im Maschinenbau FKM-Sonderheft, Frankfurt 1985

LÖW R., POTHS W.: CAD/CAM - Entscheidungshilfen für das Management Maschinenbau-Verlag Frankfurt 1985

SCHUSTER R., TRIPPNER D.: CAD-Schnittstellen, Vortrag anläßlich der Erfahrungsaustauschveranstaltung des Fachkreises "TB-Organisation" Gruppe Süd des VDMA im Hause BMW, München, Oktober 1984

Graphische Datenverarbeitung in der Praxis – Anwendungen in der Nachrichtentechnischen Forschung und Entwicklung

Dirk Roedler
Standard Elektrik Lorenz AG

1. Einleitung

Der international scharfe Wettbewerb zwingt dazu, neueste Technologien in Systeme und Geräte der Nachrichtentechnik und Kommunikationstechnik einzusetzen. Dieser Einsatz komplexer Technologien erfordert wiederum in Forschung und Entwicklung die Anwendung fortgeschrittener Methoden und Hilfsmittel, wie Computer Aided Design (CAD) und graphische Datenverarbeitung (GDV).

Es ist die Aufgabe dieser Arbeit, Anwendungen der graphischen Datenverarbeitung in Forschung und Entwicklung eines Unternehmens der Nachrichten- und Kommunikationstechnik darzustellen. Dabei wird besonders auf in der Praxis auftretende Probleme eingegangen und eine verstärkte Zusammenarbeit von GDV-Herstellern, -Anwendern und Hochschulinstituten gefordert, z.B. im Zentrum für Graphische Datenverarbeitung (ZGDV) an der Technischen Hochschule Darmstadt.

2. Der Zwang zum Einsatz der GDV

Die Nachfrage nach immer komplexeren Systemen der Nachrichten- und Kommunikationstechnik und der Einsatz neuester Technologien erfordern die Verarbeitung von immer mehr technischen Funktionen in Forschung und Entwicklung. Da die Kapazität eines Entwicklungsbereichs schon aus Kostengründen nicht beliebig erweitert werden kann, müssen daher immer mehr technische Funktionen je Ingenieur-Jahr realisiert werden.

Einige Beispiele dazu sind in Abb. 1 dargestellt:

- o Die Anzahl von Transistoren auf einer LSI-Schaltung steigen jährlich um ca. 50%. Im gleichen Maß steigt die Entwurfsleistung eines Schaltungsentwicklers /1/.
- o Die Verdrahtungsdichte auf einer Leiterplatte steigt jährlich um 15%. Um den gleichen Betrag steigt auch die Auslegeleistung eines Leiterplatten-Konstrukteurs.
- o In der mechanischen Konstruktion werden etwa 5...15% mehr Funktionen pro Jahr gefordert /2/ /3/. Die Anzahl der Konstruktionsunterlagen steigt dabei um 10% pro Jahr.

Ähnliche Beispiele können bei vielen technischen Aufgaben gefunden werden. Diese erheblichen Herausforderungen können u.a. nur durch den verstärkten Einsatz der graphischen Datenverarbeitung erfüllt werden.

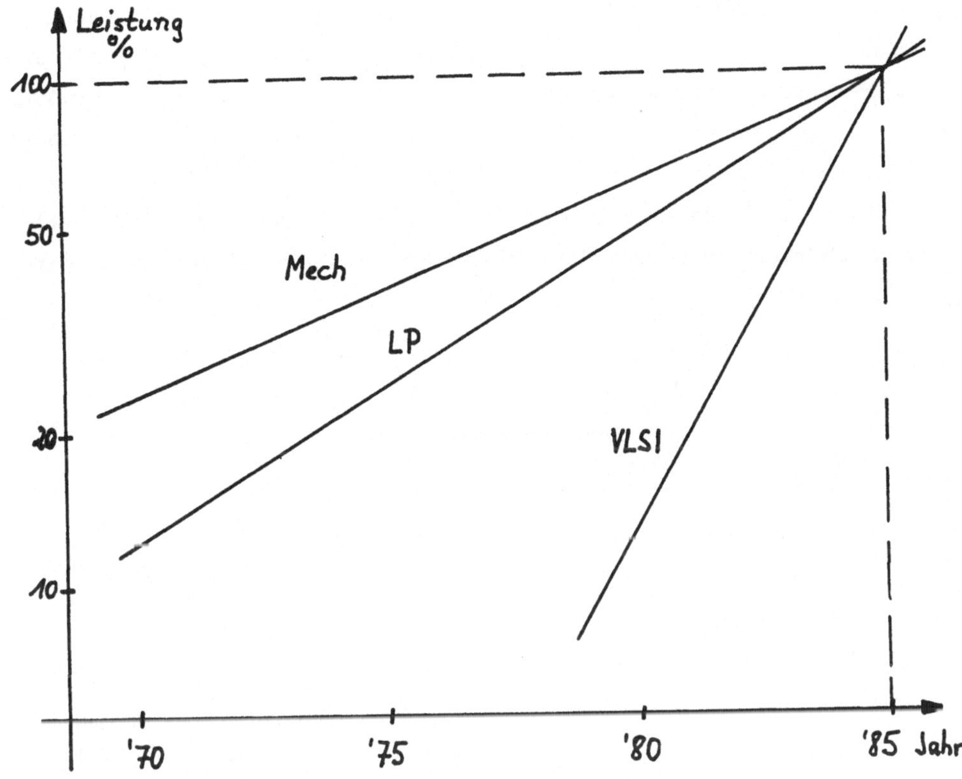

Abb. 1: Leistung je Ingenieur-Jahr in der mechanischen Konstruktion (=Mech), in der Leiterplatten-Konstruktion (=LP) und beim VLSI-Entwurf (VLSI) Basis 1985 = 100%

3. Einsatzfelder der graphischen Datenverarbeitung

Abb. 2 zeigt schematisch den Ablauf des Entwicklungsprozesses in der Nachrichtentechnik. Nach der Systementwicklung, die die Architektur eines Kommunikationssystems und die Eigenschaften der einzelnen Module festlegt, werden die Softwareentwicklung, die mechanische Konstruktion und die elektrische Schaltungsentwicklung gestartet. (Auf die Softwareentwicklung wird im folgenden nicht mehr eingegangen, da der Einsatz der GDV dort noch in den Anfängen ist.) Die mechanische Konstruktion legt die Bauweise fest, in der die Elektronik "verpackt", d.h. auch geschirmt, gekühlt und angeschlossen wird. Die elektrische Schaltungsentwicklung definiert den logischen und elektrischen Aufbau der einzelnen Schaltungsmodule. Teile der Schaltung werden danach in VLSI-Technik (als Halb- oder Vollkundenschaltung) realisiert. Die Gesamtschaltung wird dann in der Leiterplattentechnik umgesetzt. Nach Integration und Dokumentation werden die Ergebnisse der Fertigung übergeben.

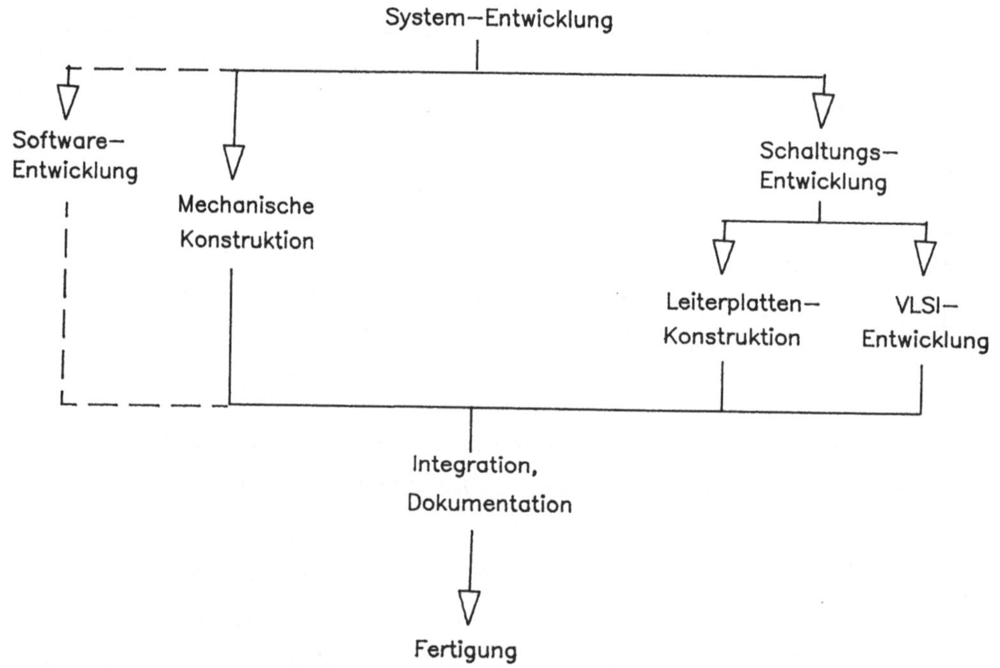

Abb. 2: Schematischer Ablauf des Entwicklungsprozesses in der Nachrichtentechnik

Wesentliche Teile dieses Prozesses werden schon heute sehr stark durch GDV-Systeme unterstützt. Bei uns sind an einem Dutzend Stellen im Entwicklungsprozeß unterschiedliche GDV-Geräte eingesetzt. Die Vielzahl der Systeme ist bis heute deshalb erforderlich, weil alle Systeme auf speziellen Gebieten ihre Stärken und Schwächen haben und deshalb zur Prozeßoptimierung eine sehr selektive Auswahl erforderlich ist.

In der Schaltungsentwicklung werden Engineers Workstations verwendet, die neben der Erfassung des graphischen Stromlaufplans auch Simulationen und Ausgabe von

Textmustern ermöglichen. Der VLSI-Entwurf wird von der Erfassung des Logikentwurfs bis zur Erzeugung von Maskenbändern unterstützt. In gleicher Weise wird die Leiterplattenkonstruktion von der Grundkonstruktion über das Plazieren und Verdrahten bis zur Maskengenerierung begleitet. Die mechanische Konstruktion wird durch graphische Verfahren für 2 1/2 D- und 3 D-Konstruktionen unterstützt. Schließlich sind Geräte für die Ausgabe der graphishen Dokumentation angeschlossen.

4. Probleme mit der graphischen Datenverarbeitung

Der Einsatz der graphischen Datenverarbeitung hat bisher hervorragende Effektivitätsergebnisse auf den jeweiligen speziellen Arbeitsgebieten erbracht. Auffällig ist jedoch, daß dazu eine Vielzahl von spezialisierten GDV-Systemen installiert werden mußte, deren Zusammenspiel im Sinne der fortschreitenden Verknüpfung von Einzelprozessen schwierig und aufwendig ist.
Hier sehen wir in der Praxis folgende Probleme und Lösungsansätze:

- o Die Eingangs- und Ausgangsdaten von GDV-Systemen sind zumeist nicht kompatibel zueinander. Als Lösung setzen wir heute besondere Interface-Software ein. Wünschenwert wären jedoch genormte Datenschnittstellen.
- o In gleicher Weise unterscheiden sich Hardware, Betriebssysteme und Netzwerkfähigkeit von GDV-Systemen beträchtlich. Solange einheitliche Lösungen auf dem Netzwerksektor nicht verfügbar sind, müssen wir spezielle Rechner zur Protokollanpassung einsetzen.
- o Die graphischen Systeme erfordern unterschiedliche, aber z.T. sehr umfangreiche Biliotheken. Hier setzen wir eigene Bibliothekssysteme ein, die über angeschlossene Postprozessoren für jedes System die erforderlichen Symbole generieren.
- o Bei der Abwicklung der Entwicklungsprozesse müssen häufig eine Fülle von Regeln (Rules) beachtet werden, die technologie-, kunden- und fertigungsabhängig sind. Dieses Rule-Managment wird bisher kaum unterstützt. Wir haben hier mit dem ersten Einsatz von Expertensystemen begonnen.
- o Bei der graphischen Dokumentation folgen die Geräte unterschiedlichen Standards. Zur Lösung dieses Problems setzen wir Postprozessoren ein, wünschenswert wären jedoch graphische Standardschnittstellen (z.B. GKS).

- Außerdem fehlen leistungsfähige Geräte zur Übertragung von Graphik. Die vorhandenen Faximile-Einrichtungen sind dafür nur mit Einschränkung geeignet (Format, Auflösung, Geschwindigkeit). Im Rahmen der ISDN-Entwicklung arbeiten wir an der Lösung dieser Aufgaben unter Verwendung neuartiger Technologien.
- Die Wiederverwendbarkeit von bereits entwickelten graphischen Teilen ließe sich durch ein (automatisiertes) graphisches Retrieval-System verbessern, so daß eine zusätzliche verbale oder datenmäßige Beschreibung von Sachmerkmalen vermieden wird.
- An der Mensch-Maschine-Schnittstelle weisen die meisten Systeme noch deutlich Schwächen auf. So ist es wenig sinnvoll, wenn hunderte von komplexen Befehlen und Kommandos zur Verfügung gestellt werden. Der Anwender wird hierdurch im Normalfall überfordert, zumal er oft mehrere GDV-Systeme nebeneinander benutzen muß /4/. Die Verbesserung der Mensch-Maschine-Kommunikation ist für uns als Anwender nur durch verbesserte Prozeßgestaltung und systematische Weiterbildung der Mitarbeiter möglich.

5. Aufgaben des Zentrums für Graphische Datenverarbeitung

Die im vorigen Abschnitt genannten Probleme werden in Zukunft den Produktivitätsanstieg verlangsamen, wenn sie sich nicht lösen lassen. Wirkungsvolle Lösungen lassen sich jedoch nur in enger Zusammenarbeit zwischen Herstellern, Anwendern und Hochschulinstituten finden. Das Zentrum für Graphische Datenverarbeitung (ZGDV) bietet hierfür eine Basis.
Folgende Aufgabengebiete lassen sich dabei aus Sicht eines GDV-Anwenders in der nachrichtentechnischen Industrie definieren:

- Vernetzung von graphischen Systemen hinsichtlich:
  - Datenschnittstelle (z.B. IGES)
  - Hardware-Schnittstelle (LAN, PABX)
- Standardisierung von Bibliotheken
- Einsatz von künstlicher Intelligenz bei graphischen Systemen
- Entwicklung und Förderung graphischer Standards (z.B. GKS)

- o Graphische Retrieval-Systeme
- o Verbesserung der Mensch-Maschine-Kommunikation an graphischen Systemen

  Aus- und Weiterbildung für Mitarbeiter aus der Industrie
- o Benchmarks von CAE/CAD/CAM-Systemen für Anwendungen in Elektronik und Konstruktion (CAE, CAM = Computer Aided Engineering, Manufacturing)

6. Zusammenfassung

In der Arbeit wurde gezeigt, daß in der Nachrichtentechnik und Kommunikationstechnik der breite Einsatz von GDV zwingend erforderlich ist. Der Einsatz der GDV-Systeme bringt jedoch eine Reihe von Problemen mit sich, die hauptsächlich aus der fehlenden Kompatibilität spezialisierter Systeme (Inseln) herrührt. Die Probleme lassen sich nur durch enge Zusammenarbeit von Anwendern, Herstellern und Forschungsinstituten beseitigen. Das Zentrum für Graphische Datenverarbeitung stellt für diese Kooperation eine gute Basis dar.

Literatur

/1/ RÜCHARDT, H.: VLSI-Design-Scenario, NTZ 37 (1984) 11, S. 690-700

/2/ ROEDLER, D.: Ist Effektivität im Kommunikationsbereich die Zukunftsressource? VDI-Z 127 (1985) H18, S. 715-719

/3/ MARCHANT, J., KLAUSE, G.: Technical Equipment in Human Service. - CAD as Tool in Equipment Design, Sindelfingen 1985, Expert-Verlag

/4/ DINGES, W.: Das Verkehrsflugzeug als Mensch-Maschine-System, Rossdorf 1982, Air Report Verlag

Einflußfaktoren für die CAD-System-Leistungsfähigkeit

J. Encarnacao*, K. Rohmer**, H. Wenz***

1. Einleitung

Eingabe - rechnerinterne Verarbeitung - Ausgabe

Die Mensch-Maschine Kommunikation beim Computer Aided Design findet am Arbeitsplatz mittels verschiedener Arten der Eingabe und der Ausgabe statt. Dabei werden Daten und Operationen eingegeben und Daten und mathematische Funktionen ausgegeben. Der Benutzer zieht nach einem solchen Arbeitsgang aus den ausgegebenen Daten und Funktionen Schlußfolgerungen, die ihn zu weiteren Eingaben von Daten und Operationen veranlassen.

Die eingegebenen Daten werden den ebenfalls eingegebenen Operationen unterworfen, was im Rechenwerk des Rechners erfolgt. Dabei wird auf Operationen und Daten zurückgegriffen, die im Arbeitsspeicher des Rechners oder auf peripheren Speichern abgelegt sind. Eine Abbildung dieses Regelkreises zeigt Abb. 1. Das Ergebnis ist eine Funktion von der Benutzeroperation, die auf die Geometrie einwirkt.

*) Prof. Dr. Jose Encarnacao ist Leiter des Fachgebietes "graphisch-interaktive Systeme" der TH Darmstadt

**) Dipl.-Ing. Klaus Rohmer ist Leiter der Abteilung Systemtechnische Grundlagen bei AEG-TELEFUNKEN

***) Heinz Wenz ist Geschäftsführer der IGL Gesellschaft für geometrische Logik Frankfurt

Ergebnis = f (Benutzer-Operation auf Geometrie)

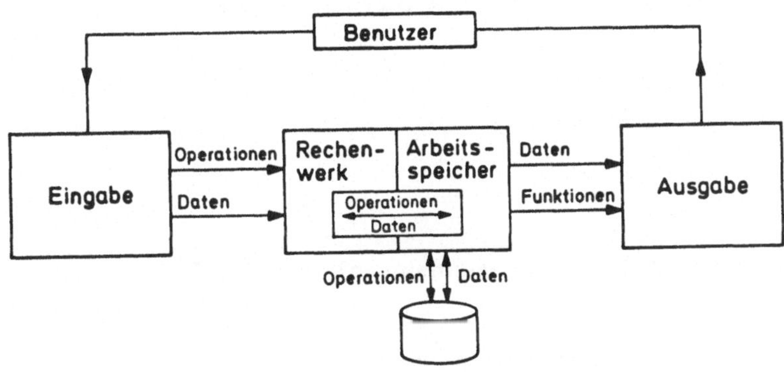

Abb. 1: Prinzipdarstellung eines CAD-Systems

Als Beispiel sei die Geometrie eines Würfels betrachtet. Nach der in diesem Aufsatz verwendeten Terminologie wären:

Daten: x,y,z-Koordinaten der Punkte (z.B. Eckpunkte, die die Kanten beschreiben; Punkte die die Flächen beschreiben etc.).

Funktionen: geben die Abhängigkeit zwischen den verschiedenen objektbeschreibenden Parametern wieder (z.B. Flächen, gegeben über eine Gleichung).

Operationen: realisieren Benutzeraktionen auf die Geometrie.

Aktionen: Maßnahmen zur Bedienung des CAD-Systems.

Bei CAD-Systemen sind je nach Leistungsumfang und Art des Systems eine Vielzahl von Operationen programmiert. Sie stellen das sogenannte Anwendungsprogramm dar. Während die meisten CAD-Systeme über gleichartige Grundoperationen verfügen, sind insbesondere bei sehr leistungsfähigen Systemen eine Vielzahl von Operationen enthalten, die bei anderen Systemen nicht verfügbar sind. Es gibt Systeme, die weit über 150 Operationen im Anwendungsprogramm enthalten.

2. CAD-System-Operationen

CAD-System-Operationen werden über Benutzeraktionen eingegeben und zur Verarbeitung weitergeleitet.

Beispielhaft soll im nachfolgenden eine Übersicht über die gebräuchlichsten Operationen für Eingabe, Verarbeitung und Ausgabe gegeben werden.

2.1 Eingabe

- Graphische Daten eingeben (entgegennehmen) und zur Verarbeitung weiterleiten:
  - Koordinaten, Längen (Abstände), Winkel
  - Linienarten, - dicke, gestrichelte, strichpunktiert, - Farbe (genannt Attribute)
  - Layer
  - Beschriftung, Betextung
- Geometrie-Erzeugungsoperationen eingeben (entgegennehmen) und zur Verarbeitung weiterleiten:
  - Berechnung von Geraden, Kreisen, Schraffuren, Schnittpunkten, Tangenten
- Geometrie-Manipulationsoperationen eingeben (entgegennehmen) und zur Verarbeitung weiterleiten:
  - Identifizieren
  - Skalieren
  - Windowing
  - Paning
  - Zoomen
  - Verschieben
  - Spiegeln
  - Verdrehen
  - Löschen

2.2 Verarbeitung (Aufrufen, Abspeichern, Erzeugen, Manipulieren)

- Anwendungsprogramme und Daten abspeichern und aufrufen:
  - Adressen berechnen, ansteuern, Speicherinhalt lesen
  - "Seiten" in den Arbeitsspeicher laden
  - im Arbeitsspeicher lesen
  - vom Arbeitsspeicher zur Platte transportieren
  - auf Platte abspeichern (Adressen ansteuern, Speichermedium "beschreiben")
- Operationen und Funktionen für Erzeugen und Manipulieren
  - Geometrie erzeugen/berechnen (aus graphischen Daten neue Daten erzeugen)
  - Geradengleichung
  - Kreisgleichung
  - Gleichungen durch Gleichsetzen lösen (Schnittpunkte berechnen)
  - allgemeine Gleichungen mit Zahlen ausprägen
  - neue Elemente (punktweise) berechnen
  - Spline durch Punkte legen
  - Glättungsfunktionen berechnen
  - Gruppen bilden
  - linearisieren
  - orthogonalisieren
  - Linien verbinden
  - Boolesche Operationen
  - Abmessungen berechnen (bemaßen, messen)
  - Geometrie manipulieren
    - Windowing
    - Zoomen
    - Paning

2.3 Ausgabe (visualisieren) (berechnen, abrufen, ansteuern)

- Adressen
- Geometriedaten und graphische Attribute vom Speicher
- Texte, Symbole und sonstiges vom Speicher
- Elektronenstrahl, Zeichenstift etc.

3. Lokalisierung der Durchführung der Operationen

Die Abb. 1 erläutert, daß die Operationen im Rechenwerk unter Nutzung des rechnerinternen und rechnerexternen Datenspeichers erfolgt. Das Rechenwerk besteht zur Erfüllung seiner Aufgaben aus mehreren Moduln, die jeweils operationsspezifische Rechneraufgaben erfüllen. Dabei drängt sich zwangsläufig die Frage auf, wo die jeweiligen Rechnerfunktionen örtlich lokalisiert werden sollten: So nahe wie irgendmöglich an jeder Eingabe-/Ausgabeeinheit, also an den Bildschirmen (Arbeitsplatzrechner im Netzwerk) oder in einem für die einzelnen Eingabe-/Ausgabeeinheiten zentralen Rechner (ZentralrRechnerkonzeption). Dabei ist abzuwägen, daß zur Lösung rechnerisch anspruchsvoller Operationen sehr leistungsfähiges und damit teures Rechenwerk erforderlich ist, das aber von jeder einzelnen Eingabe-/Ausgabeeinheit nur selten in Anspruch genommen wird. Andererseits erfordert die räumliche Trennung der Eingabe-/Ausgabeeinheit von dem Rechenwerk eine Datenübertragung zwischen den beiden Systemteilen, die zu einer Verringerung der Arbeitsgeschwindigkeit infolge des Datentransportes führt. Denkbar ist auch eine Aufteilung der rechenintensiven Operationen auf das zentral gelegene Rechenwerk und der rechentechnisch einfacheren Operationen auf die Eingabe-/Ausgabeeinheit.

In dem Fall, daß Bildschirm und Rechenwerk räumlich in einer Baueinheit untergebracht sind, sprechen wir von einem Arbeitsplatzrechner (Workstation). Im anderen Fall sprechen wir von einem Zentralrechner mit Bildschirmen und mehr oder weniger lokaler Intelligenz. Wegen der Begrenzung in der Eingabe-/Ausgabe- und der Verarbeitungskapazität ist ab einer bestimmten Bildschirmanzahl eine zentrale Lösung ohne dezentrale Intelligenz nicht mehr realisierbar. Es muß dann auf Eingabe-/Ausgabeeinheiten mit lokaler Intelligenz oder auf Arbeitsplatz-Rechner übergegangen werden.

Vor ca. 10 Jahren waren die Preise für Rechner-Hardware und da wiederum besonders für die CPU derartig hoch, daß nur die Anwendungen auf den Rechner gebracht werden konnten, für die es

a) Programme und

b) Chancen für eine Wirtschaftlichkeit

gab.

Im Laufe der letzten Jahre ist aber die Rechner-Hardware und da wiederum besonders die CPU derartig billig geworden, daß heute die periphere Hardware, also Speicher, Terminal und ähnliches und die Anwendungssoftware den Hauptteil an den Neuinvestitionen ausmachen. Die Preisermäßigungen bei den Rechnern haben zur Folge, daß mehr Rechnerleistung in die peripheren Einheiten, also in die Terminals eingebaut wird und daß der Zentralrechner in vielen Fällen "nur" noch als Verwalter des Netzwerkes und als Datenbasis dient.

Diese Verteilung der Intelligenz hat den Vorteil, daß nicht mehr so viele Daten wie bisher zwischen Terminal und Rechner hin und her transportiert werden müssen, weil ein erheblicher Teil der Programmabwicklung in den Terminals stattfindet. Im Falle des Ausfalles eines der Rechner in einem Netzwerk wird im allgemeinen nicht das Gesamtnetzwerk lahmgelegt.

Man kann heute feststellen, und das ist durch die Entwicklung der Technik und auch der Anwendungen belegt, daß die Verteilung von Rechnerleistung, unter der Voraussetzung, daß die Rechner in einem Netzbetrieb miteinander kommunizieren können, mehr Vorteile hat als der Betrieb mit einem Zentralrechner. Die dezentrale Anordnung von Rechnerleistung ermöglicht zugleich eine auf die Operationen hin optimierte Rechnerauslegung.

Bei der Verarbeitung von kommerziellen/administrativen Programmen werden im allgemeinen mit sehr vielen Daten sehr einfache Rechenoperationen vorgenommen. Die Eingabe- und die Ausgabemenge an Daten ist um ein Vielfaches kleiner als die tatsächlich verarbeitete Datenmenge.

Im Falle von technisch-wissenschaftlichen Programmen werden mit verhältnismäßig wenig Daten aber sehr komplizierten und aufwendigen Berechnungen neue Daten erzeugt. Auch hier ist die Menge der eingegebenen und die Menge der ausgegebenen Daten verhältnismäßig klein.

Im Falle von CAD-Anwendungen liegen die Verhältnisse grundsätzlich anders. An den Arbeitsplätzen wird eine Vielzahl von Daten eingegeben (Koordinaten für Punkte, Linien, Attribute für Kreise und andere geometrische Elemente etc.). Diese werden mit komplizierten Algorithmen umgerechnet und daraus neue Daten und Funktionen erzeugt. Bei jeder neuen Rechen- bzw. Datenmanipulation sind die gesamten konstruktiven Daten des Konstruktionsbildes zwischen Rechner und Speicher (Haupt-

und Peripherie-Speichern) einerseits und zwischen Rechner und Terminal andererseits zu transportieren. Bei CAD werden viele Daten mit großer Geschwindigkeit, großer Genauigkeit und komplizierten mathematischen Funktionen manipuliert und transportiert /1/. Dadurch spielen die Eingabe-/Ausgabe-Zeiten bei der CAD-Anwendung eine besondere Rolle.

Das hat zur Folge, daß speziell bei CAD-Anwendungen die lokale Intelligenz in den Arbeitsplätzen ständig durch zusätzliche Prozessoren in den Geräten erhöht wird. Damit sinkt bei Investitionen der eingentliche CPU-Anteil gegenüber den Hardware-Kosten für die gesamte Anlage ständig ab. Die Einstiegsinvestitionen bei Installation von einem oder zwei Arbeitsplätzen können niedriger gehalten werden als bei einer Zentralrechnerlösung.

Bei den CAD-Anwendungen sitzt der Konstrukteur an dem Arbeitsplatz und erwartet nach vollzogener Eingabe (Aktion) für Trivialoperationen in einer Zeit von kürzer als 1 Sekunde /2/ die Reaktion des Rechners einschließlich der Eingabe-/Ausgabeoperationen. Sobald die Reaktionszeiten der Rechenanlage in diesen Fällen höher liegen, muß mit einer erheblichen Verringerung der Akzeptanz des CAD-Systems durch die Bearbeiter gerechnet werden. Es ist deshalb notwendig, daß in dem Rechner, in dem die CAD-Anwendungen laufen, nicht zu viele andere Jobs, womöglich noch mit höheren Prioritäten betrieben werden. Allein aus diesem Grunde empfiehlt sich eine Trennung der CAD-Rechner von den Rechnern mit kommerziellen/administativen Arbeiten. Je mehr Jobs nämlich in ein und derselben CPU nebeneinander her abgewickelt werden müssen, umso kleiner ist der Anteil des Arbeitsspeichers im Rechner für das jeweilige Anwendungsprogramm und umso häufiger müssen Teile der Anwendungsprogramme von dem Plattenspeicher in den Zentralspeicher hin und zurück transportiert werden. Das kostet zusätzlich Zeit und erhöht die Reaktionszeiten.

Eine Studie der IBM hat ergeben /3/, daß bei der CAD-Systemauswahl vor der Investition von den Auswählenden das Vorhandensein komplexer Funktionen im System am höchsten bewertet wird. Erst nach einiger Betriebszeit wird diese Bewertung zurückgesetzt zugunsten der Integrationsfähigkeit und Kommunikationsfähigkeit des Systems ("offenes System"). Dabei wird unter Integrationsfähigkeit die Möglichkeit verstanden, im Laufe des Betriebes das CAD-System um neue Software-Pakete zu ergänzen (modularisiertes System) und auf die Daten aus anderen CAD-Anwendungen zurückgreifen zu können, ohne daß gravierende Eingriffe in das System vorgenommen werden müssen. Die Kommunikationsfähigkeit bedeutet die Kommunikationsfähigkeit der Arbeitsplätze untereinander und der Rückgriff auf Daten aus anderen EDV-Anlagen.

Bei den meisten CAD-Systemen wird nach der Installation zunächst mit den einfachsten Anwendungen begonnen und dann werden erfahrungsgemäß im Laufe der

Jahre weitere Applikationen durch zusätzliche Investitionen von neuen Software-Paketen integriert.

Bei dem im allgemeinen großen Umfang einzusetzender Software muß grundsätzlich von dem Prinzip ausgegangen werden, daß die für die Anwendungen optimale Software auszuwählen ist und danach die Hardware bestimmt wird, auf der diese Softwareprogramme betriebsfähig sind. Auf keinen Fall darf die umgekehrte Vorgehensweise erfolgen. Dabei steht die Devise, daß die den CAD-Einsatz bestimmenden Kosten nicht durch die Investition anfallen, sondern durch die optimale oder die nicht optimale Eignung der Systeme für die Anwendung. Der angestrebte Rationalisierungseffekt ist nur dann zu erreichen, wenn tatsächlich die geeignetsten Software-Pakete ausgewählt werden und nicht bei der Auswahl der Software auf Hardware-Randbedingungen Rücksicht genommen werden muß. Bei der Auswahl der Software bringen Fragebogenaktionen, die nach dem fragen, was ein System alles bietet, nur wenig Informationsgewinn. Eine verbale Aufzählung der Systemleistungen ist nicht aussagekräftig genug und beantwortet insbesondere nicht, in welcher Weise und damit, wie schnell das System die von ihm geforderten Aufgaben erfüllt.

4. Operations-Geschwindigkeit

Abb. 1 gibt den Regelkreis aus Eingabe-Operationsrealisierung-Ausgabe und dem Benutzer des Systems wieder. Zur Beurteilung der Leistungsparameter Geschwindigkeit und Genauigkeit ist eine differenziertere Betrachtung von Rechenwerk, Speicher und Software erforderlich.

Die Abb. 2 zeigt die wesentlichen Funktionsträger von Rechner, Speicher und Arbeitsplatz. Je nach System sind die in dem Bild aufgeführten Funktionsträger vorhanden bzw. mit unterschiedlichen Leistungsmerkmalen ausgerüstet. Im Bild sind den jeweiligen Funktionsträgern, die die Operationsgeschwindigkeit beeinflussenden Merkmale und deren Maßeinheit zugeordnet.

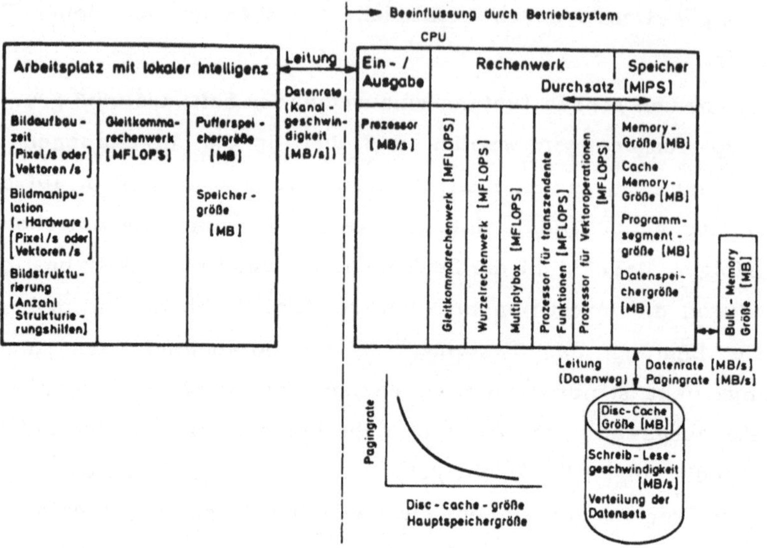

Abb. 2: Arbeitsplatzrechner oder Zentralrechner mit Bildschirmen und lokaler Intelligenz

4.1 Hardware-Leistungsparameter

Einige wesentliche sind:

- Eingabe-/Ausgabe-Prozessorengeschwindigkeit
- Verbindung Rechenwerk - Hauptspeicher
  - Durchsatz

- Hauptspeicher
  - Speichergröße
  - Cache-Memory-Größe
  - Programmsegmentgröße für den jeweiligen abzuarbeitenden Programmteil im Hauptspeicher
  - Datenspeichergröße im Hauptspeicher für die zu verarbeitenden Daten
  - Vorhandensein eines superschnellen Massenspeichers (Bulk-Memory) und seine Größe für Bilddaten zur Kurzzeitnutzung
- Plattenspeicher
  - Disk-Cache-Größe (Speicher zwischen Disk und CPU-Speicher mit File-Ansteuerung), um Datensicherheit und Geschwindigkeit beim Übertragen großer Datenmengen und mehreren Benutzern zu steigern (Swapping) und zur Beschleunigung von Datenbankfunktionen
  - Schreib-/Lese-Geschwindigkeit des Plattenspeichers
  - Verteilung der Daten, die die mittlere Suchzeit für die Daten bestimmt
  - Anzahl der Platten und parallelen Platten-Steuereinheiten
- Verbindung Hauptspeicher - Plattenspeicher
  - Datenrate der Leitung
  - Seiten-Rate (Paging) zur Übertragung der Programmsegmente von der Platte in den Hauptspeicher; die prinzipielle Abhängigkeit der Seiten-Rate von der Speichergröße ist in dem Diagramm in Abb. 2 dargestellt
- CPU-Rechenwerk
  - einzelnes oder parallele Rechenwerke
  - Gleitkomma-Rechenwerk für Gleitkomma-Operationen
  - Wurzelrechenwerk zum Berechnen der Wurzeln von Gleichungen höheren Grades
  - Spezieller Multiplizierer (Multiplybox)
  - Prozessor zur Berechnung transzendenter Funktionen (z.B. Kreisfunktionen)
  - Prozessor für Vektoroperationen (z.B. Arrayprozessor)
  - Spezielle Prozessoren (z.B. Kurven- und Flächeninterpolatoren, Differenzialgleichungsprozessoren)
  - Ablage von Programmen im Microcode (WCS*)

*) Writable Control Store

- Verbindung CPU-Arbeitsplatz
  - Datenrate der Leitung
- Arbeitsplatzspeicher
  - Größe des Pufferspeichers zur Aufnahme der Daten aus der CPU
  - Größe des Datenspeichers
  - gegebenenfalls Größe des Programmspeichers
- Arbeitsplatzrechenwerk
  - Rechenwerkausrüstung (analog zu CPU-Rechenwerk)
- Bildschirmsystem (Display)
  - Bildaufbauzeit
  - Bildmanipulationsgeschwindigkeit, gegebenenfalls durch Hardware
  - Bildstrukturierung, z.B. Identifikation (Segment-, Klassenname)

In der CPU wird das rechnerinterne Modell der Konstruktion bearbeitet. In dem Arbeitsplatz-Rechenwerk werden, sofern nicht weitere Teile des CPU-Rechenwerkes am Arbeitsplatz lokalisiert sind, nur Koordinaten verarbeitet, also die Abbildungen des rechnerinternen Modells sowie deren Transformationen (Geometrie-Manipulationsoperationen).

4.2 Software-Leistungsparameter

Außer den in Abb. 2 dargestellten Funktionsträgern in der CPU und im Arbeitsplatz hat selbstverständlich einen entscheidenden Einfluß auf die Arbeitsgeschwindigkeit die Software.
Ihre Einflußgrößen sind:

- Algorithmen-Lösungsgeschwindigkeit, die durch den im Programm gewählten Algorithmus zur Lösung bestimmter mathematischer Fragestellungen ausgewählt ist.
- Algorithmen-Lösungsgeschwindigkeit für Bilddarstellungs- und Manipulationsaufgaben.
- Menge und Art der Operationen, die im Anwendungspaket insgesamt zur Verfügung stehen, z.B. die Umwandlung von 2D-Ansichten in ein 3D-Modell, also die Algorithmen für den Modellierungsprozeß.
- Menge und Art der Operationen, die im Arbeitsplatzrechner ausgeführt werden.

- Methologie der Konstruktionslogik, z.B. 3D-Konstruktionen aus Grundkörpern modellieren oder mit Linienelementen aus 2D-Ansichten über einen Programmodul erzeugen,
- logische Organisation der Datenbestände für das rechnerinterne Modell,
- logische Organisation aller CAD-Operationen und Daten, z.B. hierarchisch, netzförmig, relational, assoziativ,
- physische Organisation aller CAD-Operationen und Daten im Arbeitsspeicher bzw. auf dem externen Speicher /4/.
- Speicherbedarf für Geometriefunktionen
- Speicherbedarf (im Hauptspeicher, im externen Speicher) für die Anwendungssoftware.

Neben der einen Bearbeitungsgeschwindigkeit von Problemen mit Hilfe eines CAD-Systems spielen der Speicherbedarf für ein rechnerinternes Modell, der Speicherbedarf für die Realisierung bestimmter Operationen und die Genauigkeit der Rechnerergebnisse eine wesentliche Rolle. Diese Parameter des CAD-Systems werden z.B. wesentlich dadurch bestimmt, welche Operationen analytisch und welche approximativ abgewickelt werden /5/.

5. Zusammenfassung

Es ist heute im allgemeinen schwierig, die vorstehend aufgeführten hardware- und softwareseitigen Systempartner detailliert zu erhalten, so daß ein exakter Vergleich von CAD-Systemen untereinander problematisch ist. Es muß deswegen immer wieder empfohlen werden, daß anhand konkreter, konstruktiver Aufgabenstellungen Systemvergleiche durchgeführt werden, wobei die Hardwarekonfiguration während der Bearbeitung in den Vergleich mit einbezogen werden muß.

Literatur

/1/ POHLMANN, G.: Rechnerinterne Objektdarstellungen als Basis integrierter CAD-Systeme, Carl Hanser Verlag München 1982

/2/ MACHOVER C., BLAUTH, R.E.: The CAD/CAM Handbook CV; Bedford, Massachusetts 1980

/3/ WESTERMANN, A.: Graphische Datenverarbeitung im Konstruktionsbüro, IBM-Nachrichten 30 1980, Heft 248, S. 61-67

/4/ SPUR, G., KRAUSE, F.L.: CAD-Technik, Lehr- und Arbeitsbuch für die Rechnerunterstützung in Konstruktionsbüro und Arbeitsplannung, Carl Hanser Verlag München 1984

/5/ ENCARNACAO, J., ROHMER, K., WENZ, H., u.a.: CAD-Handbuch. Auswahl und Einführung von CAD-Systemen. Informatik-Handbücher Springer-Verlag Berlin, Heidelberg - New York - Tokyo 1984

Methodisches Evaluieren von CAD-Systemen

L. A. Messina
TH Darmstadt

Z. I. Markov*
Institute of Industrial Cybernetics and Robotics

1. Einführung

CAD-Systeme werden heute in vielen Bereichen der Arbeitswelt eingesetzt. Weil diese Werkzeuge komplex und teuer sind, und weil sie die Arbeitsweise und dadurch auch die Ergebnisse beeinflüssen können, zeigen sich die Probleme bei der Evaluierung und Auswahl eines für eine bestimmte Anwendung adäquaten Systems.

Ein CAD-Modell wird vorgeschlagen, um die Komplexität der Aufgabe zu reduzieren und um den Evaluierungs- und Auswahl-Prozeß zu automatisieren /1/. Das CAD-System-Konzept und seine Funktionalitäten basieren auf den Arbeiten in /1,3,5/. Die hier vorgestellten Ideen sind Weiterentwicklungen, Verfeinerungen und Implementierungen einiger Ideen aus /6,7/. Neu ist der Prolog-orientierte Ansatz zur Programmierung des Modells.

(*) Gastforscher an der Technische Hochschule Darmstadt, Fachgebiet Graphisch-Interaktive Systeme;
Finanziert durch UNIDO/Carl Duisberg Gesellschaft.

2. Das CAD-Modell

Organisatorische, ökonomische und technische Anforderungen stellen ein CAD-Modell aus Parametern und Methoden dar, das die Evaluierung und Auswahl eines CAD-Systems unterstützt.

CAD-Modell := { Organisationsbezogene Parameter, Technische Parameter, Analyse-Methoden } (1)

Das Modell soll angewendet werden, um Benutzer-Anforderungen an CAD-Systeme und firmenbezogene Randbedingungen zu definieren und zu analysieren. Neue Werte, die die Parameter-Struktur erweitern, können ohne großen Aufwand eingefügt werden.

Organisatorische und ökonomische Parameter werden den technischen Parametern gegenübergestellt, um die Benutzer-Anforderungen erfüllen zu können.

Technische Parameter := f(Organisatorische Parameter) | (Technische Parameter). (2)

Die Funktion f assoziiert im allgemeinen eine Menge von technischen Parametern in Bezug(Relation) zu den organisationsbezogenen Parametern (Abb.1).

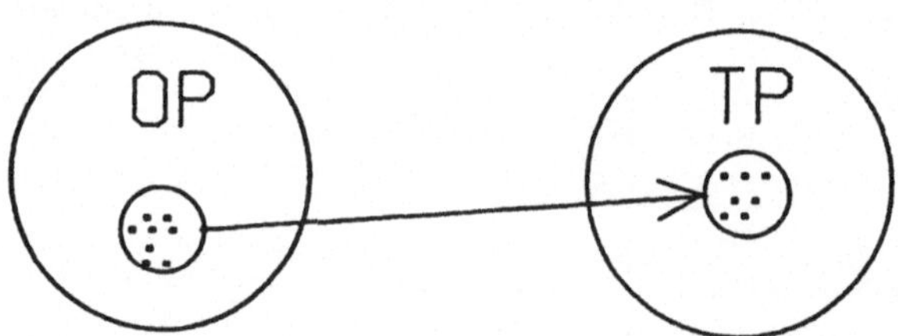

Abb. 1: Abbildung zwischen organisatorischen (OP) und technischen Parametern (TP)

Kosten- und Leistungs-Analyse-Methoden sind vorhanden, um diese Region einzugrenzen. Diese Methoden sind Werkzeuge zur Entscheidungsunterstützung.

2.1 Organisatorische Parameter

Diese Parameter beschreiben die Organisation, in der CAD-Systeme eingeführt oder erweitert werden. Die Betriebsablauf- und -aufbauorganisation wird durch eine Menge von Parametern und Zusammenhängen zwischen den Parametern dargestellt.

Die wichtigsten Parameter sind:

- Firmenbranche
- Umsatz
- Gesamtzahl der Mitarbeiter
- Personal und Ausbildungsstand
- Unterstützung durch Arbeitnehmervertreter
- Motivation
- Veränderung der Kommunikation zwischen Abteilungen
- Vorhandene Informationsträger- und Ordnungssysteme
- Grad der Formalisierung der vorhandenen Organisation
- Soziopolitische Aspekte
- Integration zu schon vorhandener Rechnerkonfiguration
- Nutzung der durch CAD-Einsatz gewonnenen Personalkapazität
- Projekt-Koordinierung
- Abhängigkeit von Kunden, Lieferanten und vom Wettbewerb
- Flexibilität der Organisation
- Produktspektrum- und Produktion-Philosophie
- Räumliche Verteilung der Konfiguration
- Grad der Klarheit darüber, wie und für welche Aufgabengebiete das System eingesetzt werden soll.

Diese und ihre nachfolgenden Untergliederungen haben keinen Anspruch auf Vollständigkeit. Sie sind ein erster Ansatz, der noch verfeinert werden muß. Eine detaillierte Diskussion über diese Parameter und wie sie quantifiziert werden können enthält /1/.

2.2 Technische Parameter

Diese Parameter erfassen die technische Beschreibung von CAD-Systemen und haben die automatische (oder halb-automatische) Zusammenstellung einer Rechnerkonfiguration zum Ziel, die von den Wünschen der zukunftigen Anwender geprägt ist.

Um ein geeignetes CAD-System auszuwählen, wird eine Referenz-Konfiguration vorgeschlagen, von der ausgehend die Hardware- und Software-Ausstattung abgestimmt wird. Der Auswahlprozeß wird durch graphisch-interaktive Schnittstellen vereinfacht. Diese vorgeschlagene Konfiguration dient auch als erster Ansatz für eine Konfiguration nach funktionalen Gesichtspunkten (Abb.2).

Die Hardware- und Software-Elemente zusammen mit den organisatorischen Elementen stellen die Charakteristika der Konfiguration dar, durch die nach Anwendung von Analyse-Methoden Leistungsmaße und Produktivitätsfaktoren berechnet werden können.

Dazu gehören u.a. folgende Informationen(Parameter):

- MIPS, MFLOPS
- Hauptspeichergröße
- Monitortyp
  - Koordinatenraum
  - Controller
  - Farbe
  - Graphische Funktionen (z.B. Zoom)
- I/O Peripherie
  - Kommunikationsprozessor zu externen Systemen
    - Cluster-Prozessor
    - I/O-Prozessor
    - Terminal-Prozessor
- Interne Kommunikationsprozessoren
  - Disk-Prozessor
  - File-Prozessor
  - Datenbank-Prozessor
  - Assoziativspeicher

- Warteschlange
  - Multiprozessoren
- Algorithmen-Komplexität und -Laufzeit
  - Objekt-Darstellung
  - Konstruktions-Methoden

Die in der Implementierung berücksichtigten Hardware-/Software- Charakteristika entsprechen u.a. der im /1/ detaillierten CAD-System Klassifizierung.

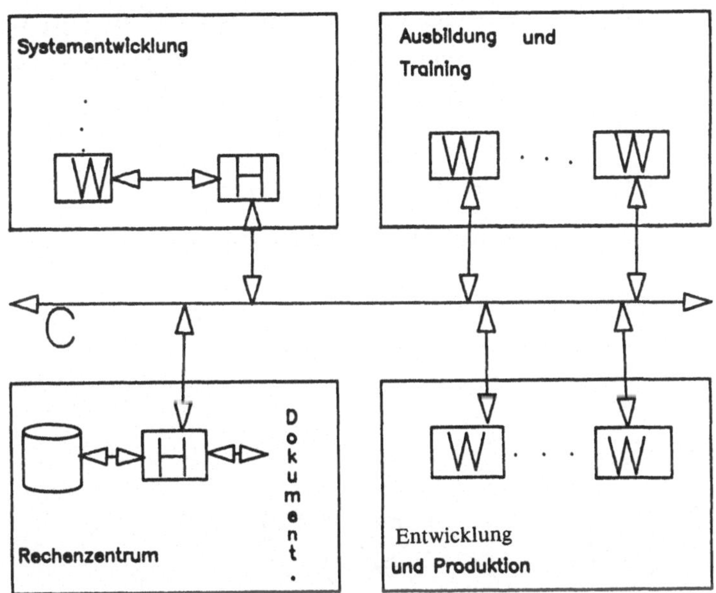

H - Host-system

W - Workstation

C - Kopplung

Abb. 2: Allgemeine CAD-System Referenz-Konfiguration

Ein Beispiel für eine solche Parametermenge folgt im Abschnitt 3.

2.3 Analyse-Methoden

Analyse-Methoden werden benutzt, um die Elemente eines Systems zu klassifizieren , indem ihnen ihr funktioneller Wert in der Systemumgebung zugeordnet wird. Außerdem werden Analyse-Methoden verwendet, um Regeln zwischen organisatorischen, technischen und ökonomischen Parametern aufzubauen. Sie basieren im Prinzip auf Erfahrungswerte.

Der erste Versuch, eine Methode anzuwenden geschieht, wenn von den organisatorischen Parametern die notwendigen technischen Parameter abgeleitet werden sollen. Diese Ableitung ist nur dann möglich, wenn die Funktion(und Auswirkung) der technischen Parameter auf die organisatorischen Parameter bekannt ist. Die technische Spezifikation charakterisiert die Leistung, die als Funktion auf die Organisation auswirkt.Z.B.: Die Funktion einer bestimmten Menge von technischen Parametern könnte zur Reduzierung des Papierverbrauchs geeignet sein (Abb.3).

Reduzierung des Papierverbrauchs (*) := F(technische Parameter) (3)

Diese Reduzierung könnte ein organisatorischer Parameter sein, der beinflußt werden soll.

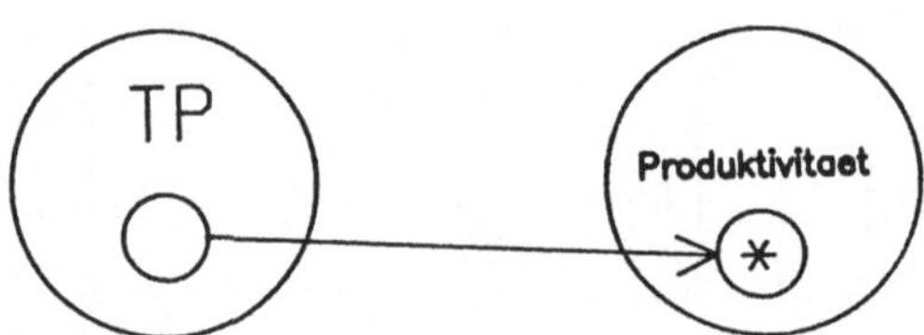

Abb. 3: Einfluß der technischen Parameter auf die Produktivität

Eine grobe Auswahl der technischen Elemente ist möglich, indem organisatorische Randbedingungen und technische Anforderungen vorgegeben werden. Diese Auswahl kann (zumindest teilweise) durch Kosten/Nutzen-Analyse-Methoden überprüft werden. Die Kosten einer Konfiguration werden berechnet und mit dem nach der Konfiguration geschätzten Nutzen verglichen.

Wenn man sich nur auf die Nutzen der Zeichnungserstellung und entsprechender Unterlagen konzentrieren will, bietet sich die Kleinstzeitmethode an (Siehe Anhang

1)/11/. Diese Methode besteht darin, ein Zeichnungsspektrum in seine Zeichnungselemente zu zerlegen, für deren Erzeugung Näherungszeiten aus durchgeführten Versuchsreihen bekannt sind. Diese Zeichnungselemente sind z.B. NC-Normen, Konturelemente, Schraffur, Varianten (Elemente, die sich auf die Produkt-Projektierung beziehen, sind hier noch nicht erfaßt worden). Die verschiedenen Zeichnungselemente werden zahlenmäßig erfaßt und mit den entsprechenden Beschleunigungsfaktoren gewichtet. Der durchschnittliche Beschleunigungsfaktor wird dann über Mittelwertbildung bestimmt. Die selbe Methode wird auch zur Tätigkeiten innerhalb einer Branche angewandt.

Die Einführung und Erweiterung einer CAD-Konfiguration kann zu Kosteneinsparungen in allen Bereichen der Organisation führen. Eine genaue Voraussage ist jedoch wegen der Zahl und der Komplexität der ökonomischen Parameter kaum möglich. Wenige Parameter lassen sich quantifizieren, die Mehrheit wird nur geschätzt. Eine Tabelle von prozentualen Einsparungs-Schätzwerten auf die gesamte Kette von Betriebsaktivitätskosten wird als Parameterschnittstelle angeboten.

Betrachtet man explizit die Elemente der Hardware- und Software-Konfiguration, um bei einer Zeichnungserstellung die Zeitreduzierung und die entsprechenden Kosteneinsparungen zu schätzen, dann verfügt man über ein sogenanntes erweitertes Verfahren der Nutzenermittlung /1/, das die in 2.2 gelisteten Elemente in einen Wirkungsgrad umwandelt. Auf diese Umwandlung muß noch eine Empfindlichkeitsanalyse angewandt werden, da sie auf Erfahrungswerten basiert.

Diese und noch andere einzubindenden Methoden unterstützen den Benutzer oder den Experten bei der Erstellung einer Datenmenge.

3. Beziehung zur allgemeinen Design-Theorie

Wir können nach Yoshikawa's "general design theory" /2/ das folgende Beispiel formulieren :

- Die Entity-Menge S' enthält die Untermengen :

  S_1:= organisatorische Parameter (OP),

  S_2:= technische Parameter (TP),

  S_3:= Analyse-Methoden,

- Die Abstrakt-Konzept-Menge T enthält :

$T := \{T_1, \ldots, T_n\} :=$ Klassifizierung der Konzepte einer Entity, nach ihrer Bedeutung bzw. ihren funktionalen und attributiven Werten. (4)

Der Abstrakt-Konzept-Raum ist $(S_1, S_2, S_3, T_1, \ldots, T_n)$.

Abb.4 zeigt die "Region möglicher Lösungen" S_a (9), die S_1, S_2 und S_3 jede mit entsprechenden Dimensionen **M**,**N** and **K** nach $T_1, \ldots, T_n$ verkettet. Das ist eine Menge von Entities, die vorgegebene Anforderungen erfüllen.

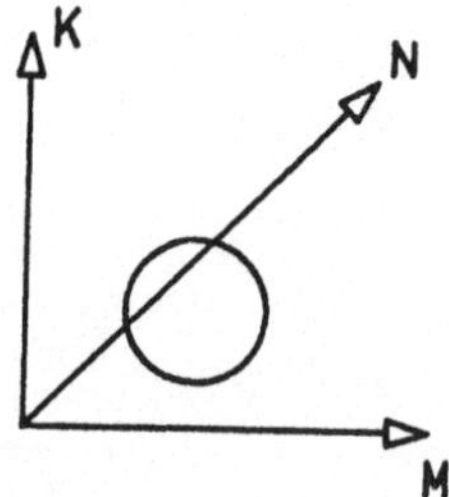

Abb. 4: Region möglicher Lösungen (CAD-System-Konfigurationen)

Die Funktionen- und Attribut-Konzepte werden am besten durch ein **Beispiel** erläutert:

Wenn wir die Menge-Entity S' betrachten, können wir folgende Attribute und Funktionen nennen :

Attributen-Menge T^o

- für S_1 (organisatorische Parameter)

$T_1^o := \{$ T_{11}^o := Elektronik-Anwendung; (5)

T_{12}^o := Mikrofilm;

T_{13}^o := zwischen 10 und 30 Konstrukteure; etc $\}$

- für S_2 (technische Parameter)

$T_2^o := \{$ T_{21}^o := 2D Linienmodel(Draht); (6)

T_{22}^o := 3D Volumenmodel;

T_{23}^o := 1 Host, 4 Arbeitsplätze, 1 Plotter;

T_{12}^o, etc $\}$

- für S_3 (Analyse-Methode)

$T_3^o := \{$ T_{31}^o := Interaktion ist geeigneter als Batch; (7)

T_{32}^o := Break-even-point;

T_{33}^o := Nutzen; etc $\}$

Funktionen-Menge T^1

$T^1 := \{$ T_1^1 := erhöht die Produktionsrate zu xx%; (8)

T_2^1 := reduziert die Redundanz;

T_3^1 := verbessert die Zeichnungsqualität;

T_4^1 := beschleunigt die Auftragsdurchlaufzeit; etc $\}$

Nehmen wir an, eine Spezifizierung wäre: $T = T_{11}^o \cap T_1^1$.

Wenn T_{11}^o durch ($T_{21}^o \cup T_{22}^o$) erfüllt wird und T_1^1 durch ($T_{31}^o \cap T_{33}^o$) erfüllt wird, dann haben wir die Lösungsregion :

$$S_s := S_x \ (S_x \in \{(T_{21}^o \cup T_{22}^o) \cap T_{31}^o \}) \dashrightarrow (T_{33}^o (S_x) \dashrightarrow T_1^1). \qquad (9)$$

Der semantische Zusammenhang zwischen Attribut-Attribut, Attribut-Funktion und Funktion-Funktion muß bekannt sein oder zumindest durch Bewertungsansätze unterstützt werden(2.3).

Eine der Herausforderungen besteht in dem Aufbau einer selbst-erklärende Schnittstelle, an der die Benutzer und die Experten ihre Daten manipulieren und ihre unterschiedlichen Erwartungen erfüllt bekommen.

4. Implementierungsansätze

Das CAD-Modell und die bereits entstandenen Konzepte folgen zwei unterschiedlichen Implementierungsansätzen. Diese sind auf ein PCS CADMUS 9230 unter UNIX realisiert.

Der **erste Ansatz** beschreibt das CAD-System unter vier Aspekten : Rechnerintegration, Hardware/Software-Elemente, die Organisationsstruktur der Firma(OP) und die Wirtschaftlichkeit eines CAD-Systems. Die Implementierung bietet eine graphisch-interaktive menü-orientierte Schnittstelle auf GKS /8/ an und verwaltet im Hintergrund eine Datenbank auf CORAS /9/. Der Benutzer geht folgendermaße vor :

- Er spezifiziert 1.die firmenbezogenen Randbedingungen
  2.die vorhandene und die geplante Rechnerintegration
  3.die Hardware- und Software-Elemente
  4.die ökonomische Elemente

(Plausibilitätsprüfungen sind schon für einige Fälle eingebaut)

- Er sucht reale CAD-Systeme auf dem Markt

  (Bekannte CAD-Systeme sind klassifiziert und entsprechend der Anwendung in der Datenbank gespeichert)

- Er gibt die möglichen zusätzlichen Kosten und Nutzen-Schätzwerte an

(Methoden der Kosten/Nutzen-Analyse sind vorhanden)

Mit der geordneten Menge von Alternativen kann der Benutzer die Entscheidung treffen (Abb.5).

Die Schnittstellen und die Datenbankverwaltung befinden sich in Testphase (Siehe Anhang 2)/12,13/. Der Informationsfluß zwischen den Schnittstellen ist bereits definiert, obwohl die Integration von den unterschiedlichen Programmen noch nicht freigegeben wurde.

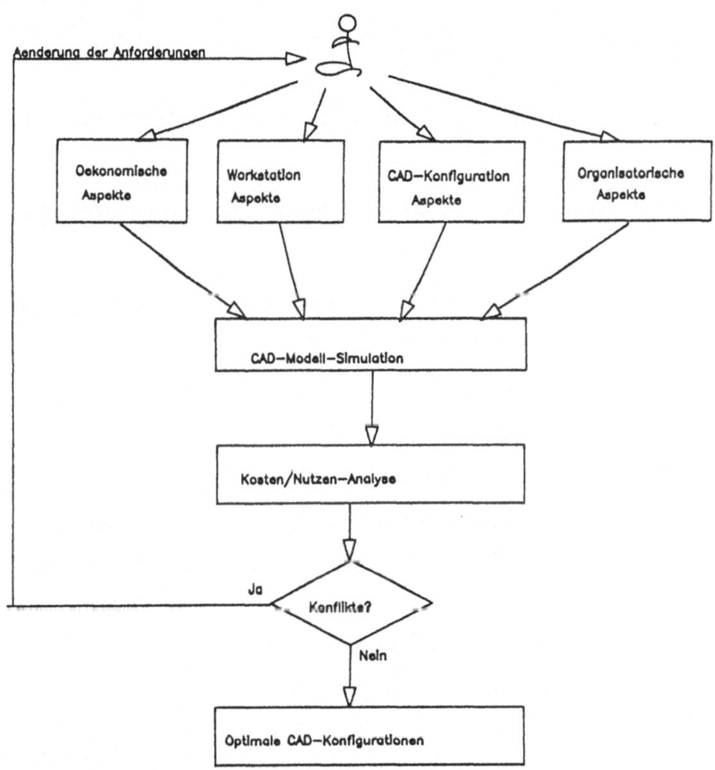

Abb. 5: Struktur des ersten Implementierungsansatzes

Der **zweite Ansatz**, der zur Zeit implementiert wird, benutzt die programmiersprache Prolog /4/. Dieser Ansatz betrifft die Darstellung und die Verwaltung zweier Parameter-Mengen und ihre Beziehungen zueinander. Es gibt offenbar (bis jetzt) keinen rein mathematischen (analytischen) Formalismus für das Problem. Aber die Beziehung zwischen organisatorischen und technischen Parametern existiert und wird in der Praxis zur Evaluierung und Auswahl von CAD-Systemen in einzelnen Fällen angewandt. Es ist klar, daß diese Beziehung eine Art Wissen darstellt und daher ist der Experten-System-Ansatz ein geeignetes Mittel.

Das Problem, ein CAD-System nach Benutzer-Anforderungen auszuwählen, besteht im Herausfinden der Beziehungen zwischen den beiden Parameter-Mengen OP(organisatorische Parameter) und TP(technische Parameter). Daher benötigen wir ein Entscheidungsunterstützungssystem (Experten-System), das enthält :

- Datenbank von allen möglichen CAD-System-Konfigurationen (oder CAD-System-Klassen) mit ihren technischen Parametern;
- Menge von OP für CAD-Systeme im allgemeinen;
- Beziehung OP <----> TP , d.h. eine CAD-System-Konfiguration (Konfigurationsklasse) steht in Beziehung zu jeder OP-Menge mit vorgegebenen Werte.

Entsprechend den o.g. Implementierungszielen enthält das System die folgende Blöcke :

1) Wissensdarstellung (Wissen über beide Parameter-Typen und ihre Beziehungen);
2) Benutzer Schnittstelle
3) Experten-Schnittstelle - Wissen über CAD-Systeme und ihre Umgebung wird von Experten herausgezogen und im Wissensdarstellungsblock gespeichert.

Die Notwendigkeit der vielen Parametern und des direkten Zugriffs darauf erfordert eine relationale Datenbank, um die TP einer Vielzahl von CAD-System-Konfigurationen und deren mögliche OP-Kombination zu speichern.

Eine bekannte Methode für die Darstellung von Beziehungen zwischen Parametern, die nicht analytisch beschreibar (nicht mit Gleichungen) sind, geschieht mit Hilfe eines Produktions-Systems. Es besteht aus einer Menge von Regeln (Bedingungen) und den sich daraus ergebenden Folgerungen (Aktionen).

Sie haben in unserem Fall die folgende Form:

$$\text{If} \quad \begin{array}{l} OP_1\,(V_1) \\ OP_2\,(V_2) \\ \ldots\ldots \\ OP_n\,(V_n) \end{array} \quad \text{Then} \quad \begin{array}{l} TP_1\,(P_{11}\,\ldots\ldots,P_{1m})\ \text{or} \\ TP_2\,(P_{21}\,\ldots\ldots,P_{2m})\ \text{or} \\ \ldots\ldots \\ TP_n\,(P_{n1}\,\ldots\ldots,P_{nm}) \end{array} \qquad (10)$$

$OP_1 \ldots OP_n$ sind die organisatorischen Parameter. $V_1 \ldots V_n$ sind die zugewiesenen Werte. "don't care" und Intervalle werden zugelassen.

P_{ij} mit $i=1,\ldots,n$ $j=1,\ldots,m$ sind die CAD-technische Parameter. "n" ist die Anzahl möglicher Konfigurationen zu einer OP-Spezifizierung. "m" ist die Anzahl technischer Parameter.

In der allgemeinen Struktur des Experten-Systems (Abb.6) wird ein zusätzlicher Block (Menü) eingefügt, um die Implementierung anwendungsunabhängig zu machen. Dieser Block bietet eine hierarchische Menü-Struktur (für OP und TP), die vom Benutzer/Experten ein interaktives problemorientiertes Vorgehen ermöglicht, und definiert die interne Struktur der Parameter.

Der anwendungsunabhängige Teil der Implementierungsstruktur (Blöcke 1,2,3,4) verwaltet die Menüs, indem der Benutzer/Expert nach Wert-Spezifizierung gefragt wird, und konstruiert die Struktur der beiden Datenbanken (Blöcke 2,3) entsprechend der eingegebenen Spezifikation.

Die Experten-Schnittstelle (Block 4) wird für den Aufbau der Datenbanken benutzt. Die Füllung der Datenbanken geschieht durch Regeln-Definition (10), die dem System den Aufbau von Folgerungen und die Parameter-Struktur-Definition ermöglichen.

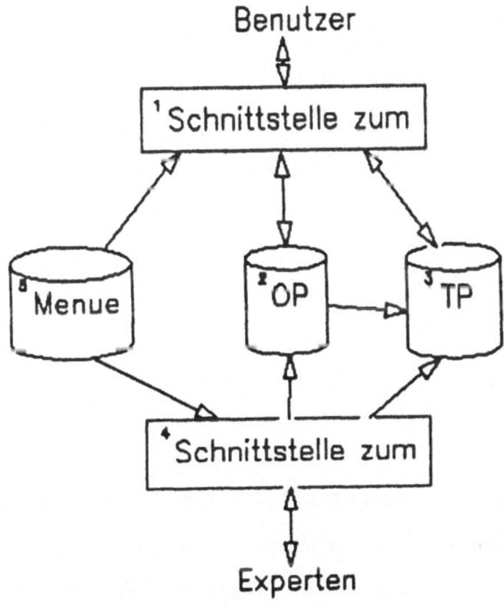

Abb. 6: Allgemeine Struktur des Entscheidungsunterstützungssystems

Dieselbe Menü-Struktur (Block 5) wird für den Benutzer-Dialog angewandt. In diesem Fall ermöglicht das System die Konstruktion einer OP-Menge und versucht einer Übereinstimmung mit dem "If"-Teil der vorhandenen Regeln zu erzielen (Matching). Falls ein Matching erfolgreich ist, wird der rechte Teil der Regel (Konfigurationen mit Parametern) als Lösung ausgegeben.

Wenn mehrere Lösungen bestehen, können Analyse-Methoden zur Erkennung der beste Lösung angewandt werden.

Der Benutzer kann mit einigen Parametern eine CAD-System-Konfiguration spezifizieren und bekommt vom System alle CAD-System-Konfigurationen dieser Klasse mit allen Parametern (Folgerungen der Regeln).

Dieser zweite Ansatz wird in der Sprache Prolog implementiert. Sie enthält alle notwendigen Mechanismen (Produktionssystem und relationale Datenbank) und vereinfacht die Implementierungsaufgabe.

Es ist wichtig zu betonen, daß der Zugriff zu den Regeln in der Prolog-Datenbank von "built-in" Pattern-Matching- und Backtracking-Mechanismen durchgeführt wird.

Diese Implementierung unterstützt zur Zeit menü-orientierte Schnittstellen (ohne Graphik) und Datenbank-Mechanismen. Das System ist bereits, um reelles Wissen von Experten im Bereich CAD-Anwendung zu verwalten.

Zur Steigerung der Interaktions-Qualität können graphische Darstellungen in den Schnittstellen-Blöcken benutzt werden. Der Einsatz von Graphik mit Prolog ermöglicht den Aufbau von hoch-interaktiven Schnittstellen. Diese Aufgabe wird bereits untersucht und wird eine GKS-Prolog-Entwicklung /10/ benutzen.

5. Zusammenfassung

Dieses Bericht schlägt eine allgemeine Struktur eines CAD-Modells vor. Er führt einige Formalismen ein, die als Grundlage einer Implementierung eines Entscheidungsunterstützungssystems für die CAD-System-Evaluierung und -Auswahl dienen.

Zwei unterschiedliche Implementierungsansätze wurden beschrieben, wovon einer auf Prolog basiert.

Der erste Implementierungsansatz bietet dem Benutzer eine (durch GKS hoch-interaktive graphische) Schnittstelle zur Beschreibung des CAD-Modells an.

Diese Implementierung kann durchaus mit dem zweiten Ansatz verknüpft werden, um seine Benutzerschnittstelle zu verbessern. Außerdem wird die Kopplung GKS-Prolog interessante Hinweise für zukünftige Projekte geben.

Es ist zu erwarten, daß Daten über die CAD-Evaluierung und -Auswahl in diesem zweiten Ansatz effektiv verwaltet werden können. Da dieses Werkzeug Information erfaßt und assoziiert, ist auch zu erwarten, daß das allgemeine Wissen über CAD-Systeme vergrößert wird.

6. Literatur

/1 / ENCARNACAO, J.L., HELLWIG,H.-E., HETTESHEIMER,E., KLOS,W.F. LEWANDOWSKI,S., MESSINA,L.A., POTHS,W., ROHMER,K., WENZ,H. GI-CAD/Handbuch: Auswahl und Einführung von CAD-Systemen Springer-Verlag 1984, ISBN 3-540-13797-1

/2 / YOSHIKAWA,H. General Design Theory and a CAD-System in:Man-Machine communication in CAD/CAM North Holland, IFIP 1981

/3 / SPUR,G., KRAUSE,F-.L. CAD-Technik Hanser Verlag 1984, ISBN 3-446-13897-8

/4 / CLOCKSIN,W.F., MELLISH,C.S. Programming in Prolog Springer-Verlag 1984, ISBN 0-387-11046-9

/5 / ENCARNACAO,J.L., SCHLECHTENDAHL,E.G Computer Aided Design. Fundamentals and System Architectures. Springer-Verlag 1983, ISBN 0-387-11526-9

/6 / ENCARNACAO, J.L. Interfaces of a CAD-System with its application environment in: Amsterdam: Bo,K., Lillehagen, F. (eds.):CAD Systems Framework North Holland, 1982

/7 / ENCARNACAO,J.L., MESSINA,L.A. A system simulation technique for the technical evaluation and economic justification of CAD-Systems VDE Verlag, Proceedings of CAMP'83 Berlin

/8 / ENDERLE,G., KANSY,K., PFAFF,G. Computer Graphics Programming, GKS - The Graphics Standard Springer-Verlag, ISBN 3-540-11525-0, 1984

/9 / BARON,N., KLOS,W.F. GRIFOP - Graphisches Informationssystem für Prozeßanwendung GRIS-Darmstadt, Arbeitsbericht, August 81

/10/ HÜBNER,W., MARKOV,Z.I. A GKS based graphics programming in Prolog to be published in Computer & Graphics, Oxford: Pergamon Press, 1985

/11/ MESSINA,L.A., PARRA-RAMIREZ,C. Rechnerunterstützte Analyse-Methoden zur Ermittlung der Wirtschaftlichkeit von CAD-Systemen GRIS-Arbeitsbericht 85/6, THDarmstadt

/12/ KIEFER,H. Graphisch-interaktive Benutzerspezifikation einer Rechnerkonfiguration für seine CAD-Anwendung GRIS-Diplomarbeit Mai/85, THDarmstadt

/13/ SÄNGER,C. Datenverwaltungssystem auf CORAS für ein Rechnerkonfigurationseditor GRIS-Studienarbeit 85, THDarmstadt

Danksagung

Wir möchten uns bei unseren GRIS-Kollegen insbesondere bei Herrn Max Mehl für die produktiven Diskussionen bedanken.

Unser besonderer Dank gilt Herrn Prof.Dr.J.L.Encarnacao, der uns entscheidende Wege gewiesen und bei der Arbeit engagiert unterstützt hat.

Anhang 1

Durchschnittlicher Beschleunigungsfaktor bezogen auf die Zeichnungserstellung (Hardcopy).

Anzahl der Aenderungsindizes (Anzahl der Folgezeichnungen)		(2.95)	
Pruef-,Abnahme-und Liefervorschriften		( )	
Fertigungsvorschrift		( )	E
Werkstoffangaben	1	(3.45)	
Rohteilangaben		( )	N
Angaben der Oberflaechenguete (Bearbeitungszeichnen)		( )	
Anzahl der weiteren Bearbeitungsangaben		( )	D
Anzahl der Konturelemente	14	(1.80)	
Anzahl der Normalmasse	40	(6.20)	E
Anzahl der Toleranzmasse	5	(10.40)	
Anzahl der Form-und Lagetoleranz		(5.60)	
Anzahl der Schraffurflaechen	6	(3.40)	
Anzahl der Massstabenangaben		( )	
Anzahl der Masspfeile		( )	U
Anzahl der Masshilfslinien		( )	P
Anzahl der Angaben der Werkstueckkanten		( )	D
Anzahl der sonstigen Zeichen	5	(3.00)	A
Anzahl der Makros		(4.00)	T
Text		(2.57)	E
Anzahl der Abwicklungen		(7.50)	
Anzahl der Ansichten		( )	W
Anzahl der geraden Schnitte		(1.75)	K
Anzahl der Durchdringungen		( )	
Anzahl der herausgezogenen Einzelheiten	3	(4.50)	
Anzahl der herausgezogenen Vergroesserungen		( )	
Anzahl der spiegelbildlichen Elemente	7	(5.97)	D B
Anzahl der gedrehten Elemente	12	(11.25)	U E
Anzahl der duplizierten Elemente		( )	R S
Grad der Vereinheitlichung (Normung) [1-3]		( )	C .
Varianten	3	(5.10)	H F
Datenuebergabe zu: -Berechnungprogrammen		( )	S A
-Betriebsmitteln		( )	C K
.Stuecklistenbearbeitung		( )	H T
.Arbeitsplanbearbeitung		( )	N O
-NC-Maschinen	1	(10.00)	I R
-unterschiedlichen Zeichnungsarten		( )	
Suchsystem fuer das Auffinden aehnlicher Teile/Baugruppen		( )	5.97

Anhang 2

Rechnerunterstützte Eingabe von CAD-Software-Eigenschaften (Hardcopy).

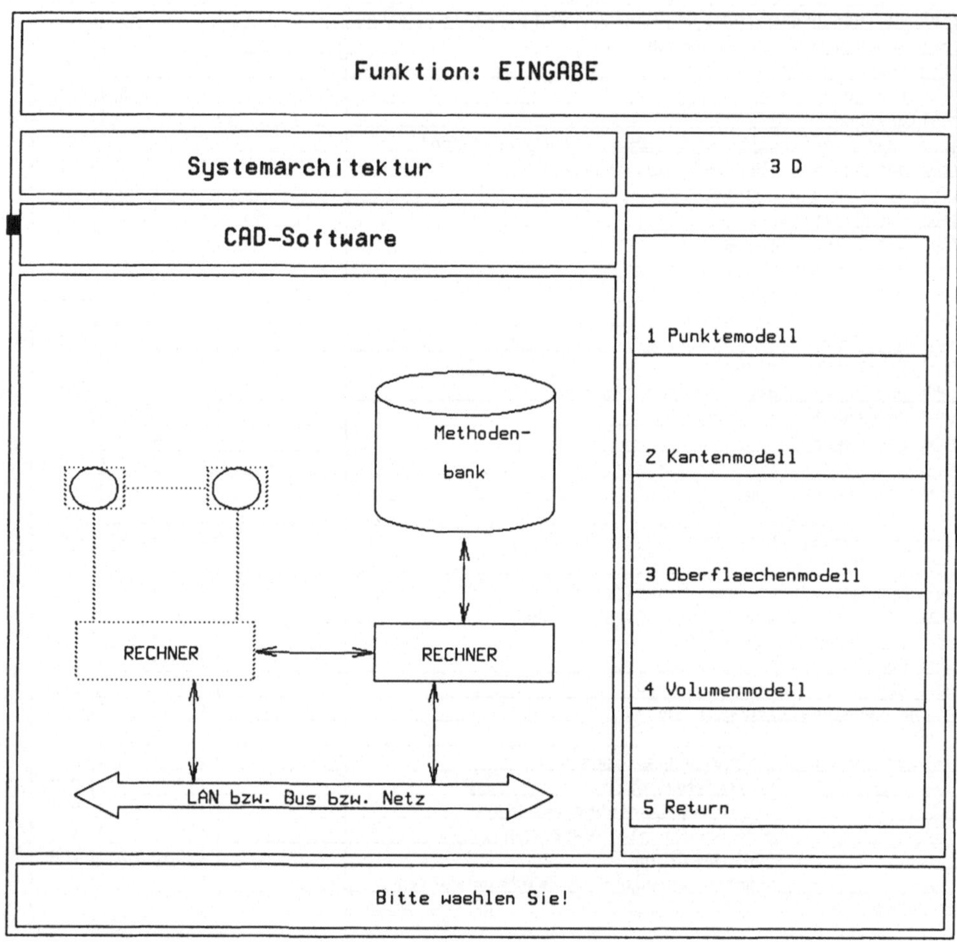

Visualisierungsmethoden dreidimensionaler Geometrien

H.-J. Germer
Institut für Produktionsanlagen und Konstruktionstechnik der FhG, Berlin

F. H. Vosgerau
Institut für Werkzeugmaschinen und Fertigungstechnik, TU Berlin

1. Einleitung

Innerhalb eines rechnerunterstützt durchgeführten Konstruktions- und Fertigungsvorganges sowie bei der Simulation des Vorganges der Fertigung oder der der Montage kommt der graphischen Komponente eines CAD-Systems eine exponierte Stellung zu; denn erstens wird über die Graphik mit den Methoden des CAD-Systems kommuniziert, zweitens erfolgen konstruktive und planerische Tätigkeiten anhand graphischer Darstellungen, und drittens werden Fertigungs- und Montagevorgänge im graphisch-interaktiven Dialog definiert und mittels graphischer Methoden verifiziert. Im Bereich Marketing sowie in der Angebotsphase bedient man sich graphischer Darstellungen eines Produktes durch beispielsweise hochanschauliche farbschattierte Darstellungen. Allen beispielhaft genannten Tätigkeiten liegt ein Modell bzw. liegen Modelle des Produktes zugrunde, die im Laufe des Produktentstehungsprozesses definiert und rechnerintern verarbeitet werden /1/.

Geht man davon aus, daß eine volumenorientierte rechnerinterne Repräsentation eines Produktes die zentrale Informationsbasis für die während eines

Geht man davon aus, daß eine volumenorientierte rechnerinterne Repräsentation eines Produktes die zentrale Informationsbasis für die während eines Produktprozesses anfallenden Aufgaben darstellt, so müssen sich die Methoden zur Visualisierung an dem aktuellen Stand der rechnerinternen Darstellung orientieren und in der Graphik die für die jeweiligen Bearbeitungsaufgaben notwendige Informationsmenge adäquat visualisieren.

Betrachtet man die unterschiedliche CAD-Software, die während der Produktentstehung das Produkt definiert, verarbeitet und modifiziert, sowie die verschiedenen rechnerinternen Modellrepräsentationsformen in den Produktphasen, dann ergibt sich hieraus, daß bei der Konzeption einer produktbegleitenden Visualisierungssoftware deren Einsetzbarkeit als funktionsorientierte, System und Aufgaben verbindende Kommunikationsschnittstelle zu berücksichtigen ist. Notwendige Schritte, dies zu erreichen, bestehen darin, erstens das zur Verfügung stehende Instrumentarium an graphischen Visualisierungsmöglichkeiten zu methodisieren und zweitens die Methoden in einen Modelltyp-abhängigen und einen Modelltyp-unabhängigen Teil zu gliedern. (Abb. 1).

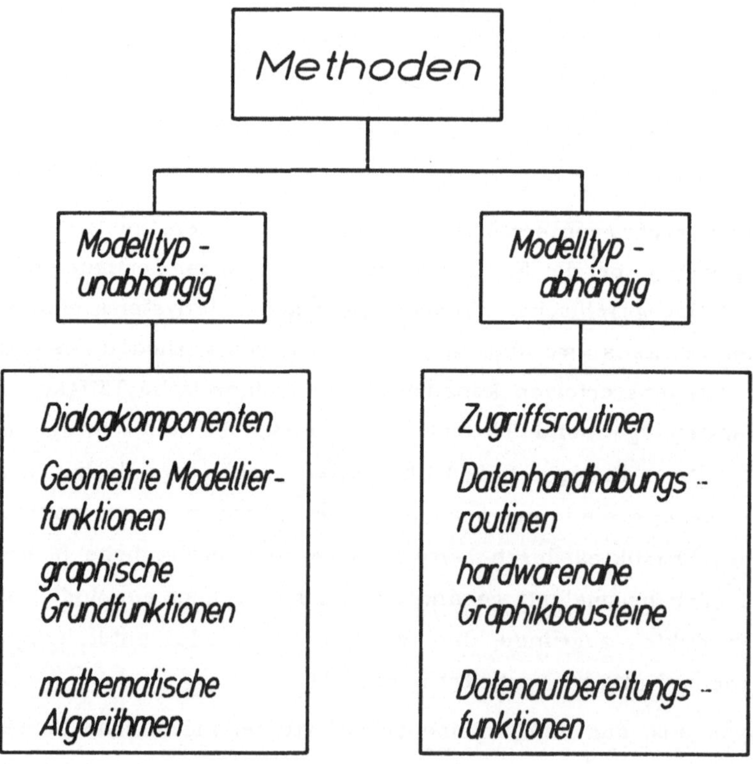

Abb. 1: Aufgliederung der Methoden

Ausgangspunkt für die nachfolgenden Betrachtungen zur Visualisierung von

Produkten werden volumenorientierte Modelle sein, die vom Geometrie-Modelliersystem COMPAC erzeugt wurden /2/. Diese Modelle enthalten neben den geometrischen Informationen zur Objektdefinition auch Daten zur Definition der Mikro-Geometrie (Rauheit, Welligkeit, ...) sowie die Möglichkeit, die Deviations-Geometrie (Toleranzen) abzubilden /3/. Ziel des Systems ist es, das Produkt in einer rechnerinternen Form derart abzubilden, daß alle während des Produktionsprozesses in dem erweiterten Sinn zu verstehenden anfallenden geometriebezogenen Aufgaben auf der Basis des einmal erstellten rechnerinternen Modells erfolgen, bzw. sich notwendige Informationen aus diesem Modell ableiten lassen (Abb.2).

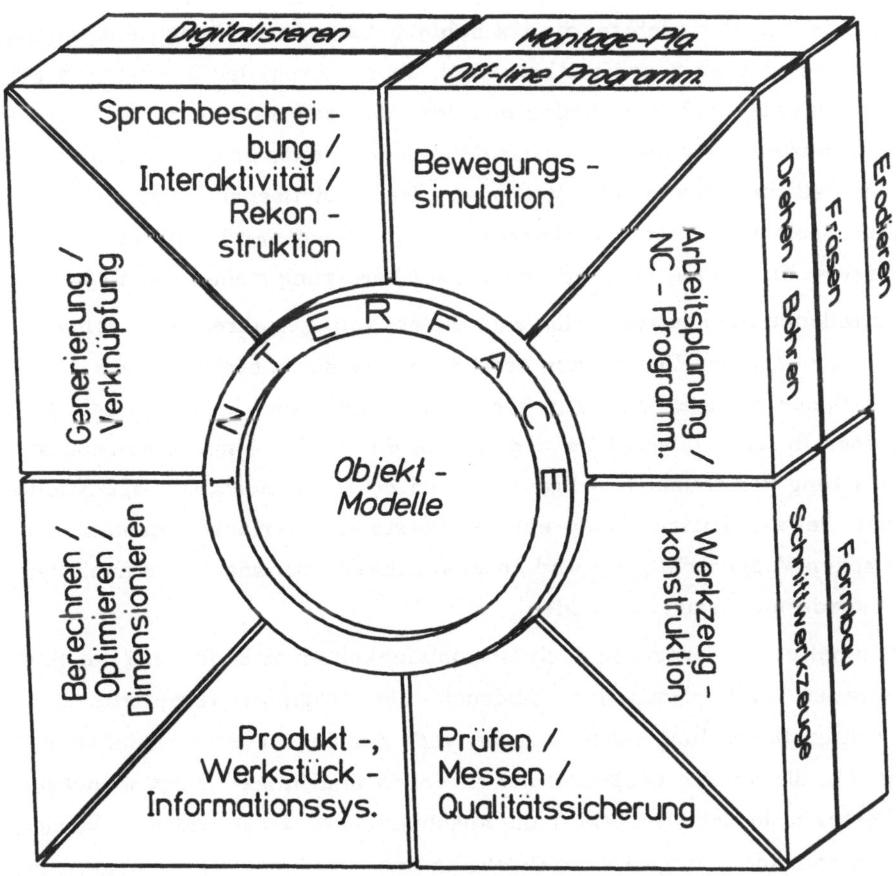

Abb. 2: Konzeption des Systems COMPAC /3/

2. Geometrische Methoden zur Visualisierung

Der Versuch des Menschen, Gegenstände seiner Umwelt in ebener Darstellung zu beschreiben, ist so alt wie die Kultur der Menschheit selbst. Diesen Bestrebungen lagen unterschiedliche Zielrichtungen zugrunde. Zum einen waren sie ästhetisch-künstlerischer Natur, zum anderen entsprangen sie praktisch-technischen Bedürfnissen, wie sie beispielsweise in der Baukunst auftraten. So beschreibt Albrecht Dürer 1525 in seinem Buch "Unterweisungen der Messung mit dem Zirkel und Richtscheit in Linien, Ebenen und ganzen Körpern" Verfahren zur Behandlung von Kegelschnitten im Zweitafelverfahren und Grundlagen zur perspektivischen Darstellung. Aber erst 1795 wurde im wesentlichen von Gaspard Monge, der an der "Ecole polytechnique" in Paris lehrte, die bis dahin bekannten Methoden des technischen Zeichnens systematisiert und mathematisch als ein Zweig der Geometrie begründet, wobei er sich analytischer Methoden und der Infinitesimalrechnung bediente. In den folgenden Jahrhunderten wurden diese Grundlagen weiter ausgebaut und fundamentiert, so daß uns heute die Methoden der analytischen Geometrie und der Differentialgeometrie als Handwerkzeug für softwaretechnische Lösungen, beispielsweise für Visualisierungsprobleme, zur Verfügung stehen /4,5,6/.

Die Darstellende Geometrie stellt eine Reihe von Verfahren zur Abbildung von Gegenständen unserer Umwelt zur Verfügung, die darin bestehen, von räumlichen Objekten Bilder in einer Projektionsebene zu entwerfen. Keines dieser Verfahren kann jedoch in jeder Hinsicht befriedigen, da das Fehlen einer Dimension stets die Unterdrückung der räumlichen Eigenschaften des abzubildenden Gegenstandes zur Folge hat. Bei der Entscheidung, welches Darstellungsverfahren zu wählen ist, hat man zwischen Maßgerechtigkeit und Anschaulichkeit abzuwägen und nach den gegebenen Anforderungen zu entscheiden.

Dabei beinhaltet die Forderung nach Anschaulichkeit eines Bildes, daß das Bild einen naturgetreuen und plastischen Eindruck des Originals vermittelt. Bei einer maßgerechten Darstellung sollen sich die Maße des abgebildeten räumlichen Gegenstandes, d.h. die wahren Größen seiner Strecken und Winkel, leicht wiedergewinnen lassen. Während in der Architektur die Anschaulichkeit eines Bildes im Vordergrund steht, wird von einem dargestellten Objekt im Maschinenwesen eine maßgerechte Darstellung erwartet.

Die Darstellende Geometrie lehrt, daß Verfahren, die zu anschaulichen Darstellungen führen, geringe Maßgerechtigkeit besitzen und daß umgekehrt höchst maßgerechte Darstellungen mit geringer Anschaulichkeit verbunden sind. So sind in einer technischen Zeichnung die wahren Abmessungen des Objektes exakt gegeben, für einen ungeübten Betrachter jedoch ist die Gestalt des Objektes nicht zu erkennen. Das genaue Gegenteil gilt beispielsweise für eine fotographische Darstellung.

Das Verfahren, dessen sich die Darstellende Geometrie bedient, ist die Projektion. Hierbei werden durch die Körperkanten eines räumlichen Gegenstandes Projektionsstrahlen gezogen, deren Schnittpunkte mit einer Projektionsebene das projizierte Bild ergeben. Man unterscheidet dabei die Zentralprojektion und die Parallelprojektion, wobei die Parallelprojektion in eine schiefe und eine senkrechte Projektionsart unterteilt wird (Abb. 3). Für den Bereich Maschinenwesen besitzt die senkrechte Parallelprojektion in der Mehrtafelprojektion bzw. in der axonometrischen Projektion mit dem Resultat einer isometrischen, dimetrischen oder trimetrischen Perspektive die höhere Bedeutung.

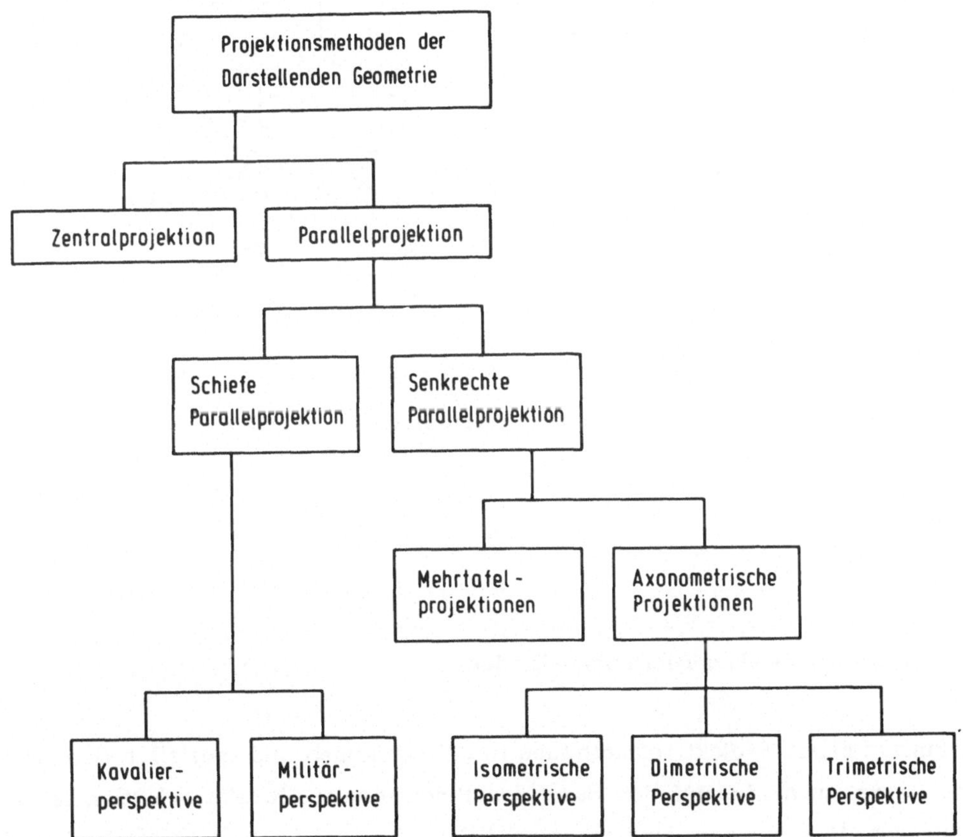

Abb. 3: Projektionsmethoden der Darstellenden Geometrie /7/

Dabei ist die Mehrtafelprojektion grundlegendes Verfahren zur rißweisen Darstellung von technischen Objekten mit den bereits genannten Vor- und Nachteilen, während die nach DIN 5 genormten axonometrischen Projektionsarten für nicht allzu große Objekte weitgehend anschaulich und maßgetreu sind. In Abb. 4 ist ein Objekt in isometrischer und dimetrischer Perspektive darstellt.

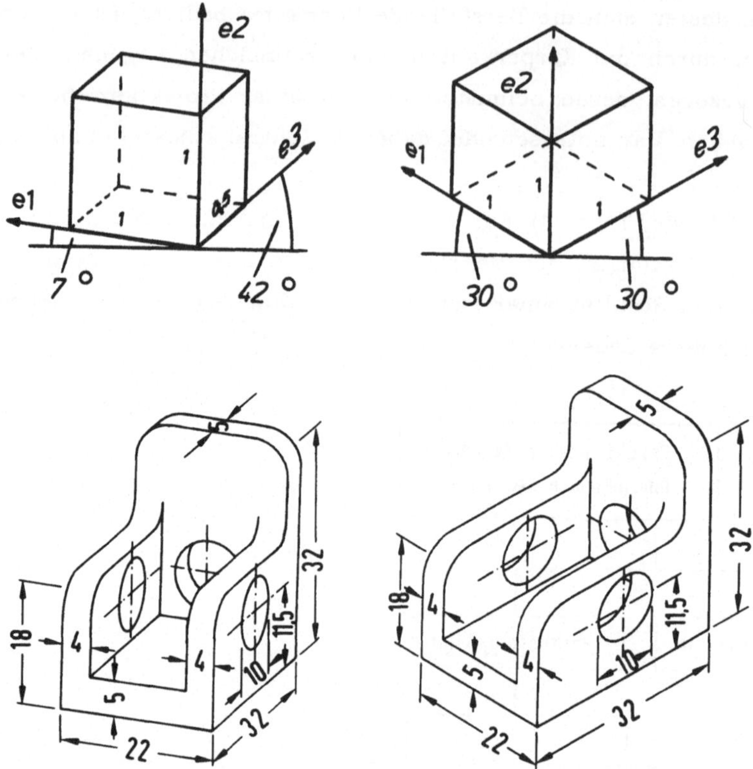

Abb. 4: Isometrische- und Dimetrische Darstellungen

3. Realisierung der Visualisierungsmethoden

Der Einsatz dieser Projektionsmethoden in CAD-Systemen und speziell in Geometrie-Modelliersystemen, die auf der Basis dreidimensionaler Modelle arbeiten, ist weit vorangeschritten. Bekannt sind graphische Darstellungen von Objekten mit allen das Bauteil begrenzenden Konturen, die Darstellung von Körpern ohne die aus der Projektionsrichtung nicht sichtbaren Konturen (Hidden - Line - Bild) und die farbschattierte Darstellung (Abb. 5). Darüber hinaus lassen sich optische Effekte wie Schattenwürfe, Transparenz und Oberflächenstrukturen erzielen, die aber bei hinreichend kontinuierlicher Farbwertverteilung einen sehr hohen Rechenaufwand erfordern /8/.

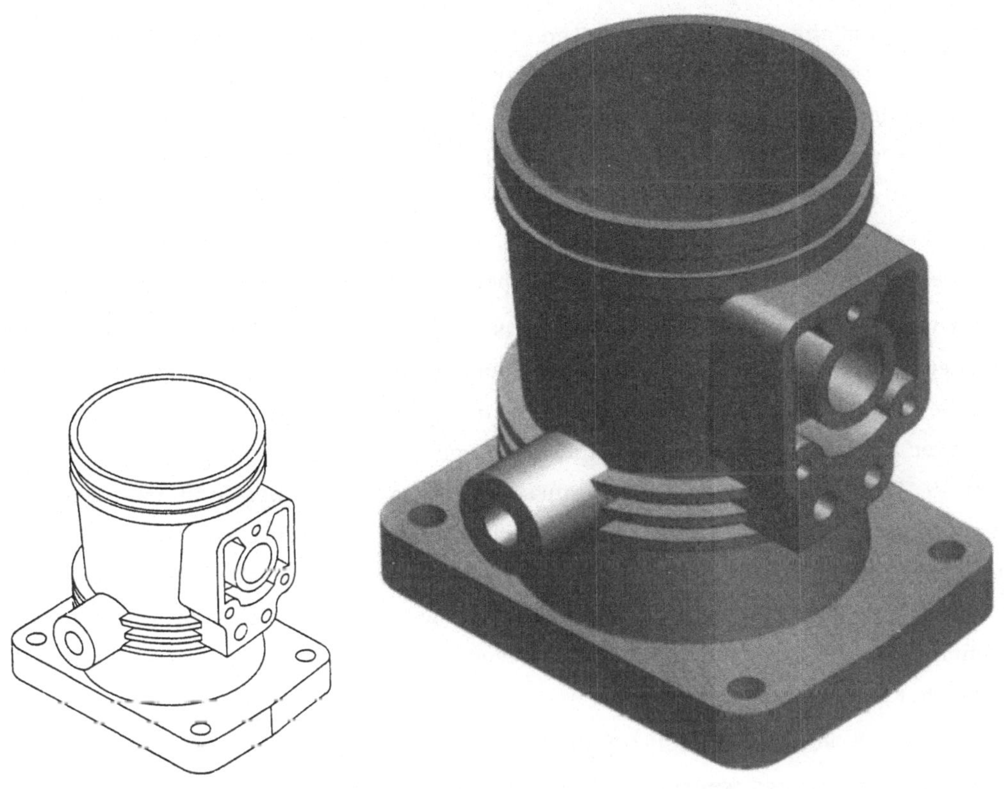

Abb. 5: Hidden-Line und farbschattierte Darstellung

Die softwaretechnischen Lösungen der genannten Aufgaben sind in den meisten Fällen sehr stark abhängig von der Form, in der rechnerinterne Objekte vom Modelliersystem erzeugt und verarbeitet werden. Prinzipiell können rechnerinterne Objektrepräsentationen Objekte als Kanten-Modelle, Flächen-Modelle und Volumen-Modelle darstellen, wobei die Volumen-Modelle aufgrund ihrer dreidimensionalen Struktur als rechnerinterne Repräsentanten von physikalisch starren Körpern eine wirklichkeitsnahe Informationsbasis im Produktentstehungsprozeß darstellen.

Spezielle Ausprägungen der Volumen-Modelle sind Modelle, die nach den Prinzipien "spatial occupancy enumeration"; "cell decomposition"; "half space geometrie", auch "CSG" genannt, und der Boundary Geometrie aufgebaut sind. Dabei basiert das Prinzip der "spatial occupancy enumeration" auf der Vorstellung, daß der euklidische

Raum in räumliche disjunkte Einheiten (Voxels) zerlegt ist, von denen eine Summe bestimmter Einheiten, die entsprechend markiert werden, ein Volumen definiert. Die "cell decomposition" beschreibt ein Objekt, indem ausgehend von seiner Berandung sein Inneres in Zellen zerlegt wird. Die Methode nach CSG (Constructive Solid Geometrie) erzeugt im prozeduralen Verfahren, Objekte aus regulären Halbräumen unter Verwendung mengentheoretischer Operatoren. Die Boundary Geometrie beschreibt Objekte durch berandende Geometrie niederer Dimensionen im Raum.

Eine Form der Boundary Repräsentation ist im Geometrie-Modelliersystem COMPAC realisiert, wobei die Verfahren zur Speicherung der Modelle unabhängig von dem logischen Repräsentationsschema und damit austauschbar sind, über das ein Anwender mittels einer Fortran-Schnittstelle mit dem Speicherungsmodell kommuniziert /9,10/. In diesem Repräsentationsschema sind die Objekte definiert durch ihre begrenzenden endlichen orientierten Flächen, die das Objekt von seiner Umwelt abgrenzen. Die Flächen eines Volumens werden von Konturen (den Kanten des Objektes) begrenzt. Dabei ist jeweils eine Kontur des Objektes Berandung zweier Flächen, während Punkte Eckpunkte des Objektes definieren oder charakteristische Größen bei der Definition der Konturen darstellen (Abb. 6).

Die gegebenen kombinatorisch-topologischen"Beziehungen zwischen den einzelnen geometrischen Figuren werden im Repräsentationsschema durch Bildung von Relationen zwischen entsprechenden Elementen realisiert. Die in dem hierarchisch strukturierten Informationsmodell des Systems COMPAC definierten geometrischen Elemente umfassen ebene Flächen, Zylinder-, und Kegelflächen oder Teile davon und Torusflächen /11/. Darüber hinaus sind Ansätze zur Handhabung und Integration von B-Spline Flächen erarbeitet worden.

Neben den rein geometrischen Informationen können in diesem Repräsentationsschema auch Daten und Texte abgebildet und der Geometrie zugeordnet werden, die beispielsweise die zulässige Abweichung von der Sollgeometrie festlegen sowie die Feingestalt der Objekte näher charakterisieren, so daß eine derartige rechnerinterne Struktur eine hinreichende Grundlage für eine Reihe von weiteren geometriebezogenen Aufgaben im Produktionsprozeß darstellt.

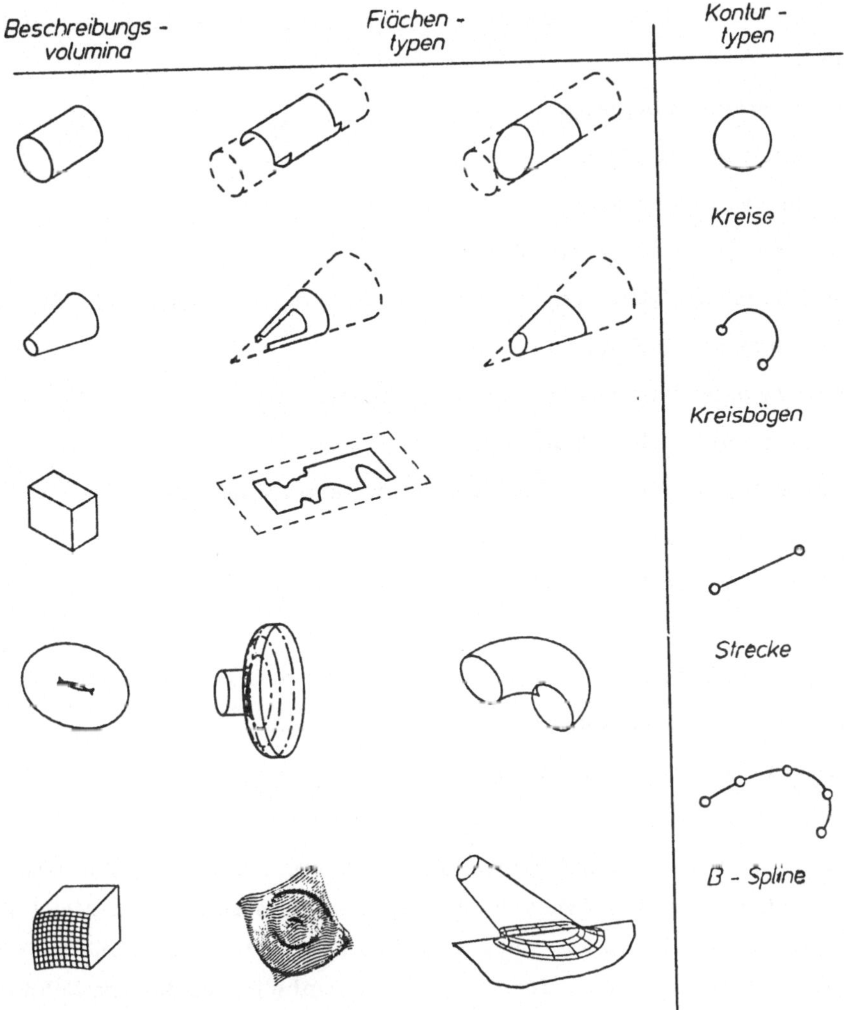

Abb. 6: Geometrieelemente des Systems COMPAC

Die Verfahren zur Visualisierung der Objekte verarbeiten und erweitern die gespeicherten rechnerinternen Repräsentationen und generieren ihrerseits Modelle, auf die die Techniken zur Darstellung als Drahtgitterbild mit lageabhängigen Umrißlinien an gewölbten Flächen, zur Hidden-Line-Bild-Erzeugung und zur Farbschattierung anwendbar sind. In einer vorbereitenden Phase wird aus einer Basis-rechnerinternen Repräsentation die zugehörige Informationsmenge abgeleitet bzw. um zusätzliche Informationen ergänzt und zu einem Ersatzmodell umgewandelt, so daß nachgestellte Algorithmen, die funktionsorientiert arbeiten, mit problemabhängigen Einganksparametern versorgt werden können. In groben Schritten werden von den Funktionen für das Problem Visualisierung folgende Kalkulationen durchgeführt:

- Transformieren des Objektes
- Berechnung von Umrißlinien
- Berechnung von potentiellen Sichtflächen
- Bestimmung nicht sichtbarer Flächen
- Umwandeln der analytisch gegebenen Berandung der Flächen in ein Polygon
- Lagebestimmung von Punkten
- Bestimmung einer Parametrisierung der Flächen
- Berechnung von Durchstoßpunkten
- Analytische Lagebestimmung aller Rasterpunkte in Sichtflächen
- Bestimmung von Flächennormalen
- Flächenfarbwerte bestimmen

Diese Aufgliederung in einzelne Funktionseinheiten, die man zusätzlich in

- Repräsentationsschema abhängige
- Parameteraufbereitungs- und rein
- rechnende Routinen

einteilen kann, sind die ersten Schritte, Methoden zur Behandlung einzelner oder komplexerer Aufgaben zu definfieren, um sie gegebenfalls systemübergreifend nutzen zu können, bzw. sie in Methoden- oder Modellbanken einzubringen. Hierzu wurden sowohl für die Methoden als auch für die Funktionseinheiten eindeutige Schnittstellen definiert.

Von den bereits genannten Projektionsarten werden von den Visualisierungsmoduln die im technischen Bereich üblichen senkrechten Parallelprojektionen verwendet. Eine erste Form der Visualisierung ist in der Form der Drahtgitter-Darstellung gegeben. Bei dieser Darstellung werden die rechnerinternen Objekte in die gewählte Raumlage bewegt, die Umrißlinien der gewölbten Flächen errechnet und zusammen mit allen anderen Konturen der rechnerinternen Darstellung auf den Bildschirm projiziert. Obwohl diese Form der graphischen Ausgabe zu nicht eindeutig interpretierbaren Bildern, bzw. zu Bildern führt, an die sich der Mensch bei erstmaliger Betrachtung erst gewöhnen muß, besitzt dieser Weg einen großen Vorteil: die Schnelligkeit.

Die zweite Form der Visualisierung ist die graphische Ausgabe ohne die nicht sichtbaren Konturen der Geometrie. Ebenso wie der Drahtgitter-Darstellung ein um Umrißlinien erweitertes rechnerinternes Modell zugrundeliegt, so liegt auch dem Hidden-Line-Bild eine mit räumlichen Koordinaten versehene Ersatz-rechnerinterne

Darstellung zugrunde. Grund hierfür ist eine für Bemaßungszwecke ausreichende Datengrundlage zu schaffen. Beispielsweise können die dem Basis-Modell zugeordneten mikrogeometrischen und Toleranzinformationen an das Ersatzmodell weitergegeben werden. Darüber hinaus können Modifikationen des Hidden-Line Modells auch zu Veränderungen des Basis-Modells führen.

Das Verfahren zur Generierung des Hidden-Line-Bildes erfolgt in drei Stufen:

- Generierung von Sichtflächen
- Eliminierung nicht sichtbarer Flächen
- Räumliche Konturanalyse.

Aus der räumlichen Konturanalyse ergibt sich die Möglichkeit, daß die an sich nicht sichtbaren Konturen gestrichelt dargestellt werden können.

Die dritte Form der Visualisierung ist durch die farbschattierte Darstellung gegeben. Die farbschattierte Darstellung besitzt von allen bisher genannten Formen die höchste Anschaulichkeit. Zur Erzeugung einer derartigen Darstellung werden im allgemeinen sehr lange Rechenzeiten benötigt. Sie liegen in jedem Fall über dem Maß, das Arbeitspsychologen in einem interaktiven Arbeitsprozeß für zumutbar halten. Da die Prozesse der Farbfindung rechenaufwendig sind, geht die Entwicklung dieser Technik dahin, diese Berechnungen mittels geeigneter Hardware durchzuführen. Ein zur Zeit gangbarer Weg wäre, eine derartige Bilderzeugung im Hintergrund und parallel zur normalen Arbeitsweise durchzuführen.

4. Beeinflussung der Methoden durch die Gerätetechnologie

Die Entwicklung graphischer Arbeitsplätze ist in den letzten Jahren verbunden mit der Integration von Hardwarebausteinen sowohl zur Ausführung von graphischen Grundfunktionen als auch zur Unterstützung aufwendiger Visualisierungstechniken. Hieraus ergeben sich für den praktischen Einsatz der unterschiedlichen Visualisierungsformen eine Reihe von neu zu diskutierenden Aspekten.

Unter Verwendung geeigneter graphischer Bildschirme mit lokaler Intelligenz können die genannten Nachteile der Drahtgitter-Darstellung stark reduziert werden. Beispielsweise wurde als graphisches Ausgabegerät ein Vektor-Refresh-Bildschirm der Firma Evans and Sutherland verwendet, der die Möglichkeit bietet, Objekte lokal und hardwareunterstützt dynamisch zu bewegen und zu skalieren. Damit können für die

Betrachter optimale Ansichten bzw. Ausschnitte aus dem Gesamten ohne Zeitverlust erzeugt werden, wobei die Daten der zugehörigen Umrißlinien jeweils vom Hauptrechner neu berechnet und über ein Parallel-Interface an die lokale Hardware weitergegeben werden. Die immer noch vorhandene Zweideutigkeit der Darstellung kann über die Möglichkeit der kontinuierlichen Veränderbarkeit der Helligkeit der Konturen abhängig von ihrer Z-Koordinate weitgehend ausgeschaltet werden.

Zur Erzeugung von Hidden-Line-Graphiken bzw. von farbschattierten Bildern werden bereits heute in Hardware realisierte Methoden zu den graphischen Arbeitsplätzen angeboten. Die Mehrzahl dieser Visualisierungsmethoden setzen voraus, daß die zu schattierenden Flächen eben sind, und damit die Basis-Geometrie als eine facettierte Objektdarstellung vorliegt bzw. in eine solche überführt werden muß. Andere Methoden arbeiten nach dem ray-tracing-Prinzip auf CSG Basis. Die Methoden, die auf der Basis eines facettierten Objektes arbeiten, besitzen gegenüber den Methoden, die eine Schnittstelle zu Modellrepräsentationen haben, die auch gewölbte Flächen beinhalten, eine Reihe von Vorteilen:

- Die Funktionseinheiten arbeiten nach einfachen Algorithmen.
- Die einzelnen Funktionen bieten gute Voraussetzungen zur Parallelisierbarkeit,
- einfache Hardwarerealisierung.

Dem gegenüber stehen jedoch die Nachteile, die Modellrepräsentationen in facettierter Form besitzen. Ein prinzipieller Nachteil besteht darin, daß sich numerische Ungenauigkeiten, die von der approximierten Objektdarstellung herrühren, bei der Erzeugung von Informationen zur Fertigung bemerkbar machen. Ein weiterer Nachteil kann in der höheren Anzahl von zu speichernden Daten gesehen werden sowie in der Anzahl der zu verarbeitenden Elemente (Abb. 7). Da numerische Ungenauigkeiten für die meisten graphischen Probleme nicht von Bedeutung sind, bietet es sich an, gewölbte Elemente der Modellrepräsentation in eine facettierte Darstellung umzuwandeln, um so die Vorteile der Gerätetechnik ausnutzen zu können. Da zu einer produktbegleitenden Visualisierung beispielsweise auch die Sichtbarmachung von Oberflächenzuständen, physikalischen Berechnungsergebnissen usw. gezählt werden müssen, stellt sich bei der Umwandlung von Objektrepräsentationen stets das Problem, derartige Informationen der Facettenrepräsentation adäquat zuzuordnen.

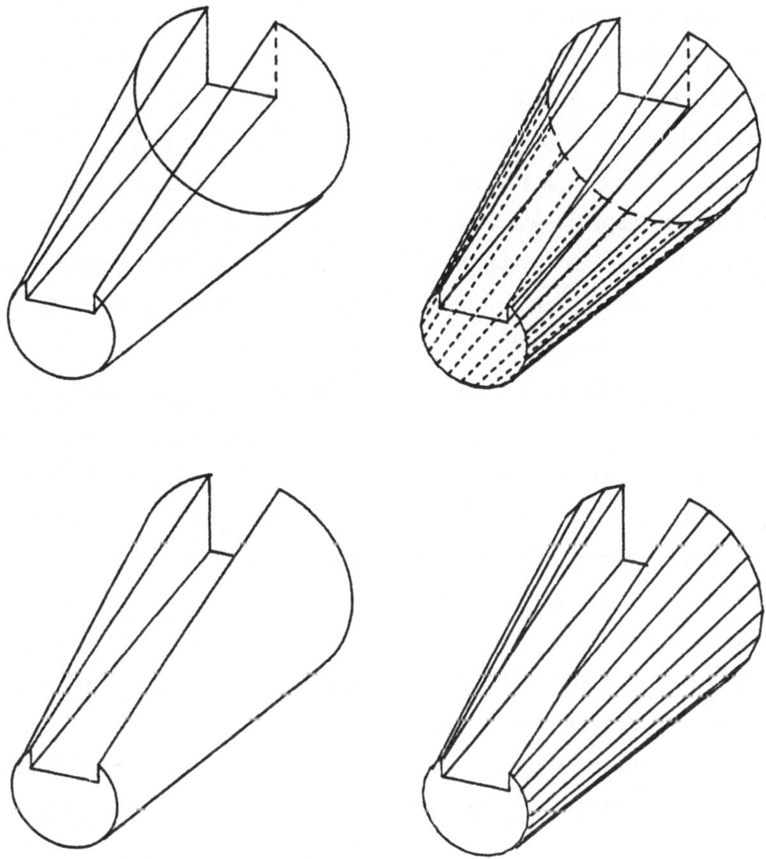

Abb. 7: Vergleich der Modellrepräsentationen

5. Zusammenfassung und Ausblick

Die Einbeziehung graphischer Methoden während eines Modelliervorganges von dreidimensionalen Geometrien gehört heutzutage zu den Standardfunktionen eines Geometrie-Modelliersystems. Insbesondere unterstützen diese Funktionen die Arbeitsschritte während der Modelldefinition in den einzelnen Konstruktionsphasen und dienen weiterhin zur Ergebnisdarstellung.

In Arbeitsplanungssystemen werden durch die Graphik die Erstellung von Fertigungsunterlagen und Entscheidungsprozesse erleichtert, was auf die Fähigkeit des Menschen zurückzuführen ist, komplexe Zusammenhänge über die Graphik schneller und eindeutiger zu erfassen als über alphanumerische Darstellungen /12/. Neuere CAD-Anwendungen beschäftigen sich mit der Off-line-Programmierung von Steuerinformationen für NC-Fertigungsprozesse sowie der Off-line-Programmierung von Robotern. Abb. 8 zeigt einen Roboter in farbschattierter Darstellung. Ferner können die graphischen Methoden dreidimensional arbeitender Geometriemodelliersysteme zur Unterstützung bei einer Lay-out-Planung eingesetzt werden.

Der Einsatz von Visualisierungssoftware für dynamisch ablaufende Prozesse stellt beispielsweise für die Unterstützung bei der Off-line-Programmierung ein wesentliches Hilfsmittel dar. Notwendig hierzu ist es, die Roboterfertigungszelle, den Arbeitsraum mit seinen Maschinen und Zuführungseinrichtungen sowie den Roboter darzustellen. Entsprechend der Fertigungsaufgabe sollte der Roboter in seiner Umwelt positioniert, notwendige Roboterwerkzeuge ausgewählt und Begrenzungssequenzen definiert werden. Parallel zu diesen Planungsschritten sollte es möglich sein, Bewegungsvorgänge und Arbeitsschritte visuell zu verfolgen /13/. Um den gestellten Anforderungen eines derartigen Simulationsprozesses zu entsprechen, ist eine Annäherung der zu visualisierenden Modelle notwendig. Ansätze hierfür sind die gegenwärtigen Umsetzungen von GKS-Funktionen in entsprechende Hardwareelemente.

Durch eine Gliederung der Methoden zur Visualisierung begleitet von der Definition funktionsorientierter Schnittstellen zu einer Benutzeroberfläche und zur Applikationsebene kann eine Softwarestruktur erreicht werden, durch die die einzelnen graphischen Darstellungsformen systemneutral eingesetzt werden können. Daraus resultieren Möglichkeiten, die Methoden in fremde Softwareumgebung zu integrieren, sowie damit die Voraussetzungen für eine hardwaretechnische Realisierung der Methoden zu schaffen.

Abb. 8: Einsatz von graphischen Funktionen zur Off-line-Programmierung

Literatur

/1 / SPUR, G., KRAUSE, F.-L.: CAD-Technik, Carl Hanser Verlag, München 1984

/2 / SPUR, G., KRAUSE, F.-L., IMAN, M.: Automatisierte Geometrieverarbeitung in Konstruktion und Arbeitsplanung Tagungsunterlagen INFERT 82, Dresden, September 1982

/3 / DASSLER, R., GERMER, H.-J.: Geometrisches Modellieren und seine Weiterentwicklung ZwF 1164, 1985, 5

/4 / GROTEMEYER, K.P.: Analytische Geometrie 4. Aufl., W. de Gruyter, Berlin 1949

/5 / BLASCHKE, W.: Analytische Geometrie 2. Aufl., Birkhäuser, Basel 1954

/6 / HILBERT, D., COHN-VOSSEN, S.: Anschauliche Geometrie Wissenschaftliche Buchgesellschaft Darmstadt 1973

/7 / CARLBOM, I., DACIOREH, J.: Plane Geomertic Projections Viewing Transformations Computer Surveys, 10 (1978) 4

/8 / FOLEY, F.D., VAN DAM, A.: Fundamentals of Interactive Computer Graphics Addison-Wesley, Reading, Mass., USA 1982

/9 / KRAUSE, F.-L.: Methoden zur Gestaltung von CAD-Systemen Diss., TU Berlin, 1976

/10/ DASSLER, R., GERMER, H.-J., KRAUSE, F.-L., POHLMANN, G.: Databases for Geometric Modelling and their Applications. In: Filestructures and Databases for CAD, S. 171-189. Encarnacao, J.; Krause, F.-L. (Hrsg.), North Holland Publishing Company, Amsterdam 1982

/11/ DASSLER, R., GERMER, H.-J., IMAN, M., SPUR, G: COMPAC-Aspects of Geometry Modeling Proc. 3rd Europ. Conf. on CAD/CAM and ComputerGraphics, MICAD 84, Vol. 3, Paris 1984

/12/ TUROWSKI, W., GROTTKE, W.: Graphik in der automatisierten Arbeitsplanung Proc. CAMP 84, Konradin, Berlin 1984

/13/ DASSLER, R.: Variable Geometriemodelle und ausgewählte Anwendungen Reihe Produktionstechnik Berlin, Carl Hanser Verlag, München 1985 (in Vorbereitung)

Methoden der Skulpturflächenbeschreibung und -darstellung

D. Kochan, G. Franz, K.H. Zehe
Technische Universität Dresden

1. Einleitung

Die doppelt gekrümmten Flächen - auch Skulpturflächen genannt- repräsentieren in der geometrischen Formwelt komplexer Maschinenbauteile vom absoluten Anteil nur wenige Prozent in der Häufigkeitsverteilung. Unabhängig davon ist der mathematische und rechentechnische Aufwand zur Modellierung und anwenderfreundlichen Handhabung außerordentlich hoch. Dabei erfordert die Formenvielfalt unterschiedlicher Industriebereiche ein möglichst diesen Anforderungen angepaßtes Lösungskonzept. In jedem Fall beweisen die an der Technischen Universität Dresden gemeinsam mit Industriepartnern, insbesondere der Auto- und der Schuhindustrie, gesammelten Erfahrungen, daß ein möglichst breit gefächertes Modularkonzept derartigen Anforderungen am besten gerecht wird.

So erwies es sich als notwendig, über die international bekannten Methoden nach COONS, BEZIER und anderen weitere mathematische Beschreibungen zu nutzen. In diesem Zusammenhang erwiesen sich mathematische Ansätze der traditionellen Dresdner Geometrie-Schule als gut geeignet.

Einbezogen wurden Polynomial Funktionen höheren Grades. Ohne auf mathematische und theoretische Grundlagen näher einzugehen, soll der Anwendnungsbereich der erarbeiteten Methoden charakterisiert werden. Als ein Spezifikum der erarbeiteten Softwaresysteme ist dabei noch die Einbeziehung leistungsfähiger CNC-Steuerungen zum effektiven Beherrschen des gesamten Datenflusses herauszustellen.

Die Charakteristik der Lösungsmethoden erfolgt dabei primär aus fertigungstechnischer Sicht.

2. Fertigungstechnische Anforderungen und Beschreibungsmöglichkeiten

In der metallverarbeitenden Industrie der DDR dominiert außer den spezifischen Anforderungen des Automobilbaues, besonders bezüglich der hohen Genauigkeit, ein breites Teilspektrum weiterer Industriebereiche, wie z.B.

- Verdichter-, Propeller-, Turbinenschaufeln
- Schuhleisten, Schuhsohlen
- Umform-, Plast- und Spritzgußwerkzeuge
- Konsumgüter mit Verkleidungen.

Ausgehend von durchgeführten Teilanalysen kann dabei festgestellt werden, daß ca. 80% der Teileformen auf analytisch einfach beschreibbare Flächenformen zurückgeführt werden kann.

Davon ausgehend läßt sich das Anforderungsprofil in die zwei Hauptkomplexe

- analytisch einfach beschreibbar
- analytisch nicht einfach beschreibbar

untergliedern (s. Abb. 1). Davon ausgehend wurden die Programmpakete

- DIGA (Datenreduzierter Informationsfluß und Geometrische Unterprogramme - zur Ausnutzung des Leistungsvermögens von CNC-Steuerungen)

und

- AUTENT(Automobil-Karosserie-Entwurfssystem)

entwickelt, wobei letzteres auch über die Automobilindustrie hinausgehend von Bedeutung ist.

Den Informationsfluß und das Zusammenwirken veranschaulicht Abb. 2.

Als eigenständiges schlüsselfertiges CAD/CAM-System der Schuhindustrie wurde von diesem Industriezweig das System GRAFIS entwickelt, welches insbesondere Softwarekomponenten zur CNC-Flächeninterpolation nutzt.

Abb. 1: Fertigungstechnische Anforderungen der geometrischen Definition doppelt gekrümmter Flächen

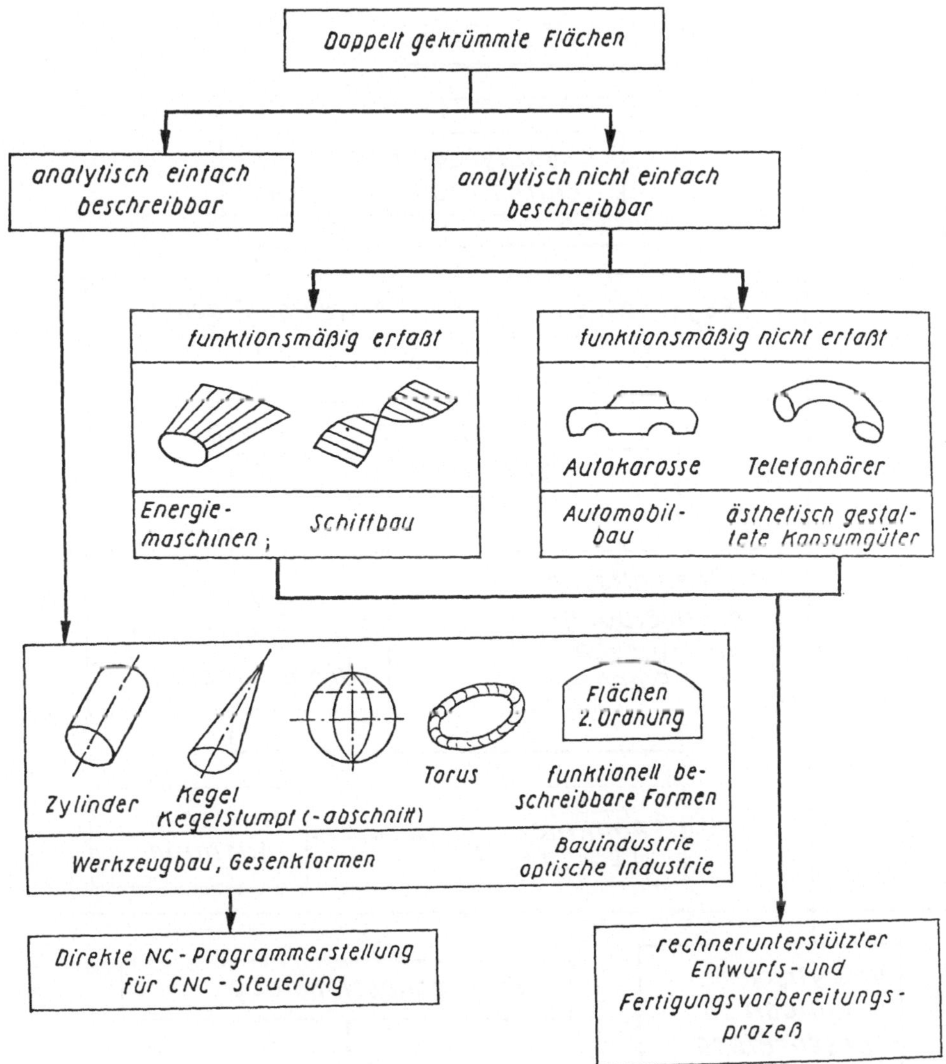

Abb. 2: Informationsfluß für rechnerunterstützte Produktionsvorbereitung und Fertigung doppelt gekrümmter Flächen

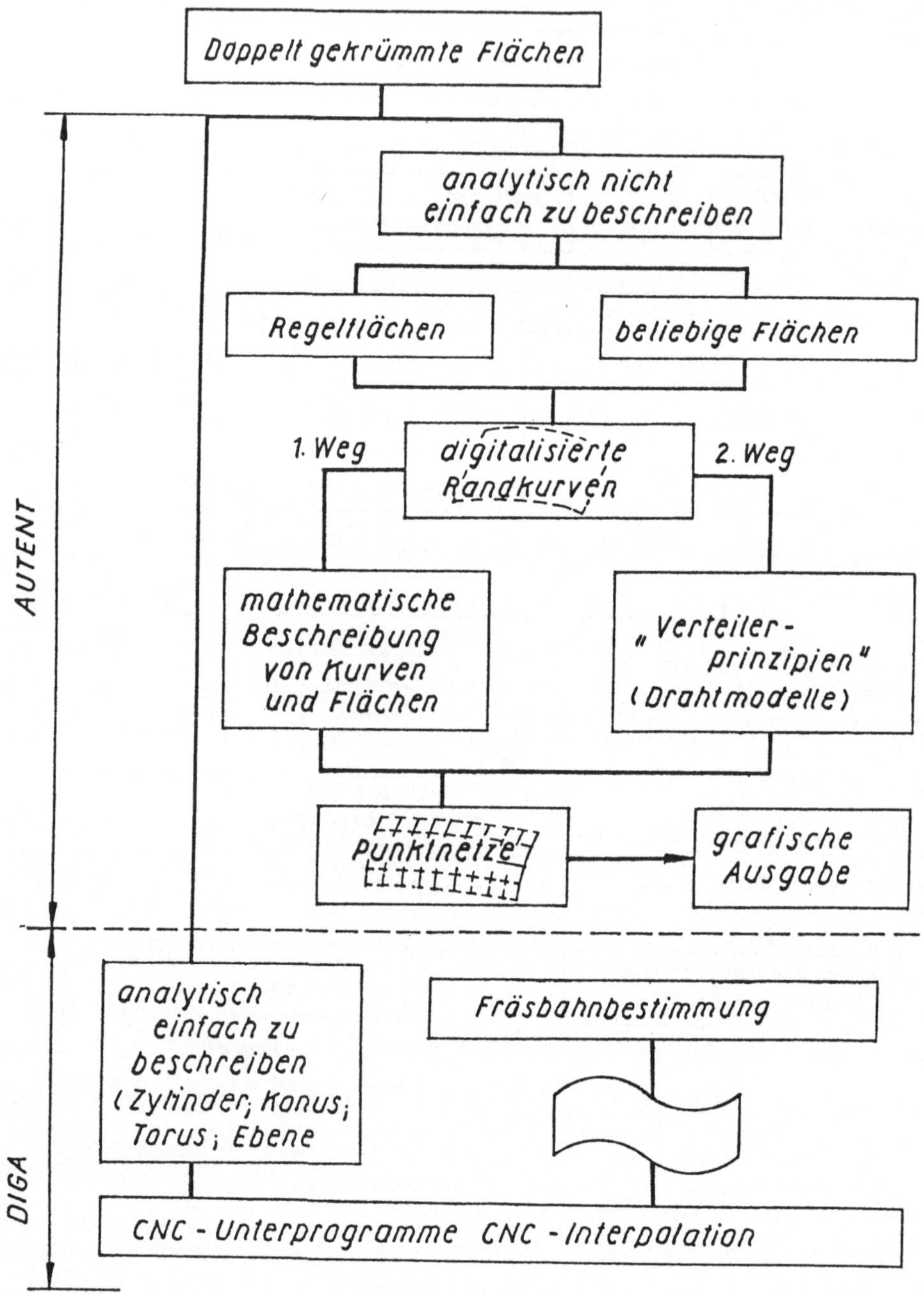

3. Charakteristik des CNC-Unterprogramm-Paketes DIGA

Durch Ausnutzung des Leistungsvermögens leistungsfähiger CNC-Steuerungen und vorhandener Sofwarelösungen zur effektiven Werkstückprogrammierung, wie

- Unterprogrammtechnik
- Programmabschnittwiederholung
- Parameterrechnungen

konnte ein allgemein nutzbares Unterprogrammpaket zur Definition und Fertigung analytisch einfach beschreibbarer Flächen geschaffen werden.

Abb. 3 gibt eine Übersicht über das CNC-Unterprogramm-Paket. Außer der Definition und Fertigung von Einzelflächen besteht dabei die Möglichkeit, aus allen verfügbaren Grundelementen zusammengesetzte Flächenformen zusammenzusetzen.

Diese Flächenverbände können sowohl konvexe als auch konkave Gestalt haben.

Mit diesen Unterprogrammen können damit auch komplexe Formen, wie z.B. Staubsaugerdeckel, Ringschraube, Lautsprechermembranen direkt als CNC-Teileprogramm definiert werden.

Zusammenfassend läßt sich der Leistungsumfang von DIGA wie folgt kennzeichnen:

- Direkte Programmierung von Werkstücken mit analytisch einfach beschreibbaren Flächen unter Berücksichtigung der Oberflächenrauhigkeit.
- Verarbeitung datenreduzierter NC-Steuerprogramme durch eine CNC-interne Fräserweggenerierung auf der Grundlage spezifischer Flächeninterpolationen.
- Gravierende Datenreduzierung der NC-Steuerinformationen
- Direkte Eingabe- und Korrekturmöglichkeiten an der CNC-Steuerung.

4. Charakteristik des Programmsystems AUTENT

Das gesamte Programmsystem besteht aus mehreren voneinander unabhängigen Moduln. Dadurch kann das System in einfacher Weise in Teilbereichen verändert oder insgesamt erweitert werden.

Das Programmsystem baut auf zwei wesentlichen Komponenten auf

a) Universelle Kurvenbeschreibung

b) Universelle Flächenbeschreibung

Die jeweils zugehörigen Komponenten enthält Abb. 4.

Das Prinzip der Arbeit mit einigen wesentlichen Moduln wird im folgenden beispielhaft erläutert.

Abb. 3: Unterprogrammpaket zur Fertigung analytisch einfach beschreibbarer Flächen

Flächentyp	Möglichkeiten
Zylinder 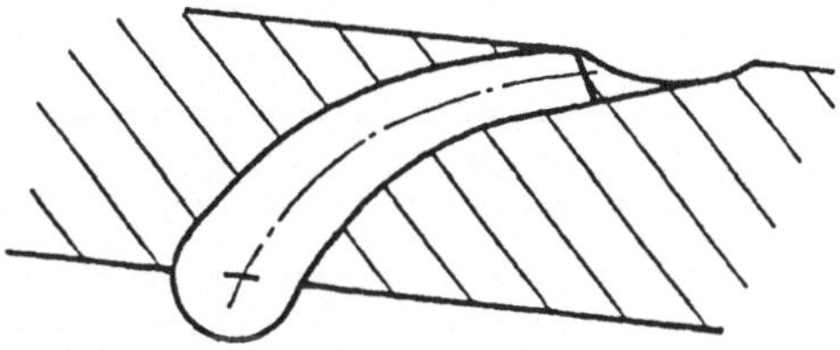	Fräsen von einem oder mehreren Zylindern im Raum, konkave und konvexe Fläche 3D-Fräsen
Kegel 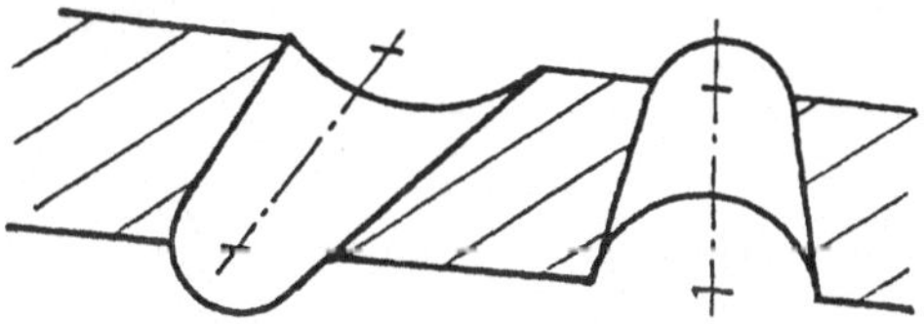	Fräsen von Kegelflächen im Raum konkav und konvex 3D-Fräsen
Torusfläche 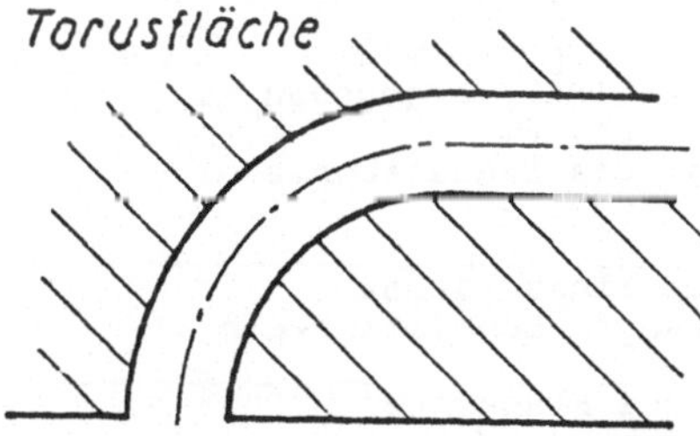	Torusflächen mit Verbindung von Zylinderflächen $2\frac{1}{2}$ D- bzw. 3D-Fräsen
Kugelfläche 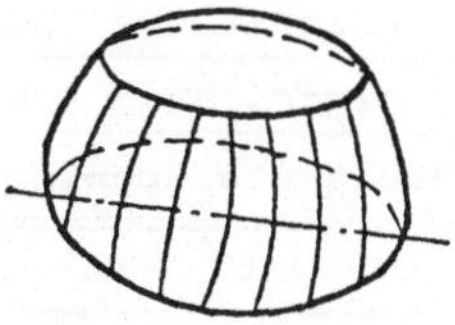	Kugelflächen $2\frac{1}{2}$ D-Fräsen
Ebene 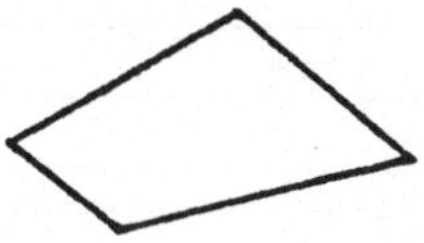	Ebenenflächen im Raum 3D-Fräsen

Abb. 4: Automobilkarosserieentwurfssystem AUTENT

<table>
<tr><td rowspan="4">Universalkurvenbeschreibung und grafische Darstellung</td><td colspan="2">Kurvenbeschreibung, Polynomausgleichung mit Nebenbedingungen</td></tr>
<tr><td colspan="2">Kurvenbeschreibung, Splineinterpolation</td></tr>
<tr><td colspan="2">Kurvenbeschreibung, rechnerische Simulation des STRAK-Verfahrens (Übernahme vom Institut für Schiffbau Rostock)</td></tr>
<tr><td colspan="2">Umwandlung der Kurvenbeschreibungen in Polygonzuggruppen zur Vorbereitung der grafischen Darstellung</td></tr>
<tr><td rowspan="17">Universale Flächenbeschreibung und grafische Darstellung</td><td rowspan="4">Flächenkonstruktion nach Stützkurvenverfahren (Grundformerzeugung)</td><td>Flächenkonstruktion, Algorithmus MOBIL ("bewegliche Raumkurve")</td></tr>
<tr><td>Flächenkonstruktion, Algorithmus CDONS</td></tr>
<tr><td>Flächenkonstruktion, Algorithmus VERTEILER3</td></tr>
<tr><td>Flächenkonstruktion, Algorithmus VERTEILER2</td></tr>
<tr><td rowspan="3">Flächenkonstruktion, Teilgebiet Detailkonstruktion</td><td>Schnitt eines allgemeinen Zylinders, der durch eine Spurkurve3 in einem Normciriß vorgegeben ist, mit einer Fläche F. Ergebnis ist die Schnittkurve n</td></tr>
<tr><td>Konstruktion eines Falzes an eine erzeugte Schnittkurve n</td></tr>
<tr><td>Ansetzen eines Flansches an einen Flächenrand</td></tr>
<tr><td rowspan="3">Flächenbeschreibung nach Stützpunktverfahren</td><td>Flächenbeschreibung, Algorithmus Ausgleichsrechnung</td></tr>
<tr><td>Flächenbeschreibung, Algorithmus CDONS</td></tr>
<tr><td>Flächenbeschreibung, Algorithmus SPLINE</td></tr>
<tr><td rowspan="7">Vorbereitung der Flächengrafik durch Auflösung der Flächenbeschreibung in Polyganzuggruppen und Erzeugung der Steuerlochbänder</td><td>Fensterausschnittprüfung ("Windowing")</td></tr>
<tr><td>Spiegelungsprozedur</td></tr>
<tr><td>Koordinatentransformation</td></tr>
<tr><td>Orthogonalprojektion</td></tr>
<tr><td>Zentalprojektion</td></tr>
<tr><td>Übergabe und Ergänzung der Polygonzüge</td></tr>
<tr><td>Konvertierung der Polygonzüge zu Steuersätzen für NC-Maschinen</td></tr>
</table>

4.1 Modul P K U R V E

Problemstellung:

Berechnung der Polynomkoeffizienten der Parameterdarstellung einer Raumkurve aus einer gerichteten und glatten räumlichen Punktfolge (Variante 1).

oder

Berechnung einer räumlichen äquidistanten Punktfolge und die Richtungskosinusse der Tangenten in diesen Punkten aus der Parameterdarstellung einer Raumkurve (Variante 2).

Erläuterungen:

Die Funktionen der Parameterdarstellung sind Polynome vom Grad n (n = 7). Sie werden in Variante 1 nach der Methode der kleinsten Quadrate berechnet. Parameter ist dabei die normierte Polygonzuglänge. Der Grad des Polynoms wird rechnerintern ermittelt und kann für jede Komponente unterschiedlich sein.

Als Nebenbedingungen sind Vorgaben über Fixpunkte und Tangentenrichtungen im Anfangs- und/oder Endpunkt möglich.

Tangentenvorgaben können direkt durch Angabe der Komponenten des Tangentenvektors erfolgen oder auch indirekt durch Angabe einer bereits existierenden Kurve, zu der ein glatter Anschluß gewünscht wird.

Skizze: Variante 1

Eingabe = Punktfolge + Nebenbedingungen in den Endpunkten

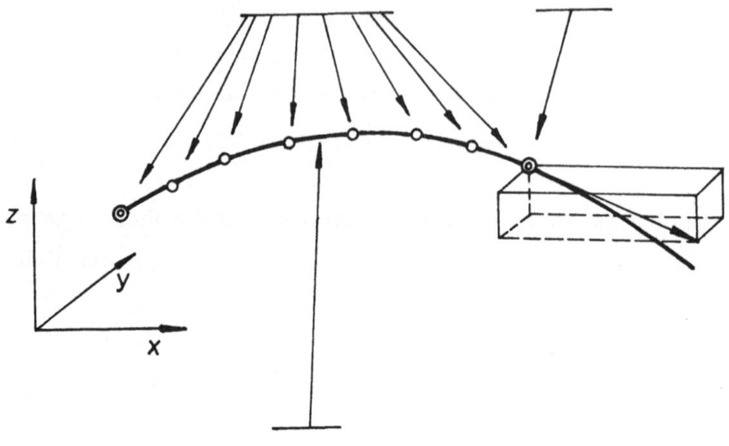

Ausgabe = Raumkurve x(s), y(s), z(x) $0 \leq s \leq 1$

Variante 2

Eingabe = Raumkurve + Zusatzangaben (Anzahl der Intervalle, Parameter-anfang und -ende)

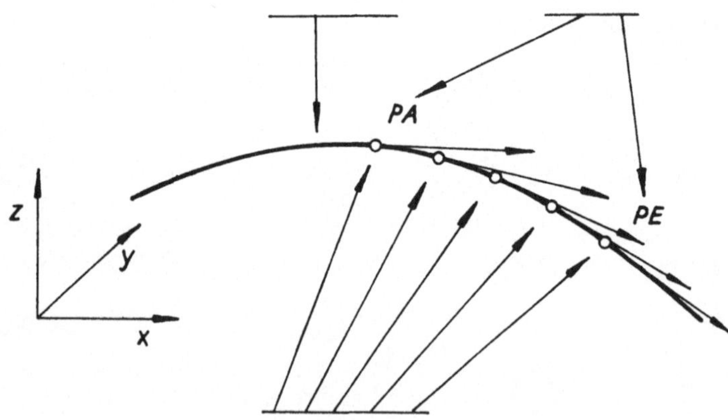

Ausgabe = Punktfolge + Tangenten

4.2 Modul F K M O

Problemstellung:

Berechnung der Koeffizienten einer Fläche in Parameterdarstellung aus den Polynomkoeffizienten von Rand- und Zwischenkurven.

Erläuterungen:

Der Grad der Fläche ist der größte Grad aller Rand- und Zwischenkurven. Wenn Zwischenkurven vorhanden sind, dann muß der Grad um 1 größer sein als die Anzahl der Zwischenkurven. Für die Rand- und Zwischenkurven sind bestimmte Richtungen vorgeschrieben und bei der Eingabe ist eine festgelegte Reihenfolge einzuhalten (siehe Skizze).

Es wird überprüft, ob der gemeinsame Endpunkt von zwei aneinanderstoßenden Randkurven übereinstimmt, andernfalls erfolgt eine Fehlermeldung. Bei der Berechnung der Polynomkoeffizienten der Randkurven sollten deshalb die Endpunkte Fixpunkte sein.

Zulässig sind folgende Spezialfälle:

- Fläche aus nur 2 Randkurven (Kurve 1 und 4; siehe Skizze)
- Fläche aus nur Randkurven (Kurve 1,2 und 4)
- Fläche aus 4 Randkurven mit Degeneration einer Kurve zu einem Punkt.

Da der Grad der Fläche maximal 7 sein kann, sind höchstens sechs Zwischenkurven zulässig. Sie verlaufen von der 1. zur 3. Randkurve, wobei die Einmündungsstellen diese Randkurven etwa im gleichen Verhältnis teilen sollten. Außerdem dürfen die Zwischenkurven in ihrer Form nicht zu stark von der Form der Randkurven 2 und 4 abweichen.

Skizze:

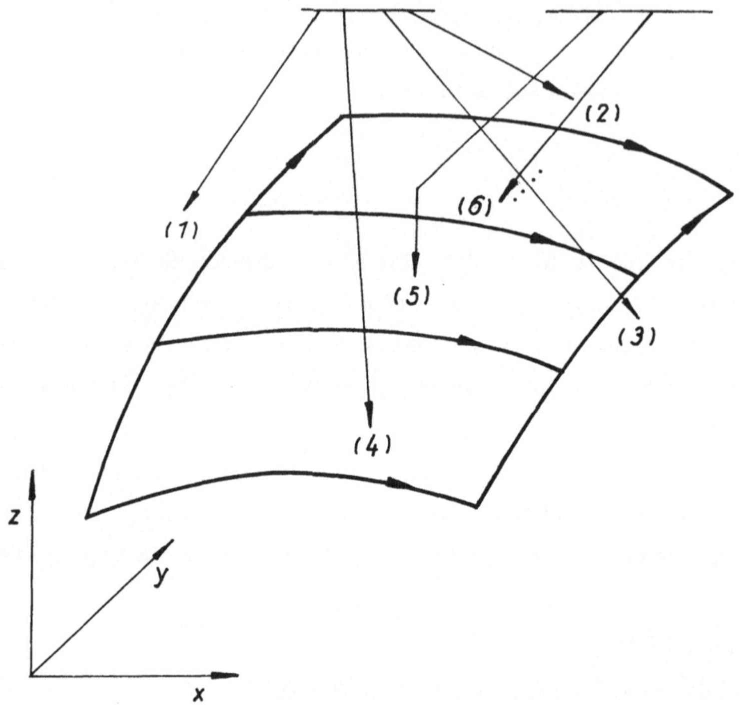

Ausgabe = Koeffizienten der Parameterdarstellung für die aus dem Kurvenskelett erzeugten Fläche r(u,v).

Anmerkung:Die angegebene Numerierung der Kurven entspricht der Reihenfolge bei der Eingabe (bis maximal 10 Kurven)

4.3 Modul F M T R A F

Problemstellung:

Eine Fläche in Parameterdarstellung wird einer allgemeinen Umformung unterzogen. Diese besteht in der Auflösung der Fläche in spezielle Punktfolgen oder in der Transformation der gesamten Fläche, d.h. ihre Translation, Drehung, Spiegelung und/oder Maßstabsänderung. Zielinformation ist somit entweder eine

Punktfolge(gruppe) oder eine neue Fläche.

FMTRAF = Flächenmodelltransformation

Erläuterungen:

Der Dialog läuft in drei Ebenen ab:

1. Ebene = Angabe der Fläche
2. Ebene = Angabe der Umformungsart
3. Ebene = Spezifikationen zur Umformungsart.

Die Berechnungen erfolgen nur nach Angabe aller geforderten Daten der 3. Ebene. Bleibt die Abfrage in einer Ebene durch Drücken der Tasten NEW LINE unbeantwortet, wird in die nächsthöhere Ebene gegangen. Eine solche Reaktion in der ersten Ebene führt zum Verlassen des Moduls

Spezifikationen zur Umformungsart:

RLI Eingabedaten sind die Anzahl der Intervalle für jede Randkurve (V-Teiler links und rechts, U-Teiler unten und oben). Dabei ist der Wert 0 zugelassen. Dadurch entfällt die Berechnung der betreffenden Randkurve.

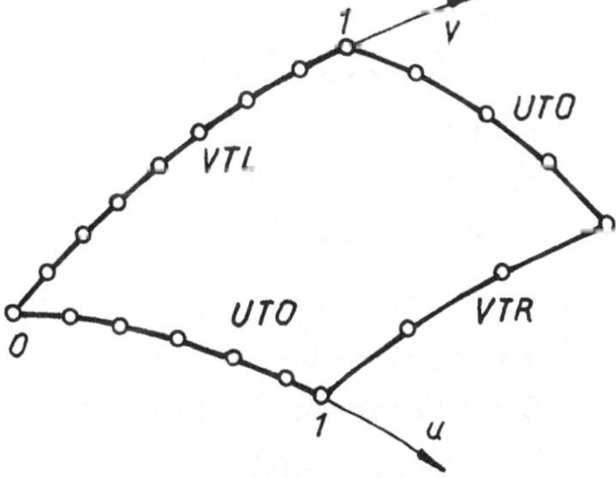

UVLI Berechnet werden Punktfolgen, die äquidistant zu den Parameterlinien im Abstand R von der Fläche verlaufen.
Eingabedaten sind:
RICHT=Kodezahl f. Richtung
21: U-Linien
22: V-Linien
UT/VT=Anzahl der Intervalle in U/V-Richtung
R =Abstand von der Fläche
UA/UE
Parameteranfang/-ende
VA/VE

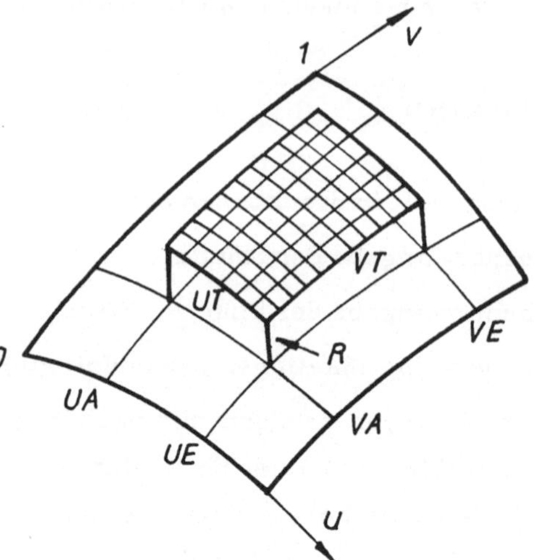

SLI1 Die Berechnung der Schnittlinie Fläche - Ebene erfolgt über ein Rasternetz von u/v-Linien.
Eingabedaten:
A,B,C,D=Koeffizienten der Ebene
A.x+B.y+C.z= D
RTU,RTV=Anzahl der Intervalle des u/v-Netzes

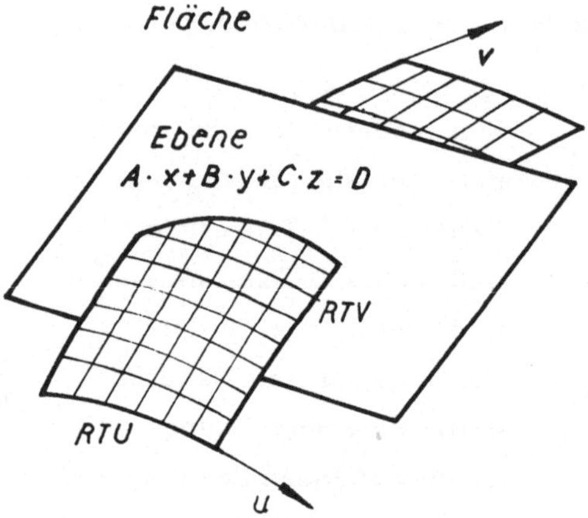

Bemerkung: Der häufig auftretende Spezialfall, daß von den Koeffizienten A,B,C zwei den Wert 0 haben und der dritte 1 ist, wird vereinfacht behandelt, indem nur die Koordinate mit dem Faktor 1 und der Wert D anzugeben ist.

SLI2 Eingabedaten:

Kodezahl für die Grundrißebene des allgem. Zylinders
= 11 xy-Ebene
= 12 xz-Ebene
= 13 yz-Ebene

Datei der Punktfolge, die den allgem. Zylinder definiert.

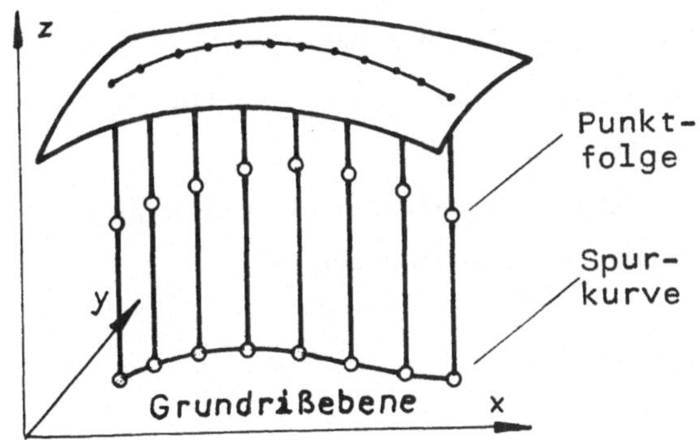

Bemerkung: Der allgemeine Zylinder ist definiert durch die Geraden, die durch die Punkte der angegebenen Folge verlaufen und auf der Grundrißebene senkrecht stehen. Es wird räumliche Punktfolge vorausgesetzt, auch wenn speziell diese Folge in der Grundrißebene liegt.

4.4 Modul F K N E T Z

Problemstellung:

Flächenentwurf nach dem Verfahren von COONS.
Aus einer Schar von Formleitlinien, die eine Fläche **netz**förmig überdecken, werden wahlweise folgende Zielinformationen erzeugt:

Variante 1: Ein beliebig dichtes Rasternetz im Abstand R von der Fläche (Drahtmodell).

Variante 2: Verdichtete Formleitlinien mit Tangenten in jedem Punkt (zur Weiterverarbeitung in AUTENT-DIGA).

Variante 3: Bikubische Flächenstücke für jede Masche des Netzes der Formleitlinien (Flächenverband 3. Ordnung).

Erläuterungen:

Die Richtung der zuerst eingegebenen Punktfolgegruppe ist die v-Richtung.

Die Schnittpunkte der u- und v-Linien (Netzknoten) müssen in beiden Punktfolgen enthalten sein.

Enthält jede der eingegebenen Punktfolgegruppen speziell zwei Teilfolgen, dann enthält das Netz nur eine Masche.

Skizze:

Eingabe = Punktfolgegruppe 1 + Punktfolgegruppe 2

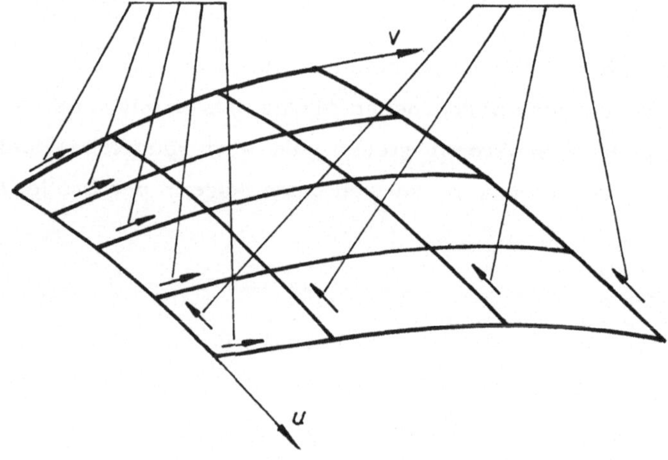

Ausgabe:

Variante 1

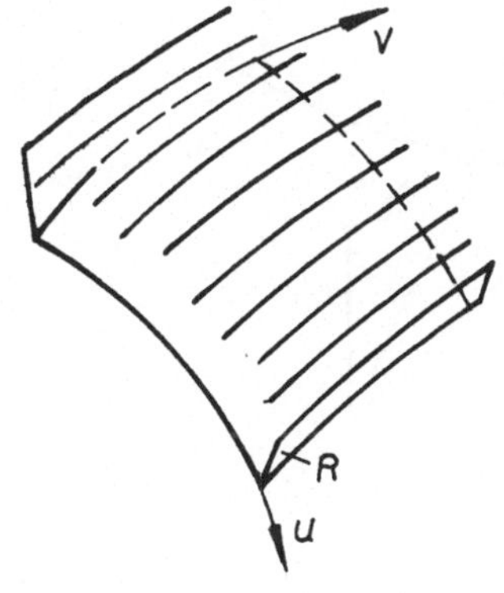

Punktfolgegruppe

Variante 2

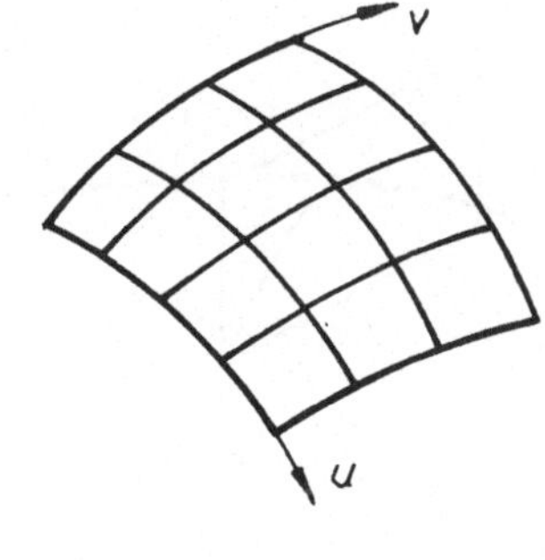

2 Punktfolgegruppen

Variante 3

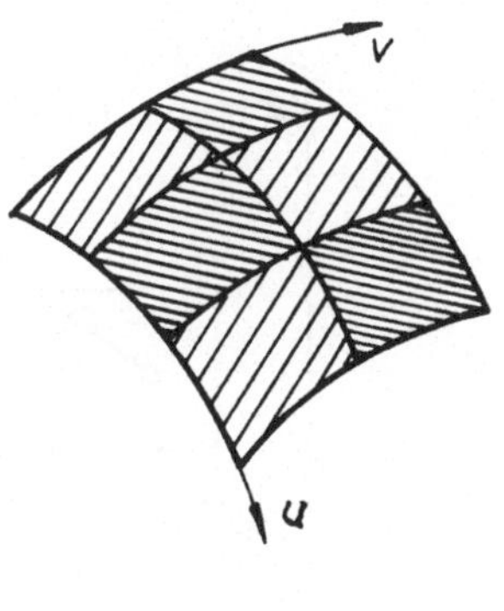

Flächenverband

4.5 Modul F K V E R 2

Problemstellung:

Flächenentwurf nach dem ebenen Verteilerprinzip. Aus räumlichen Leit- und ebenen Basiskurven wird ein Rasternetz auf der Fläche erzeugt (Drahtmodell). Die Anzahl der Leitkurven beträgt 1 oder 2, die der Basiskurven NB (2 = NB = 10). Jede Leitkurve enthält m Punkt (m > NB) und jede Basiskurve n Punkte. In bestimmten Punkten der Leitkurve(n) werden die Ebenen mit den Basiskurven angeheftet. Die Fläche wird nun dadurch erzeugt, daß eine Ebene längs der (den) Leitlinie(n) verschoben wird und dabei eine stetige Veränderung der Lage der Ebene sowie der Form einer darin enthaltenen Kurve erfolgt. In den ausgewählten Punkten wird dabei Übereinstimmung mit den vorgegebenen Basiskurven verlangt.

Skizze:

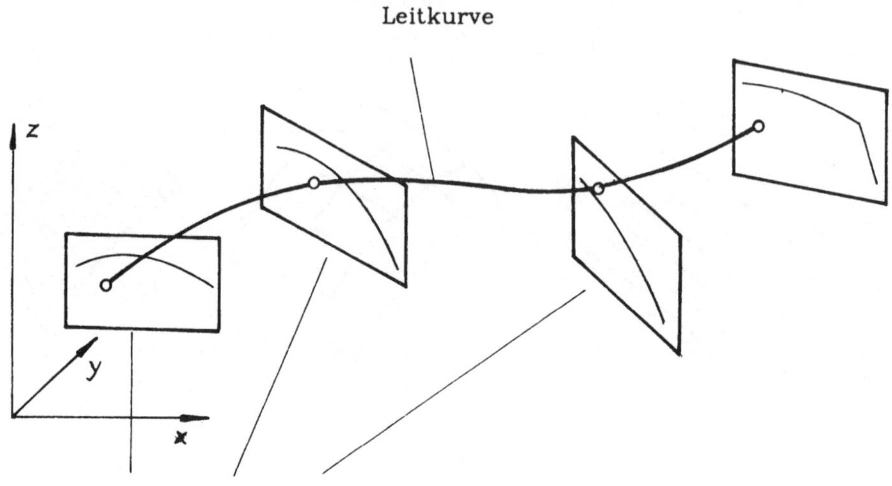

1. 2. 3. ..... Basiskurve

Erläuterungen:

Durch die Art der Lageveränderung der Ebene und der Formänderung der Kurve kann die Flächenkonstruktion sehr variabel beeinflußt werden.

Die Basiskurven brauchen nicht stetig differenzierbar zu sein und können auch zu einem Einzelpunkt degenerieren.

5. Bemerkungen zum System GRAFIS

Das eigenständige schlüsselfertige System GRAFIS der Schuhindustrie /1/ ist durch folgenden Funktionsumfang charakterisiert:

- rechentechnische Verarbeitung beliebiger empirischer Konturen, Linien und Flächen auf der Basis der Konstruktionszeichnung bzw. eines Urmodells mittlerer Größe

- diese Gebilde können auf alle geforderten Größen gradiert werden
- je nach Erfordernis Spiegelung, Drehung und Translation
- effektives Beschreiben des gesamten Fertigungsprozesses der Formenwerkzeuge einschließlich der Ermittlung der Fräsermittelpunktbahn
- Möglichkeit der automatisierten Punktverdünnung und Glättung sowie die rechnerunterstützte Anpassungskonstruktion vorhandener ähnlicher Werkzeuge, wodurch gleichzeitig die Qualität der zu bearbeitenden Konturen und Flächen erhöht wird.

Bei Nutzung der Programm-Komponenten zur CNC-internen Flächeninterpolation kann eine durchschnittliche Reduzierung des notwendigen Datenumfanges auf ca. 1/3 erreicht werden.

6. Schlußbemerkung

Mit den Softwaresystemen GRAFIS und AUTENT sowie dem CNC-Unterprogrammpaket DIGA stehen derartige Hilfsmittel zur Verfügung, die für die unterschiedlichen geometrischen Anforderungen eine jeweils zweckmäßige

- Flächenbeschreibung
- digitalgraphische Darstellung
- Fertigungsvorbereitung und
- Fertigung

sichern.

Darüber hinaus sind die für die Erfordernisse der CNC-Steuerung geschaffenen Korrekturmöglichkeiten für die rationelle Anwendung bei kurzen Programm-Testzeiten besonders vorteilhaft.

Literatur

/1/ FRIEDRICH, C.: Anwendung des Software-Systems GRAFIS in der Schuhindustrie,
Neue Technik im Büro,
Berlin 28 (1984)

/2/ BONITZ, P.: Rechnerunterstützter Entwurf im Karosseriebau
Kraftfahrzeugtechnik, Berlin (1983) 2,
S. 46-51

Intelligente Graphik-Arbeitsplätze für 3-D Anwendungen

Günter Harbeck
Tektronix GmbH, Köln

1. Anforderungen

Es gibt im Wesentlichen drei Bereiche, in denen es wünschenswert ist, dreidimensionale Darstellungen auf einem Graphikbildschirm darzustellen. Dies sind einmal die Analyse, besonders für Temperatur und Schwingungsverteilungen von komplexen Objekten, die eine räumliche Darstellung der Netzstruktur erfordern. Zum zweiten alle diejenigen Anwendungen im Bereich der mechanischen Konstruktion, wo eine echte 3-D Bearbeitung wegen der Vollständigkeit der Beschreibung nötig oder zumindest vorteilhaft ist und schließlich der weite Bereich des sogenannten Solid Modeling, d.h. der Darstellung des Objektes in praktisch fotografieähnlicher Qualität zur Beurteilung der Form, Farbe, des Zusammenpassens, usw. Hierzu gehört z.B. auch der Anlagenbau. Obwohl für diese Anwendungen eine Vielzahl von Softwarepaketen angeboten wird, kann von einer weiten Verbreitung nicht gesprochen werden. Ein ganz wichtiger Grund besteht darin, daß durch die Verfielfachung der Daten bei echten 3-D Darstellungen gegenüber der 2-D Zeichnung und den wesentlich rechnerintensiveren Operationen zur Manipulation der Objekte um ein Vielfaches höhere Prozessorleistungen und Datenübertragungskapazitäten erforderlich sind, soll ein auch nur einigermaßen befriedigendes Antwortzeitverhalten erreicht werden.

Hinzu kommt das altbekannte Problem des "Hidden Line Removal", also das Ausblenden der in der speziellen Darstellung unsichtbaren Kanten, das wegen des hohen Zeitaufwandes in der Regel erst nach Beendigung der Konstruktion durchgeführt wird. Eine interaktive Arbeitsweise mit echten dreidimensionalen Körpern ist so mit vertretbaren Kosten fast unmöglich.

Tektronix hat mit 2 neuen Graphikstationen, dem 4128 und dem 4129 diesen Anforderungen Rechnung getragen.

2. 3-dimensionale Drahtmodelle

Beide Geräte besitzen neben den von der 4110-Serie und dem 4115B bekannten 2-D Funktionen wie lokale Segmente, Drehung, Verschiebung, Skalierung, Zooms usw. eine Erweiterung um 3-D Drahtmodell Darstellungen. Diese können auf dem Bildschirm jederzeit mit 2-D Informationen gemischt werden, auf die dann mit lokaler Zoom- und Panfunktion sowie mit räumlichem Zoom und Pan für die 3-D Daten zugegriffen werden kann. Die Philosophie ist hierbei analog zu den intelligenten 2-D Workstations, nämlich eine Verlagerung der graphischen Funktionen in den Arbeitsplatz, um den Hostrechner von CPU-intensiven Berechnungen zu entlasten und die Menge der zu übertragenden Daten zu minimieren. Basis für die 3-D Funktionen sind einige neue Datentypen, z.B. der 3-D Vektor (X,Y,Z) und das 3-D Polygon. Die 3-D Vektoren können mit einer Genauigkeit bis zu 24 bit ganzzahlig adressiert werden, während für 2-D Objekte maximal 32 bit möglich sind. 3-D Vektoren und planare Polygone können zu 3-D Segmenten zusammengefaßt werden, die im lokalen Speicher abgelegt sind und lokal manipuliert werden können. Durch Definition eines 3-D Segments als Cursor kann dieses interaktiv auf dem Schirm ohne Mitwirkung des Hosts bewegt werden. Zur Definition von Flächen gibt es spezielle, sehr leistungsfähige Kommandos, wodurch Dreiecks- und Viereckslisten, dreieckige Speicherformen und Streifen sowie Vierecksnetze schnell gezeichnet und platzsparend gespeichert werden können.

Durch Dreiecks- und Viereckslisten können mehrere Polygone durch einen einfachen Befehl übertragen werden. Dreieckige Speichenformen ermöglichen auf bequeme Weise die Eingabe einer Folge von Dreiecken mit einem gemeinsamen Scheitelpunkt. Dreiecks-Züge können beliebig durch Aneinanderreihen von Dreiecken gebildet werden, indem jeweils der letzte Schenkel eines Dreiecks gleichzeitig der erste des nachfolgenden Dreiecks ist. Viereckige Netzwerke sind Anordnungen von Vierecken mit gemeinsamen Seiten. Durch diese Parameter braucht der Anwender weniger Daten zur Definition eines Gegenstandes einzugeben. Dies ist zugleich zeitsparend und leistungssteigernd.

Ebenfalls in der Firmware enthalten ist die Fähigkeit, 3-D Koordinatentransformationen durchzuführen, ohne den Hostrechner zu belasten. Graphische Ausgaben, wie z.B. Strukturanalysen, -entwürfe, Finite-Elemente-Modelle, Wärme- und Schwingungsanalysen können jetzt direkt am Sichtgerät verarbeitet werden. Dem Anwender stehen alle wichtigen 3-D Transformationen zur Verfügung, einschließlich Drehung, Skalierung, Clipping und Schrägdarstellung.

Hierbei ist stets gewährleistet, daß Texte so mittransformiert werden, daß sie immer parallel zur Bildschirmebene stehen, jedoch einem festen Punkt des Objekts zugeordnet bleiben und als Bezugspunkt für komplexe Bilder dienen.

Bei diesen neuen Geräten können 3-D Objekte sowohl in parallel- als auch in perspektivischer Projektion dargestellt werden. Zwischen beiden kann mit zwei Tastendrücken hin- und hergeschaltet werden. Ferner können von beiden Projektionen bis zu 64 verschiedene Ansichten gleichzeitig in beliebiger Kombination auf dem Schirm dargestellt werden.

Analog zu der 2-D Darstellung wird einer Ansicht eine bestimmte Anzeigeposition auf dem Bildschirm sowie ein entsprechendes Anzeigefenster im zweidimensionalen XY-Bereich zugeordnet. Darüber hinaus gehören zu einer Ansicht eine Anzahl weiterer Parameter. Hierzu gehören die Ansichttransformationen dreidimensionaler Segmente, die jeweils in der Betrachtungsrichtung sichtbar sind. Sowohl zwei als auch dreidimensionale Segmente können im gleichen Sichtbereich dargestellt werden. Vor einer Aktualisierung werden jedoch vor Neuanzeige der zweidimensionalen Segmente zunächst die dreidimensionalen Abschnitte wie gewünscht dargestellt.

Die Position der zu betrachtenden Objekte beruhen auf einem rechtsläufigen XYZ-Koordinatensystem. Die Objekte unterlaufen eine Objekttransformation, werden auf eine bestimmte Größe gebracht und auf die Sichtebene projiziert. Diese Ebene ist die UV-Ebene eines linksläufigen UVW-Ansicht-Koordinatensystems.

Als letzter Schritt bei der Betrachtung eines räumlichen Objekts wird ein rechteckiges Fenster der UV-Ebene im Viewport abgebildet. Um Objekte "zu drehen" oder den Abstand zum Objekt zu verändern, kann die UV-Ebene durch Drehen der Einstellräder und Drücken der Taste VIEW relativ zum Objekt bewegt werden. Durch die numerischen Bildschirmanzeigen kennt der Anwender stets die Position der UV-Ebene relativ zum dargestellten Objekt.

Der räumliche Schwenk ist eine einzigartige Funktion der Arbeitsplätze. In dieser Betriebsart geben Position und Größe des Rahmens eine bestimmte Winkelposition auf der UV-Ebene an. Dies bestimmt die nächsten 3-D Transformationsparameter, wenn die Taste VIEW gedrückt wird.

Durch Drehen der Einstellräder kann der Rahmen ohne Änderung des Formats auf der Oberfläche der UV-Kugel bewegt werden, d.h. das UV-Fensterformat bleibt unbeeinträchtigt.

Durch das räumliche Zoom können Objekte aus beliebiger Entfernung (auch von innen) betrachtet werden. Durch Drehen der Einstellräder wird die Betrachtungsentfernung zum Objekt geändert, wenn die Taste VIEW gedrückt wird. Diese

Tiefenbewegung wird durch die sich ändernde Größe des Rahmenkästchens angezeigt, wodurch ein perspektivisches Gefühl vermittelt wird.

Der Benutzer kann jederzeit eine vordere und eine hintere Clipping-Ebene wählen, die die Übersicht bei komplexen 3-D Objekten wesentlich verbessern, wenn in ein bestimmtes Gebiet gezoomt wird. Damit erhält man außerdem eine Tiefenorientierung.

3. Flächendarstellungen

Zusätzlich zu den bereits beschriebenen Funktionen besitzt das 4129 Hardwareerweiterungen für die Darstellung von dreidimensionalen schattierten Flächen. Ein 3-D Flächenmodell kann in der lokalen Displayliste des 4129 abgespeichert werden. Dieses Modell kann dann als Ausgangspunkt für die Entfernung der verdeckten Kanten oder Flächen dienen. Es können sowohl Drahtmodelldarstellungen mit verdeckten Kanten als auch schattierte Flächendarstellungen nach Wahl des Anwenders erzeugt werden. Eine besondere Fähigkeit des 4129 besteht darin, 3-D Flächen durchsichtig zu machen; mit 16 verschiedenen vordefinierten Mustern kann auf diese Weise die innere Struktur eines Objekts mehr oder weniger sichtbar gemacht werden. Durch die Schnittbildung von schattierten 3-D Objekten kann jederzeit das Innere des verbleibenden Objekts dargestellt werden. Es sind drei verschiedene Arten von Schattierungen möglich, nämlich Konstante, Kosinus- und Gourand-Schattierung. Die Farbabstufungen sind in einem zusammenliegenden Satz von Farbindizes definiert, die den Intensitätsbereich darstellen. Abschnitte der Farbtabelle können zur Beschreibung verschiedener Flächen reserviert werden, so daß eine klare Erkennbarkeit möglich ist. Durch eine Dithering-Technik können bis zu 4096 Farben erzeugt werden. Damit sind sehr gleichmäßige Farbübergänge möglich. Diese Technik kann mit Half-Toning für noch realistischere Bilder und schnelleren Bildaufbau kombiniert werden.

Die konstante Schattierung ordnet alle Flächen eine vom Anwender gewählte bestimmte Farbintensität zu.

Bei der Kosinus-Schattierung ist die Farbintensität innerhalb der Flächen gleich, die einzelnen Flächen zueinander können unterschiedlich sein, abhängig von der Stellung zur Lichtquelle. Das System berechnet die resultierende Intensität jeder Fläche aufgrund von vorher spezifizierten Oberflächenreflexionen und der Anordnung der Lichtquellen.

Bei der Gourand-Schattierunng wird die Intensität linear interpoliert, so daß man kontinuierliche Farbabstufung innerhalb eines Polygons erhält. Es können mehrere Intensitäten oder Normalen den verschiedenen Eckpunkten der Ebene zugeordnet werden, womit ein sehr realistischer Effekt erzielt wird. Zur Bestimmung der verschiedenen Lichtquellen-Parameter kann der Anwender die Umgebungshelligkeit angeben, ferner die Intensität und Richtung von bis 16 Lichtquellen, die mit parallelen Strahlen leuchten. Bestimmte Gruppen von Lichtquellen können in verschiedenen Ansichten ein- oder ausgeschaltet werden und die Umgebungshelligkeit kann verändert werden.

Mit Hilfe der lokalen Programmierbarkeit können beide Arbeitsplätze autonom Graphikprogramme verarbeiten.

4. Kompatibilität zu anderen Workstations von Tektronix

Die Kompatibilität"zu anderen Workstations von Tektronix ist dadurch gewährleistet, daß gleiche Funktionen in allen Tektronix Geräten auf die gleiche Weise realisiert werden. Sofern also Programme ein bestimmtes Modell unterstützen, kann dieses auch durch ein Modell mit höherer Funktionalität ersetzt werden, ohne daß die Programme hierfür verändert werden müssen. Man bezeichnet diese Methode auch als Aufwärtskompatibilität. Hinzu kommt, daß in einem bestimmten Rahmen eine Aufrüstung der Geräte stattfinden kann. hierdurch ist es dann möglich, nachträglich die Kompatibilität auch in der anderen Richtung herzustellen.

CAD ist eines von vielen EDV-Werkzeugen

Walter F. Klos*
Daimler-Benz AG, Stuttgart

Weg von den Insellösungen

Der CAD-Markt ist reichlich verwirrend und den Betroffenen auf der Anwenderseite mangelt es häufig an Kenntnissen über die Einsatzmöglichkeiten. Die zuerwartende neue CAD-Generation strebt Integration an. Erste Ansätze der Verschmelzung von administrativer und technischer Datenverarbeitung werden sichtbar.

Die bekannten Entwicklungsaktivitäten der CAD-Hersteller führen zur Zeit zu einem vorsichtigen Taktieren der CAD-Anwender bei Einsatzentscheidungen, wobei die teilweise unübersichtliche Marktsituation, gepaart mit vielerorts noch fehlendem Kenntnisstand der CAD-Anwender, zusätzliche Unsicherheit verursacht.

Bei der zu erwartenden CAD-Generation werden integrierte Systeme angestrebt, die den gesamten Entwicklungs-, Konstruktions- und Herstellungsprozeß durchgehend unterstützen sollen. Dabei werden erste Ansätze der Verschmelzung der heute noch separierten administrativen und technischen Datenverarbeitung sichtbar.

Heute versteht man unter CAD im weitesten Sinn die Unterstützung der Konstruktionstätigkeiten durch dialogorientierte Rechner.

Die Entwicklung und die Konstruktion unterscheiden CAD-Systeme in zwei Leistungsklassen:

- CAD zur Unterstützung der Zeichentätigkeiten (Computer Aided Drafting)),
- CAD zur Unterstützung der Konstruktion (Computer Aided Design).

Die Auftragsabwicklung in produzierenden Unternehmen zwingt zu einer Wiederverwendung der in der Konstruktion erzeugten Daten in vor- und nachgelagerten

(*) Nachdruck einer Veröffentlichung in Computer Woche Extra 22.3.85

Die Auftragsabwicklung in produzierenden Unternehmen zwingt zu einer Wiederverwendung der in der Konstruktion erzeugten Daten in vor- und nachgelagerten Bereichen wie Angebotserstellung, Arbeitsplanung, Kalkulation, Betriebsmittelkonstruktion und NC-Programmierung.

Diese produktionsvorbereitenden Bereiche kennen noch eine dritte Leistungsklasse von CAD-Systemen:

- CAD zur Unterstützung der Konstruktion und Fertigungsplanung.

Die Entwickler von Computerhardware und -software grenzen den Begriff CAD aus der Sicht der Eigenschaften und Leistungsfähigkeit der einzelnen Komponenten ab.

Bei Organisationsstrukturen im Zusammenhang mit CAD wird zwischen

- kundenspezifischer Auftragsfertigung und
- auftragsneutraler Serienfertigung

unterschieden. Die Anforderungen an ein CAD-System lassen sich bei diesen Organisationsstrukturen durch ihre Charakteristika ableiten.

Kennzeichnend für die auftragsneutrale Serienfertigung sind in der Regel komplexe Organisationen wie Großfirmen (z.B. Rechnerhersteller, Automobilindustrie, ...). Bei diesen Organisationen existiert im allgemeinen eine starke Aufgabenteilung zwischen

- o Entwicklung
- o Versuch
- o Produktionsvorbereitung
- o Betriebsmittelbeschaffung,

wobei nicht selten diese Bereiche in mehrere Unterbereiche zerfallen. Die Komplexität der Organisation beeinflußt direkt DV-Systeme (Informations- und Kommunikationssysteme). Ein CAD-System wird hier nur einen Baustein in einer Menge von EDV-Werkzeugen darstellen.

Die Verteilung von technischen Informationen auf mehrere Bereiche sowie die relative Langlebigkeit der technischen Informationen bei der auftragsneutralen Serienfertigung führen zu den Systemanforderungen

- Verwaltung großer Datenbestände
- Zugriff von vielen Bereichen
- unterschiedliche funktionale Systemanforderungen der einzelnen Bereiche der Prozeßkette
- unterschiedliche Anforderungen an Interaktionsfähigkeit (Prozeßleistungsfähigkeit).

Daraus sind zwei Anforderungen ableitbar

- große zentrale Datenbankaufgaben
- dedizierte dezentrale CAD-Aufgaben,

die im allgemeinen zu Konfliktsituationen führen. Nicht CAD allein, sondern CAE - Computer Aided Engineering - ist hier das zu lösende Problem.

Kundenspezifische Auftragsfertigung lebt von einer flexiblen Fertigung einer Palette von Produkten, die in der Regel entsprechend des Auftrags in Größe und/oder Anordnung einzelner Teile zu variieren sind. Dabei bleiben die Funktionen, das Lösungsprinzip und die Gestaltung im wesentlichen gleich.

Eine wichtige Rolle spielen dabei die Angebotserstellung sowie die Durchlaufzeit bis zur Lieferung. Oft ist bei dieser Fertigungsart entscheidend, wie schnell ein Angebot erstellt und wie schnell geliefert werden kann.

Organisatorisch sind in der Regel die Bereiche von der Entwicklung bis zur Produktion sehr eng miteinander verschmolzen. Oft stehen kleinere Organisationen hinter diesen Fertigungen.

Von Seiten des CAD-Systems sind folgende Anforderungen herauszuheben:

- Unterstützung der Varianten- und Anpassungskonstruktion
- Normteile-Integration

Auf mächtige Informations- und Kommunikationssysteme kann im allgemeinen verzichtet werden. Integrationsprobleme, wie

- Datenbank
- Wachstumsbasis
- Netzwerkfähigkeit

sind nicht so ausgeprägt wie bei der auftragsneutralen Serienfertigung.

Kaum ein Begriff in der CAD-Welt ist so verteufelt worden wie die Insellösung. Mit Insellösungen will sich keiner mehr identifizieren, auch wenn er de facto eine Insellösunng anstrebt.

Betrachtet man die Publikationen sowie die Schwerpunktthemen bei Messen, Ausstellungen und Fachvorträgen, so steht die "Integrationsthematik" ganz vorne an. Das gleiche gilt für die Vertriebsaktivitäten der CAD-Anbieter. In der Tat lassen sich heute einige Systeme finden, die sogenannte integrierte Lösungen ermöglichen. Doch welche Anstrengungen sind auf diesem Gebiet noch nötig?

Ebenso wie man integrierte Lösungen mehr oder weniger eng oder breit definiert, kann auch der Begriff Insellösung sehr eng oder umfassender definiert werden, so daß Übergänge der Begriffsanwendung fließend sein können.

Zweckmäßig erscheint deshalb, die Insellösungen als Systeme zu definieren, denen wichtige Eigenschaften von integrierten Lösungen fehlen.

- funktionale Erweiterbarkeit
- quantitative Erweiterbarkeit
- Einbeziehung weiterer CAD-Anwendungen
- Datenbank-Fähigkeit
- Integrierbarkeit (Existenz von Schnittstellen)
- Netzfähigkeit

Die Schwierigkeit bei der Systembeurteilung liegt nun darin, daß die CAD-Systeme nicht allein beurteilt werden können nach Existenz oder Nicht-Existenz dieser Eigenschaften, sondern nur nach dem jeweiligen Erfüllungsgrad dieser Eigenschaften.

Diese Betrachtungsweise führt uns zu den "Sackgassen-Systemen". Darunter werden Systeme verstanden, die zwar nach der obigen Definition Integrationseigenschaften erfüllen, diese jedoch nur bis zu einem gewissen Grad.

Beispiel: ein System besitzt eine Datenbank, jedoch ist die maximal zu verwaltende Datenmenge auf 20 Megabyte begrenzt. Bezüglich der Datenbankeigenschaft wird dieses System bei einem größeren Datenbestand zu einem Sackgassen-System.

Nun existieren viele Anwendungen vor allem in Kleinbetrieben wie Handwerk und in mittelständigen Betrieben, denen solche Sackgassen nichts (oder besser vorerst nichts) ausmachen, da z.B. die abschätzbare Datenmenge weit unter der maximal zu verarbeitenden Datenmenge bleibt. Solche Betriebe können sich Insel- bzw. Sackgassen-Lösungen leisten, weil im allgemeinen folgende Sachverhalte vorliegen:

- fest gestecktes Anwendungsgebiet für CAD
- genaue Vorstellung über die betriebliche Expansion und somit Auftragslage
- genaue Vorstellung über die zukünftigen Applikationen.

In zunehmendem Maße werden die gegenseitigen Abhängigkeiten von Vertrieb, Konstruktion, Fertigungsplanung und Produktion erkannt, so daß der Wunsch zur Integration von Teillösungen in Organisationsstrukturen immer mehr an Bedeutung gewinnt.

Bisherige Erfahrungen mit CAD-Systemen zeigen, daß hohe Produktivitätssteigerungen nur bei einer integrierten Verarbeitung zu erzielen sind. Grundlage für die Integrationsfähigkeit der Aufgaben im Unternehmen ist dabei der produktorientierte Informationsfluß.

Die Erschließung aller vorhandenen Rationalisierungsmöglichkeiten wird durch den ständig wachsenden nationalen und internationalen Konkurrenzdruck erzwungen.

Durch die Integration von CAD

- in die DV-Umgebung
- in die Entwicklungs- und Produktionsumgebung

werden neue Rationalisierungsmöglichkeiten eröffnet. Ein CAD-System kann dabei in einer integrierten DV-Umgebung den kreativen Konstruktions- und Planungsprozeß bei folgenden Aufgabenstellungen unterstützen:

- Modellieren
- Industrial-Design
- Erstellung von Konstruktionsunterlagen für Fertigungswerkzeuge
- Erzeugung von Fertigungsunterlagen
- Simulation an dem Konstruktionsmodell, z.B. Lösung von Berechnungsproblemen
- Variantenkonstruktion
- Anpassungskonstruktion
- Normteilverwendung
- Angebotserstellung.

Ein vollständig integriertes CAD-System wird zur Zeit noch nicht angeboten. Um mit den gegebenen Systemen "leben" zu können, muß oft ein erheblicher Aufwand für die Erstellung von Kopplungs- und Anpassungssoftware getrieben werden. Beinhalten CAD-Systeme jedoch standardisierte oder weitgehend anerkannte Schnittstellen, so vereinfacht sich dieser Integrationsprozeß.

Integration setzt deshalb die Existenz von Schnittstellen voraus. So fordern die Anwender im Zuge des fortschreitenden CAD-Einsatzes in der industriellen Praxis mehrere unterschiedliche Schnittstellen in CAD-Systemen und darüber hinaus auch Einheitlichkeit derselben. Dies bedeutet eine Umorientierung weg von den schlüsselfertigen Systemen und hin zu offenen CAD-Systemen.

Nur mit offenen Systemen ist es langfristig möglich, die immer größer werdenden Wünsche der Anwender in bezug auf Funktionserweiterungen durch anwenderspezifische Systemerweiterungen sinnvoll durchzuführen. Ebenso wird damit die Kopplung verschiedener CAD-Systeme ermöglicht.

Die schlüsselfertigen Systeme sind in der Regel nicht als "offen" zu bezeichnen. Kopplungen zu den verschiedensten Programmsystemen wie FEM, NC, Stücklistenverarbeitung und anderen sind zwar meist vorhanden. Der Kopplungsmodul wird aber vom CAD-System-Hersteller geliefert. Will der Anwender zu einem späteren Zeitpunkt andere Systeme koppeln als es vom Hersteller standardmäßig vorgesehen ist, so ist das in der Regel ein sehr schwieriges Vorhaben. Deshalb werden

Universalschnittstellen gefordert.

IGES (Initial Graphics Exchange Specification) ist ein externes Datenformat, das einen Datenaustausch zwischen unterschiedlichen CAD/CAM-Systemen ermöglicht. IGES stellt ein neutrales File-Format dar, für das jeder Hersteller von graphischen Systemen einen Postprozessor für die Datenübertragung vom eigenen System zum IGES-Format sowie einen Prozessor für das Einlesen von IGES-Daten in das Graphiksystem erstellen muß. Haben also zwei CAD/CAM-Systeme die entsprechenden Pre- und Postprozessoren, dann können Graphikdaten in beide Richtungen übertragen werden. Während IGES für die Übergabe von zweidimensionalen Daten geschaffen wurde, erhöhen sich natürlich die Probleme beim Übergang zu räumlichen Gebilden. Dies ist bedingt durch die großen Unterschiede in der rechnerinternen Darstellung für Splines und Oberflächen. Zur Kopplung von Volumensystemen ist IGES zur Zeit nicht brauchbar.

Datenschnittstellen zur NC-Programmierung

Ein CAD-System generiert überwiegend geometrische Informationen, von denen ein Teil in NC-Programmiersystemen und rechnerunterstützten Arbeitsplanungssystemen weiterverarbeitet wird. Verschiedene programmtechnische Verbindungen von CAD-Systemen und NC-Programmiersprachen beruhen auf unterschiedlichen national und international genormte Schnittstellen.

DIN 400 T4 beschreibt die Bemaßung für die maschinelle Programmierung und gibt ein Beispiel einer Definitionstabelle für maschinelles Programmieren.

DIN 66 215 (CLDATA) beschreibt den Aufbau und Inhalt von Sätzen zur Programmierung numerisch gesteuerter Werkzeugmaschinen. CLDATA (Cutter Location Data) ist eine Sprache für NC-Prozessorausgabedaten, die als Eingabe für NC-Postprozessoren verwendet werden. Mit jedem NC-Postprozessor soll es möglich sein, CLDATA-Texte von einem in dieser Norm festgelegten Aufbau zu verarbeiten.

Ein NC-Postprozessor erzeugt als Ausgabe seinerseits spezifische Daten (DIN 66 025). Diese Norm beschreibt den einheitlichen Aufbau von Steuerprogrammen für NC-Arbeitsmaschinen. Dieser Aufbau ist vielen Arbeitsvorbereitern als "manuelles Teileprogramm" bekannt.

Datenschnittstelle VDAFS

Die Kommunikation zwischen Automobilfirmen und ihren Zulieferern ist insbesondere bezüglich der Werkzeuge für Karosserieteile durch den Austausch komplexer Geometriedaten gekennzeichnet. Der zunehmende Einsatz von CAD-Systemen legt es nun nahe, die derzeit noch verwendeten geometriedefinierenden Kommunikationsmittel wie vermaßte Zeichnungen und - je nach Komplexität - Urmodelle der herzustellenden Teile durch die entsprechenden mit CAD erzeugten und digital gespeicherten produktdefinierenden Daten zu ersetzen. Voraussetzung hierzu ist jedoch, daß unterschiedliche CAD-Systeme miteinander kommunizieren können. Zu diesem Zweck wurde eine Schnittstelle definiert, "die immer dann anzuwenden ist, wenn die Oberflächendaten zwischen den Firmen ausgetauscht werden". Die mit VDAFS zu beschreibenden Geometrien sind somit als ein Teil der produktdefinierenden Daten anzusehen, die zwischen EDV-Systemen übertragen werden. Um möglichen Mißverständnissen vorzubeugen, muß jedoch darauf hingewiesen werden, daß die VDAFS nicht als Ersatz für die Schnittstelle IGES angesehen werden kann. Die VDAFS stellt lediglich einen Beitrag zur Bewältigung der rechnergestützten Kommunikation zwischen Automobil- und Zulieferfirmen dar.

Datenschnittstelle zu Berechnungsprogrammen

Aufbauend auf dem IGES-Standard wurde 1982 mit dem Konzept FEDIS unter weitgehender Einbeziehung aller am deutschen Markt angebotenen wichtigen FEM-Programme ein weiterer Schritt zur Standardisierung der Schnittstelle CAD/FEM und den Schnittstellen zwischen den Pre- und Postprozessoren und den FEM-Programmen vollzogen. Für die erste Schnittstelle kann der IGES-Standard mit geringer Änderung übernommen werden.

Eine flexible Datenstruktur erlaubt den Zugriff auf die Geometriedaten eines Bauteils sowie die gegebenenfalls damit zusammenabgespeicherten Technologiedaten über die Standard-Programmschnittstelle. Hierdurch wird der direkte Anschluß nachgeschalteter Programmsysteme, wie der FEM-Berechnung und der NC-Programmierung, ermöglicht.

Vollautomatische Verfahren lassen bei der Übegabe der Geometriedaten generell keine Netze erwarten (abgesehen von gewissen Sonderfällen), die den praktischen Anforderungen des Berechnungsingenieurs gerecht werden. So kann ein FE-Modell aus Gründen der Rechenzeitökonomie durchaus von der tatsächlichen Bauteilgeometrie abweichen. Außerdem wird die Feinheit der Netzaufteilung wesentlich von den an einer bestimmten Stelle erwarteten Beanspruchungen bestimmt.

Graphikschnittstelle GKS

Das Graphische Kernsystem GKS ist ein genormtes (ISO, ANSI, DIN) Basissystem, das die Grundfunktionen für die Erzeugung und Behandlung computergenerierter Bilder (Graphiken) bietet. GKS erlaubt die Ausgabe zweidimensionaler Vektor- und Rasterbilder und unterstützt Bedienereingabe und Interaktion durch Funktionen für die graphische Eingabe und Bildstrukturierung. GKS ermöglicht Speicherung und dynamische Veränderung von Bildern. Alle Funktionen sind anwendungs- und geräteunabhängig. Eingebettet in ein CAD-System stellt GKS die Basis des Kommunikationsbausteins dar.

Zwei wesentliche Eigenschaften, die die allgemeine Anwendbarkeit von Kernsystemen begründen, lassen sich aus der Entwurfsmethologie ableiten, die bei der Entwicklung von GKS verwendet wurde:

–Die Beschränkung des Kernsystems auf Darstellungsfunktionen unter Ausschluß jeglicher Modellierungsfunktionen;

–die Beschränkung des Kernsystems auf eine redundanzfreie und funktional vollständige Menge elementarer graphischer Funktionen.

GKS ist heute noch rein 2D; ein 3D-GKS ist in Vorbereitung. Bei 3D-Anwendungen wird heute der CORE-Standard verwendet.

Schnittstelle zur rechnerinternen Objektdarstellung

Das rechnerinterne Modell (RID = Rechnerinterne Darstellung) eines technischen Objektes besteht aus seinen Daten, deren Struktur und den Modellalgorithmen. Die Daten beschreiben die einzelnen Modellelemente. Durch die Struktur werden die Relationen zwischen den Modellelementen festgelegt. Der Zugriff zu den Daten und Relationen erfolgt über die Modellalgorithmen.

Mit Hilfe von Relationen lassen sich die logischen Beziehungen zwischen den Modellelementen herstellen. Im allgemeinen unterscheidet man mehrere Ebenen von Relationen, so z.B. die geometrische Ebene, die technologische Ebene und die Bemaßungsebene. Die Trennung in Relationsebenen gestattet es, in jeder dieser Ebenen Relationsnetze aufzubauen. Damit ist gewährleistet, daß jeder gewünschte logische Zusammenhang im Modell abgebildet werden kann.

Die Modellalgorithmen stellen eine Bibliothek von Unterprogrammen dar, mit denen man in der Lage ist, Elemente, Daten und Relationen zu modifizieren, hinzuzufügen, zu lesen und zu löschen.

Geometrieorientierte FORTRAN-Schnittstelle

Es handelt sich hier um eine Spracheinbettung. Bewußt wird hier nur die FORTRAN-Schnittstelle betrachtet, da bis heute FORTRAN die "CAD-Sprache" ist. Für viele Anwendungen ist die RID-Schnittstelle zu elementar.

Eine wesentliche Erleichterung für die Erstellung von Anwenderprogrammen kann erfolgen, indem für die in der Geometrieprogrammiersprache zur Verfügung stehenden Funktionen ein entsprechendes FORTRAN-Unterprogramm in Form einer SUBROUTINE vorhanden ist.

Als Vorteile sind zu nennen:

–hohe Effektivität der Anwenderprogramme

–leichte Programmierbarkeit

–voller FORTRAN-Befehlsumfang

–Testhilfen durch ausgereifte Compiler und Debugger

–Integrierbarkeit fremder Softwaresysteme, z.B. Datenbanksysteme

–rechner- und systemunabhängige Anwenderprogramme

–Kopplungsmöglichkeit verschiedener CAD-Systeme

–CAD-Systemwechsel mit vertretbaren Kosten.

Eine Reduzierung des Programmerstellungsaufwandes kann erreicht werden, wenn die Gleichheit der Befehle in der Protokolldatei und der Anweisungen der Geometrieprogrammiersprache auch auf den logischen Aufbau der FORTRAN-Programmaufrufe ausgedehnt ist.

Eine wichtige Forderung im Zusammenhang mit der Verwendung von FORTRAN-Schnittstellen ist die Möglichkeit des Einbindens von Anwenderprogrammen in die CAD-Systemsoftware.

Konfigurationen ergeben sich bei der Integration von CAD-Systemen in die DV-Umgebung, die als komplexe Informationssysteme angesehen werden können.

Die Verknüpfung bzw. Kopplung von CAD-Systemen ist dadurch gekennzeichnet, daß sie bei einer gewissen , durch die Anforderungen in bezug auf Sicherheit, Zuverläsigkeit und Wirtschaftlichkeit bedingten Konzentration der Verarbeitungskapazitäten, die von den Endbenutzern benötigten Funktionen verteilt bereitstellt.

1.Rechenzentrums- und Dienstleistungen

– Batch Betrieb (Local Batch, Remote batch)
– Datenbanken (DB)
– Methodenbanken (MB)
– Dokumentationsbetrieb
– Datenerfassung
– Datenaufbereitung
– Auftragssteuerungswerkzeuge

2.Software-Engineering

- Software-Entwurf
- System-Konfiguration
- Methodenbank-Verwaltung
- Methoden-Entwicklung
- System-Sicherung
- Software-Migration
- Echtzeitsysteme

3.Entwicklung und Konstruktion

- Interaktive Verarbeitung
- Modellierungssoftware
- Simulationssoftware
- Optimierungssoftware
- Software zur Erzeugung von Fertigungsunterlagen
  - o Konstruktionszeichnungen
  - o Zusammenbauzeichnungen
  - o Explosionszeichnungen
  - o Stücklisten
  - o NC-Programme

4.Ausbildung und Training

- Grundlagen-Vermittlung
- Systembeschreibung
- Systemtraining

5.Kopplungseinrichtungen

In Abhängigkeit von der Anwendung und dem Grad der betrieblichen EDV-Unterstützung wird die Integration eines CAD-Systems vorzunehmen sein. Je nach Umfang des DV-Systems, in dem CAD eine DV-Komponente darstellt, ergeben sich verschiedene Konfigurationen, die sich im Kontext ihrer DV-Fähigkeit (funktionale Mächtigkeit) klassifizieren lassen in:

- Einplatz-Systeme
- gekoppelte Einplatz-Systeme

–Mehrplatz-Systeme

–Systeme mit DV-Unterstützung

–heterogene Systeme

Systeme mit DV-Unterstützung haben gelagerte DV-Kapazität, Input-, Output-, Dokumentations- und Batch-Möglichkeit.

Haben die Systeme zusätzlich einen Zugriff zu einer zentralen Datenbank, dann können sie als Terminal eines Informationssystems betrieben werden.

Wenn auch der Zugriff zu einer Methodenbank gegeben ist, dann können die Systeme als integriertes Anwendungs- und Informationssystem eingesetzt werden.

Die mächtige Struktur ist dann gegeben, wenn eigene Möglichkeiten zur Software-Entwicklung vorhanden sind (Methodenentwicklung, Systemintegration, Systemsicherung, Software-Migration usw.).

Einsatz von CAD in der Flugzeugindustrie

G. Seher
Dornier GmbH, Friedrichshafen

Die Fa. Dornier

Die Firma Dornier ist aus der Flugzeugbauabteilung "DO" im Luftschiffbau Zeppelin hervorgegangen. Sie wurde 1922 in Dornier Metallbauten GmbH umbenannt, kurz darauf in Dornier GmbH. Seinen Namen, der inzwischen in der Luft- und Raumfahrt einen unverrückbaren Platz hat, schuf sich das Unternehmen unter Leitung seines Gründers Prof. Dr. Claude Dornier mit einer Fülle bahnbrechender Entwürfe und Bauprogrammen von Land- und Wasserflugzeugen. Flugzeuge wie der Dornier Wal oder die legendäre DO X wurden zum Begriff für Flugzeugbautechnologie vom Bodensee.

Die Dornier Unternehmensgruppe (Sitz Friedrichshafen) beschäftigt rund 9000 Mitarbeiter, davon 41% in der Fertigung, 37% in der Forschung und Entwicklung und 22% in der Wartung und Betreuung.

Bekannte Projekte sind der Alpha Jet, die zivilen Flugzeuge DO 128 und 228, das Seeaufklärungsflugzeug Breguet 1150 Atlantic oder das Frühwarnungssystem NATO E-3A AWACS. Aus der Raumfahrt sind am bekanntesten der Erderkundungssatellit ERS-1, die ISPM-Sonnensonde, der Röntgensatellit ROSAT und das Spacelabprogramm der ESA. In der Medizintechnik hat der Nierenlithotripter zur nichtinvasiven Zerkleinerung von Nierensteinen großes Interesse gefunden. Auch im Bereich der Informatik wurden Leistungen erzielt: Bildschirmtextsysteme, Leitzentralen und Kabel- und Nachrichtenverteilanlagen sind hier als Beispiele zu nennen.

Entwicklung der Software

Mitte der 60er Jahre wurden in unserem Hause die ersten CAD-Programme in FORTRAN erstellt, die speziell die Definition und Weiterverarbeitung von Kurven und 3-D Oberflächen ermöglichten. Die Programme waren batch-orientiert mit spaltengebundener Eingabe von Steuerzeichen und Koordinaten auf Lochkarten. Die optische Ausgabe erfolgte auf einer Präzisionszeichenanlage.

Ab 1973 wurden die Programme in einem Software-Prozessor (G3D genannt) zusammengefaßt. Die Formulierung der Aufgabe konnte in einer eigenen Sprache erfolgen, z.B. P1 = POINT/100, 200, 300 für die Definition eines Punktes und GOTO P1 als Fahrbefehl. Gleichzeitig erfolgte die Umstellung von Lochkarten auf alphanumerische Bildschirme.

Ende 1979 wurde ein graphisch-interaktives System gekauft und eingeführt. Die zunächst punktuelle Einführung in der Konstruktion weitete sich schnell auf andere Anwendungsgebiete aus, wobei dieser Prozeß bis heute nicht abgeschlossen ist.

Dieses interaktive System ist CADAM und wurde von der Firma Lockheed entwickelt (Startschuß 1965). 1967 entsteht hier die erste CADAM-Zeichnung, erst 1975 wird CADAM auf dem Markt angeboten. Zum Zeitpunkt der Installation bei Dornier im Dezember 1979 ist CADAM ein ausgereiftes System, es ist bereits ein großer Erfahrungsschatz von anderen Benutzern vorhanden. Im Oktober 1982 erfolgt bei uns die erste CADAM-Anwender-Schulung im Auftrag der IBM.

CADAM ist ein hoch-interaktives graphisches System. Schon nach kurzer Einarbeitungszeit (eine Woche) ist ein Konstrukteur in der Lage, sich mit dem System zu "unterhalten" und Zeichnungen zu erstellen. Der Konstrukteur benötigt für seine Zeichnungen weniger Zeit als vorher. Dies verkürzt die Durchlaufzeit eines Projektes. Die Qualität einer Zeichnung wird durch folgende Punkte verbessert:

- Bemaßung durch automatische Bemaßungsfunktion
- gespeicherte Standardteile
- Ausgabe auf Präzisionszeichenanlagen

  (genauer und schöner)

Diese Verbesserungen können allerdings auch Kostenerhöhungen nach sich ziehen.

Als Grundfunktionen sind in CADAM Punkt, Linie, Kreis, Window usw. realisiert. Der Konstrukteur kann mit Hilfe des Systems auch analytische Funktionen durchführen.

CADAM ist ein Softwarepaket, das aus verschiedenen Modulen besteht. Zu den Grundbausteinen sind viele Speziallösungen erhältlich, die auch nachträglich installiert

Als spezielle Zusatzmodule sind erhältlich und zum Teil bei uns implementiert:

1. Finite Elemente
2. SURFACE für die Definition von Raumkurven und Oberflächen
3. Leiterplattenentflechtungen
4. Rohrleitungsbau
5. 3-D-Teil
6. NC-Teil

Dornier führt auch Eigenentwicklungen auf diesem Gebiet durch. In der Geometriedatenabteilung wurde eine weitere Schnittstelle für eigene Programmteile geschaffen und an die Herstellerfirma CADAM inc. weiterverkauft. CADPAD (parametrische Konstruktion) wurde als Unterprogramm an die IBM verkauft.

Bei Dornier sind zur Zeit 67 CADAM-Terminals installiert mit ca. 300 Anwendern. Die Schirme wurden dezentral in den Fachabteilungen aufgestellt und sind mit der CPU über Bildschirmsteuereinheiten verbunden. Die Ausgabe der Zeichnungen erfolgt auf drei elektrostatischen Plottern und zwei Penplottern.

CAD-CAM Durchlauf

1. Entwurf

   Erste Auslegung des Flugzeugs vom Bereich Entwurf:

   - Festlegung der Hauptabmessungen und Konturen (unter Berücksichtigung von Vorschriften wie z.B. die Kopffreiheit im Cockpit)
   - Freigängigkeitsuntersuchungen
   - Konfigurationsuntersuchungen

   Ergebnis ist eine 2-D-Entwurfszeichnung (graphisch-interaktiv erstellt), die in der CAD-Datenbank abgelegt wird.

2. 3-D-Geometrie-Definition

Aufbau der Oberflächen mit numerischen Methoden in 3-D mit CADAM (bzw. früher G3D) in Absprache mit der Aerodynamik

- Glätten der Kurven
- Verdichten der Oberflächen

Das Ergebnis ist ein glatter dreidimensionaler Körper. Das Modell wird im CAD-Datenspeicher abgelegt.

Es sind beliebige Schnitte und Geometrieabrufe möglich. Das Modell ist Basis für alle weiteren Anwendungen.

3. Aufbau einer idealisierten Struktur für aerodynamische Berechnungen

Die aerodynamische Qualität eines Flugzeugs kann im Voraus mit numerischen Methoden berechnet werden. Vorraussetzung ist die Idealisierung der Oberfläche in kleine Flächenstücke (MESH). Dies erfolgt wiederum graphisch-interaktiv am Bildschirm.

Diese Daten werden über ein Interface an ein rechenintensives Programm übergeben, das batch abläuft (Rechenzeit einige Stunden auf dem Großrechner).

4. Der Aufbau einer idealisierten Struktur für Festigkeitsberechnungen mittels FEM (Finite-Element-Methode).

Wie in der Aerodynamik erfolgt die Aufbereitung einer idealisierten Struktur nach FEM-Gesichtspunkten graphisch-interaktiv. Die eigentliche Berechnung erfolgt wiederum über ein Interface im Batch-Betrieb (COSA-DEMEL).
Die Vorgabedaten für Aerodynamik und Statik kommen wiederum aus dem abgespeicherten 3-D Modell.

5. NC-Fräsen von Windkanalmodellen

Die Oberfläche wird hierfür in einem NC-Programm (G3D und CADAM) in Fräserfahrwege aufgelöst, der Fräserversatz berechnet und die Technologie berücksichtigt (Drehzahl, Vorschub, ...).

6. Konstruktion der Bauteile

Die Konstruktionsabteilung übernimmt die Außenkontur aus der Datenbank und führt die Konstruktion graphisch-interaktiv durch. In diesem Stadium des Durchlaufs ist die Änderungsfreundlichkeit des System von ganz großer Bedeutung, da hier Einzelheiten aus bestehenden Zeichnungen und Teile aus der Normteilbibliothek verwendet werden können.

7. Konstruktion der Fertigungsmittel

Fertigungsmittel sind Werkzeuge, die für die Herstellung der eigentlichen Bauteile und Baugruppen benötigt werden. Hierzu gehören z.B. Biegewerkzeuge, Einstellschablonen, die abgewickelte Kontur eines gebogenen Bleches, Streckziehwerkzeuge. Die Fertigungsmittelzeichnung wird direkt aus der Konstruktionszeichnung abgeleitet, z.B. durch Löschen von Konstruktionsdetails. Auch diese Tätigkeit erfolgt graphisch-interaktiv am gleichen System (keine Interface-Probleme!). CADAM bietet hier z.B. bei der Abwicklungsberechnung ausgezeichnete Unterstützung.

8. NC-Programmierung

Einfache zweidimensionale Programme werden direkt am Bildschirm graphisch interaktiv aus der Konstruktionszeichnung entwickelt. Der Weg des Fräsers kann am Bildschirm verfolgt werden, somit werden Fehler sofort erkannt. Für komplexe Geometrie werden heute noch zusätzlich Batchprogramme eingesetzt (G3D, APT140). Die Programmausgabe erfolgt über die genormte Schnittstelle CLDATA. Nach der Umwandlung über den Postprozessor in maschinenspezifische Daten werden diese über Telefonleitung an den DNC-Rechner übertragen.

9. Kontrolle

Graphisch-interaktiv werden aus der Oberfläche nach Anforderungen der Kontrolle Meßpunkte mit Normalvektoren berechnet und über Datenfernübertragung direkt an die NC-gesteuerte Meßmaschine übertragen und am Bauteil abgefahren.

Auf allen oben genannten Ebenen ist es möglich, Daten mit Partnerfirmen auszutauschen. So kann bei Projekten, die Dornier als Unterauftragsnehmer bearbeitet oder an andere Firmen weitervergibt, ebenfalls der Zeitgewinn und die geringe Fehlerquote bei Änderungen ausgenutzt werden. Die Zeichnungen werden nicht auf Papier weitergereicht, sondern auf Magnetband, eventuell sogar über Telefonleitung.

Zukunftsaspekte

Ziel ist die Realisierung einer integrierten technischen Datenverarbeitung. Diese ermöglicht eine gesamtbetrieblich einheitliche Modellerstellung und -Verwaltung, eine konsistente Datenhaltung und einen transparenten Datenfluß. In dieser Richtung sind heutige CAD/CAM-Systeme erst im Aufbau. Die Struktur dieser Integration muß folglich durch Eigeninitiative der Benutzer entstehen. Erst solche Maßnahmen bewirken einen Rationalisierungseffekt durch CAD.

GEOMOD wurde Anfang 1985 in Betrieb genommen. Im Gegensatz zu CADAM, das sich auf Drahtmodelle und Flächenmodelle beschränkt, bietet GEOMOD die Möglichkeit, Volumenmodelle für Baugruppen zu bilden und diese räumlich zu untersuchen, z.B. auf Kollision.

Weiterhin muß die Software noch stärker als bisher an die betrieblichen Gegebenheiten angepaßt werden. Alle in der Fachabteilung anfallenden Arbeiten müssen in ein DV-Konzept einfließen. Die Grundvoraussetzung hierfür ist die Kopplung aller eingesetzten Programm-Systeme, also die Durchgängikeit der Anwendungen. Eine Hilfe hierbei könnte IGES werden. Diese genormte Schnittstelle hat jedoch den Nachteil, viel Ballast (für niedrige Anwendungen) mitzuarchivieren. Andererseits deckt sie kompliziertere Anwendungen (noch) nicht ab.

Es ist wichtig, ein verteiltes (dezentrales) CAD-System zu finden, das den Benutzer vom CPU-Verbrauch der anderen Großrechnerbenutzer unabhängig macht. Auf diesem Sektor sind von der Industrie im Laufe dieses Jahres noch Neuankündigungen zu erwarten, die einen Schritt in diese Richtung tun.

Quellenangaben:

Lothar Thieme, Dornier GmbH: COMPAS '84 Berlin: Planung, Einführung und Anwendung eines CAD/CAM-Systems

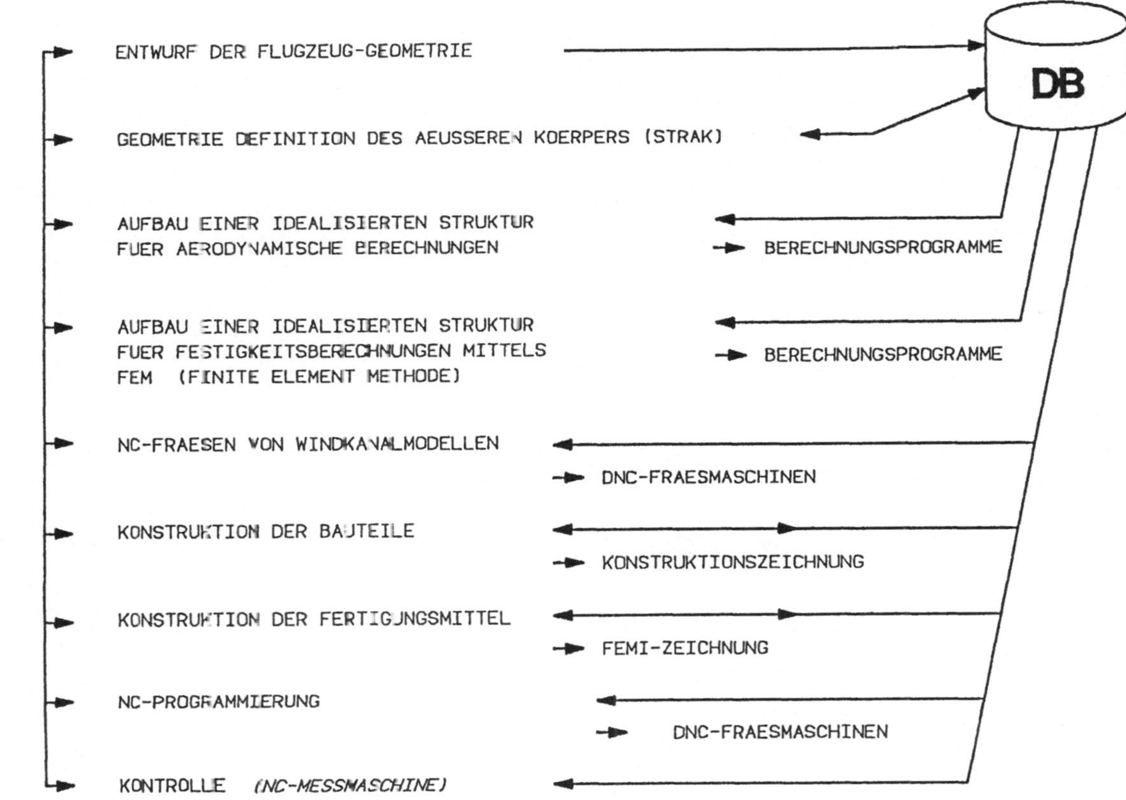
CAD-CAM BEI DORNIER
DB
ENTWURF DER FLUGZEUG-GEOMETRIE
GEOMETRIE DEFINITION DES AEUSSEREN KOERPERS (STRAK)
AUFBAU EINER IDEALISIERTEN STRUKTUR FUER AERODYNAMISCHE BERECHNUNGEN
BERECHNUNGSPROGRAMME
AUFBAU EINER IDEALISIERTEN STRUKTUR FUER FESTIGKEITSBERECHNUNGEN MITTELS FEM (FINITE ELEMENT METHODE)
BERECHNUNGSPROGRAMME
NC-FRAESEN VON WINDKANALMODELLEN
DNC-FRAESMASCHINEN
KONSTRUKTION DER BAUTEILE
KONSTRUKTIONSZEICHNUNG
KONSTRUKTION DER FERTIGUNGSMITTEL
FEMI-ZEICHNUNG
NC-PROGRAMMIERUNG
DNC-FRAESMASCHINEN
KONTROLLE (NC-MESSMASCHINE)

Autorenliste

Alheit, B.W.
Zentrum für Graphische Datenverarbeitung
Bleichstraße 10-12
6100 Darmstadt

Almond, J.C.
Rechenzentrum der Universität Stuttgart
Pfaffenwaldring 64
7000 Stuttgart 80

Egelhaaf, C.
ZEDAT
Freie Universität Berlin
Fabeckstraße 32
1000 Berlin 33

Egloff, P.
Hahn-Meitner-Institut
Postfach 390128
1000 Berlin 39

Encarnacao, J.
Zentrum für Graphische Datenverarbeitung
Bleichstraße 10-12
6100 Darmstadt

Engelmann, E.
Sietec GmbH
Nonnendammallee 101
1000 Berlin 13

Färber, G.
Lehrstuhl für Prozeßrechner
Technische Universität München
Arcisstraße 21
8000 München 2

Franz, G.
Technische Universität Dresden
Sekt. Fertigungstechnik
Georg-Bähr-Straße 3c
8027 Dresden
DDR

Germer, H.J.
IPK Berlin
Kleiststraße 23-26
1000 Berlin 30

Grabowski, H.
FZI Karlsruhe
Universität Karlsruhe
Postfach 6380
7500 Karlsruhe 1

Harant, H.-P.
Institut für Festkörpertechnologie
Paul-Gerhardt-Allee 42
8000 München 60

Harbeck, G.
Tektronix GmbH
Sedanstr. 13-17
5000 Köln

Hoffmann, H.
IPK Berlin
Kleiststraße 23-26
1000 Berlin 30

Hoffmann, K.
Institut für Festkörpertechnologie
Paul-Gerhardt-Allee 42
8000 München 60

Jessen, E.
Institut für Informatik
Technische Universität München
Arcisstraße 21
8000 München

Kirsch, B.
Gesellschaft für Mathematik
und Datenverarbeitung
Postfach 1240
5205 St. Augustin 1

Klos, W.F.
Daimler-Benz AG
Werk Untertürkheim
Postfach 202
7000 Stuttgart 60

Köthe, M.
FZI Karlsruhe
Universität Karlsruhe
Postfach 6380
7500 Karlsruhe 1

Kochan, D.
Technische Universität Dresden
Sekt. Fertigungstechnik
Georg-Bähr-Straße 3c
8027 Dresden
DDR

Krause, F.-L.
IPK Berlin
Kleiststraße 23-26
1000 Berlin 30

Kuhlmann, H.
Zentrum für Graphische Datenverarbeitung
Bleichstraße 10-12
6100 Darmstadt

Kunz, R.
Stegstraße 65
6000 Frankfurt/Main 70

Lux-Mülders, G.
Zentrum für Graphische Datenverarbeitung e.V.
Bleichstraße 10-12
6100 Darmstadt

Maiß, G.
DFN-Verein
Postfach 15 02 09
1000 Berlin 15

Marian, R.
Gesellschaft für Schwerionenforschung mbH
Planckstraße 1
6100 Darmstadt 11

Markov, Z.I.
Institute of Industrial Cybernetics and Robotics
Bulgarian Academy of Sciences
Acad. G. Bondev str. bl.2
1113 Sofia
Bulgaria

Messina, L.A.
Technische Hochschule Darmstadt
FG Graphisch-Interaktive Systeme
Alexanderstraße 24
6100 Darmstadt

Nowacki, H.
Technische Universität Berlin
Institut für Schiffs- und Meerestechnik
FB Verkehrswesen
Salzufer 17-19
1000 Berlin 10

Parlar, K.
Technische Universität Berlin
Institut für Schiffs- und Meerestechnik
FB Verkehrswesen
Salzufer 17-19
1000 Berlin 10

Poths, W.
VDMA
Postfach 710109
6000 Frankfurt/Main 71

Roedler, D.
Standard Elektrik Lorenz AG
Lorenzstraße 10
7000 Stuttgart 40

Rohmer, K.
AEG Telefunken
Goldsteinstraße 235
6000 Frankfurt/Main 71

Scheller, A.
Hahn-Meitner-Institut
Datenverarbeitung
Glienickerstraße 100
1000 Berlin 39

Schönhut, J.
Fraunhofer Gesellschaft Darmstadt
Bleichstraße 10-12
6100 Darmstadt

Schürmann, G.
ZEDAT
Freie Universität Berlin
Fabeckstraße 32
1000 Berlin 33

Seher, G.
Dornier GmbH
Postfach 1420
7990 Friedrichshafen

Thiele, W.
Institut für Festkörpertechnologie
Paul-Gerhardt-Allee 42
8000 München 60

Vosgerau, F.H.
IWF
Technische Universität Berlin
Postfach
1000 Berlin

Welz, U.
Siemens AG
Rosenheimerstraße 143
8000 München 40

Wenz, H.
Institut für geometrische Logik
Kleine Wiesenau 6
6000 Frankfurt/Main 1

Worlitzer, M.
Ferntechnisches Zentralamt Darmstadt
Postfach
6100 Darmstadt

Zehe, K.H.
Technische Universität Dresden
Sekt. Fertigungstechnik
Georg-Bähr-Straße 3c
8027 Dresden
DDR